칼뱅의 목회신학

안 은 찬 | 지음

기독교문서선교회

기독교문서선교회(Christian Literature Crusade: 약칭 CLC)는
1941년 영국 콜체스터에서 켄 아담스에 의해 시작되었으며
국제 본부는 영국의 쉐필드에 있습니다.
현재 약 650여명의 선교사들이 59개 나라에서 180개의 본부를 두고,
이동도서차량 40대를 이용하여 문서 보급에 힘쓰고 있으며
이메일 주문을 통해 130여국으로 책을 공급하고 있습니다.
CLC는 청교도적 복음주의 신학과 신앙을 선포하는
국제적, 초교파적, 비영리 문서선교기관으로서, 하나님의 뜻에 합당한 책을 만들고
이 책을 통해 단 한 영혼이라도 구원되길 소망하며
이를 위해 주님이 오시는 그날까지 최선을 다할 것입니다.

John Calvin's Pastoral Theology

by
Eunchan Ahn, Ph.D.

2007
Christian Literature Crusade
Seoul, Korea

저자서문

본서는 목회에 대한 학문적인 책이다. 필자가 목사가 된 후 목회와 신학 공부를 하면서 알게 된 놀라운 사실은 '목회'에 대한 신학적 접근이 의외로 없다는 것이다. 그리고 고전 신학자 장 칼뱅(John Calvin)을 붙들었다. 그런데 필자는 또 한 번 놀랐다. 소위 현대 목회신학의 대가의 저서에서 칼뱅에게는 목회라는 개념이 없다는 말에 충격을 받았다. 개신교의 중심에 있는 인물에게 목회 개념이 없다는 말에 처음에는 혼란스러웠다. 더구나 칼뱅은 평생을 목회한 분이질 않는가? 본서는 이러한 목회에 대한 신학적 고민을 배경으로 세상에 나오게 되었다.

본서는 필자의 2006년 10월 총신대학교 철학박사(Ph.D.) 학위논문 "장 칼뱅의 목회신학과 그 적용 가능성 연구"를 출판한 것이다. 학위논문의 성격상 가급적 논문 원고를 그대로 반영하였지만 일반 독자들을 위하여 생략하거나 문장을 약간 다듬었다. 본서가 나오기까지 도움을 주신 수많은 분들에게 감사를 드린다. 칼뱅에 관한 모든 지도를 아낌없이 해주신 황성철 박사님을 비롯하여 정일웅 교수님, 김창훈 교수님, 안명준 교수님, 그리고 현유광 교수님께 진심으로 감사를 드린다. 그 외 총신대학교 대학원 모든 교수님들께 감사드린다. 또 본서의 출판을 맡아 수고하신 기독교문서선교회 박영호 목사님 이하 모든 직원들에게 감사를 드린다. 또 담임목사의 출판을 이해해 준 엘림교회 성도님들께 고마움을 전한다. 마지막으로 음지에서 눈물의 기도로 후원해 준 사랑하는 아내와 가족들에게 이 책을 바친다.

바라기는 이 졸저가 신학대학원의 목회자 후보생들과 실천신학을 전공하는 모든 대학원생들에게 보다 목회신학에 대한 고민을 나누는 계기가 되고, 또 현장의 목회자들에게는 다시 한번 목회의 본질에 대해 성찰할 수 있는 기회가 되며, 일반 교인들에게는 평생 함께 가야 하는 '목회'에 대한 넓은 시각을 갖게 되어 교회를 섬기는 데 큰 도움이 되기를 바라마지 않는다.

2007년 7월 27일
안은찬 識

CONTENTS

저자서문 _ 5

제1장 서론: 왜 칼뱅의 목회신학인가? _ 9
    1. 목회에서 가장 근본적인 것들 _ 9
    2. 바쁜 현대 목회에 왜 고전 목회신학인가? _ 11
    3. 개신교의 대부에게 목회신학이 없다(?) _ 12
    4. 목회자 칼뱅, 그리고 그의 목회신학에 주목하라 _ 13
    5. 연구의 목적과 가치 _ 14
    6. 연구의 방법과 그 한계 _ 17

제2장 목회신학의 역사와 정체성 _ 21
    1. 목회신학의 정의 _ 22
    2. 목회신학의 역사 _ 28
    3. 목회신학의 정체성 _ 41

제3장 칼뱅의 목회 배경과 사역 _ 53
    1. 목회의 사상적 배경 _ 54
    2. 목회 현장으로서 제네바와 제네바교회 _ 60
    3. 칼뱅의 목회 과정 _ 63
    4. 칼뱅의 목회사역의 특징 _ 67

제4장 칼뱅의 목회신학 _ 87
    1. 목회의 신학적 기초 _ 87
    2. 목회의 본질 : 목회 직무의 문제 _ 101
    3. 목회의 직분 : 목사직의 본질에 관한 문제 _ 121
    4. 목회의 구조 : 목회의 주체와 객체의 문제 _ 150
    5. 목회의 양식(樣式) : 목회의 형식의 문제 _ 165

제5장 칼뱅의 목회 실천의 원리 _ 217
    1. 성령의 사역을 통한 그리스도와 연합의 원리 _ 217
    2. 적균형성 실천(proper-balance praxis)의 원리 _ 226
    3. 정통 실천(orthodoxy praxis)의 원리 _ 230
    4. 맞추심(accommodation praxis)의 원리 _ 232
    5. 질서 실천(order praxis)의 원리 _ 237
    6. '공적으로 사적으로'(both publically & privately)의 원리 _ 245
    7. 경건 실천(pietas praxis)의 원리 _ 249

제6장 칼뱅의 목회신학에 대한 적용 가능성 _ 253
    1. 실천신학적 평가와 적용 근거 _ 253
    2. 목회의 본질 회복과 그 변형 _ 257
    3. 목사직분의 새로운 이해와 적용 _ 261
    4. 목회 구조의 재편 가능성 _ 265
    5. 목회 양식의 현대적 적용 가능성 _ 271
    6. 목회의 실천 원리에 대한 적용 가능성 _ 309

제7장 칼뱅의 목회신학의 적용의 한계와 미래적 대안 _ 325
    1. 슐라이어마허의 실천신학과 현대 실천신학의 방법론 _ 325
    2. 칼뱅의 목회신학의 실천신학적 공헌 _ 329
    3. 칼뱅의 목회신학의 실천신학적 적용의 한계 _ 333
    4. 현대 목회신학의 미래적 대안 _ 334

제8장 결론: 한국 목회신학의 미래 _ 341

참고문헌 _ 347
주제색인 _ 368
인명색인 _ 378

John Calvin's Pastoral Theology 제1장

서론: 왜 칼뱅[1]의 목회신학인가?

1. 목회에서 가장 근본적인 것들

현대 목회는 '자기의 소견' 대로 목회하는 면이 많다. 특히 자본주의적 경쟁 시스템 속에서 목회도 거기에 함몰되어 오직 양적인 성장만 되면 모든 실천 방법은 정당화되는 면이 없지 않다. 이러한 현상에 대해 황성철 박사는 목회신학의 필요성을 제시하면서 목회자들이 신학과 실천의 서로간의 관계를 거의 무시하거나 끊어버리고 있다고 지적한 바 있다. 그리하여 목회현장에는 거의 처리할 수 없는 주요한 문제들이 생겨났다고 진단하면서 이러한 문제들에 대해 목회자들은 너무나 오랫동안 신학적 접근보다는 실용주의적인 접근을 통해서 대답해 왔다고 지적하였다.[2]

이러한 목회 현실에서 가장 문제가 되는 것은 과연 **목회의 본질은 무엇인가**이다. 제각기 목회에 성공한 목회자들이 이것이 목회의 본질이라고 각종 세미나를 통해 "목사의 교사"[3](teacher of pastors)로서 칼뱅과 같이 가르치고 있다. 그러나 또 다른 목회자들은 그것이 목회의 본질이 아니라고 한다. 한마디로 목회의

---

1) 본서에서는 보통 교회에서 통용되고 있는 영어식 '요한 칼빈' 이라는 명칭보다는 대한민국 한글맞춤법과 현행 중고등학교 교과서에서 사용하고 있는 '장 칼뱅' 이라는 명칭을 사용하기로 한다.
2) 황성철, 「개혁주의 목회신학」(서울: 총신대학교출판부, 2004), 33.
3) Elsie Anne Mckee는 칼뱅을 "목사와 목사들의 교사"(a pastor and teacher of pastors)로 소개하였다. Cf. E. A. Mckee, *John Calvin: Writings on Pastoral Piety* (New York: Paulist Press, 2001), 1.

본질 이해가 포스트모던 시대와 맞물려 혼란을 겪고 있다.

또 오늘날 목회는 목회의 형식과 구조에 지나치게 관심을 집중하는 경향이 있다. 그래서 정작 **목회의 내용이 무엇인가**를 잊어버리고 그 주변적인 부록에 매달리는 경향이 없지 않다. 목회의 본질적 내용이 무엇인가를 알지 못하거나 잊게 되거나 소홀하게 될 때 그 목표가 불분명해지고 다른 주변적인 것을 목표로 삼아 하나님의 백성을 잘못 인도하는 비극적인 결과를 낳게 할 수 있다.

또 목회의 본질이 일치한다고 하더라도 그 목회적 직무를 담당하는 **목회 직분자는 누구인가**에 대한 이해가 혼란을 겪고 있다. 특히 목회 리더십과 관련하여 기존의 목사 이해는 도전을 받고 있다. 평신도들이 대거 목회직에 참여하므로 이제 목사는 단순히 기능적 리더십만을 가지게 되었다. 그러나 아직도 이러한 목사직에 대한 이해에 대해 문제를 제기하는 목회자와 평신도들도 상존하고 있는 것이 사실이다.

그리고 더 나아가 **목회의 구조**가 혼란을 겪고 있다. 목사를 중심으로 한 안수 사역 중심의 목회를 지양하고, 평신도 사역자에게 모든 목회적 권한을 주는 교회들이 많아지고 있다. 즉 교회 내의 목회적 재위임이 현장에서는 보편화되고 있다는 말이다. 이는 가정교회, 셀교회라는 이름으로 기존의 목회 개념을 강타하고 서서히 보편화되고 있다. 이제 누구도 목회 주체나 목회 객체의 구조에 대해 기존의 개념을 방어할 신학적 논리가 무너진 상태이다. 그러나 아직도 현장에서는 목회 구조의 문제가 팽팽한 긴장감 속에 진행되고 있다. 담임목사의 목회 방침에 함구하는 벙어리가 되는 평신도가 있는가 하면 그 반대로 기존 목회 구조에 대해 항거하는 평신도들도 있다.

마지막으로 또 다른 문제는 **목회의 실천**에 있어서도 열심히 뛰는데 뭔가 나사가 빠진 듯 한 느낌을 받는다. 온 교회가 교회부흥을 위해 뛰는데 교회성장은 점점 하향 곡선을 그리고 있다.[4] 실천에 무슨 근본적인 문제가 있는 것은 아닌지 교

---

4) 노치준, 『한국 개신교사회학: 한국교회의 위기와 전망』(서울: 한울아카데미, 1998), 26. 노치준은 한국교회의 성장의 특색을 '역 J 곡선'으로 규정하고 있다. 역 J 곡선이란 한국교회의 신자 증가에 기여하였던 요인이 어느 정도 전개되면 오히려 감소 혹은 정체의 요인이 되는 현상을 말한다. 기타

인들은 우려하고 있다. 예배, 찬양, 설교, 성례, 교육, 심방, 전도, 봉사, 사회참여 등 교회의 각종 실천이 무엇에 의해 움직이고 있는 것일까? 우리의 실천 원리는 어디에 비추어볼까 그것이 문제이다. 즉 정통실천(orthodoxy praxis)의 문제이다.

2. 바쁜 현대 목회에 왜 고전 목회신학인가?

여기서 고전의 중요성이 부각된다. 미래를 보고 나아가기도 바쁜 현대 목회에 왜 고전 목회신학인가? 그러나 독자들은 초현실주의 미술계의 거장 살바도르 달리(S. Dalí)의 작품을 감상하면 필자가 왜 고전에 주목하는지 직감하게 될 것이다. 그는 초현실주의는 전통의 변신이라고 말했다. 어떻게 초현실과 전통이 만나는가? 그의 작품세계에서 가능했다. 예술 작품은 하나의 세계관이다. 목회도 예술이다. 현대 목회가 아무리 첨단을 걸어가도 역시 성경과 초대교회로 돌아가고자 했던 목회운동의 대가에게 묻는 것이 오늘 우리의 자세이어야 할 것이다. 우리가 칼뱅의 목회신학에 주목하는 이유는 반문화적 목회나 문화지향적 목회 혹은 대안문화적 목회를 지향하려고 한다기보다는 성경적 진리가 시대정신과 함께하면서도 창조적 목회의 바탕을 마련하기 위해서이다. 그것이 이루어지기 위해서는 온고이지신형(溫故而知新型) 오리엔터어링(orienteering)[5] 목회가 필요하다. 오리엔터어링 목회모델에서 중요한 것은 과거로부터 전통을 되살려내어 21세기 사역환경에 적합하도록 다시 최적화하는 것이다. 불행하게도 우리는 교회에 붙어 있는 비계(飛階: scaffold)와 성자들의 전통을 구분하지 못하고 전통을 일방적으로 무시

한국교회 성장 지체에 대한 종합적 분석은 한국기독교문화연구소 편, 『한국교회 성장문화 분석과 대책』, 한국기독교연구논총 제10집(통권 16호) (서울: 숭실대학교출판부, 1998).
5) 오리엔터어링(orienteering)이란 벌판에 설정된 몇 개의 목표물을 지도와 컴퍼스를 사용하여 찾아가면서 목적지에 이르는 경주를 목회 개념에 채용한 것으로 포스트모던 시대에는 분명한 목회지도(牧會地圖)가 없다는 전제하에 전통을 새롭게 해석하며 오늘의 목회지도를 재작성(remapping)하는 목회 방식을 의미한다. Cf. Leonard Sweet, Aqua Church, 김영래 역, 『모던 시대는 가라: 포스트모던 시대의 교회리더십 기술』(서울: 좋은씨앗, 2004), 115.

하는 데 있다. 본서의 칼뱅의 목회신학은 전통 그 자체만을 위한 것이 아니라 전통의 닻을 내리는 '아쿠아교회'(Aqua Church)의 목회를 위한 것임을 밝혀둔다.

3. 개신교의 대부에게 목회신학이 없다(?)

필자는 이를 위하여 누구보다도 장 칼뱅에게 주목하였다. 왜냐하면 그는 평생을 목회하였으며 사실 그의 종교개혁운동은 목회개혁운동이었다는 소신 때문이다. 그런데 칼뱅의 목회 사상을 연구하려는 초기부터 난감하게 되었다. 칼뱅의 목회신학에 대한 연구가 세계적으로 거의 전무한 상태였기 때문이다. 더욱 놀라운 사실은 현대 목회신자들 중에는 개신교의 대부격인 장 칼뱅에게 목회신학이 없다고까지 말하는 학자가 있기까지 하다. 사실 20세기 현대 목회신학의 대가 힐트너(Seward Hiltner)는 그의 기념비적 목회신학 저서『목회신학원론』에서 칼뱅은 '영혼의 병의 치료'(Seelsorge)나 '목양'(shepherding)에 관해서 아무런 글도 써 놓고 있지 않았다고 혹평하였다.[6] 한마디로 **칼뱅에게는 목회신학(pastoral theology)이란 없다**는 것이다. 이러한 진단은 힐트너가 의미하는 '목회신학'의 범주가 무엇이든지 간에 개혁파교회 목사들을 당혹케 한다. 또 그는 칼뱅의 제네바교회의 치리에 대해 혹평하기를 잘못을 저지른 사람에게 로마 가톨릭교회만큼이나 가혹하게 대했다고 평가하고 있다.[7] 그의 평가가 만약 정당하다면 칼뱅의 신학을 바탕으로 세워진 개혁주의를 표방하는 세계 교회와 한국 장로교회의 목회신학적 근거는 어디에서 찾아야 할까? 칼뱅주의를 표방하는 교회가 그 사상적인 모태를 형성시킨 사람에게서 근거를 찾을 수 없다면 그 후예들의 목회사역(pastoral ministry)은 신학과 실천의 근거가 분리되어 사생아적일 수밖에 없을 것

---

6) Seward Hiltner, *Preface to Pastoral Theology* (Nashville: Abingdon Press, 1958), 43. 이에 반하여 김득룡은 오히려 "영혼의 병 치료에 관하여 처음으로 이야기 한 사람은 칼빈이라고 할 수 있다"고 주장한다. Cf. 김득룡, 『현대목회신학원론』(서울: 총신대학교출판부, 1987), 273.
7) Hiltner, *Preface to Pastoral Theology*, 66.

이다. 본서의 시작은 이러한 문제의식에서 출발되어졌다.

4. 목회자 칼뱅, 그리고 그의 목회신학에 주목하라

오늘날 장 칼뱅에 대한 연구는 그의 전기나 이룬 업적과 영향력 등에 초점이 맞추어져 있다. 칼뱅에 대한 후대 영향력에 대한 연구도 주로 문화적인 측면이나 종교개혁적인 측면을 다루어 왔다. 또 그의 사역에 대해서도 주로 설교사역이나 교수사역 등이 연구되어져 왔다. 그래서 스텐포드 리드(W. Stanford Reid) 같은 교회사가는 칼뱅의 설교사역, 교수사역, 개인적인 교제관계, 서신활동, 저술활동 등이 칼뱅의 사상을 전파하는 중요한 '수단'으로 보고 '16세기 칼뱅주의의 전파'를 논하고 있다.[8]

그러나 칼뱅에 대한 연구는 무엇보다도 그가 목회자였다는 점에 주목하여야 한다. 그는 종교개혁자이기 전에 목회자로서 평생을 보냈다. 그러므로 그에 대한 평가는 그의 신학사상이나 영향력보다는 그의 일상적 직무였던 목회실천의 관점에서 이루어져야 한다. 물론 그의 목회신학사상과 그의 목회실천을 분리할 수 없을 것이다. 그러므로 본서에서는 무엇보다도 목회자 칼뱅에 초점을 맞추고 그의 목회와 목회신학 연구에 집중하려고 한다. 혹자는 성경대로 목회하면 그만이지 고리타분하게 무슨 칼뱅이냐고 반문할지 모르겠다. 그러나 우리가 그의 목회신학에 주목해야 하는 이유는 칼뱅만큼 철저히 성경 중심적인 인물이 없기 때문이다. 또 그의 목회신학 사상과 실천도 철저히 성경적이기 때문이다.

그러므로 우리는 서두에서 제기한 현실적인 문제들을 바라보면서 **중심적인 문제(main question)**를 제기할 수 있다. 즉 개혁주의 신학과 실천의 모태가 되는 장 칼뱅의 목회신학은 무엇인가를 살펴보고 그 실천 원리의 적용 가능성을 탐색

---

[8] W. Stanford Reid, "16세기 칼빈주의의 전파," in *John Calvin: His Influence in the Western World*, 홍치모 역, 『칼빈이 서양에 끼친 영향』(서울: 크리스챤다이제스트, 1994). 37-59.

함으로써 현대 목회의 방향성을 가늠해 보고자 한다. 우리는 위와 같은 문제점을 연구하고 그 방향을 제시하기 위하여 다음과 같은 **부가적인 질문**(subsidiary question)을 통해 칼뱅의 목회신학과 목회실천의 원리를 밝히고 현대 목회신학적 측면을 중심으로 적용 비평해 나갈 것이다.

첫째, 목회의 본질은 무엇인가? 그 본질은 신학적으로 영원히 변하지 않는 21세기에 적용 가능한 목회신학적 원리가 될 수 있는가? 더 나아가 목회의 확대된 내용은 무엇인가? 둘째, 목회의 본질을 담당하는 목회의 직분자는 어떤 것인가? 목사가 아닌 평신도가 목회 직분자가 된다면 그때 목사와 그 목회 직분자는 존재론적 차이가 전혀 없는 것인가? 셋째, 칼뱅은 안수사역에 평신도사역의 길을 연 선구자적인 개혁 목회자였다. 그러나 문제는 어떤 목회상황에도 목회 주체나 목회 객체의 구조가 항상 열려져 있는가? 넷째, 목회의 본질과 그 본질을 담당하는 사람과 구조는 결국 실천을 위한 것이다. 각 목회 실천의 양식들에 대한 목회신학적 실천관을 살펴볼 것이다. 즉 실천양식들에 관한 목회신학 사상은 무엇인가? 다섯째, 칼뱅이 이해한 목회 실천을 가능하게 하는 원리들은 어떤 것들이 있는가? 여섯째, 칼뱅의 목회신학과 그 실천 원리들은 실천적으로 적용 가능한 것인가? 가능하다면 그것들은 오늘날에 어떤 의미와 도전을 주는가? 마지막으로 칼뱅의 목회신학의 적용의 한계와 미래적 대안은 무엇인가?

5. 연구의 목적과 가치

칼뱅의 목회신학을 연구하는 목적은 **현대 목회의 정통실천의 방향성을 찾기 위한 것**이다. 왜냐하면 신학과 실천은 분리될 수 없기 때문이다. 자칫 성공적인 목회실천에 대한 신학화 작업은 목회신학적 이데올로기가 되어 수많은 성도들과

---

9) 실제로 목회 현장에서는 교인들이 이사를 갈 경우 '보편교회' 의식보다는 이전 교회의 목회사역자의 목회방식만을 고집함으로 지교회를 선택하지 못하여 실제적으로 무교회적인 상태에 있는 교인들이 많이 있다. 이것은 이전 목회자의 목회관이 이데올로기화된 측면이 있다.

목회자에게 화석화된 목회관을 심어줄 우려가 있다.[9] 따라서 본서의 목적은 이러한 문제점을 직시하여 모든 목회자와 교인들과 일반인들이 바른 목회신학적 안목에서 목회를 바라보고 평가할 수 있도록 하기 위함이다.

본서의 연구 가치는 연구의 희소성이다. 즉 칼뱅의 목회신학에 대한 기존 이해가 너무 없다는 점에 있다. 필자가 세계 최대 온라인 도서관 센터인 OCLC로 조사한 바에 의하면 **현재 한국과 세계적으로 '칼뱅의 목회신학'이라는 주제 하에 쓰인 박사학위 논문(Th.D, Ph.D)은 시도된 적이 없다.**[10] 국내의 경우 학위논문도 장신대 대학원에서 1976년에 장성규의 "요한 칼빈의 목회론"이 나온 후 실천양식의 어느 하나를 들어 접근하는 방식의 석사 수준의 논문이 약간 있을 뿐이다.

일반신학계와 목회신학계에서 그동안 인식하고 있었던 칼뱅의 목회신학은 그 연구가 부족하였다. 간혹 칼뱅의 설교 등을 집중 분석한 경우가 있기는 하지만[11] 역사신학계에서는 주로 칼뱅의 사상과 전기적 성격을 다루어 왔다. 조직신학계에서도 칼뱅을 주로 신학적이고 교리적 관점에서 보아 왔다. 1830년 최초로 목회신학을 체계화한 크라우스 하름스(Craus Harms) 이후 목회신학계에서 칼뱅의 목회신학을 다루어 온 역사는 비교적 부정적이거나 소극적이었다. 사실 투르나이젠 이후 칼뱅의 목회신학을 적극적으로 평가하는 경우는 거의 없는 점을 발견할 수 있었다. 최근의 현대 목회신학 중 앤드류 퓌베스(Andrew Purves) 정도가 기존의 인간 경험에 바탕을 둔 목회신학을 비판하면서 전통적 교리에 바탕을

---

10) 간행물이나 학회에 발표한 것으로는 다음과 같은 정도이다.
   Marcus J. Serven, "Rediscovering our Reformation heritage: the Pastoral Theology of John Calvin," *Evangelical Theological Society Papers* ; ETS-0188. (2000). W. Stanford Reid, John, Calvin, Pastoral Theologian," *Reformed Theological Review* vol. 42 (September-December 1982). 65-73. Takeshi Takasaki, "Calvin's Theology as Pastoral Theology," *Reformed Review* vol. 51. No.3 (Spring 1998), David Willis-Watkins, "Calvin's Theology of Pastoral," *Calvin Studies Society Papers* (1992).
11) 칼뱅의 설교에 대한 분석은 *Calvin et Sermon*, 박건택 편역, 『칼빈의 설교학』(서울: 나비, 1994). T. H. L. Parker, *Calvin's Preaching* (Louisville: Westminster/ John Knox Press, 1992).
12) Andrew Purves, *Reconstructing Pastoral Theology* (Louisville: Westminster, 2004). *Pastoral Theology in the Classical Tradition* (Louisville: Westminster John Knox Press, 2001).

둔 목회신학을 재건해야 함을 역설하고 있다.[12] 퍼베스는 칼뱅의 목회신학을 교리적 측면에서 제시했는데 그것은 목회적 돌봄이라는 것이 말씀과 성례 곁에 있는 제3의 것이 아니라는 칼뱅의 개념을 근거로 목회신학을 전개하고 있다.[13] 그의 목회신학의 근본적인 신학적 구조는 두 개의 범주 즉 기독론적 기초와 그리스도와 연합의 교리에 근거하고 있다.[14] 특히 『고전적 전통의 목회신학』에서 여러 명의 고전적 전통의 목회신학자들을 소개하고 있는데[15] 그는 여기서 칼뱅을 직접적으로 다루지 않는다.

빈약한 칼뱅의 목회신학에 대한 연구는 한국의 경우도 마찬가지이다. 우선 김득룡은 1979년 목회 대상으로서 인간관에 칼뱅의 목회신학을 논하였으며,[16] 한국 장로교 목사들의 목회신학이 변질되고 있다고 진단하고 웨스트민스터 신앙고백서와 근본적으로 일치하는 계약신학(covenant theology)에 근거한 목회신학을 전개한 바 있다.[17] 그러나 김득룡 교수는 계시론적 칼뱅주의 신학 자체만을 주로 설명하므로 그가 제시한 칼뱅의 목회신학이 목회 프락시스와 어떤 연관을 가지는지에 대해 접근이 불분명했다. 그 뒤 황성철 박사는 2000년 『개혁주의 목회신학』에서 칼뱅의 목회신학을 별도의 항목으로 분류하여 그 특징을 설명하고 있다. 그러나 그의 목회신학은 거의 목회신학의 성경적 근거와 역사에 치우침으로 정작 칼뱅의 목회신학에 대한 내용적 접근은 한계가 있었다.

이렇게 칼뱅의 목회신학에 대한 연구가 부족한 것은 실천신학이라는 학문의

---

13) Andrew Purves, *Reconstructing Pastoral Theology*, 11.
14) Purves에 의하면 예수 그리스도가 목회신학의 중심이며 내용이라고 본다. 그리스도는 목회신학을 위한 은유(a metaphor), 예증(an illustration), 준거점(a point of reference) 그리고 행동의 원리(a principle for action)라고 보았다. 그러나 그의 목회신학의 단점은 설명이나 예증이 없는 목회신학이라는 비판이 있다.
15) Andrew Purves가 제시한 '고전적 전통의 목회신학자들'은 Gregory of Nazianzus, John Chrysostom, Gregory the Great, Martin Bucer, Richard Boxter 등이다.
16) 김득룡, "칼빈주의적 목회신학," 『신학지남』, 제41-3권, (1974년 가을호): 51-75. "칼빈의 목회신학 연구: 기독교인의 자아상을 중심하여," (1979), 8-45.
17) 김득룡, "한국 장로교회가 당면한 목회신학의 과제 연구ⅠⅡ," 『신학지남』, 제49-3, 4권, (1982). 87-108, 6-37. "한국 개신교 목회신학의 요소와 계보 고찰," 제51-1권, (1984). 73-127.

발달로 목사를 중심으로 한 목회신학이 비판을 받은 영향이 있고 또 한편으로 목회기술론 내지 방법론으로 현대 목회학이 연구되어지기 때문에 오히려 목회신학 내지 실천신학의 프락시스 이론의 근거가 되는 '신학적 기반 이론'이 실천신학의 영역이 아니라는 입장 때문으로 여겨진다. 더구나 500년 전 인물이 말한 '목회적 신학' 사상 연구가 역사신학의 영역이지 실천신학의 영역이 아니라는 인식 때문일 것이다.

그러나 필자는 이런 견해에 반대한다. 오히려 목회기술론이나 지나친 프락시스 이론에 치우친 현 실천신학계를 고려하면 칼뱅은 비록 역사적인 인물이더라도 목회신학이라는 고유한 정체성에 근거하여 실천적으로 연구가 가능하다고 본다. 즉 실천신학의 기반 이론으로서 부분적으로 칼뱅의 목회신학은 공헌할 수 있다고 본다. 이런 전제에서 그것이 논증된다면 본서의 연구는 실천신학적으로 연구의 가치가 있다 본다.

6. 연구의 방법과 그 한계

필자는 칼뱅의 목회신학 연구를 위하여 먼저 역사적인 접근 방법을 사용할 것이다. 이 같은 방법으로 칼뱅의 목회신학에 대한 기존 이해를 살펴본다. 그리고 그의 목회 배경과 사역도 역사적인 접근과 목회학적인 방법으로 연구할 것이다. 그러나 그의 목회신학 연구는 목회적 조직신학[18]이나 역사신학적인 방법이 아니라 실천신학적인 방법[19]을 적용할 것이다. 물론 칼뱅의 목회신학 방법론은 현대

---

18) 예를 들면 목회적 교리로서 삼위일체 교리(Trinity as pastoral doctrine), 하나님의 주권 사상, 선택교리 등을 교의학적 방법론으로 연구하는 것을 의미한다.
19) 필자가 본서에서 적용하는 방법론은 현대적 의미의 프락시스 이론을 연구하는 실천신학적 방법론이 아니라 폭넓은 의미에서의 실천신학 방법론 중의 하나인 목회신학적 방법론을 의미한다. 현대 실천신학들은 크게 네 가지 방법론을 사용한다. 즉 실용주의적 접근, 목회신학적 접근, 해석신학적 접근, 경험적 실행학적 접근 등이다. Cf. L. M. Heyns & J. C. Pieterse, *A Primer in Practical Theology*, 이정현 역, 『실천신학 입문서』(시흥: 도서출판 지민, 2006), 151.

적 의미에서 실천신학(practical theology)의 방법론은 아니었다. 왜냐하면 그의 목회신학의 방법론은 성경적 진리와 신앙적 선언들을 실천에 직접적으로 적용시키는 방법론이었기 때문이다. 즉 적용신학의 성격이 강했다. 따라서 우리는 칼뱅의 목회신학이 무엇인가를 밝히는 데는 칼뱅이 취했던 적용신학적 연구방법론으로 탐구해 나갈 것이다. 우리는 칼뱅이 그랬듯이 그의 주해와 목회적 경험이 당대의 목회적 상황 속에서 성경 본문과 씨름하는 방식으로 신학하였던 성경적 해석(a biblical hermeneutic)의 방법을 적용할 것이다.[20] 그러나 그의 목회신학에 대한 평가는 **현대 실천신학의 관점에서 그 적용 가능성을 진단**하고자 한다.

그러나 보다 근본적으로는 칼뱅의 사역이 종결된 오늘날 그의 사역의 결과물의 흔적은 현대 실천신학이 발생하기 이전부터 존재하였던 **목회신학적 관점에서 시도되어야 한다.** 이를 위해 칼뱅의 저작 문헌에서 가장 중요한 목회신학적 문헌은 제네바교회의 컨시스토리[21]이다. 당시 당회록은 칼뱅의 목회적 책임이 어떠했는지를 보여준다.[22] 그러나 불행하게도 목회신학계에서는 이러한 접근을 시도하지 못했다. 다음으로 중요한 목회신학적 문헌은 그의 설교이다. 그의 설교는 암스트롱(Brian G. Armstrong)이 제시한 바와 같이 칼뱅의 사역에 가장 중심적인 것이다.[23] 이러한 설교 분야도 목회신학계에서 시도되었다기보다는 역사학자 파커(T. H. L. Parker)에 의해 연구되어졌다.[24] 또 칼뱅의 주석은 그의 목회신학적 면모를 확인할 수 있는 중요한 문헌이다. 스텐포드 리드(W. Stanford Reid)는 칼

---

20) Gerg Hershberger, *An Exploration of the Biblical Hermeneutics of John Calvin with Special Attention Given to His Discussion of Predestination*; available from http://www.ghg.net/jfox/WUMC/CALVIN.htm; Internet; accessed 14 April 2006.
21) 컨시스토리를 당회라고 하지 않는 이유는 역사적 관점에서 오늘날의 당회 관념을 16세기 컨시스토리 제도의 성격으로 해석할 우려가 있기 때문에 컨시스토리 그대로 지칭하기로 한다.
22) Elsie Anne Mckee, ed. & trans., *John Calvin: Writings on Pastoral Piety* (New York: Paulist Press, 2001), Foreword.
23) Brian G. Armstrong, "Exegetical and Theological Principle in Calvin's Preaching, with Special Attention to His Sermon on the Psalm," in *Ordentlich und Fruchtbar: Festschrift fur Willen van't Spijker*, ed. Wilhelm Neuser and Herman Selderhuis (Leiden: J. J. Groen en Zoon, 1997), 191-203. 재인용, Muller, 37.
24) T. H. L. Parker, *Calvin's Preaching* (Louisville: John Knox Press, 1992).

뱅의 주석들은 목회적 의무와 권위에 대한 풍부한 자료라고 했다.[25] 그 다음으로 중요한 문헌은 『기독교강요』이다. 그동안 『기독교강요』를 교의학적 관점에서만 보려고 하였다. 그러나 비록 『기독교강요』가 성경 주석에서 추출되는 신학 논제들과 당시에 제기되었던 신학적 논제들이 교의적이었다고 할지라도 그것은 목회적 실천을 전제로 한 것이다.[26] 그 다음의 문헌은 그의 편지들이다. 칼뱅이 일생을 두고 교환한 서신문 역시 목회적 관점에서 쓰였다. 그 이유는 그 당시의 그의 모든 커뮤니케이션은 목회 현장을 책임지고 있는 목사로서 행위이기 때문이다. 마지막으로 칼뱅의 캐터키즘[27](Calvin's Catechism of 1538)이다. 이 신앙고백서에는 칼뱅의 실천적인 목회사상이 드러나 있다. 필자가 위와 같은 칼뱅의 저작들을 목회신학적 관점에서 보려는 것은 그의 저술들의 성격이다. 칼뱅의 저술은 그것 자체로 주석이나 교의학적 논술이 아니라 목회적 관점에서 쓰였다는 것이다. 일본의 타카사키(Takeshi TakasaKi) 목사는 칼뱅의 신학은 목회적이라고 잘라 말했다.[28] 우리는 위와 같은 칼뱅의 저작 문헌들을 중심으로 목회신학의 주요 주제들을 탐구해 나갈 것이다.

---

25) W. Stanford Reid, "John Cavin, Pastoral Theologian," *Reformed Theological Review* vol. 52 (September-December 1982): 65.
26) Reid, *Reformed Theological Review* vol. XLII. No. 3, 65.
27) I. John Hesselink, *Calvin's First Catechism: A Commentary* (Louisville: Westminster John Knox Press, 1997).
28) Takeshi TakasaKi, "Calvin's Theology as Pastoral Theology," *Reformed Review* vol. 51, No. 3 (Spring 1988): 220.

John Calvin's
Pastoral Theology

John Calvin's Pastoral Theology 제2장

목회신학의 역사와 정체성

    칼뱅의 목회신학을 역사신학적 관점이 아니라[1] 실천신학적 관점에서 논하려면 반드시 목회신학의 학문적 정체성을 염두에 두어야 한다. 왜냐하면 칼뱅의 목회관을 나열하는 방식으로는 역사신학적 진술로 끝날 우려가 있기 때문이다. 그리고 칼뱅의 목회신학 자체를 조망할 비평적 근거가 없기 때문이다. 따라서 우리

---

1) 칼뱅을 역사신학적 관점에서 연구하는 방법은 주로 칼뱅의 인물과 신학의 정체성에 대한 질문들로 전개되어 왔다. 이에 대한 학계의 접근은 다음을 참고하라. Cf. Emile Doumergue, *Le caractere de Calvin; Le 'Homme, Le Systeme, L 'Eglise, L 'Etat*, 1931, 이오갑 역, 『칼빈사상의 성격과 구조』(서울: 대한기독교서회, 1995). Wilhelm Niesel, *Die Theologi Calvins*, 1938, 이종성 역, 『칼빈의 신학』(서울: 대한기독교서회, 1973). François Wendel, *Calvin: Origins and Development of his Religious Thought*, 김재성 역, 『칼빈: 그의 신학사상의 근원과 발전』(서울: 크리스챤다이제스트, 1999). Alexandre Ganoczy, *Le jeune Calvin*, trans. David Foxgrover and Wade Provo, *The Young Calvin* (Philadelphia: The Westminster Press: 1987). T. H. L. Parker, *Calvin: An Introduction To His Thought*, 1995, 박희석 역, 『칼빈신학입문』(서울: 크리스챤다이제스트, 2001). Susanne Selinger, *Calvin against himself: an inquiry in itellectual history* (Hamden: Archon, 1984). W. J. Bouwsma, *John Cavin: A Sixteenth Century Portrait* (Oxford: Oxford University Press, 1988). Alister E. McGrath, *A Life of John Calvin: A Study in the Shaping of Western Culture* (Cambridge, Mass.: B. Blackwell, 1990). Bernard Cottret, *Calvin: biographie*, 1995. *Calvin: a biography* (Grand Rapids: Eerdmans, 2000). Denis Crouzet, *La Genese de la Reforme francaise: 1520-1560* (Paris: SEDES, 1996). Ricahrd A. Muller, *The Unaccommodated Calvin*, 이은선 역, 『16세기 맥락에서 본 진정한 칼뱅신학』(성남: 나눔과 섬김, 2003), 16. Karl Barth, *Theology of John Calvin* (Grand Rapids: Eerdamans, 1922). R. Stauffer, *L' Humanite de Calvin*, 1964, 박건택 역, 『남편, 아버지, 친구, 목회자로서의 칼빈』(서울: 정암출판사, 1983). 박건택, "칼뱅 전기물 연구," 『신학지남』, 제71권 3집, (2004년 가을호): 36.

는 목회신학의 학문적 정체성을 먼저 밝히고자 한다. 이 정체성을 밝히기 전에 먼저 '목회신학'이라는 용어를 정의하고 현대 목회신학이 형성되기까지 그 신학사(神學史)를 먼저 밝혀야 한다. 그러한 학문적 역사성을 바탕으로 우리는 목회신학의 정체성을 명백히 할 것이다.

1. 목회신학의 정의

일반적으로 목회신학(pastoral theology)이란 목회에 관한 신학(theology)이다. 목회신학을 정의하자면 '목회'가 무엇이냐 와 '신학'이 무엇이냐를 정의해야 할 것이다. 그런데 문제는 양자의 의미를 정의하는 것이 쉽지 않다. 그래서 그것을 정의하는 사람마다 다양한 정의가 나올 수 있다. 먼저 **'목회'는 사전적 어휘로 명사형이 존재하지 않는다.** 양떼를 돌본다는 성경적 비유의 언어를 그대로 차용하여 '목양'(牧羊: shepherding)을 일반적으로 '목회'라고 부르고 있을 뿐이다. 보통 '목회'란 '목사'(pastor)라는 명사형에 어미가 붙은 '목사의', '목사적인', '목양적인' 등을 의미하는 'pastoral'[2])에 교회의 전반적인 일 혹은 직무를 나타내는 '사역'(ministry)을 합한 '목사의 사역', '목양적인 사역' 등으로 이해한다. 그러나 더 구체적으로 '목사의 사역'이 무엇이냐를 놓고는 학자마다 그 견해가 너무나 다양하다.

본서에서 이러한 용어와 범주의 혼란을 피하기 위하여 필자는 다음과 같이 '목회'를 정의해 두고자 한다.[3]) '목회적'(pastoral)이란 '목사와 사람들의 관계를 가지는'의미로 사용되므로 일반적으로 사용하는 '기독교적 신앙의 돌봄(care)과

---

2) 'pastoral'이란 용어가 처음으로 사용되기 시작한 것은 종교개혁 이후 특히 쯔빙글리(Huldreich Zwingli)의 저서 "목자"(Der Hirt)로부터라고 보는 것이 통설이다. Cf. Seward Hiltner, *Preface to Pastoral Theology* (New York: Abingdon Press, 1958). 15.
3) *Westminster Dictionary of Theological Terms*, ed., Donald K. McKim (Louisville: Westminster John Knox Press, 1996). s. v. "pastoral" "pastoral ministry" "pastoral care."

양육(nurture)'의 의미를 넘어 교회 회중 전체와의 관계까지 아우르는 폭넓은 개념으로 사용된다. 따라서 '**목회**'(pastoral work)란 '**교회에서의 목사의 사역**'(pastoral ministry)의 의미로 사용하되 교회 회중 전체와의 관계까지 아우르는 폭넓은 실천 개념으로 사용한다. 본서에서 '목회'라고 단순히 말할 때는 이 '목회사역'을 의미한다. 그리고 '사역'(ministry)도 '목사를 포함하는 하나님의 백성들의 모든 기독교적 실천'을 의미하는 용어로 사용한다. 물론 '사역'은 '목회'보다 더 넓은 개념으로 사용한다. 그러므로 본서에서 논하는 '목회'는 일부 학계에서 '목회'를 '목회적 돌봄'(pastoral care)으로 한정하는 입장에 서 있지 않다. 그러한 이유는 오늘날 '목회적 돌봄'을 거의 '목회상담'(pastoral counselling)으로 이해되고 있어 목회가 곧 상담이라는 인식이 가능해졌기 때문이다. 물론 '목회적 돌봄'의 의미도 목사가 하는 '목회적 상담'보다 넓은 개념으로 사용한다. 위와 같은 제 용어들에 대한 개념을 필자는 다음과 같은 범주로 사용한다.

다음으로 목회신학을 정의하자면 신학(theology)이 무엇이냐를 정의해야 할 것이다. 그런데 그 의미도 정의하는 것이 쉽지 않다. 그래서 정의하는 사람마다 다양한 정의가 나올 수 있다. 전통적으로 신학이란 문자적인 의미로 '하나님'

(theos)의 '말씀'(logos)을 연구하는 학문으로 이해한다.[4] 문제는 신학을 하나님의 말씀인 성경만을 연구하는 것이라고 범주화할 수 있느냐이다. 그렇게 되면 직접적인 의미에서 성경신학 혹은 조직신학만 신학이라고 말할 수 있다. 그러나 말씀을 적용하는 실천신학의 영역에서는 보다 '실천적 이론'까지 신학으로 범주화하려는 경향이 있다. 그래서 그 실천적 이론을 세우고 설명하는 과정에서 계시보다는 '인간의 경험'을 학문적으로 수용하여 방법론적으로 신학화하려는 경향이 있다. 따라서 신학을 '하나님의 말씀을 연구하는 학문'에서 더 나아가 '인간들의 삶에 적용하는 학문'을 덧붙여도 막상 그 적용이 무엇이냐를 놓고 견해가 분분하다. 이것은 '계시'와 '경험'의 중간 영역 어디까지 연구 대상으로 하고 수용하느냐가 학자마다 다르기 때문이다. 필자는 본서에서 사용하는 '신학'이라는 개념은 전통적인 입장에서 '하나님의 계시인 말씀을 연구하는 학문'으로 정의하되 모든 신학이 실천을 목표로 하기 때문에 실천신학의 입장에서 '하나님의 말씀을 인간의 삶에 적용하는 학문'으로 구체화하여 이해한다. 따라서 적용을 구체화하는 과정에서 나오는 '인간 경험'의 학문적 결과물들을 신학이라는 범주에는 포함시키지 않지만 적어도 '신학 병행체' 학문으로서 그 정체성을 인정하는 정도이고 말씀을 보다 적절한 수준에서 적용하고 인간의 삶의 실제를 이해하기 위한 보조적 도구 학문으로 이해한다. 그러나 이러한 보조성도 언제나 신학의 계시성보다 우선할 수 없음은 자명하다. 신학적 접근보다는 경험적이고 실제적인 '목회학'의 경우 이러한 목회 경험론적 접근은 필연적이다.[5] 필자가 보는 칼뱅의 목

---

4) 신학(theology)이라는 말은 'Theos'(God)와 'logos'(Word)라는 그리스어에서 나온 말이다. 근본적으로 신학은 "하나님에 관한 말씀"이다. 이 '신학'이라는 말은 기독교 신앙(the regula fide)의 총체를 서술하기 위하여 2세기 Clement of Alexandria가 최초로 사용한 말이다. 그 후 Peter Abelard와 Gilbert de la Porree의 영향 아래 라틴어 'theologia'라는 말은 "성스러운 배움의 과목"(the discipline of sacred learning)을 의미하게 되었다. 기독교적 신앙에 대한 성경적 자료의 조직화된 논의를 의미하는 서방 '신학'의 주요한 첫 작품은 12세기 파리대학에서 편찬한 Peter Abelard의 "Four Books of the Sentences"이다. Cf. C. Matthew McMahon, *An Introduction to Historical Theology*; available from www.apuritansmind.com/Historical Theology/Historical Theology; Internet; accessed 4 April 2006.
5) 목회신학과 목회학을 구분하지 않을 수 있으나 목회학을 목회신학보다 더 큰 범주로 삼고 목회학을 목회실무론으로 이해하는 경향이 있다. 이때 목회실무론에서 목회자의 목회경험이 보편적 원리로

회신학은 계시 중심적일 것이라는 가정 하에서 연구를 출발한다.

그렇다면 **목회신학의 정의**는 무엇인가? 필자가 본서에서 사용하는 '목회신학'(pastoral theology)이란 '하나님의 말씀을 교인들과 사람들에게 적용하기 위하여 지교회에서 실천하는 목사의 정체성과 사역(pastoral ministry)을 연구하는 학문'으로 이해한다. 이 정의는 다음과 같은 의미론적 범주를 규정한다.[6]

어느 정도까지 신학적 원리와 일치할 수 있느냐가 가장 중요한 문제이다. 19세기 미국의 목회신학은 거의 목회경험론에 가까운 목회학이었다.

6) 국내외 학자들의 목회신학 혹은 목회학에 대한 정의는 다음과 같다:

곽안련, "牧會學이란 敎役者가 福音의 眞理를 信者의 生活에 實際로 適用하는 일을 도와주는 學問이다." 『목회학』(서울: 대한기독교서회, 1925; reprint 1985), 1.

김득룡, "목회신학이란 하나님의 말씀을 개개인에게 효과적으로 전달하여 영혼을 돌보는 것(care of soul)을 중심으로 하는 활동과 기능을 연구하는 학문이다." 『현대목회신학원론』(서울: 총신대학교출판부, 1987), 231.

현유광, "목사가 교회를 중심으로 공식 또는 비공식적인 관계를 통하여 개개인과 회중에게 하나님의 말씀을 효과적으로 전달하여 영혼을 돌봄으로써 그 인격과 사역에서 예수 그리스도의 장성한 분량에까지 이르도록 돕는 목사의 활동과 기능을 성경에 기초하여 연구하는 실천신학의 한 분야이다." "목회학," 한국복음주의 실천신학회 편, 『21세기 실천신학개론』(서울: CLC, 2006), 275.

황성철, "목회신학은 목회자의 직무와 기능뿐만 아니라 교회의 전반적인 활동들을 취급하는 하나의 신학이다." 『개혁주의 목회신학』(서울: 총신대학교출판부, 2004), 17.

Jay E. Adams, "Poimenics는 목양에 대한 연구이다." *Shepherding God's Flock*, 정삼지 역, 『목회연구』(서울: CLC, 1998), 21.

Eduard Thurneysen, "목회학이란 교인 대중을 향해 선포된 메시지를 한 사람 한 사람에게 특별하게 전달하는 것이란 뜻이다." *Die Lehre von der Seelsorge*, 박근원 역, 『목회학원론』(서울: 성서교재간행사, 1990), 10.

Seward Hiltner, "목회신학이란 목양적 관점을 교회와 목사의 모든 활동과 기능에서 이끌어 내어 하나의 질서 있는 신학적 결론을 도출해내는 신학적 지식이나 연구의 한 분야이다" Hiltner, *Preface to Pastoral Theology*, 20.

Thomas C. Oden, "목회신학은 목사의 직책과 기능을 다루는 기독교 신학의 한 가지이다." *Pastoral Theology: Essentials of Ministry*, 오성춘 역, 『목회신학; 교역의 본질』(서울: 한국장로교출판사, 1993), 21.

Don S. Browning, "목회신학은 돌봄의 실천신학이다." "Pastoral theology in a Pluralistic Age," in *Pastoral and Practical Theology*, ed. James Woodward and Stephen Pattison (Malden: Blackwell Publishing, 2000), 93.

James N. Lapsley, "목회신학이란 교인들을 돌보는 일의 모든 측면들을 신학적 탐구의 컨텍스트 속에서 연구하는 것으로 신학의 다른 분야들을 위한 연관적 의미를 포함한다." "Pastoral Theology: Past and Present," in *The New Shape of Pastoral Theology*, ed. W. B. Oglesby (Nashville: Abingdon, 1969), 43.

첫째, **목회신학은 하나님의 말씀을 적용하는 학문**이다. 적용은 과정적으로 실천을 포함한다. 목회신학은 계시의 의미만을 추구하지 않고 계시의 지평 안에서 적용과 실천적 이론을 연구하는 학문이다. 그러나 그 적용과 실천적 방법론은 언제나 성경 중심적이다. 그렇다고 목회신학은 하나님의 말씀인 계시를 연구하는 학문이지만 그렇다고 소위 '목회적 성경신학'은 아니다. 목회신학은 하나님의 계시인 말씀의 의미만을 추구하지 않고 적용하는 데까지 나가 그 의미의 지평 안에서 실천적 적용까지를 연구하는 학문이다. 목회신학의 직접적인 대상은 계시이기 때문에 인간의 경험을 일차적 대상으로 삼지 않는다. 물론 인간의 경험이 귀납법적으로 계시를 논증하는 수준에서는 연구대상으로 받아들인다. 그렇지만 목회신학이 직접적으로 인간의 경험을 중심으로 연구하는 학문은 아니다.

둘째, **목회신학은 교회 안의 교인들과 교회 밖의 일반 사람들에게 하나님의 말씀을 적용하는 학문이다.** 이것은 목회신학이 교회 안의 사람들에게만 적용되는 것이 아니라 세상을 향한 교회의 전반적인 사역까지 포함하는 학문이라는 의미이다. 따라서 우리 안의 목양을 주로 하지만 더 나아가 그 목양이 교회의 행동양식으로 우리 밖을 향해 사역하는 영역까지 연구 대상으로 한다. 이 말은 목회신학이 교회의 외부적 행동인 전도, 선교, 사회봉사를 전문으로 연구하는 영역이 별도로 있음에도 불구하고 목회신학의 독특한 영역이 있다는 의미이다.

셋째, **목회신학은 지교회에서 실천하는 사역을 연구 대상으로 하는 학문**이다. 지교회라는 목회의 장(場)은 목회자와 교회 안과 밖의 사람들이 평생의 삶을 같이 한다는 삶의 공동성을 근거로 한다. 목회의 대상인 인간의 삶 전 기간을 통해서만이 말씀의 적용이 관찰되기 때문이다. 그러므로 소위 선교단체의 목회 운동, 일시적 선교 기간 동안 사역 등 소위 목사의 '특수목회' 행위는 목사 신분을 가진 '개인'으로서 교회의 외부적 행동으로 선교신학이나 디아코니아학의 연구 대상이지 직접적으로 목회신학의 연구 영역은 아니다.

마지막으로 **목회신학은 목사의 정체성(identity)과 사역(pastoral ministry)을 연구하는 학문**이다. 목회신학은 목사의 정체성을 연구하는 학문이다. 정체성을 연구한다는 말은 그 직분과 자아를 모두 연구한다는 말이다. 조직신학에서 연구하는 교회의 직분 중에 목사가 포함된다. 그러나 실천신학에서 연구하는 목사론은 보다 실제적이다. 예를 들어 조직신학에서는 목사론을 목사의 '자아' 영역까지 다루지 않는다. 목사가 상습적인 반대자들인 교인들로부터 당하는 상처 등에 대한 자기 정체감 등은 목회상담학의 영역보다는 목회신학의 영역이다. 또 목회신학은 직접적으로 목사의 사역을 연구 대상으로 한다. 그러나 그 목사의 사역은 '목사와 사람들의 관계를 가지는' 교회 회중 전체의 사역과 깊은 연관을 가지고 있으므로 목회신학은 교회의 전반적인 사역을 '간접적으로' 연구한다. 간접적이라는 말은 '직접적인' 연구 영역은 각 실천신학의 전문 영역이라는 말이다. 목회신학은 목회자의 사역이 교회의 전 행동과 밀접한 연관을 맺고 있으므로 그 사역들을 목회자와 연관하여 '간접적으로' 연구한다. 예를 들어 목회신학이 '목회적 돌봄'(pastoral care)을 연구 대상으로 하지만 현대의 전문적 메디컬 케어(medical care), 간호(nursing care)와 같은 병렬 개념인 전문적인 상담학의 영역인 '목회상담학'(pastoral counselling)을 연구하는 학문이 아니라는 것이다. 그 이유는 다음 논의에서 살펴보겠지만 슐라이어마허 이후 '실천신학'이 학문적으로 정립되면서 '목회'의 영역이 축소되었기 때문이다.[7] 이렇게 목회를 상담 개념으로 이해하면 본 연구 주제인 칼뱅의 목회신학 연구는 결국 칼뱅의 목회상담신학을 연구해야 한다는 논리가 된다. 그러나 실천신학의 학문이 성립되기 전인 칼뱅의 목회신학 연구는 이러한 현대적 의미의 '목회적 돌봄'(pastoral care)만을 가지고 논할 수 없는 포괄성을 가지고 있으므로 '목회'를 보다 더 넓은 개념으로 사용하여야 그의 목회신학을 연구할 수 있다고 본다.

---

7) 실천신학은 18세기 후반 독일 개신교 전통의 아카데믹한 커리큘럼으로부터 출현되어 '목회적 돌봄' 뿐만 아니라 예배, 설교, 교육, 교회정치 등 교회의 실천 전 영역을 연구하는 신학으로 정착되어 오늘날 주류 개혁전통(mainstream reformed tradition) 안에서는 기존의 '목회'의 영역을 축소시키고 실천신학이 목회신학을 포함하는 개념으로 사용되기를 선호한다. Cf. James Woodward and Stephen Pattison, "An Introduction to Pastoral and Practical Theology," in *Pastoral and Practical Theology*, 2.

2. 목회신학의 역사

우리는 목회신학을 위와 같이 정의했지만 그것은 역사적으로 다양한 범주를 가지고 발전하여 왔다. 목회신학(pastoral theology)이라는 학문은 신학(theology)의 한 분과이다. 그리고 목회신학은 실천신학의 분과이기는 하지만 목회의 역사는 실천신학이 신학분과로서 자리매김하기 훨씬 이전부터 존재해 왔다.[8] 그러나 학문으로서 목회신학은 19세기에 와서도 뚜렷하게 나타나 있지 않았다. 이 말은 목회적 신학이 그 이전에 없었다는 말이 아니라 실천신학의 학문적 분과로서 본격적으로 신학자들에 의해 논하여지지 않았다는 말이다. '목회신학'(Pastoral Theologie)이라는 말이 처음으로 사용된 것은 된 것은 1749년 세이들(C. T. Seidel)에 의해서이다.[9] 그리고 신학의 한 분과로서 학문적으로 목회신학이 받아들여진 것은 1830년 독일에서이다.[10] 그러니까 학문사적 입장에서 보면 목회신학의 역사는 200년이 못 된다고 볼 수 있다.

우리는 먼저 논의를 명확하게 전개하기 위해 용어에 있어 현대적 신학 분과 학문으로 형성되기 이전의 **'목회적 신학'** 과 19세기 현대의 신학적 분과 학문으로 형성된 이후의 '목회신학'을 구분하여 사용하려고 한다. 물론 본서의 제목에서 사용하였듯이 현대 목회신학에서 연구한 칼뱅의 '목회적 신학'은 학문적 의미에서 '목회신학'이라고 불러도 좋을 것이다.

1) 종교개혁 이전의 '목회적 신학'

종교개혁 이전의 '목회신학'을 실천적 의미의 '목회적 신학'으로 보는 이유는 학문적 의미의 '목회신학'(Pastoraltheologie)은 독일에서 19세기 초반에야 형성되었기 때문이지 두 개의 신학적 내용에 특이한 차이점에 있어서가 아니다. 종교

---

8) Ibid., 1.
9) Hiltner, *Preface to Pastoral Theology*, 224.
10) Ibid., 43.

개혁 이전의 '목회적 신학'은 초기 교회의 교부들의 **'원시사역'**(the Primitive Ministry)과 '목회적 신학'(Pastoral Theology)에 나타나고 있다.[11] 이그나티우스(Ignatius)는 그의 양떼를 개인적으로 거의 알고 있었다고 말한다. 키프리안(Cyprian)은 목회사역에 관한 주제의 실천과 판단에 대해 자주 언급했다. 우리 시대의 안수(ordination)는 초기 교부들의 모델을 따른 것이다.[12] 초기 교회 때 목회적 돌봄은 공동체적인 차원의 성격을 갖는다.[13] 그러다가 박해시대를 맞아 목회 실천에 엄청난 변화를 가져온 것은 참회(metanoia)와 고해(exomologesis)라는 그리스적 개념의 유입이다. 터툴리안(Tertullian)은 화해를 가능하게 하기 위해서

---

11) 초기 교회의 교부들의 '원시사역'(the Primitive Ministry)과 '목회적 신학'(Pastoral Theology)에 대해서는 *The Pastor : Reading from the Patristic Period*, ed. Philip L. Culbertson & Arthure Bradford Shippee (Mineapolis: Augsburg Fortress Press, 1999). *Essays on the Eearly History of the Church and the Ministry*, ed. H. B. Swete (London: Macmillan and Co., Limited St Martin's Street, 1918). Charles Gore, The *Church and the Ministry* (Longmans: Green & Co., 1886; reprint, London: S. P. C. K, 1936). Joseph T. Lienhard, S. J., *Ministry*, vol. 8 in *Message of the Fathers of the Church*, ed., Thomas Halton (Wilmington: Michael Glazier, Inc., 1984). Adolf Harnack, *Entstchung und Entwickelung der Kirchenverfassung und des Kirchenrechts in den zwei ersten Jahrhunderten, nebst einer Kirik der Alhandlung R. Sohm's: "Wesen und Ursprung des Katholizismus" und Untersuchungen uber "Evangelium", "Wort Gottes" und das trinitarische Bekenntnis* (Leipzig, J. C. Hinrichs, 1910; reprint, *The Constitution & Law of the Church in the First Two Centuries*, trans. F. L. Pogson (New York: G. P. Putnam's Sons, 1910). Saint John Chrysostom, *On the Priesthood*, vol. 9 in NPNF, ed. Phillp Schaff (New York: Scribner, 1886-1890). Burnett Hillman Streeter, *The Primitive Church: Studied with Special Reference to the Origins the Christian Ministry* (New York: The Macmillan Company, 1929), 루터교적 관점의 저서로는 5세기까지 초대교회의 목회를 정리한 Carl A. Volz, *Pastoral Life and Practice in the Early Church* (Minneapolis: Augsburg Fortress, 1990) 등이 있다. 교부신학의 목회신학적 관심은 K. E. Kirk, Gerhard Lander, Rowan Williams 등에 의해 확립되었지만 그 외 사도시대의 사역에 관한 무수한 연구는 학문 분과 상 신약신학의 범주에 속하므로 여기서 제외한다. 특히 가톨릭계의 Edward Schillebeeckx의 "Ministry", Jacques Paul Migne의 "*Patrologiae cursus completus*" 등 저서들은 개신교적 관점에서도 교부 시대의 목회신학을 연구하는 데 중요한 저서들이다.
12) Charles Bridges, *The Christian Ministry with an Inquiry into the Cause of its Inefficiency* (Edinburgh: The Banner of Truth Trust, 1830, 1997). 347.
13) Charles V. Gerkin, *An Introduction to Pastoral Care*, 유영권 역, 『목회적 돌봄의 개론』(서울: 은성, 1999). 34.

기독교 공동체에 참여할 수 있는 목회적 자격으로서 회개와 고해의 개념을 강조했다.[14] 한편 크리소스톰(John Chrysostom)은 목회자로서 영혼을 돌보는 사역과 그 존귀함, 그리고 그 방법을 대화 형식으로 서술하였다. 그는 목회자들이 모든 면에서 영혼의 상태를 살피기 위하여 위대한 지혜(wisdom)와 눈(circumspection)이 필요하다고 했다. 그리고 목자가 양떼를 인도하기 위해 무엇이 필요한지에 대해 영혼 돌봄의 차원에서 설명하였다.[15] 다음으로 종교개혁 이전에 가장 잘 알려진 목회신학 저자는 그레고리(Gregory)이다. 중세 목회를 위한 지침서로 가장 많이 알려진 그의 『목회규칙서』(Liber Regulae Pastoralis)는 목회자의 거룩한 삶을 잘 보여주고 있다.[16] 이 『목회규칙서』는 590년 이후 일천년간 목회사역의 주도적인 목회적 전통의 역사에서 가장 오랜 영향을 끼친 책이다.[17] 그 후 중세교회의 목회신학은 '전례'를 중심으로 기울어졌다. 중세교회의 목회신학의 핵심은 사제주의의 신학이다.

2) 종교개혁 시대의 '목회적 신학'

종교개혁자들은 모든 교리신학이 필연적으로 '목회적 신학' 임을 이해했다.[18] 그것은 중세교회의 목회의 핵심적인 신학인 사제주의 신학은 곧 목회적 실천에 관한 문제였기 때문에 그 실천의 신학적 기준에 대해 논쟁할 수밖에 없었다. 우

---

14) Ibid. 35.
15) John Chrysostom, *On the Priesthood*, ed. Bernard de Montfaucon in Migne's Collection of Greek Patrology, Trans. Patrick Boyle (Dublin: M. H. Gill & Son, Ltd., 1910; reprint. Westminster, Maryland: The Newman Bookshop, 1945). 26.
16) R. A. Markus, *Gregory the Great and his World* (Cambridge: Cambridge University, 1997). Gregory the Great, *Regulae Pastoralis*, trans. and annotated by S. J. Henry Davis, vol. 11, *Ancient Christian Writters: The Works of the Father in Translation*, ed. by Johnannes Quasten and Joseph C. Plumpe (New York: Newman Press, 1978).
17) Andrew Purves, *Pastoral Theology in the Classical Tradition* (Louisville: Westminster John Knox Press, 2001). 56.
18) Andrew Purves, *Reconstructing Pastoral Theology* (Louisville: Westminster John Knox Press, 2004). 6-7.

선 마틴 루터(Martin Luther)는 가톨릭교회의 전례중심주의와 고해성사의 규율을 반대하고 하나님과 개인적인 관계에 보다 초점을 두었다. 찰스 거킨(Charles V. Gerkin)은 이러한 개인화와 모든 기독교인의 목회적 책임론으로의 변화가 현대 목회적 돌봄의 표준이 되었다고 하면서 그것은 칼뱅이나 마틴 부처(Martin Bucer)에게서도 발견된다고 보았다.[19] 그러나 필자는 종교개혁자들이 현대적 의미의 미시적 개념의 '목회적 돌봄'만을 강조했다고 보지는 않는다. 종교개혁자들은 보다 포괄적인 목회관을 가지고 있었다.

힐트너의 평가처럼 **프로테스탄트 교회 최초의 목회신학자**는 스트라스부르그의 개혁자 마틴 부처이다.[20] 그는 『진정한 영혼 돌봄에 관하여』(Von der waren Seelsorge, 1538)를 독일어와 라틴어판으로 출판하였다.[21] 맥닐에 의하면 영혼 돌봄에 관한 개혁 전통의 문헌 중 가장 두드러지는 작품이라고 극찬했다.[22] 역사적으로 부처는 루터파와 개혁파 중간에 위치한다. 그의 목회신학 저서는 스트라스부르그에 체류하였던 칼뱅의 목회신학에 영향을 주었다는 것이 일반적인 평가이다.[23] 그는 자신의 목회신학 저서에서 목회의 다섯 가지 직무를 다음과 같이 말했다.

> 나는 잃어버린 자를 다시 그리스도에게로 불러들이며, 떠나갔던 자들을 다시 인도해 오고, 죄에 빠져 망가진 사람들의 생을 다시 원상으로 회복케 하며, 병든 기독자들을 강하게 하며, 건전하고 강건한 기독자들을 잘 보존할 것이다; 나는 이러한 판단으로 그들을 목양할 것이다.[24]

---

19) Gerkin, *An Introduction to Pastoral Care*, 유영권 역, 49.
20) Hiltner, *Preface to Pastoral Theology*, 43.
21) John T. McNeill, *A History of The Cure of Souls* (London: SCM Press, 1952). 177.
22) Ibid.
23) Thomas F. Torrance, "The Eschatology of the Reformation," in *Eschatology: Scottish Journal of Theology Occasional Papers* No. 2 (Edinburgh: Oliver and Boyd Ltd., 1953), 53.
24) McNeill, *A History of The Cure of Souls*, 177.

종교개혁기에 가장 방대한 목회적 신학을 제시한 인물은 장 칼뱅이다. 그의 목회적 신학에 대해서는 지금 학계에서 정당하게 조명 받지 못하고 있다. 그는 자신의 목회적 신학을 키프리안 등 초대교회 교부들에게서 찾았다.[25] 그의 목회적 신학의 핵심은 포괄적인 목회 개념을 제시했다는 점이다. 그의 목회 개념은 단순히 개인화된 목회적 돌봄의 차원이 아니었다. 그에게는 보다 제도적인 차원이 있었다. 이러한 경향은 스코틀랜드의 존 낙스(John Knox)에 의해 목회 구조의 획기적인 패러다임을 제시하는 장로회적 목회 구조관을 형성시켰다.[26] 칼뱅의 목회적 신학은 그의 제자 베자(Theodore Beza)의 목회적 신학으로 이어지고[27] 그 후 청교도들의 목회신학으로 이어졌는데 그중 리차드 백스터(Richard Baxter: 1615-1691)의 『참 목사상』(Gildas Silvianus: or The Reformed Pastor, 1656)은 17세기 목회적 신학을 대표하는 저서가 되었다. 그의 저서는 350년간 많은 목사들의 사랑을 받아 왔으며 지금도 출판되고 있다.

3) 대륙학계에서의 '목회신학'

목회신학이 독일에서 학문적 분과로서 정립된 것은 **크라우스 하름스**(Claus Harms)가 1830년에 『목회신학』(Pastoral theologie)을 저술하면서부터 본격화되었다. 물론 그 이전에도 이러한 종류의 저작들이 출판되었지만[28] 하름스에 와서야

---

25) W. Stanford Reid, "John Cavin, Pastoral Theologian," *Reformed Theological Review* vol. (September-December 1982): 66.
26) James Kirk, *Patterns of Reform: Continuity and Change in the Reformation Kirk* (Edinburgh: T & T Clark, 1989).
27) Shawn D. Wright, *Our Sovereign Refuge: The Pastoral Theology of Theodore Beza* (Waynesboro: Paternoster, 2004).
28) Claus Harms 이전에 출판된 18세기의 목회신학의 저작들에 대해서는 화란의 신학자 Van Oosterzee가 다음과 같이 제시하고 있다. S. J. Baumgarten: *Kurzgefasste Casuistische Pastoral-Theologie. 1752*; J. F. von Mosheim: *Pastoral-Theologie, 1754*; V. D. Spoerl: *Vollstandige Pastoral-Theologie, 1764*; J, J. Plitt: Pastoral-Theologie, 1766; J. F, Jacobi: Beitraege zur Pastoral-Theologie, 1766; J. G. Tölner: *Grundriss der Erwiesenen Pastoral-Theologie, 1767.* 1930년 Harms의 책이 나오기 전의 19세기 초의 목회신학 저작들은

하나의 떳떳한 신학으로 인정을 받았다.[29] 하름스의 목회신학의 체계는 목회자를 설교자(Der Prediger)와 사제(Der Priester)와 목사(Der Pastor)로 구분하고 직무에 따른 설교의 제 문제, 공예배 및 제사장적 행동의 문제 그리고 개별적인 영혼 돌봄으로서 교육체계와 자선체계와 사적인 보살핌의 문제들을 다루고 있다.[30]

특히 독일에서 목회신학이 학문적으로 성립하게 된 배경에는 실천신학(Practical Theology)을 모든 신학의 왕관으로 간주했던 **슐라이어마허**(Friedrich Schleiermacher, 1768-1834)의 공헌이 컸다. 슐라이어마허 이후 화란의 반 우스터지(Van Oosterzee)가 실천신학에 대한 포괄적인 저술을 남겼지만 그의 실천신학도 목회적 패러다임 한계 안에서 목사나 교회의 사역을 연구하는 학문으로서 실천신학이었다. 1827년 쾨스터(F. B. Köster)는 그의 목회학을 네 부분으로 나누어 예전학, 영혼 돌봄의 치료학, 설교학, 교리문답학으로 분류하였다. 그런데 반 우스터지(Van Oosterzee)의 경우는 실천신학을 설교학, 예전학, 교리문답학, 목회학(poimenics), 전도학(halieutics), 선교학, 변증학 등으로 분류하고 있다. 이것은 목회신학을 포이메닉스의 이론, 즉 목회 관심의 이론으로 축소하고 있음을 볼 수 있다. 19세기 후반기에 스위스의 비넷(A. Vinet)은 백스터의 영향을 받아 목회신학을 저술하였지만 그의 목회신학은 이전의 관점과 별 다른 점은 없다. 그의 목회신학은 목사가 하는 일은 무엇이든지 다 취급하였는데 교리문답학과 설교학은 제외시켰다.[31] 비넷의 목회신학은 사실 목사론에 가깝다. 19세기 대

다음과 같다. J. F. C. Gräffe: *Pastoral-Theologie in ihrem ganzen Umfange*, 1803; G. F. C. Kaiser: *Entwurf eines Systems der Pastoral-Theologie*, 1816; L. S. Jaspis: Hodogetik, 1821; J. Boroth: *Synopsis Theologie Pastoralis*, 1823; J. T. L. Danz: *Die Wissenscchaften des Geistlichen Berufs im Grundriss*, 1824; F. B. Köster: *Lehrbuch der Pastoral-Wissenschaft*, 1827. Cf. Hiltner, *Preface to Pastoral Theology*, 225.

29) Ibid., 43.
30) Claus Harms, *Pastoral theologie*, Band 5, 6 in Bibliothek Theologischer Klassiker (Gotha: Friedrich Undreas Perthes, 1888).
31) 그러나 A. R. Vinet는 그의 *Pastoral theology* 서론에서 목회신학을 정의하면서는 Catechetics 와 Homiletics를 제외시키면서 목사의 가르침의 영역 속에 이것들을 포함하여 별도로 논하고 있다. Cf. Alexandre Rodolphe Vinet, *Pastoral theology; or, The theory of the evangelical ministry*, Trans. & edt. Thomas H Skinner (New York: Harper & Brothers, 1853). 22,

류의 목회신학의 학문적 흐름에서 간과해서는 안 될 것은 비록 교회의 실천적 영역이 목회적 패러다임 안에서 갇혀 있었다고 하더라도 목회신학을 넓은 안목에서 체계화하려는 노력이 있었다는 것이다.

20세기 독일의 목회신학의 특징은 비교적 조직적인 목회신학을 위한 소수의 노력들이 있었다는 점이다. 이들은 크라우스(Krauss, 1904), 피히트너(Fichtner, 1931), 아문센(Asmussen, 1937), 그리고 미카엘 프필리글러(Michael Pfliegler, 1966) 등이다. 프필리글러의 경우 제사장의 삼중직무와 대응하여 목회신학을 목회지도(Hodegetics; pastoral direction), 설교(Homiletics), 예전(Liturgy)으로 분류하고 엄격한 의미에서의 목회신학은 '목회지도'라고 했다.[32] 특히 아문센은 루터파 교회가 지닌 고대전통의 목회신학의 대변자인데 '목회'(성례전, 결혼, 장례 등)와 '영적 지도'(Seelenführung)를 구분하고 목사만이 사죄의 말씀을 선포할 수 있기 때문에 목사만이 목회를 할 수 있다고 보았다. 이에 대해 프랑스 목회신학자 베노아(Jean Daniel Benoit)는 말씀 선포보다는 교훈과 윤리생활, 즉 도덕적, 지적, 변증적 또는 종교적인 요소를 강조하면서 영적지도자(Directuer spirituelle)로서 갖추어야 할 정서적 역할을 목회에서 중요시하였다. 이들 공통점에 대하여 투르나이젠은 "신앙고백과 죄의 용서가 영적 지도의 중심역할을 한다는 입장을 거부한다는 점"에서 동일하다고 보았다. 투르나이젠에 의하면 베노아는 목회에서 말씀보다는 로마 가톨릭교회의 가르침과 실천을 관련시켜 나가지만 사제의 권위를 거부하는 목회신학이라고 했다.[33] 그리고 스위스의 유명한 투르나이젠(Thurneysen)의 목회신학의 특징은 **신정통주의 신학에 근거**하여 목회란 교회 안에서 하나님의 말씀을 개개인에게 전달하는 데 그 본질이 있다고 보는 것이다.[34]

Section Second Chapter I. II. or, *The theory of the evangelical ministry*, Trans. & edt. Thomas H Skinner (New York: Harper & Brothers, 1853).
32) Michael Pfliegler, *Pastoral Theologie*, trans. John Drury Pastoral Theology (Westminster: The Newman Press, 1966). vi.
33) Bonard Thurneysen, *Seelsorge im Vollzug*, 박근원 역, 『목회학실천론』(서울: 한국신학연구소, 1977).
34) Thurneysen, *Die Lehre von der Seelsorge*, 박근원 역, 7.

4) 영미에서의 '목회신학'

　미국에서 최초의 목회신학의 저작은 1847년 밴고(Bangor) 신학교의 에녹 폰드(Enoch Pond)의 『목회신학강의』이다.[35] 그 후 미국에서 목회신학에 대한 체계적인 저술이 나타나기 시작한 것은 1847년부터 1907년까지 근 60년간의 일이었다. 칸논(Cannon), 쉐드(Shedd), 홉핀(Hoppin), 월더(Walther), 머피(Murphy) 등이 그 당시의 목회신학자들이었다. 19세기에 들어와서 미국의 목회신학은 한계를 노출하고 있었다. 즉 목회 실천을 도와주는 **"요령과 도움" 형태의 목회적 글들**이 쏟아져 나왔다는 것이다. 이러한 글들을 목회신학이 아니라 '목회기술론'으로 보아야 하는지는 별도의 논의가 필요하겠지만 그 시초는 1874년 윌리암 플루머(William Plumer)의 『목회신학에 대한 요령과 도움』이라는 책이었다. 그 후 이런 목회 요령에 대한 책자가 우후죽순처럼 출판되었다. 19세기 말엽의 그레고리 베델(Gregory T. Bedell)과 워싱톤 글라덴(Washington Gladden)이 대표적이었다. 그래도 게베르딩(G. H. Geberding)과 패티슨(T. H. Pattison)은 이 방면에서 체계화하려고 하였다.

　20세기에 들어와서도 "요령과 도움" 형태의 목회적 글들이 계속되었다. 특히 이 시대에는 이론을 무시하며 목회적 열정(pastoral passion)에 집중할 것을 호소하는 글들이 나오기 시작했다. 대표적인 글로는 1890년 데오도르 쿠일러(Theodor L. Cuyler)의 『목사가 되는 길』(How to Be a Pastor)이 있다. 이러한 종류의 저작으로는 찰스 제퍼슨(Charles F. Jefferson)의 글과 당시 예일대학교에서 출판되어 가장 영향력이 컸던 존 왓슨(John Watson)의 『영혼의 병의 치료』(The Care of Souls)도 있다.

　미국의 목회신학에서 코페르니쿠스적 전환을 가져온 것은 **'경험'에 대한 새로운 발견**이었다. 특히 성공회 계통에서 새로운 심리학의 발전이 목회사역에 의미를 추구하게 되었다. 이것은 미국의 종교교육운동과 사회복음운동이 지렛대 역

---

35) Enoch Pond, *Lectures on Pastoral Theology* (Boston: Draper & Halliday, 1847).

할을 하여 미국 목회신학의 패러다임의 전환을 가져왔다. 여기에 철학적인 기초 역할을 하였던 사람은 윌리암 제임스(William James)이며,[36] 그 후 미국 목회신학의 토양을 마련한 사람은 안톤 보이슨(Anton T. Boisen)이다.

그 후 안톤 보이슨을 토양으로 미국의 목회신학을 혁명적으로 변혁시킨 책은 1958년 시워드 힐트너(Seward Hiltner)의 『목회신학원론』(Preface to Pastoral Theology)이다. 그는 기술로서가 아니라 신학 연구의 통합적 부분으로서 목회신학의 중요성과 의미를 주장했다. 즉 심리학과의 상호 대화를 주장했다. 목회신학은 아카데믹한 신학적 사상에서 도출해낸 이론의 실천 그 이상이라는 것이다. 그것은 신학 사상과 현대적 경험이 만나는 어느 지점에 위치한다. 그것은 목회적 실천과 경험이 신학적 지식의 집적에 직접적으로 기여할지 모른다는 귀납법적 함축성이 있다. 실천과 현대적 경험의 지적 관련성에 대한 주장은 현대 목회신학의 발전을 가이드 하는 중요한 아이디어이다.

20세기 미국의 목회신학에서 빼놓을 수 있는 인물이 바로 토마스 오덴(Thomas Oden)이다. 힐트너 이후 오덴의 목회신학으로 미국의 목회신학은 신학과 심리학 간의 상관적 접근이 학문적으로 우세한 국면으로 전개되었다. 이 기간에 오덴은 『선포와 상담』(Kerygma and Counselling)[37]에서 칼 바르트(K. Barth)의 신학과 칼 로저스(K. Rogers)의 심리학 간의 동일한 점들을 발견하려고 애썼다. 그는 그것들 간에 많은 유사점이 있음에도 불구하고 그것들이 같다고 생각하지 않았다. 왜냐하면 그들 스스로 목표와 목적 면에서 서로 다르다고 보기 때문이었다.[38] 오덴은 심리학을 기독론 없이 구원론을 제시하는 것으로 보았다. 그러나 오덴은 이러한 제한 때문에 그 접근법을 무가치하다고 보지는 않았다.

---

36) 미국 보이슨, 힐트너 계열의 목회신학에 지대한 영향을 미친 사람은 철학자 William James이다. 그는 종교적 경험이 인간 지식의 중요한 데이터가 될 수 있음을 주장하였다. 오늘날 경험에 기초한 현대 목회신학에 주목하도록 하였다. 다음의 저서는 1901-2년간의 연구 결과를 집대성한 것이다. Cf. William James, *The Varieties of Religious Experience: A Study in Human Nature* (New York: Penguin Books, 1982).
37) T. Oden, *Kerygma and Counselling* (Philadelphia: Westminster Press, 1966).
38) Ibid., 83.

1960년대까지 힐트너식의 목회신학은 1970년대에 들어와 신학과 심리학의 비상 관성을 주장하는 목회신학 사상에 의해 도전을 받았다. 이것은 '목회신학의 심리학의 포로'[39]가 되는 것에서 벗어나려는 경향으로 21세기 직전의 목회신학으로 나아가려는 움직임이었다. 이것은 20세기 초에서 60년대까지 미국의 목회신학을 지배했던 제임스, 보이슨, 힐트너의 전통에서 벗어나려는 움직임이었다.

70년대 이후 **21세기 직전의 목회신학의 특징**을 황성철 박사의 견해에 따라 여덟 가지 큰 흐름으로 정리할 수 있을 것이다.[40] 첫째, 70년대 초부터 기존의 경험을 중시하는 제임스 전통보다는 성경과 전통을 강조하는 목회신학이 대두되었다.[41] 둘째, 최근 미국에서의 제임스, 보이슨, 힐트너의 전통은 신학적 윤리학(theological ethics), 해석학(hermeneutics), 컨텍스트(context) 이론을 접목하는 목회신학이 크게 발전하고 있다.[42] 셋째, 영성신학과 목회신학을 접목하는 영성목회의 흐름이다. 목회적 돌봄에 대한 전문적 상담 훈련의 강조로 목회의 본질이 뿌리 채 흔들리게 되자 70년대 이후 성경과 전통을 중시하는 목회신학자들의 도전과 맞물려 새로운 목회신학 사상이 큰 흐름을 주도하게 되었다.[43] 넷째, 전인성(wellbeing)을 강조하는 목회이다. 이러한 흐름은 20세기 중반기에 풍미했던 정신분석학적 접근과 내담자 중심의 목회상담 시대의 한계를 보완하고자 했던 목회적 흐름이다. 이 목회신학은 경험을 중시하는 힐트너의 전통을 확대시킨 것이

---

39) A. V. Campbell, 'The Politics of Pastoral Care', Contact 62(1979), 4.
40) 황성철, 『개혁주의 목회신학』(서울: 총신대학교출판부, 2004), 290-299.
41) 브리스터(C. W. Brister), 크레브쉬와 잭클(J. Clebsch & C. R. Jackle), 아담스(J. E. Adams), 오덴(Thomas Oden), 쉘프와 선더랜드(E. Shelp & R. Sunderland), 팃볼(Derek Tidball) 등이 있다.
42) 신학적 윤리학과 목회신학을 접목한 학자는 돈 브라우닝(Don Browning)이다. 또 해석학적 원리에 기초한 목회신학자는 찰스 거킨(Charles Gerkin)이다. Cf. Charles Gerkin, *Prophetic Pastoral Practice* (Nashville: Abingdon Press, 1991), *An Introduction to Pastoral Care* (Nashville: Abingdon Press, 1997).
43) 토마스 머튼(Thomas Merton), 헨리 나우웬(Henri Nouwen), 어반 홈즈(Urban T. Holmes), 리차드 포스트(Richard J. Forster), 루우벤(P. J. Reuben), 넬슨 타이어(Nelson T. Thayer) 벤 존슨(Ben Campbell Jonson), 유진 피터슨(Eugene H. Peterson) 등은 목회에서 영성의 중요성을 강조했다.

다.⁴⁴⁾ 다섯째, 제사장적 목회와 예언자적 목회의 조화의 흐름이다. 2차 대전 이후의 개인의 상처를 치유하는 목회상담 중심의 제사장적 목회와 70년대의 사회악의 구조를 개선하는 예언자적 목회가 80년대 이후 통합되어가는 흐름으로 가고 있다. 여섯째, 구속신학적 목회와 창조신학적 목회의 조화이다. 2000년간 기독교회는 구속론적 목회관을 중심으로 전개되어 왔다고 하여도 과언이 아니다. 그러나 70년대 이후부터 대두된 창조신학이 환경신학으로 확산되어 목회에 반영되기 시작했다. 일곱 번째, 제자화 목회를 중심으로 한 소그룹목회 및 셀목회와 성령운동을 접목하여 목회 구조의 변화를 추구하려는 경향이 있다. 마지막으로 안수목회와 평신도 사역의 통합 흐름이다. 현대 목회신학의 모든 하나님의 사역은 대표사역 바탕 위에서 세워져야 함과 아울러 평신도 사역을 극대화하여 안수목회의 경직화를 경계하는 방향으로 나아가고 있다.⁴⁵⁾ 존 맥아더(John MacArther, Jr.)⁴⁶⁾와 윌리암 윌리몬(William H. Willimon)⁴⁷⁾의 목회신학은 이러한 흐름의 연속에서 안수목회의 차원을 중요시한 것이다.

영국에서의 목회신학은 실천신학과 예리하게 분리하지 않는 전통을 가지고 있다. 영국의 목회신학에서 중요한 점은 장로교 목회 구조를 형성시켰다는 점이다. 영국의 종교개혁을 배경으로 탄생한 문헌들은 목회신학의 중요한 보고(寶庫)들이다. 특히 웨스트민스터 총회 기간 1646년 장로교도들의 공동선언서인 "교회 정치에 대한 신성한 권리"⁴⁸⁾는 장로교 목회의 구조를 형성하는 신학적 근거를 제시한 문헌이다. 그 후 1875년 영국의 패트릭 페이비언(Pattrick Fairbairn)은 목사

---

44) Haward Clinebell, *Wellbeing: A Personal Plan for Exploring and Enriching the Seven Dimensions of Life* (Harper San Francisco, 1992). Charter 1.
45) Donald E. Messer, *Contemporary, Images of Christian Ministry* (Nashville: Abingdon Press, 1989), 62.
46) John MacArther, Jr., *Rediscovering Pastoral Ministry* (Dallas: Word Publishing, 1995).
47) William H. Willimon, *Pastor: The Theology and Practice of Ordained Ministry* (Nashville: Abingdon Press, 2002).
48) David W. Hall, ed., *Jus Divinum Regiminis Ecclesiastici or The Divine Right of Church Government, originally asserted by the Ministers of Sion College* (Dallas: Naphtali Press, 1995).

직무론 중심이기는 하지만 설교, 교육, 행정 등을 자세히 논하고 있다.[49] 20세기 중반 "영혼의 병의 치료"(cura animarum)에 대한 고전적 의미의 학문적 맥은 영국에서 집대성되었다. 에린버러대학교의 존 맥닐(John Thomas McNeill)은 '영혼의 치유'(cura animarum)의 역사를 고대 이스라엘 전통으로부터 현대에 이르기까지 방대한 저술인 『영혼 돌봄의 역사』(A History of The Cure of Souls)를 통해 체계화하였다.[50] 로마 가톨릭은 물론 개신교 주요 종파의 영혼의 치유의 역사를 추적하여 목회신학의 핵심적 줄기를 보여주었다.

영국에서의 목회신학은 이미 미국보다 먼저 경험의 문제를 인식하고 있었다. 인격에 대한 새로운 지식이 신학의 발전에 어느 정도 공헌을 할 것인가에 대해 논의하고 있었지만 그것을 임상실험을 통해 구체화하고 실제화한 것은 미국에서였다. 영국의 실천신학자 폴 발라드(Paul Ballard)는 지난 반세기 동안 영국의 목회신학과 실천신학의 발전에 대해 기술하며 미국의 경향이 영국에 광범위한 영향을 미쳤다고 했다. 그러나 영국은 교단 신학교보다는 공립대학에서의 신학 교육과 같은 지적이고 조직적인 요소와 제도의 차이로 목회신학의 차이점이 강조되었다. 이것은 영국과 미국의 목회신학이 역사적 배경과 환경에 있어서 서로 다르다는 것을 의미한다.[51]

5) 한국에서의 '목회신학'

한국에서의 목회신학은 곽안련(C. A. Clark) 박사의 『목회학』(1925)이 그 효시이다.[52] 그러나 책 제목처럼 목사의 실제사역(The Work of the Pastor)을 다루므

---

49) Pattrick Fairbairn, *Pastoral Theology* (Audubon: Old Paths Publications, 1875; reprint 1992).
50) John T. McNeill, *A History of The Cure of Souls* (London: SCM Press, 1952).
51) Paul Ballard, "The Emergence of Pastoral and Paractical Theology in Britain," in *Pastoral and Practical Theology*, ed. James Woodward and Stephen Pattison (Malden: Blackwell Publishing, 2000), 59-70.
52) 곽안련(C. A. Clark), 『목회학』(서울: 대한기독교서회, 1925).

로, 엄밀히 말하면 '목회실무론'이라고 하여야 한다. '목회신학'이란 용어를 사용한 것은 지글러(F. M. Segler)의 저서인 『교회와 목회의 신학』(A Theology of Church and Ministry)을 김성창이 1962년에 번역 출판한 것이 그 효시이다.[53] 그 후 1968년 시워드 힐트너(S. Hiltner)의 『목회학원론』(Preface Pastoral Theology)을 민경배 교수가 번역 출판함으로 학문적 관문에 돌입되었다고 본다. 그리고 1970년대 들어서서 저서와 역서들이 나오기 시작하면서 학문적 근거를 수립하기에 이르렀다.[54] 김득룡 교수가 「신학지남」에 "칼빈주의적 목회신학"을 필두로 목회신학에 대한 여러 편의 논문을 실었고[55], 한신대 박근원 교수의 "오늘의 목회신학"을 위시하여 여러 명이 논문을 발표하였다.[56] 학술논문으로는 박병윤, 권령남, 장성규의 석사논문이 발표되었다.[57] 김득룡 교수 이후 1986년 황성철 교수의 『개혁주의 목회신학』은 팃볼(Derek Tidball)의 목회신학사상을 이어받아 성경 중심적이고 개혁주의적인 목회신학 사상을 정립하였다. 특히 현유광 교수는 목회신학 분야 중 '목사와 갈등' 영역을 한국에 소개하고 신학대학원 커리큘럼에 도입하는 등 목회신정론(牧會神正論) 연구에 공헌하였다.[58] 그러나 오늘날 국

---

53) F. M. Segler, A Theology of Church and Ministry, 김성창 역 『교회와 목회의 신학』(침례회출판부: 1962).
54) Wayne E. Oates, The Christian Pastor, 김득룡 역, 『기독교목회학』(서울: 대한기독교서회, 1975). D. M. Lloyd Jones, Preaching and Preachers, 서문강 역, 『목사와 설교』(서울: CLC, 1977). Eduard Thurneysen, Seelsorge im Vollzug, 박근원 역, 『목회학실천론』(서울: 한국신학연구소, 1977). 김득룡, 『현대목회학신강』(서울: 총신대학교출판부, 1978). J. Sidlaw, Baxter, Rethinking our Priorities, 배상호 역, 『목회의 본질』(서울: 생명의말씀사, 1979).
55) 김득룡, "칼빈주의적 목회신학," 「신학지남」, 제41-3권, (1974년 가을호): 51-75. "현대 목회철학 연구," 제42-3권, (1975): 15-36. "칼빈의 목회신학 연구: 기독교인의 자아상을 중심하여," (1979), 8-45.
56) 박근원, "오늘의 목회신학," 『세계와 선교』(1975). 34-40. Volker Löipple, "목회의 신학적 이론을 위한 서설," 전연섭 역, 「신학세계」(1976. 9): 588-601. 박근원, "한국교회의 목회, 오늘과 내일," 『세계와 선교』(1979). 전경연, "교역자의 신학형성," 『세계와 선교』(1978). 이기춘, "TA 요법과 목회신학," 「신학사상」(1979), 752-799.
57) 박병윤, "한국 목회신학의 제 유형에 관한 고찰-그 계보형성의 한 시론"(석사논문, 연세대 연합신학대학원, 1978). 권령남, "현대 목회에 관한 신학적 이해와 방법론적 고찰"(석사논문, 감신대 대학원, 1975). 장성규, "요한 칼빈의 목회론"(석사논문, 장신대 대학원), 1976.
58) 현유광, 『목사와 갈등』(서울: 본문과 현장 사이, 2001). 목회에서 갈등의 문제는 한국에서는 고려

내의 목회신학은 전문적인 목회상담학과 신학적인 목회학이 분리되어 있는 실정이고, 더 나아가 목회신학에 대한 전문적인 학문 연구자가 적어 목회 성공이나 경험 위주의 '목회기술론' 만이 존재하는 상황이다.

3. 목회신학의 정체성

1) 목회신학과 실천신학[59]

목회신학의 정체성을 논하려면 가장 먼저 목회신학과 실천신학의 관계를 논하여야 되리라고 본다. 이것은 목회신학이 반드시 현대적 의미의 실천신학 방법론으로만 연구되어져야 하는 문제와 연관된다. 사실 구라파 신학에서는 '목회신학'이라는 말보다는 '실천신학'이라는 용어가 개신교 신학과 교회에서 전문용어로 이해되고 있다.[60] 미국 신학계에서는 실천신학을 학문적 전공분야로 전제하면서도 그 실제적 이론은 '목회신학'이라는 이름으로 더 많이 이해하는 경향이 있다.[61] 이에 대해 황성철 교수는 '목회신학'을 "목회자의 직무와 기능 뿐만 아니라 교회의 전반적인 활동들을 취급하는 하나의 신학"[62]이라고 정의하고 있다. 그는 보다 넓은 학문적 영역인 실천신학 안에서 목회신학을 한 신학적 분과로 인정하

신학대학원에서 최초로 1992년부터 "교회갈등관리"라는 제목으로 현유광 교수가 강의해 왔다. 그 후 연세대학교 연합신학대학원 목회지도자과정에서도 강의되어 왔고 총신대학교 총회신학원에서는 1995년부터 강의되어져 왔다. 현유광 교수는 갈등관리 행태조사서(Conflict Management Styles Instrument)중 '토마스-킬먼 갈등 행태조사서'(Thomas-Kilmann Conflict Management Mode Instrument)를 한국의 목회 실정에 맞게 개발하여 소개하고 있다.

59) 실천신학 학문에 대한 체계적인 설명은 다음 신학사전을 참고하라. 여기에는 실천신학의 이름과 개념, 중심문제와 구별의 기준, 역사, 현대적 이해와 경향, 미래적 전망이 진술되어 있다. Cf. *Theologische Realenzyklopädie* Band 27, s. v. "Praktische Theologie."
60) 정일웅, 『한국교회와 실천신학』(서울: 이레서원, 2002), 15.
61) Ibid., 16.
62) 황성철, 『개혁주의 목회신학』, 17.

되 목회신학이 성경과 기독교 전통에 근거하여 모든 교회적 상황들에 이론적 기초를 제공하고 또 동시에 교회의 전반적인 활동과 목회자의 사역에 관계되는 실천들을 다루기 때문에 그 학문적 정체성이 있다고 보았다.[63]

사실 실천신학(Praktische Theologie)을 학문적 영역으로 이끈 최초의 신학자는 슐라이어마허(F. D. E. Schleiermacher, 1768-1834)이다. 물론 최근 체코의 교육신학자 코메니우스(J. A. Comenius)를 실천신학의 선구자로 보려는 견해도 있으나[64] 아직까지 일반적인 견해는 슐라이어마허를 실천신학의 아버지로 보고 있다. 슐라이어마허는 신학을 철학적 신학, 역사적 신학, 실천적 신학으로 구성된 통일체로 보았다. 그는 유고 작에서 나무의 비유를 통해 철학적 신학은 뿌리(Wurzel)이고 역사신학은 둥치(Korper)와 줄기이며 실천신학은 열매로서 모든 신학의 왕관(krone)이라고 묘사했다. 그의 『신학연구개요』에서는 신학을 '실제적인 학문'(positive Wissenschaft)으로 규정하고 있다. 그는 이 '실제적인 학문'의 의미를 다음과 같이 설명한다.

> 일반적으로 말해서 실제적 학문이란 학문 자체의 이념으로부터 제기되는 어떤 필요성과 학문을 조직화함으로 일관성 있는 요소를 형성하기 때문이 아니라 오히려 실천적 과제를 해결하기 위해 요청되는 학문적 요소들의 총체이다.[65]

여기서 실천적 과제란 목회(Kirchenleitung)를 의미한다. 교회를 유지하고 완전케 하는 방법으로서의 과제이다. 슐라이어마허는 목회의 조직 원리를 통해 규정한 실천신학을 학문으로서의 신학체계 안에 통합시킴으로 독립적인 학문으로 위

---

63) Ibid.
64) 정일웅 교수는 독일의 코메니우스 교육신학의 대가 클라우스 샬러(K. Shaller) 교수가 코메니우스 교육학이야말로 '실천신학'(Praktische Theologie)이라고 명명한 점을 근거로 코메니우스의 인간 교육의 원리와 방법은 "슐라이어마허보다 약 200년 먼저 완벽한 실천신학의 학문적 체계를 제시한 최초의 실천신학의 아버지"이라고 평가하고 있다. Cf. 정일웅, 『개혁주의 실천신학』, 61.
65) Friedrich D. Schleiermacher, Brief Outline on the Study of Theology, Trans., Terrence N. Tice (Richmond: John Knox Press, 1966), 19. 이하 'BOST'라 약칭한다.

치시켰다. 그는 실천신학 체계를 교회 중심적인 학문적 성격으로 강조하였는데 이러한 강조는 실천신학의 발전에 중요한 공헌을 하였다.[66]

슐라이어마허 이후 실천신학은 닛취(C. I. Nitzsch) 등을 거쳐 20세기에 학문적 성숙을 이루었다. **현대의 실천신학의 학문적 정체성은 방법론적 정체성에 있다.** 이론에서 실제로의 일방통행이 아니라 의미의 선 경험으로서의 이론은 행위로서의 경험을 통하여 다시 선 경험의 이론 위에서 실제에 영향을 주는 것임으로 실천신학은 교리와 상황을 연결짓는 독자적인 학문으로 성립한다.[67] 따라서 실천신학은 **이론과 실제를 연결하는 '중간주체'(Intersubjektivitat)의 역할을 하는 학문** 이라고 볼 수 있다.[68] '교회의 행동과학'으로서 그 과제는 교회의 경험적 실제를 목회자와 평신도의 양면적 관계에서 검증하고 비판하며 체계화하는 이론으로서 그 중요성이 강조된다.

이러한 실천신학의 학문적 독자성 안에 현대적 목회신학은 보다 실천신학적 관점에서 연구되어져야 마땅하다. 그러나 간과하지 말아야 할 부분은 우리가 위에서 살펴보았듯이 목회신학과 실천신학은 그 학문적 출발점이 비슷하지만 그 발전과정이 **독립적으로 발전되어 왔기 때문에** 실천신학은 그 모태가 아카데믹한 영역에서 발전해 온 반면 목회신학은 '목회'라는 특수 영역을 돕는 학문으로 발전해 왔다. 따라서 목회신학이 보다 실제적인 면이 있다. 그래서 현대 북아메리카에 있는 신학자들은 목회신학과 실천신학을 날카롭게 구분하고 있지만 경험론적 전통을 가진 영국의 실천신학자들은 그렇지 않다.[69] 이 말은 목회신학을 실천신학 안에서 중간 주체적 프락시스 방법론으로 접근하는 것이 마땅하나 전통적으로 실천신학 줄기가 아니라 목회신학적 뿌리를 가지고 있으므로 목회신학을

---

66) Alastair V. Campbell, "실천신학은 가능한가."『실천신학』, 이기춘 역(서울: 대한기독교출판사, 1999), 239.
67) 정일웅,『한국교회와 실천신학』, 37.
68) Ibid.
69) Stephen Pattison & James Woodward, "An Introduction to Patoral and Practical Theology," in *Pastoral and Practical Theology*, ed. James Woodward and Stephen Pattison (Gateshead: Blackwell Publishing, 2000), 3.

'실천적 신학'으로서 연구해도 무방하다는 것이다. 그런 면에서 칼뱅이나 부처의 신학에서 현대적 의미의 실천신학적 프락시스 이론을 발견하지 못한다고 하더라도 목회신학적 관점에서는 그들의 실천적 신학 이론들은 얼마든지 연구 대상이 된다고 본다. 따라서 이것은 역사신학적 방법론이라고 할 수 없다.

또 연구 영역에서 목회신학은 실천신학과 마찬가지로 **'문어적 포괄성'**[70]을 가지고 있다. 이것 때문에 실천신학과 목회신학이 혼동되는 것이 아니냐는 우려도 있을 수 있다. 목회신학은 실제 연구 영역으로 들어가면 각 실천 영역이 신학적 분업화가 되어 있어서 정작 목회신학은 연구 영역이 없는 것처럼 보인다. 예배는 예배학이, 설교는 설교학이, 교육은 기독교교육학이, 상담은 목회상담학이, 봉사는 봉사학이 제 각각 연구되고 있으므로 각 실천 분야가 목회의 중요한 영역이지만 정작 목회 그 자체는 연구 영역이 없지 않은가에 대한 우려가 있어 왔다.[71] 슐라이어마허 이후에는 교회 전체가 실천신학의 주체가 되기 때문에 목회신학이 실천신학의 일부가 되어 목회신학은 목사직을 수행하는 과정에서 생기는 문제들에 관한 목사의 삶과 행동에 관한 신학으로 규정하기도 한다.[72] 그래서 목회신학은 실천신학에게 자리를 내어주어야 한다는 것이다.

그러나 어느 입장에 서든 목회신학과 실천신학을 입체적으로 보면 이 양자는 **평행적인 관계가 아니다**. 예를 들면 설교학과 목회신학은 설교학이 실천신학으로서 자체 이론을 가지고 있지만 목사의 설교 실천은 교인과 회중과의 관계적인 목회적(pastoral) 측면이 있다. 설교를 준비하는 목회자의 영성은 목회신학의 영역이다. 이러한 입장에 서면 목회신학은 실천신학의 전문 과목들에게 내어주는 것이 아니다. 그리고 신학 본래의 본질과 오늘날의 신학 연구의 흐름으로 답변할 수 있다. 신학은 본래 한 덩어리이지 본질상 나누어지지 않는다. 연구의 편의상 학자들이 자기 고유의 영역을 연구하여 하나의 학풍을 형성하고 있지만 누구도

---

70) 목회신학자 Derek Tidball이 목회신학의 학문적 포괄성과 다양성을 설명하면서 사용한 개념이다. Cf. Derek Tidball, *Skillfull Shepherds* (Leicester, England: InterVarsity, 1986). 13.
71) 황성철, 『개혁주의 목회신학』, 20.
72) Eberhard Hauschildt, 이영미 엮음, 『창조적인 목회를 위한 실천신학』(서울: 한들출판사, 2000), 121.

독점적으로 그 영역을 주장할 수는 없다. 목회신학의 형성단계에서 그 영역에 대한 여러 이설들이 있었지만 분명한 것은 '목회' 실천 영역이 신구약 계시를 근거로 신학적 연구와 논의를 해왔다는 사실이다. 즉 연구 대상이 본질상 계시와 실천의 역사에서 존재해 왔고 현대 목회신학의 경향은 이미 목회신학이라는 학문이 성립하기 이전의 목회 실천 영역에 대한 연구를 심화하고 있는 실정이기 때문이다. 또 오늘날의 신학 연구의 흐름은 각 분과별로 세분화되는 전문화의 경향과 전체를 아우르는 통합화의 경향이 강한 흐름으로 대두되고 있다. 그동안 각 분과별로 지나친 전문화의 경향이 숲을 보지 못하고 나무만 보는 우(愚)에 대한 반성에서 학제간 연구(interdisciplinary approach)가 필요하다고 본다. 신학은 계시의 통전적 특성으로 말미암아 **지나친 분과별 학문 전문화는 신학의 본질을 훼손할 우려**가 있다. 이러한 목회신학의 영역 논쟁에 대해 황성철 박사는 다음과 같이 논하고 있다.

> 그러나 보다 칼빈주의라는 큰 틀에서 실천신학 분과의 하나로서 목회신학을 바라본다면 우리의 목회신학은 목사의 성직 패러다임을 넘어 하나님의 전 사역의 신학을 아우르는 비전을 가져야 한다. 이것이 바로 하나님의 주권이 모든 영역에서 이루어지도록 하는 목회적 비전이며 바로 여기에서 목회신학의 영역은 전 하나님의 교회의 언어와 행동과 현상 그리고 상황까지 연구하는 비전으로 가게 된다. 사실 필자는 목회신학이라는 신학 과목에 모든 신학 영역을 붙잡을 수 있는 '문어적 포괄성'이 내포되어 있음을 지적하고 싶다. 문제는 모든 신학을 섭렵하고 마지막 목회신학을 하는 연구자들이 드물기 때문에 목회신학이 발전하지 못하는 것이다.[73]

2) 목회신학과 목회상담

목회신학의 정체성을 논하자면 목회신학과 목회상담의 관계를 살펴보아야 한

---

73) 황성철, 「개혁주의 목회신학」, 309.

다. 목회신학의 학문적 정체성이 의심 받아온 이유는 목회신학이 '영혼 돌봄의 신학'으로 현대적 의미에서 '목회상담학'으로 대변되는 것이 아닌가에 대한 의구심이다. 전통적으로 목회신학의 모든 영역들이 전문화되면서 결국 전통적 개념의 '영혼 돌봄의 신학'만의 잔여 개념을 더 깊이 전문화시키다 보면 현대 심리학을 배경으로 하는 전문 목회상담의 영역이 목회신학의 영역이 아닌가 하는 의구심은 당연하다. 이러한 견해는 현실론으로는 이해가 간다.

그러나 '목회상담학'으로서 목회신학의 정체성 의구심에 대한 답변은 상황을 들어 본질을 비판하는 것이라고 말할 수 있다. 즉 현대 목회적 현실과 목회상담학의 경험론적 접근이 과도하게 적용되는 현실을 들어 목회신학의 본질적 정체성을 부정하고 있다는 것이다. 오늘날 모든 목회실천의 영역이 전문화되어 학문화되기 때문에 전통적 개념의 '영혼 돌봄'의 영역만을 전문화시키다 보면 현대 심리학을 배경으로 하는 전문 목회상담의 영역이 목회신학의 영역이 아닌가 하는 의구심이 들 수 있다. '목회상담학'으로서 목회신학의 정체성 의구심은 다분히 1960년대 미국 목회상담학의 과도한 심리학적 포용을 비판적으로 바라보는 견해에 근거하고 있으며, 특히 힐트너가 지적한 대로 그러한 견해는 유럽 학계에서 대륙의 여러 가지 사정으로 인간에 대한 새로운 경험의 지식들을 소극적으로 바라본 것에 기인된 것이기도 하다.[74]

그리고 목회 현실은 그렇게 목회신학에 대한 정체성 비판자들이 생각하는 것처럼 분리되어 있지 않다. 그것은 학문적 상황도 마찬가지이다. 목회 현실은 보다 포괄적이고 종합적이고 결합적이다. 계시와 경험이 목회 현장에서는 더 잘 종합예술과 같이 응용되고 있다. 그것은 학문적 측면에서 현대 목회신학이 심리학적이고 인간관계론적인 경험 논리만을 따라가지 않고 종합적으로 가는 것과 유사하다. 다시 말하면 목회와 학문의 상황이 과도하게 경험론으로 기울어졌으니 목회신학이라는 학문 자체가 '목회상담학'이 아니냐라는 비판은 적절하지 못하다는 것이다. **현실과 학문이 그렇게 경험론으로 편향된 것이 사실이라면 더욱 목회신학의 정체성은 존재**하는 것이며 또 그렇게 지향하고 있다. 실제로 목회신

---

74) Hiltner, *Preface to Pastoral Theology*, 50.

학계에서는 최근 피츠버그신학교의 퓌베스(Purves) 교수처럼 기독론을 중심으로 목회신학의 정체성을 밝히려고 한 학자들도 나타나고 있다.[75]

3) 목회신학과 목회학 및 사역신학

목회신학의 학문적 정체성이 의심 받아온 이유는 '목회학'과 '사역신학'과의 관계이다. '목회신학'은 목회실제론으로서 '목회학'인데 구태여 가톨릭적 개념인 '목회신학'이라는 학문 명을 사용할 필요가 있느냐이다. 그리고 고전적 학문 명으로서의 목회신학은 현대적 목회상황을 포용할 수 없다는 현실적 이유에서 목회신학은 실천신학의 발전으로 말미암아 현대 개신교 주류권 내에서 사용하는 '사역신학'(Theology of Ministry)이라는 폭넓은 학문 개념으로 흡수, 통합되어 목회신학이라는 학문 명을 고수할 필요가 있겠느냐이다.

그러나 '목회신학'은 '목회학' 안에 포함되는 것으로 그 안의 부분적 학문 영역이기는 하지만 사실 크게 보면 '목회'를 연구하는 학문은 '목회신학'과 '목회론'으로 양분된다. '목회신학'은 목회학의 모든 영역들에 대한 실제적 문제를 비롯하여 목회의 근본적인 문제를 다루는 '실천적 신학'을 다루는 부분이다. 반면 '목회학'은 이러한 '목회신학'을 근간으로 목회의 실제를 다루는 영역으로 엄밀히 말하면 목회기술론이라고 볼 수 있다. 그러나 일반적으로 '목회학' 안에 '목회신학'을 두기도 하나 전통적으로 양자는 별개로 연구되어져 왔다. 따라서 '목회신학'은 학문 명으로서 그 정체성이 존재한다.

또 목회신학에 대한 사역신학(Theology of Ministry)으로서의 학문명의 전환은 고전적 학문 명으로서의 목회신학의 정체성을 흔들고 있는 것이 사실이다. 현대 목회신학이 목사의 패러다임을 넘어[76] 교회 안과 밖의 목회적 상황을 아우르는 마

---

75) Andrew Purves, *Pastoral Theology in the Classical Tradition* (Louisville: Westminster John Knox Press, 2001). *Reconstructing Pastoral Theology* (Louisville: Westminster John Knox Press, 2004).
76) 황성철, "총신 실천신학의 회고와 미래적 전망," 『신학지남』, 제270호, (2000년 봄): 288-299.

당에 구태여 안수사역의 학문을 대변하는 듯한 목회신학이라는 용어를 사용할 이유가 없지 않느냐는 정체성 비판은 일리가 있다. 하지만 이 비판에 대한 대답은 학문 명을 사용하는 것에 대한 유용성의 문제로 답변할 수 있다. 즉 현대 목회신학이 목사의 패러다임을 넘어 사역신학과 같은 학문적 성격을 갖는다고 하더라도 목회신학이라는 학문 명의 사용과 그 연구는 역시 오늘날 매우 유용하다. 왜냐하면 현실적으로 교회의 다양한 사역들이 있지만 역시 **가장 중요하고 보편적인 사역**이 바로 안수사역자들의 목회사역이기 때문이다. 그리고 이것을 뒷받침하기 위해 전 세계 신학교의 목회자 후보생들이 '목회신학'을 배우기 때문이다. 또 하나의 이유는 학문적 연구 영역에서 그 특성상의 차이 때문이다. 사역신학이 아직 보편화되지 않았을 뿐더러 그 쪽에서 접근하는 신학적 접근은 전통적인 목회신학에서 접근하는 방법과 특색이 다를 수밖에 없을 것이다. 마치 '사역의 방법과 질서'에 관한 교회 행정학의 학문 영역을 '목회신학'에서도 다룬다고 하여 교회 행정학이 필요 없다고 말하는 것과 같다. 마찬가지로 '사역신학'에서 목회신학의 학문 영역을 다룬다고 해서 목회신학의 존립 기반을 없앨 수는 없는 것이다. 따라서 목회신학이라는 학문적 정체성은 그 유용성으로 보존되어야 마땅하다.

4) 목회신학과 사목신학(司牧神學)[77]

목회신학의 학문적 정체성이 의심받아 온 이유는 목회신학이 본래 로마 가톨릭교회의 부산물이 아닌가에 대한 의구심 때문이다. 사제를 중심으로 한 신학적 정체성을 고수하기 위한 학문적 배경 때문에 오늘날 개신교의 영역에서 이 학문적 용어를 사용하기를 주저하는 경향이 있어 왔다. 정일웅 교수도 '목회신학'이

---

77) 사목신학은 목회신학의 고전 3부작인 성직 포기에 대한 변론서인 Gregory of Nazianzus (330-390)의 『비행에 관하여』(The Peri fuges, 365), 성직에 관한 문답인 John Chrysostom, 354-407)의 『성직에 관하여』(The Peri hieorosunes, 385). 그레고리 대제인 Pope Gregory the Great, 540-604)에 의한 『목회규범서』(The Liber regulae pastorlis, 591)를 기초로 하여 현대 사목신학의 대변적인 문헌은 20세기 말 제2차 바티칸 회의에서 5권으로 발행한 『사목 핸드북』(The Handbuch der Pastoraaltheologie, 1963-1969)이다.

란 로마 가톨릭교회와 신학에서 아직도 강하게 반영되고 있는 말이라고 했다.[78]

그러나 가톨릭교회의 부산물로서 목회신학의 학문적 정체성에 대한 대답은 그 사용 용도의 적법성으로 대답할 수 있다. 가톨릭교회는 목회신학을 사제를 중심으로 한 신학적 정체성을 고수하기 위한 학문적 근거로 사용하고 있다. 그 이유는 가톨릭교회에서 가장 중요한 교리가 바로 사제주의(sacerdotalism)이기 때문이다. 가톨릭교회의 '사제주의'는 구원론과 관련이 있기 때문에 그들의 목회신학은 가장 중요한 핵심적 신학일 수밖에 없다. 물론 사제가 '성체'를 통해 구원을 분여할 수 있다고 보는 구원론적 성직주의는 비성경적이다. 따라서 이들의 목회신학은 교회의 목회적 실천을 위한 가장 중요한 신학 학문이면서도 그 사용이 치우쳤다고 말할 수 있다. 그렇다고 가톨릭교회의 잘못된 학문적 사용과 명칭으로 '목회신학'의 정체성과 명칭이 사라지는 것이 아니다.

특히 여기서 우리가 간과해서는 안 될 사실은 개신교의 현대 목회신학이 확립되는 과정에서 보여준 극히 방법론적이고 기능적이며 목회성공 요령과 비법식의 '목회기술론'의 약점을 진정한 의미의 목회신학의 정체성으로 극복하여야 한다는 것이다. 즉 목회신학이 문어적 포괄성으로 인간의 실제적 경험을 아우르는 측면이 있다고 하더라도 신학으로서 정체성, 곧 계시를 기반으로 하는 신학적 정체성을 가져야만 바른 목회 실천의 방향타가 될 수 있을 것이다. 또 그 반대의 방향에서 오늘날 안수사역을 무시하고 평신도 사역으로 치우친 개신교의 일부 목회적 흐름을 진정한 의미의 목회신학으로 교정할 수 있을 것이다. 그러므로 목회신학의 정체성은 **극우파로서 가톨릭교회와 같은 성직주의식의 목회신학과 극좌파로서 개신교의 목회요령식 기능주의 목회방법론을 극복**하는 데서 드러난다.

5) 목회신학과 목회리더십과 영적지도

마지막으로 목회신학의 정체성이 의심받아 온 이유는 목회신학이 목회리더십

---

78) 정일웅, 『한국교회와 실천신학』, 15.

이론으로 대변되는 것이 아닌가 하는 것이다. 리더십 이론의 뿌리인 고전적 '영적지도'(spiritual direction)[79]의 확장 이론이 목회신학의 이론으로 대변되는 것이 아닌가 하는 것이다. 오늘날 현대 목회학은 목회상담학의 영역이 과도하게 확대되므로 거의 분과된 학문 영역으로 되듯이 목회리더십도 별개의 학문으로 분과되고 있는 실정이기 때문이다.

그러나 학문사적 입장에서 보면 목회리더십론은 고전적 전통인 영적지도에 뿌리를 두고는 있지만 보다 공동체적이다. 사실 현대 목회리더십 이론은 고전적 전통의 '영적지도'의 확장 이론으로서 성격보다는 일반 행정학이나 정치학 이론들이 많이 유입되어 있는 실정이다. 따라서 목회신학을 목회리더십으로 볼 수는 없다. 다만 고전적 전통의 '영적지도'의 확장 이론은 '목양론'의 배경이 되는 바 목회신학은 '목자의 리더십이론'을 다루기는 하지만 그것을 대치시킬 수 있는 것은 아니라고 본다. 오히려 목회신학은 목회가 갖는 리더십의 영역뿐 만 아니라 더 다양한 여러 가지 영역들에게 대한 실천적인 신학적 통찰력을 제공한다. 따라

---

79) 일반적으로 가장 포괄적인 개념으로 믿음과 영성의 심화를 위한 모든 시도와 수단과 교훈과 훈련을 '영적 훈련'(spiritual formation)이라고 하고, 이것을 위해 도움과 보조와 관심과 지원을 받는 모든 상황을 '영적 인도'(spiritual guidance)라고 보며, 이 영적 인도가 정규적인 일대일 관계 속에서 진행될 때 그것을 '영적 지도'(spiritual direction)라고 부른다. 이러한 '영적 지도'가 영적 지도자에 의해 일평생 관계(a longlife relationship)를 형성할 때 멘토(mentor)와 영적 구도자 혹은 프로테제(protege)의 관계가 되며 이때의 영적 인도를 '멘토링'(mentoring)이라고 한다. 이 멘토링이 보다 사역 기술과 관련되어 비지시적으로 동기를 부여하는 관계를 '코칭'(coaching)이라고 하며, 특정한 인격적 문제와 갈등을 해결하는 관계를 '목회적 상담'(pastoral Counseling)이라고 그 개념들을 정리할 수 있다.

Cf. '영적 인도'(spiritual guidance)에 관한 가장 체계적인 개론서로는 Kenneth Leech, *Soul Friend: An Invitation to Spiritual Direction* (New York: HarperSanFrancisco, 1992). Garry W. Moon & David G. Benner ed., *Spiritual Direction and the Care of Souls* (Downers Grove: InterVarsity Press, 2004). 전통적인 영적 인도에 정신치료적인 면을 강조한 저서로는 Robert W. Kelleman, *Soul Physicians: A Theology of Soul Care and Spiritual Direction* (Taneytown: RPM Books, 2005). Gerald G. May, *Care of Mind Care of Spirit*, 노종문 역, 『영성지도와 상담』(서울: IVP Books, 2006). 목사의 영적 지도에 관한 것으로는 Eugene H. Peterson, *The Contemplative Pastor: Returning to the Art of Spiritual Direction* (Grand Rapids: Eerdmans Publishing Company, 1989). 개혁주의 영적 지도 대해서는 Howard L. Rice, *Reformed Spirituality*, 황성철 역, 『개혁주의 영성』(서울: CLC, 1995) 등이 있다.

서 **목회신학은 영적지도를 포함하는 보다 포괄적인 신학적 정체성을 갖는다.**

위와 같은 장구한 실천적 의미의 '목회적 신학'과 학문적 '목회신학'의 역사에도 불구하고 목회신학이라는 신학적 학문은 다섯 가지 방향에서 그 정체성이 가끔 의심을 받아왔다. 필자는 목회신학에 대한 이러한 학문적 의구심에도 불구하고 실천신학의 한 분과로서 결코 그 신학적 정체성을 과소평가할 수 없다고 믿는다.

결론적으로 칼뱅의 '목회신학'이 현대적 신학 분과 학문으로 형성되기 이전의 '목회적 신학'이지만 목회신학의 정체성을 근거로 그의 '목회적 신학'을 학문적 의미의 '목회신학'으로 연구할 수 있다는 것이다. 이 말은 반대로 칼뱅의 '목회적 신학'이 전통을 통한 현대 목회신학의 정체성을 확고히 하는 데 공헌할 수 있다는 말과 같다. 이에 대해 황성철 박사는 고전적 목회신학의 연구의 필요성을 다음과 같이 역설하고 있다.

> 오늘날 목회신학은 과거 역사와 함께 풍부한 신학적·실천적 유산을 계승할 수 있게 된 것이다. 그러므로 이제 우리는 이러한 역사적 토대 위에서 21세기 목회신학이 웅비의 도약을 이룰 수 있도록 최선의 노력을 경주해야 할 것이다. 실제로, 지금까지의 목회신학은 새로운 미래를 향한 영적인 산실이요, 풍성한 밑거름이라 할 수 있다. 거기에는 탁월한 목회사역의 원리 뿐 아니라 교회사의 풍부한 경험과 전통, 그리고 수많은 영적 유산들이 포함되어 있다. 그러므로 우리 목회자들은 이러한 훌륭한 자양분을 흡수하되 그 위에서 새로운 도전과 개척을 시도해야 할 것이다. 바야흐로, 21세기 목회신학의 위대한 중흥(中興)은 바로 우리들의 몫인 것이다.[80]

---

80) 황성철, 『개혁주의 목회신학』, 306-307.

John Calvin's
Pastoral Theology

John Calvin's Pastoral Theology 제3장

칼뱅의 목회 배경과 사역

워필드(B. B. Warfield)는 개혁자 루터로부터 오늘까지 하나님께서 그의 교회에게 주셨던 인물 중 칼뱅보다 위대한 인물은 없었다고 평가했다.[1] 칼뱅은 신학자로서, 교회 개혁가로서, 프로테스탄트 조직가로서, 성경 주석가로서, 유능한 설교가로서, 제네바 아카데미 설립자로서, 공적인 강사로서, 왕과 여왕들의 통신원으로서, 그리고 정치 및 교회 지도자로서의 직무를 성공적으로 수행하며 인생의 대부분을 보냈다.[2] 우리는 그동안에 칼뱅에 대한 접근이 그의 전기와 신학과 사상적 체계에 초점을 맞추어 왔음을 이미 살펴보았다. 특히 역사학자들과 신학자들은 대개 종교개혁의 위대한 조직가로서 칼뱅을 보아왔다. 역사신학계나 일반 역사학계에서 칼뱅에 대한 다양한 인물 해석들이 존재하지만[3] 그는 역시 교회의 인물이다. 스트라스부르그 사역의 동기인 '요나의 소명'은 그의 목회적 소명을 불러일으켰고, 제네바교회에서 신자들에 대한 영혼의 돌봄은 그가 진정한 목회자로서 **'영혼의 인도자'**였음을 말해 준다. 우리는 역사학자들과 신학자들이 어떤 평가를 하던 그가 일생을 통해 사명을 감당하고자 했던 목회적 실천은 그의

---

1) Warfield, *Calvin And Augustine* (Philadelphia: Presbyterian & Reformed Publishing Co, 1971), 26.
2) Benoit, "Pastoral Care of the Prophet," in *John Calvin, Contemporary Prophet*, ed. J. T. Hoogstra (Grand Rapids: Baker Book House, 1959), 51.
3) 최근까지 칼뱅의 전기물 연구에 대한 결과는 그의 모습을 세 가지 방향에서 요약될 수 있음을 보여준다. 즉 인문주의적 개혁가, 교회의 인물, 신앙의 인물 등으로 대별할 수 있다. Cf. 박건택, "칼뱅의 전기물 연구,"「신학지남」, 통권 제280호, (2004년 가을호): 70.

삶의 전부이자 중심이었다고 본다.

칼뱅의 목회 배경과 사역은 그의 목회신학을 다루기 전에 그의 실천을 돌아봄으로 그가 단순히 사변적인 신학자가 아니라 실천과 신학이 합일되어 있음을 발견하려는 것이다. 그렇게 함으로 그의 목회신학에 대한 진정성을 더욱 확보하려는 의도이다. 그러므로 우리는 그의 어떤 모습보다도 목회적 실천과 신학을 찾아야 할 것이다. 하지만 칼뱅은 그의 저술에서 자신에 대한 이야기를 하지 않는 것으로 유명하다. 다만 자신에 관한 소개를 시편 주석 서문에서 하고 있는데 "내가 참으로 바라는 한 가지 목적은 **속세를 떠나 은둔하여 알려지지 않은 채 사는 것**"[4] 이었다고 회고하고 있다. 이러한 그가 사단이 교회의 구조를 뒤집기 위하여 수많은 획책들로 무서운 공격을 해올 때 생명을 걸고 혼자 맞서 싸움으로써 멈추게 했던 적도 있다고 회고하기도 했다.[5] 그의 소명에서 죽음을 건 생명 목회를 전기적으로 설명하기보다는 목회적 실천의 관점에 서술하고자 한다.

1. 목회의 사상적 배경

칼뱅의 목회에 대한 사상적 배경은 그의 실천의 사상적 출발점(The Starting Point)[6]에 관한 문제이다. 그가 가톨릭에서 개혁 진영으로 돌아서게 된 결정적인 계기는 1533년 니꼴라 꼽(Nicholas Cop)의 취임연설 사건을 계기로 받은 박해로

---

4) John Calvin, *Commentaries on the Book of Psalms*, trans. by James Antherson, vol. I (Grand Rapids: Eerdmans Publishing Company, 1948; reprint 1963). Preface. 이 주석은 The Calvin Translation Society에서 1843-1855년 사이 출판된 것을 재판한 것으로 이후 본서에서 칼빈 구약 주석 인용은 Eerdmans 출판사 원서를 사용하기로 한다.
5) Ibid.
6) 칼뱅의 신학의 출발점에 대해서는 Henry, Stähelin, Doumergue, Barth, Ganoczy, Scholl, Miller, Tavard 등이 "영혼 수면설에 대하여"(Psychopannchia)로 보고 있다. 그러나 이 논의는 칼뱅 신학의 지성적 신학적 논의에 관한 것으로 그의 목회의 사상적 출발점에 관한 문제는 아니다. Cf. Richard A. Muller, "The Starting Point of Calvin's Theology: An Essay-Review," *Calvin Theological Journal* vol. 36. No. 2 (November 2001), 317.

보는 것이 일반적인 견해이다.[7] 그리고 칼뱅의 목회의 출발점은 그가 시편 주석 서문에서 밝힌 것처럼 1536년 파렐(Farel)의 강권적 권위에 따라 조용히 은거하고자 했던 그가 "어떤 특정한 직무를 내던지지 않도록 스스로 결심하기에 이른 것"으로 본다. 이것은 그가 파렐의 충고를 권고가 아니라 하나님의 음성으로 받아들였기 때문이다. 그러나 칼뱅의 목회의 출발점은 궁극적으로 하나님의 소명이지만 그의 일생을 두고 실천한 목회는 그의 사상적 배경에 영향을 받지 않을 수 없었다. 칼뱅의 목회를 지배했던 사상적 배경은 그가 목회를 시작하기 전에 받았던 10년간의 교육이다. 칼뱅은 4개의 대학에서 공부하였는데 마르슈대학(the Collége de la Marche; 1523), 몽떼귀대학(the Collége de la Montaigu; 1523-27), 오르레앙대학(Orléans; 1528), 브르쥬대학(Bourges; 1529), 포르테대학(the College de Fortet; 1531-32) 등 4개의 대학에서 공부하였다. 그가 이들 대학에서 받은 당대 최고의 인문학과 법학 그리고 신학, 헬라어, 히브리어, 라틴어 등은 후에 그의 목회사상을 지배하는 사상적 배경이 되었다. 우리는 4가지 관점에서 그가 영향을 받은 사상적 배경을 설명하고자 한다.

첫째, **인문주의(humanism)의 영향**이다. 당대의 인문주의는 오늘날과 같은 종교에 반항하는 무신론적 휴머니즘이 아니었다. 당대 최고의 인문주의자 에라스무스(Desiderious Erasmus; 1469-1536)는 신학 연구의 목적은 실천적이며 심장과 마음을 변혁시키기 위한 것이라고 생각했다.[8] 젊은 칼뱅은 한때 에라스무스가 공부하였던 몽떼귀대학에서 공부하였고 에라스무스의 영향으로 성경 본문의 뜻과 의미를 중시하는 해석학의 기본을 배웠다. 르네상스 휴머니즘의 중요한 원리는 '원본으로 돌아가라'(ad fontes)이다. 당시 지식인들은 그리스 고대의 찬란한 문화를 원본으로 접함으로써 중세시대의 지적인 침체를 벗어날 수 있다고 믿었다. 이러한 경향은 성경 원전과 교부들의 글로 돌아가자는 운동으로 번져 전 유럽에 확산되고 있었다. 당시 헬라어로 성경 원문을 본다는 것은 중세교회의 실

---

7) 김재성, 『칼빈의 삶과 종교개혁』(서울: 이레서원, 2001), 151.
8) Gerrish, *Grace and Gratitude; The Eucharistic Theology of John Calvin* (Minneapolis: Fortress, 1933), 17.

천에 대해 개혁의 문에 들어서는 것이었다. 그가 받은 새로운 해석학으로서 인문주의 교육은 후에 성경 중심적인 목회의 기초를 닦는 것이었다. 당대는 스콜라주의 구파(via antiqua)가 퇴조하고 신파(via moderna)가 영향을 미치기 시작할 때였다. 구파의 실재론(realism)에 맞서 신파의 유명론(nominalism)[9]이 각 대학에서 학문 방법으로 유입될 때 칼뱅은 교육을 받았다. 신파 유명론의 영향에 대한 것은 학자들 사이에 논란이 있지만,[10] 필자는 그의 목회에 유명론이 연관된다고 믿는다. 그렇다고 그가 실재론을 완전히 거부한 것은 아니었다.[11] 그의 교회관에는 실재론적 교회관과 유명론적 교회관이 혼재되어 나타난다.

둘째, **교부신학(Patrology)**의 영향이다. 칼뱅이 신파 스콜라주의와 신어거스틴파 스콜라주의(schola Augustiniana moderna)의 영향을 받았다고 가정하더라도 보다 근본적인 영향은 원문으로 돌아가라는 인문주의의 영향인데 그것은 교부들의 신학이 결정적이다. 칼뱅은 사실 스콜라주의 신파보다는 초대교회 교부들의 신학에 더 많은 영향을 입었다. 부분적으로 중세철학의 영향을 받은 것은 사실이지만 그 부분적인 것 때문에 중세신학의 후예라고 말할 수 없다. 목회와 직접 관련이 되는 구원론의 핵심 구조가 중세신학과는 판이하게 다르다는 것은 그가 교부신학에 영향을 받았음을 의미한다. 칼뱅은 이레네우스(Irenaeus), 터툴리안(Tertullian), 키프리안(Cyprian), 암브로스(Ambrose), 어거스틴(Auguestine) 등 서방신학의 교부들의 지지자였다. 이레네우스는 실천적인 서방신학과 사색적인 동방신학을 중개하는 역할을 하였다.[12] 라틴신학을 세우고 삼위일체(Trinity)라

---

9) 실재론(realism)은 인식의 대상이 인식작용의 의식이나 주관에서 독립하여 존재하며 인식은 인식자와 구별된 실재를 지시하는 객관주의적 인식론이며, 유명론(nomialism)은 실재하는 것은 물(物) 혹은 개체이며 보편은 물(物) 뒤에 있는 이름(nomina post res)에 불과하다는 주관주의적 인식론이다.
10) 현재까지 학자들은 스콜라주의가 칼뱅에 얼마나 영향을 미쳤는지는 의견이 대립되어 있다. T. F. Torrance, A. McGrath, S. Selinger 등은 대체로 긍정하는 입장이고, A. Ganoczy 등은 부정적인 입장이다.
11) Deway R. Roach, "Ethical Implication of John Calvin's Theology" (Th. D. Diss. Southwestern Baptist Theological Seminery, 1951), 26-29.
12) Ibid., 16.

는 말을 처음으로 사용한 터툴리안은 당시 교회의 타락에 대해 강하게 저항한 교부이다. 그는 권징과 도덕적 실천을 강조하였다.[13] 그리고 그리스도의 인성과 신성에 관한 구별과 결합, 인간의 의지보다 하나님의 은혜를 강조하는 교리, 구속의 교리에서 법률적 성격 등에 대한 견해는 칼뱅에게 많은 영향을 주었다.[14] 칼뱅이 가장 영향을 받은 교부는 역시 어거스틴이다.[15] 칼뱅은 그의 『기독교강요』에서 어거스틴을 223번 언급했으며 이것은 평균적으로 7.3 페이지 당 한 번 인용한 것이다.[16] 필립 샤프(Philip Schaff)에 의하면 칼뱅은 어거스틴을 완전히 인정하고 거의 항상 인용했다고 했다.[17] 심지어 드웨이 로쉬(Deway R. Roach)는 제네바 시에 대한 칼뱅의 경영도 어거스틴의 영향을 받았다고 했다.[18] 샤프가 지적한 대로 칼뱅은 어거스틴의 문자적 부활이라고 말할 수 있을 것이다.[19]

셋째, **스토아철학**(stoicism)의 영향이다. 일반적으로 칼뱅은 스토아철학을 거부했다고 여겨진다.[20] 역사가들의 일반적 태도도 칼뱅은 스토아주의 영향을 전혀 받지 않았다고 한다.[21] 실제로 그는 기독교강요에서 섭리론을 설명하면서 스토아

---

13) Albert Henry Newman, *A Manual of Church History* (Philadelphia: America Baptist Publication Society, 1914). 263-264.
14) Roach, "Ethical Implication of John Calvin's Theology", 19-20. George Park Fisher, *History of Christian Doctrine* (New York: Charles Scribner's Sons, 1923). 92.
15) 칼뱅은 스스로 Farel에 보낸 편지에서 어거스틴을 존경한다고 했다. 그리고 자신의 교리가 어거스틴의 작품에서 끌어온 것임을 밝히고 있다. Cf, John Calvin, Letter to Farel; 11th May 1541, in *Selected Works of John Calvin: Tracts and Letters* vol. 4, ed. Henry Beveridge and Jules Bonnet (Grand Rapids: Barker Book House, 1983). 260, 1st September 1549, vol 5., 247. 23d November 1555, vol 6., 238.
16) Roach, "Ethical Implication of John Calvin's Theology", 16. 칼뱅이 어거스틴을 인용한 전체적인 조사 연구는 다음을 참고하라. *An Investigation into Calvin's use of Augustine*, Ned Geref Theologiese Tydskrif (NGTT), 2004. 02.
17) Philip Schaff, *History of the Christian Church* Ⅶ (New York: Charles Scribner's Sons, 1923), 539.
18) Roach, *Ethical Implication of John Calvin's Theology*, 23.
19) Schaff, *History of the Christian Church* Ⅶ, 539.
20) 홍치모 교수는 Quirinus Breen, Josef Bohatec, 그리고 Paul T. Fuhrmann 같은 학자들이 주장하는 스토아철학 영향론을 선뜻 동의할 수 없다고 했다. 왜냐하면 칼뱅은 금욕주의자, 명상가, 도덕가가 아니기 때문이다. Cf. 홍치모, 『종교개혁의 세계』(서울: 아가페문화사, 2003), 150.
21) Edward F. Meylan, "The Stoic Doctrine of Indifferent things and the Conception of

학파의 운명론을 명백히 반대한다고 진술하고 있다.[22] 이것은 당대에 어떤 사상에도 얽매이지 않고 성경 중심적인 사상으로 신학문의 조류 속에 있었던 그에게 성경의 사상에 위배되는 운명론을 배격한 것은 당연하다. 그러나 에드워드 메이란(Edward F. Meylan)에 의하면 윤리적 측면에서 영혼과 육체의 투쟁, 복음 안에서 발견되는 절제 등은 칼뱅이 스토아주의 영향을 받았다는 점을 일부 인정하고 있다.[23] 목회적인 관점에서 보면 그의 실제적이고 목회 윤리적인 측면의 강조는 사상사적 맥락에서 스토아철학의 영향을 받았다고 할 수 있다. 스토아철학은 로마제국의 출현에 따른 헬라의 형이상학적 사고에 대한 변화를 내포하는 후기 아리스토텔레스 철학을 대표한다. 스토아철학은 헬라의 형이상학적인 사고(metaphysics)와는 달리 실제적이고 윤리적인 특성을 가지고 있다. 칼뱅은 터툴리안에게 영향을 받았는데 그는 로마법과 스토아철학이 결정적 요소로 나타나게 한 최초의 그리스도인 신학자였다.[24] 스토아철학이 근본적으로 칼뱅이 이해하고 믿었던 사상과는 본질적으로 다르지만 윤리적이고 실천적인 사상적 지향점은 영향을 받았다고 볼 수 있다. 그러기에 저명한 정치철학자 세이빈(George H. Sabine)마저 오리지널 칼뱅주의의 윤리학은 본질적으로 행위의 윤리학이라고 보았던 것이다.[25] 칼뱅은 스토아주의와 기독교에 어떤 유사성, 인간이 그 처신을 살피는 어떤 공통적인 방법들이 있다고 믿었다.[26] 그가 비록 신학자의 입장에서 "세네카의 관용론 주석"(*Commentary on Seneca's De Clementia*)을 쓴 것은

Christian Liverty in Calvin's Institutio Religionis Christianae," in *Articles Calvin and Calvinism* Vol. 4, ed. Richard C. Gamble (New York: Garland Publishing, 1992), 105.

22) John Calvin, *Institutes of the Christian Religion*, vol. I, ed. John T. McNeill, trans. Ford L. Battles (Philadelphia: Westminster Press, 1962), 16, 8. 이하 인용된 『기독교강요』는 Inst. 로 표기한다.

23) Meylan, *Articles Calvin and Calvinism* Vol. 4, 115.

24) Albert H. Newman, *A Manual of Church History* (Phiadelphia: America Baptist Publication Society, 1914). 257-262.

25) George H. Sabine, *A History of Political Theory* (New York: Henry Holt and Company, 1945), 364.

26) 박건택 편역, "세네카의 관용론 주석," 『칼뱅작품 선집』 제1권 (서울: 총신대학교출판부, 1998), 서론, 18.

아니지만 그의 자유와 정의에 관한 정치 사회 윤리는 훗날 신학의 세례를 받고 나서도 여전히 그 의미를 상실하지 않는다.[27] 그의 목회관을 관통하는 질서의 개념도 자유가 외적인 인간의 정의의 실천과 더불어 세워진다는 스토아주의와 관련을 맺고 있다. 즉 '인간의 정의'를 지상의 사회 윤리의 기초로 삼는 것이 '하나님의 정의'에 어긋나지 않는다는 것과 일맥상통한다. 그러므로 목회가 일정한 질서 속에서 이루어져야 함은 스토아주의의 영향을 받았다고 볼 수 있다. 그의 목회 실천은 스토아철학에 흐르는 '인간의 본성'과 '공공의 도덕성' 사이의 긴장을 반영하고 있다.

마지막으로 **법률적 영향**이다. 칼뱅의 목회를 관통하는 맥 중의 하나는 그의 질서 개념인데 그것은 그가 배운 법률학 때문이라고 볼 수 있다. 일반적으로 칼뱅의 신학은 라틴신학(the Latin school of theology)에 속한다고 볼 수 있는데 라틴신학은 로마법에 크게 영향을 받았다.[28] 뉴만(Newman)에 의하면 터툴리안은 칼뱅의 전임자(a predecessor)로서 그의 작품 속에는 로마법 사상이 스며들어 있다고 보았다.[29] 칼뱅이 배운 법률학은 오늘날과 같은 신학과 분리된 법률이 아니다. 그가 배운 시민법과 교회법(cannon law)은 교회훈련과 질서에 관한 것이다. 그는 법률 연구를 통해 추상적이고 사변적인 스콜라철학에 매이기보다는 보다 실제적인 사고를 하게 되었고 이것은 일생의 목회에 큰 영향을 주었다.

그러므로 우리가 위에서 살펴본 칼뱅의 사상적 배경을 종합해 보면 **그의 신학과 목회가 보다 실제적이었던 이유**는 인문주의적 영향으로 신파 유명론의 교육적 영향과 철저히 교부신학에 근거하고자 했기 때문이다. 왜냐하면 모든 교부들은 결코 신학과 실천을 분리하지 않았기 때문이다. 또 스토아주의와 법률학 연구는 그의 신학이 보다 실제적으로 적용되어야 한다는 점에 영향을 미쳤다고 결론을 내릴 수 있다. 그러므로 라이트(Shawn D. Wright)가 지적한 것처럼 칼뱅은 베

---

27) Ibid., 21.
28) Newman, *A Manual of Church History*, 425.
29) Ibid., 257.

자와 같이 목회적 인문주의자(a pastoral humanist)였다.[30]

2. 목회 현장으로서 제네바와 제네바교회

목회는 목회 현장의 영향을 받는다. 목회 현장의 상황에 따라 목회의 방향과 모델 등이 달라진다. 칼뱅의 목회 현장은 스위스 스트라스부르그와 제네바였다. 우리는 스트라스부르그에 대해서는 생략하고 주로 제네바를 중심으로 제네바의 목회환경과 제네바교회에 대해서만 살펴보려고 한다.

제네바(Genéva; Geneve)는 알프스 산맥과 쥐라 산맥 사이 론 강이 제네바호와 만나는 천연적인 분지의 중심부에 있는 구릉에서 발달했다. 론 강을 이용한 수상무역과 육상무역이 로마 제정시대부터 활발하게 성황을 이루었다. 기후는 온화하였다. 당시의 정치적 상황은 도시의 지배권을 둘러싼 주교와 사보이 가(家)의 오랜 투쟁이 1533년 사보이 가(家)의 승리로 넘어간 상태였다. 그러나 여전히 제네바는 공식적으로 로마 가톨릭에 속해 있었다. 그러므로 칼뱅이 1532년 10월 제네바에 도착할 무렵은 정치적 격동기였다. 1533년 5월에는 개신교 확장에 반대하는 강력한 폭동이 일어나서 시의회원 한 사람이 살해당하기까지 했다. 제네바는 거의 3000년 동안 자신들의 방향을 스스로 결정해 온 자치도시였다. 개혁 이전 1387년 이미 제네바의 주교는 자치구의 문제를 결정하는 자유권을 시민들에게 허용하였고, 특히 교회 당국에서는 엄격히 금지된 이윤을 남기는 상업 자금 융통을 허용하였으며 무역을 적극 격려하였다. 때문에 제네바는 중세 말기 유럽 최고의 상품 집결지와 국제적인 상업도시가 되기 시작했다.[31]

칼뱅의 제네바교회에서의 목회사역과 신학을 연구하기 위해서는 제네바교회의 사회적 상황을 살펴보아야만 한다. 1537년 당시 제네바시 인구는 13,000명으

---

30) Shawn D. Wright, *Our Sovereign Refuge: The pastoral Theology of Theodore Beza* (Carlisle: Paternoster, 2004), 41; 87; 234.
31) 김재성, 『칼빈의 삶과 종교개혁』, 210.

로 1,500명의 투표권자와 200명의 의원으로 구성된 대의회(Big Council)와 25명으로 구성된 소의회(Little Council)가 다스리고 있었다. 당시 목회적인 특징을 보면 제네바시 목사들이 복음적으로 설교했지만 생활의 개혁에는 무관심하였다.[32] 2000년 현재 제네바시 총인구가 175,000명이라는 사실을 볼 때, 제네바시가 1857년까지 스위스에서 가장 인구 밀도가 높은 지역이었다는 점이 이해된다.[33] 제네바시는 칼뱅 당시에도 국제적인 도시로 가장 외국인이 많이 살고 있는 지역이었으며, 이방인에게 매우 친절한 도시였다. 이처럼 이방인 밀집지역이 된 것은 칼뱅과 같이 신앙문제로 밀려들어 온 프랑스 개신교 피난민들 때문이었다. 1537년 조사에 의하면 1,000개의 건물, 100개의 창고, 12개의 곡식창고, 나그네를 위한 24개의 여관, 2개의 병원이 있었다고 한다.[34] 그러나 정치, 경제, 문화적 측면에서 바젤이나 베른, 혹은 스트라스부르그 등과는 비교가 되지 않았다.[35]

제네바에는 동편 위쪽 중앙 높은 언덕에 칼뱅이 주로 설교하던 쌩 삐에르교회, 쌩 제르맹교회가 있었으며, 아래쪽에는 쌩 제베교회와 라 마드렌교회가 있었다. 칼뱅은 제네바를 떠나면서 남긴 고별설교에서 자신이 1536년 제네바교회에 처음 당도했을 때는 그곳에는 아무것도 없었으며 **모든 것이 혼돈상태**에 있었다고 했다. 제네바교회는 교황권과 미사를 금지시켰지만 구체제와 권위를 대신할 새로운 대안이 없었다. 그저 개혁신앙에 대한 심정적 호응만이 시를 지배하고 있었다. 새로운 제네바교회는 아무 조직도 없었고 백지 상태나 다름이 없었다.[36] 포스터(Herbert D. Foster)도 그 당시 제네바교회의 내적인 상태를 다음과 같이 기술하고 있다.

> 칼빈이 오기 전에 유기적 공동체로서의 제네바교회는 실상 존재했다고 할

---

32) 오덕교, 『장로교회사』(수원: 합동신학대학원출판부, 2005), 90-91.
33) Ibid., 216.
34) Ibid., 217.
35) Harro Höpfl, *The Christian Polity of John* (Cambridge: Cambridge University Press, 1985), 129.
36) T. H. L. Parker, *John Calvin: A Biography* (London: J. M. Dent & Sons. Ltd., 1975), 153.

수 없다. 어떤 공식적인 신조나 신앙적인 훈련 체계도 마련되어 있지 못했다. 교회는 재산권 권리나 교회훈련이나 교인 심사 또는 목회자를 청빙하거나 해고할 어떤 권리도 갖고 있지 못했다.[37]

파커가 지적한 대로 1540년대 중반부터 피난민들이 제네바로 몰려들면서 도시의 기능은 마비될 정도였다. 제네바교회는 피난민들을 위해 병원시설을 확충하고 극빈자들과 환자들을 돌보았다. 그러나 그 수가 늘어남에 따라 모든 사회적 문제들을 해결하기는 역부족이었다. 칼뱅은 이러한 상황을 정부에게만 돌리지 않고 교회적 차원에서 할 일을 찾았다. 그 대표적인 예가 집사제도와 구빈원(병원)이었다. 그는 이 사역을 위해 교회법으로 규정하기에 이르렀다.[38] 이러한 제네바교회에 가장 중요한 존재는 역시 목회자 칼뱅이었다. 황성철 박사는 칼뱅에 대해 다음과 같이 평가하고 있다.

칼빈은 고대 아리스토텔레스(Aristotle)나 중세 토마스 아퀴나스(Thomas Aquinas)에 비견되는 불멸의 신학자였다. 그러나 신학자로서의 그의 명성 못지않게 그는 또한 유능한 목회자였다는 사실을 우리는 간과하지 말아야 할 것이다. 칼빈 자신은 실제로 자신이 이해하여 집대성한 신학을 공허한 관념의 세계에 붙들어 매 놓으려 하지 않았다. 그는 그것을 실천의 장(場)인 교회에다 적용하려고 했고 그로부터 가시적인 실질적 효과들을 친히 보고 싶어했다. 그는 평생을 신학적 이론에 자신을 묶어두지 않고 그 이론을 실천에 옮기려고 심혈을 기울였던 실천적 목회자였다.[39]

---

37) Herbert D. Foster, "Geneva before Calvin; The Antecedents of Puritan State," *The American Historical Review* Vol. 8 (1903), 235.
38) 김한옥, 『기독교 사회봉사의 역사와 신학』(부천: 실천신학연구소, 2004), 335.
39) 황성철, "칼빈 당시 제네바 교회의 정체성에 관한 연구," 『신학지남』, 통권 제266호, (2001년 봄호), 142.

3. 칼뱅의 목회 과정

1) 목회자로서 소명

칼뱅은 제네바에서 목회사역을 시작했다(1536-38, 1541-64). 그리고 특히 복음을 설교하고 주님의 만찬을 시행하는 데 집중했다.[40] 칼뱅이 목회자로서 언제 소명을 받았느냐는 상당히 중요한 문제이다. 물론 목회자로서의 소명은 그 이전의 중생을 전제로 한다. 그는 복음의 진리를 성경 연구와 "갑작스러운 회심"(sudden conversion)[41]을 통하여 인식했다. 그가 소명을 받아 신학 훈련을 받았다고 하더라도 실제로 영혼을 돌보는 실제적 소명을 받아들이는 시기에는 차이가 있을 수 있다. 칼뱅도 여러 번 화렐의 요청으로 제네바교회에서 목회하도록 초청을 받았지만 그가 처음에 제네바교회에 온전한 목회자로서 소명을 받아들이지는 않았던 것으로 보인다. 그는 1536년 7월 24일 밤 화렐의 권고에 따라 제네바교회에 가기로 했지만 **교회를 맡지 않을 것을 약정의 조건으로 요구했었다.**[42] 이것으로 보아 그는 처음에는 실질적 목회적 부름에 곧바로 응답한 것이 아님을

---

40) Hesselink, *Calvin's First Catechism, A Commentary* (Louisville: Westminster/ John Knox, 1997), Chap. 13.
41) 칼뱅이 1533년 10월 27일 마아거리이트 당굴렘(Marguerite d'Angouleme) 왕비에게 보낸 편지에 의하면 이 때까지 칼뱅은 인본주의자로 보인다. 그러나 이 편지를 쓴 직후 그는 회심을 경험한 것 같다. 1577년 출판한 시편주석 서문에는 당시 경험을 회고하고 있다. "갑작스러운 회심"에 대한 연구는 다음을 참고하라. William Bouwsma, *John Calvin, A Sixteenth Century Portrait* (New York: Oxford University Press, 1988), 9-31. Alexandre Ganoczy, *The Young Calvin* (Philadelphia: Westminster Press, 1987), 7-12, 243-266. Wilhelm Neuser, "Calvin's Conversion To Teachableness," in *Calvin and Christian Ethics, Fifth Colloquium on Calvin and Calvin Studies*, ed. Peter De Klerk (Grands Rapids: Calvin Theological Seminary, 1985), 57-82. T. H. L. Parker, *John Calvin, A Biography* (Philadelphia: Westminster Press, 1975), 22-23. 162-182. Alister E. McGrath, *A Life of John Calvin, A Study in the Shaping of Western Culture* (Oxford: Basil Blackwell, 1990), 69-75.
42) Theodore Beza, *The Life of John Calvin*, 김동현 역, 『존 칼빈의 생애와 신앙』(서울: 목회자료사, 1999), 40.

알 수 있다.[43] 그는 1536년 10월부터 제네바시의 목사의 회원이 되었다.

2) 제네바 목회 1차 활동기(1536-38)

칼뱅은 프랑스에서 출생하여 1536년 제네바에서 목회를 시작하였다. 약 2년간 스트라스부르그에서 목회를 시작한 것을 제외하면 제네바에서 평생을 목회한 셈이다. 그의 약 27년간의 목회과정은 종교개혁자라는 역사적 평가에도 불구하고 그 당시 칼뱅의 입장에서 보면 철저한 목회자로서 자신의 책무를 다했던 사람이다. 그는 **오직 목회를 자신의 일생의 과업으로 삼았고 그 일을 위해 다른 모든 일에 충실하였던 인물**이다.

칼뱅은 처음에는 화렐의 지도하에 단순히 설교하는 일을 맡았다. 그러나 그의 설교의 사역은 천 년간 침체되어 있었던 말씀이 회복되는 사역이었다. 그의 설교는 영향력이 있어서 곧 제네바 시민들에게 알려지게 되었고 로잔회의 이후 전 유럽이 그의 존재를 알게 되었다. 그는 그 후 제네바교회의 담임목사 혹은 감독이 되었다. 그는 회중을 보살피는 일과 교회훈련의 사역과 동시에 설교와 강의하는 일도 맡았다. 칼뱅은 정규적으로 일정한 회중에게 설교하는 사람이 아니라면 이 목회자의 직분을 가질 수 없다는 확신을 항상 가지고 있었다. 이것은 로마 가톨릭 교회가 성도를 돌보는 일은 하지 않고 교회의 행정에만 관여하는 일을 하면서 감독이라고 부르는 것은 옳지 않다고 보았기 때문이다.[44] 이것은 목회의 회복을 의미한다. 영혼의 교화를 최우선 과제로 삼는 교회의 회복이야말로 영혼을 돌보는 목회자적 안목을 가진 칼뱅의 강조점이었다. 그리고 목회는 질서 속에서 이루어져야 함을 강조하며 제네바에서 1차 목회 활동을 시작할 때 가장 먼저 중점을 둔 것은 1536년 11월 10일 시의회에 '교회법'(Ordonnances ecclésiastiques)을 제출한 것이다. 이 시기에 주목할 점은 목회에 대한 관심이 『기독교강요』 이후 보다 커

---

43) 요나의 주석에서 설교 사명에 대한 '두려움'의 문제를 논하고 있다.
44) 김재성, 『칼빈의 삶과 종교개혁』, 225.

졌다는 점이다. 칼뱅은 이제 불가시적 교회보다 가시적 교회와 성만찬, 교회훈련, 예배, 신앙고백, 카테키스무스 등 교회의 외형적 사건을 중요시하였다. 이것은 곧 목회적 중요성 때문이었다. 제네바교회에서의 첫 목회는 모든 면에서 개혁을 시도하였다. 그러나 아직도 로마 가톨릭 전통이 강하였기 때문에 칼뱅의 첫 목회는 개혁이 완성되지 못하고 좌절되고 말았다. 개혁 반대파들이 시의회를 장악하게 됨으로 칼뱅은 설교 금지명령을 받고 제네바를 떠나야 했다. 제네바에서의 첫 목회의 실패는 칼뱅의 경험 미숙인 측면도 있지만 보다 근본적인 이유는 교회와 국가 간의 문제 때문이었다. 그러므로 단순히 모든 시민이 제네바 신앙고백서에 서명하지 않은 것이 곧 그의 목회의 실패라고 보는 것은 무리가 있다.[45]

3) 스트라스부르그에서의 목회(1538. 9-1541. 9)

제네바에서 스트라스부르그로 쫓겨 온 칼뱅은 프랑스 피난민 약 500명 정도의 목회(the ministry to the refugees)를 시작했다. 이곳에서 그의 목회는 성숙한 변화를 맞게 되었다. 보다 폭넓은 목회의 실제를 이해하게 되었고 학문적으로나 목회적으로나 인간적인 면에서 깊은 통찰력과 넓은 시야를 갖게 되었다. 당시 스트라스부르그는 다양한 복음주의적 견해와 로마 가톨릭에 대해 어느 정도 열려 있었다. 이곳의 회중들은 제네바와는 달리 칼뱅의 목회활동 전반에 대해 마음을 열고 받아들였다. 그는 일주일에 두 번의 설교를 하였으며, 제네바에서 금지되었던 개인적인 목양을 하며 성찬을 한 달에 한 번 철저히 준비해서 거행하였다. 그리고 음이 있는 예배용 시편(Psalters)을 부르게 했다. 이곳에서 칼뱅의 목회관에 크게 영향을 준 인물은 마틴 부처(Martin Bucer)이다. 그곳에서 마틴 부처는 칼뱅의 스승으로 알려져 있었다.[46] 부처의 영향을 깊이 받은 결과 칼뱅은 급

---

45) 황정욱, "칼빈의 목회," 한국칼빈학회 엮음, 『칼빈의 신학과 목회』(서울: 대한기독교서회, 1999), 261.
46) Andrew Purves, *Pastoral Theology in the Classical Tradition* (Louisville: Westminster John Knox Press, 2001), 78.

속히 자신의 목회신학을 발전시켰다. 그가 체류한 결과 중 중요한 하나는 마틴 부처의 영향을 받아 "보이는 교회"(the visible church)의 형태와 행동이 크게 환경의 문제임으로 "보이지 않는"(invisible) **교회를 강조하는 루터의 신념으로부터 벗어났다**는 점이다.[47] 부처는 신자의 영적 생활은 허공에서 이루어지는 것이 아니므로 철저한 조직과 규칙이 필요하다고 주장하였다. 특히 스트라스부르그에서 칼뱅의 목회가 이룬 괄목할 만한 성과 중의 하나는 개혁교회의 예배모범을 구체화한 것이다.[48] 이곳에서 중요한 변화는 1540년 8월 이들레뜨 드 뷔르로(Idelette de Bure)와 결혼하였다는 점이다.

4) 제2차 제네바 목회(1541-1564)

칼뱅은 제네바교회로부터 귀환을 요청받고 다시 제네바에서 목회를 시작하였다. 그는 오랜 숙고 끝에 이 귀환을 수락하였는데 그 이유는 그가 스트라스부르그에서 3년간 체류하는 동안 깊이 생각해 보았던 교회의 이상을 실천할 수 있는 기회가 왔다고 생각했기 때문이다. 그러나 그가 임종을 앞둔 날에 고백한 것처럼 스트라스부르그에서 제네바로 돌아왔을 때 많은 성과를 기대하지는 않았었다.[49] 자기를 쫓아낸 제네바로 다시 목양지를 택한다는 것은 인간적으로 쉽지 않았을 것이다. 칼뱅이 제네바에 돌아가기 전 파렐에게 보낸 편지를 보면 그의 목회관이 잘 드러나 있다. 그는 순교적 결의로 목회에 임하고 있다.

제네바로 오자마자 칼뱅은 지난 제네바에서의 1차 목회 경험을 거울삼아 목회 질서를 세우는 데 주력한다. 교회법과 컨시스토리를 설립하여 목회의 근본적인 구조들을 세워나갔다. 그리고 2차 제네바 목회도 성경 본문을 다시 설교하고 성

---

47) W. Stanford Reid, "John Calvin, Pastoral Theologian," *Reformed Theological Review* vol.18, No. 3 (September-December, 1982), 67.
48) 정승훈, 『말씀과 예전: 초대교회에서 종교개혁까지』(서울: 대한기독교서회, 1998), 92. 김재성, 『칼빈의 삶과 종교개혁』, 282.
49) Beza, *The Life of John Calvin*, 김동현 역, 『존 칼빈의 생애와 신앙』, 176.

례를 거행함으로 시작되었다. 예배는 한 시간 조금 넘는 정도였다. 주일은 이른 아침예배가 뻬에르교회와 제르베교회에서 드려졌고, 오전 9시면 모든 교회에서 주일 오전예배를 드렸다. 그리고 낮 12시에는 16세 미만 어린이들은 요리문답 공부가 있었다. 오후 3시에는 모든 교회가 주일 오후예배를 드렸다. 주중에는 월, 수, 금요일에 예배가 있었고 칼뱅이 죽을 무렵에는 모든 교회에서 날마다 예배를 드렸고 말씀이 선포되었다.[50] 그의 목회적 상황은 개혁의 전초였기에 수많은 대적자들을 물리치면서 개혁교회를 세우는 목회였다. 그러면서도 영혼의 감독자로서 사명을 다한 목회였다. 베노아(Jean Daniel Benoit)는 제네바 개혁자들은 신학자라기보다는 목사라고 대담하게 진술했다. 정확하게 말하면 훌륭한 목사가 되기 위한 신학자들이었다. 그들의 개혁의 전 과정에서 칼뱅은 영혼의 목자였다. 물론 칼뱅은 수많은 다른 연합된 행동들과 관련되어 있다. 그럼에도 불구하고 결국 그는 일반적 목회 의무를 다하기 위하여 바빴던 목사였다. 우리는 그의 목회 활동을 중심으로 그 특징을 살펴보고 그의 목회신학을 논하고자 한다.

4. 칼뱅의 목회사역의 특징

1) 칼뱅의 목회사역의 일반적 특징

최근 칼뱅을 단지 "신학자"로만 보려는 경향에서 벗어나려는 노력들이 있었다. 그를 21세기 상아탑 안에서 이론신학만을 탐구하는 신학자로만 보아서는 안 된다. 그는 이론가나 사색가가 아니라 급변하는 유럽의 환경에서 자신의 신앙과 사상을 당시의 교회와 사회에 역동적으로 실천한 목회자였다.[51] 칼뱅의 목회실천은 불가사의한 측면이 있다. 이것은 그의 제자 베자가 1549년 말까지 칼뱅의 저서들의 목록을 소개하면서 어떻게 목사의 일반적인 사역에 필요한 모든 업무를

---

50) 김재성, 『칼빈의 삶과 종교개혁』, 328.
51) 김재성, "생애: 칼빈의 전설? – 그의 추적자들과 연구과제," 『최근의 칼빈연구』, p.25.

수행하면서 이와 같은 저서를 쓰거나 집필을 위해 최소한의 내용을 불러줄 수 있는 "사사로운 시간"이 있었는지에 대한 놀라움이 그것이다.[52]

그러나 칼뱅의 목회에서 이러한 불가사의한 점은 그가 철저히 **바울의 생명목회**의 방법을 따랐기 때문이다. 바울의 생명목회는 결박과 환난이 자신을 기다려도 주 예수께 받은 이 복음 증거하는 일을 마치려 함에는 자신의 생명을 조금도 귀한 것으로 여기지 않는다[53]는 사도행전 21:24의 목회적 사명을 다해 자기 생명을 조금도 귀한 것으로 계산하지 않는 목회 방법이다. 따라서 그는 주변의 숱한 건강상의 충고도 만류하고 자기 몸을 돌아보지 않은 목회 실천을 하였다고 볼 수 있다. 그러나 중요한 사실은 그럼에도 불구하고 사역 초기에 지식을 추구하는 데 잃었던 건강을 하나님이 특별히 지켜주심으로 개혁교회를 세우는 것이 가능했다는 것이다. 베자의 지적대로 만약 그렇게 하지 않으셨다면 칼뱅은 성인의 나이에 이르기까지 살지 못했을 것이다.[54]

칼뱅의 목회사역에서 궁극적인 관심은 하나님의 영광을 위한 것이었다. 그러나 목사로서 가장 직접적인 관심은 영혼의 구원과 안전이었다. 이것은 다른 말로 영혼의 치유와 감독이라고 표현할 수 있다. 이 두 가지가 그의 모든 목회적 직무의 실천적 구조(the practical framework of all his pastoral labour)를 형성했다. 이것이 칼뱅 자신의 근본적인 목회적 동기를 유발시켰다. 그것은 매우 실제적이고 그의 교인들의 삶 속에서 실제화되었다. 그러나 이러한 목회적 실천은 어디까지나 철저히 성경적 원리에 따른 것이다.

2) 제네바교회 컨시스토리에 나타난 목회의 특징

칼뱅의 목회의 특징을 살펴보는 데 있어 실천적으로 가장 중요한 문헌은 제네

---

52) Beza, *The Life of John Calvin*, 김동현 역, 『존 칼빈의 생애와 신앙』, 74.
53) 여기서 "여기지 않는다"는 말은 "우데노스 로구"(οὐδενός λόγου)로 "계산을 조금도 하지 않는다"는 의미이다.
54) Beza, *The Life of John Calvin*, 김동현 역, 『존 칼빈의 생애와 신앙』, 184.

바교회의 컨시스토리 회의록(The Resisters of the Consistory)이다. 제네바교회 컨시스토리55)는 칼뱅 당시 제네바교회에서 칼뱅이 목회했던 1541년 말부터 1564년까지 당회록을 의미한다.56) 칼뱅 시대의 제네바 컨시스토리 연구가인 로버트 킹던(Robert M. Kingdon)에 의하면 컨시스토리는 1541년에 제정된 제네바교회법(Ordonnaces Ecclesiastiques)에 따라 1541년 말에 세워진 심리 법정(a hearing court), 강제적인 상담기관(a compulsory counseling service) 및 교육기관(an educational institution)이었다고 한다.57) 이러한 관점은 그동안 칼뱅의 당회가 강압적인 처벌 기관으로 인식되어온 측면을 감안하면 진일보한 접근이다. 왜냐하면 16세기 유럽을 연구하는 일반 역사가의 관점이 목회신학적 관점에서 컨시스토리를 보는 눈을 열어주었기 때문이다. 하지만 여전히 그러한 견해는 사회사적 역사 연구의 한계에 머물고 있으므로 칼뱅이 전 생애 동안 목회자였다는 점을 고려하면 목회신학적 관점에서 칼뱅 당시의 컨시스토리를 연구 접근하는 것이 필요하다고 본다. 따라서 우리는 현재 영어판으로 나온 컨시스토리가 1542-1544년만 존재하므로 이 컨시스토리를 중심으로 목회신학적 분석을 시도하고자 한다.

우리의 가정은 칼뱅의 컨시스토리가 제네바교회의 목회실천 기관이었다는 점

---

55) '당회록'을 의미하는 '컨시스토리 회의록'을 '컨시스토리'라는 용어로 그대로 사용하는 이유는 현대 용어인 '당회록'이 16세기 맥락을 반영해 주지 못하기 때문이다. 따라서 본서에서는 그냥 '컨시스토리'라고 부르기로 한다.
56) 물론 제네바의 컨시스토리는 칼뱅 사역기간 때의 것만 존재하는 것은 아니다. 최초의 제네바 컨시스토리 연구자인 19세기 중엽의 Frédéric-Auguste Cramer의 경우 1514-1814년 기간 동안의 제네바 컨시스토리를 읽고 분석한 바 있다. 현재 칼뱅의 재임기간 동안의 컨시스토리 원본은 22권으로 존재하고 있다. Cf. *Resistres du Consistorie de Geneve: au temps de Calvin*, eds., Robert M. Kingdon, trans. M. Wallace Mcdonald, The Resisters of the Consistory of Geneva in the Time of Calvin, vol. I : 1542-1544 (Grands Rapids: Eerdmans, 2000). Preface ?.
57) Robert M. Kingdon, *Adultery and Divorce in Calvin's Geneva* (Cambridge: Harvard University Press, 1955), 4. "Calvin and the Family: The Work of the Consistory in Geneva," in *Calvin's Work in Geneva*, ed., Richard C. Gamble (New York: Garland Publishing, 1992), 96.

이다. 이 점은 그 기관에서 실천한 구체적인 사례를 분석해 보면 목회의 본질이 귀납법적으로 밝혀질 것이다. 이것은 컨시스토리를 단순히 16세기 유럽 사회사적 접근으로만 볼 것이 아니라 실천신학의 관점에서 보아야 함을 의미한다. 또 기존의 권징 기관으로서의 접근을 탈피하는 것이다. 이것은 칼뱅의 교회론과 밀접하게 관련되어 있다. 즉 칼뱅은 컨시스토리의 구성원으로서 제네바시의 행정장관이 컨시스토리의 의장직을 수행하는 것에 대해 교회의 자율권을 침해하는 것으로 반대해 왔으며 사실상 1561년 개정된 교회법에서는 행정장관의 컨시스토리에의 참여는 장로의 자격으로서만 가능하다고 개정하였다. 이것은 칼뱅의 교회론에 근거한 것으로 컨시스토리가 단순히 사회통제적 기관이 아니었고 어디까지나 교회의 기관, 그것도 권징을 위주로 한 처벌기관이 아니라 칼뱅의 목회신학에 근거한 **교회의 목회실천 기관**이었음을 보여주는 것이다. 우리는 칼뱅 당시 1542년부터 1544년까지 컨시스토리가 당시 교인들을 소명한 목적과 과정 및 그 결과를 분석함으로 이 점을 논증하고 그 실천을 통해 목회사역의 특징을 밝히고자 한다.[58]

제10회 컨시스토리가 개최된 1542년 2월 16일 목요일부터 기록된 컨시스토리 회의록 1권이 마친 1544년 7월 3일 목요일까지 약 2년 6개월간 총 776회의 컨시스토리가 개최되었다.[59] 각 소명된 사람들에 대해 여러 번 컨시스토리가 개최되었기 때문에 총 횟수가 소명된 사람들의 수와 일치하지는 않지만 1년 평균 약 350회의 컨시스토리를 소집하여 교인들을 상담하고 신앙지도를 하였다는 것은 당시 인구가 제네바시 전체 인구 13,000명을 고려할 때 칼뱅의 목회가 얼마나 컨

---

[58] 국내 학계에서는 목회신학적 접근은 아니지만 컨시스토리를 새로운 역사연구 방법에 따라 접근한 분은 이정숙이다. 그녀는 1555-1556년 기간의 컨시스토리를 출교 중심으로 분석하여 당시 컨시스토리 전 회원들이 "교회"로서 비교적 공정하고 목회적인 차원에서 활동했음을 밝혔다. Cf. 이정숙, "제네바 컨시스토리: 칼빈의 신학과 목회의 접목," 『한국기독교신학논총』, 제18집, (2000), 159-185. "칼빈 연구의 최근 동향: 제네바 컨시스토리 문서 1권의 영어판 출간에 즈음하여," 『신학사상』, 제111집, (2000 겨울), 231-246.

[59] 최초 컨시스토리는 1541년 12월 8일에 개최되었다. 왜냐하면 현존하는 컨시스토리 문서가 1542년 2월 16일 제10회로 기록되었기 때문이다. Cf. *The Resisters of the Consistory of Geneva in the Time of Calvin*, vol. Ⅰ: 1542-1544, 3. 각주 2번 참조.

시스토리 중심의 목회였는가를 알 수 있다. 그리고 반드시 컨시스토리의 사건이 일반적 목회활동의 빈도를 반영하느냐의 문제가 있을 수 있지만 필자의 분석에 의하면 칼뱅 당시 당회의 기능은 다양하다는 것이다. 이것은 칼뱅의 목회사역의 특징이 보다 다양하게 교인들의 삶의 실제와 밀접하게 관련되어 있다는 것을 말해 준다. 필자가 컨시스토리를 분석한 바에 따르면 컨시스토리 각 사건별 분포는 아래 도표와 같이 나타낼 수 있다.

컨시스토리 연도별 빈도수

Type	Total	1542 (2.16-12.28)	1543 (1.4-12.27)	1544 (1.10-7.3)
신성모독	8	2	5	1
가톨릭/개혁신앙	65	23	36	6
교리/이단	2	1	1	0
설교불참	104	46	41	17
설교몰이해	15	13	1	1
성례/예배	36	18	10	8
신앙교육	96	56	35	5
심방/구제	2	2	0	0
주술/미신	18	6	7	5
결혼/이혼	87	42	26	19
부부갈등	64	29	21	14
가정불화/문제	40	19	16	5
성적 방종	72	30	23	19
이웃 간의 싸움	60	13	26	21
형사적 범죄	8	2	2	4
민사적 문제	14	1	7	6
음주/도박/방탕	34	10	18	6
욕/폭언	9	4	2	3
노래/춤	10	9	1	0
불복종	15	11	3	1
해벌	3	3	0	0
당회/카운실 운영	12	3	4	5
타 시와의 관계	2	1	0	1
Total	776	285	285	147

위 도표의 분류 항목은 다음과 같이 나누었다. 즉 첫째는 〈신학과 교리〉 유형으로 신성모독, 가톨릭/개혁신앙, 교리/이단, 둘째는 〈말씀의 교회적 실천〉 유형으로 설교불참-주일만 예배참석, 설교 몰이해/설교자 모독, 성례/예배, 신앙교육-기도, 신앙고백, 캐터키즘, 성경교육, 심방/구제, 주술/미신, 셋째는 〈말씀의 가정적 실천〉 유형으로 결혼/이혼, 부부갈등, 가정불화/가정문제-부부갈등외 가정불화, 자녀교육, 넷째는 〈말씀에 반응하는 삶의 경건〉 유형으로 성적 방종-간음과 간통, 임신, 성희롱, 강간, 매춘, 미혼모, 이웃 간의 싸움-거짓 증거, 모함, 나쁜 소문, 저주기도, 형사적 범죄-살인, 절도, 폭행, 사기, 도난, 유아유기, 민사적 문제-채권채무, 고리대금, 상거래, 소유권, 유실물, 음주/도박/방탕-낭비벽, 추잡한 복장, 카드놀이, 욕/폭언, 노래/춤, 마지막으로 〈말씀의 실천양식으로서 제도〉 유형으로 불복종-부모, 당회, 카운실, 교회비판, 국가 등 권위 불복종, 해벌, 당회/카운실 운영, 타 시와의 관계 등 5가지 대분류 유형과 총 23가지 소분류 유형으로 나눌 수 있었다. 이것은 위와 같은 컨시스토리 연도별 빈도수 분석표를 보면 확인할 수 있다. 위 컨시스토리 년도별 빈도수를 분석해 보면 소위 **교인들을 무섭게 재판하여 권징하고 치리하고 심지어 교회에서 출교하는 그런 기능은 찾아볼 수 없다.** 오히려 교인들의 실제적 삶에 접근하고 있음을 알 수 있다. 이것은 해벌의 건수가 극히 적다는 점을 보더라도 확인된다. 이 점에 대해서는 이정숙의 논문에서도 확인되고 있다.[60]

이것은 다음과 같이 막대그래프화하여 보면 보다 그 다양성과 특이점을 발견할 수 있다. 아래 그래프에서 가장 빈도수가 많은 것은 설교와 신앙교육, 그리고 가정과 사회적인 문제였음을 알 수 있다. 이것은 칼뱅의 목회사역의 특징이 설교와 신앙교육 중심의 목회였으며 더 나아가 가정과 사회를 품고 고민하는 목회였음을 알 수 있다. 당시 사회나 교회가 절대적인 권력을 가지고 있었고 국가와 종교가 완전히 분리되지 않은 상황에서의 컨시스토리의 역할을 오늘날과 단순 비

---

60) 이정숙, "목회의 장으로서의 컨시스토리," 『한국기독교신학논총』, 제27집 18. 제네바 컨시스토리 (The Genevan Consistory)-칼빈의 신학과 목회의 접목; available from http://cafe.never.com/gaury/8087.html; Internet: accessed 15 June 2006.

교하기는 어렵다고 하지만 분명한 것은 당시 모든 면에서 불안정한 사회적 분위기에서 목회사역이 이렇게 말씀과 교육과 삶의 실제가 깊이 연관을 맺는 것은 의미심장하다.

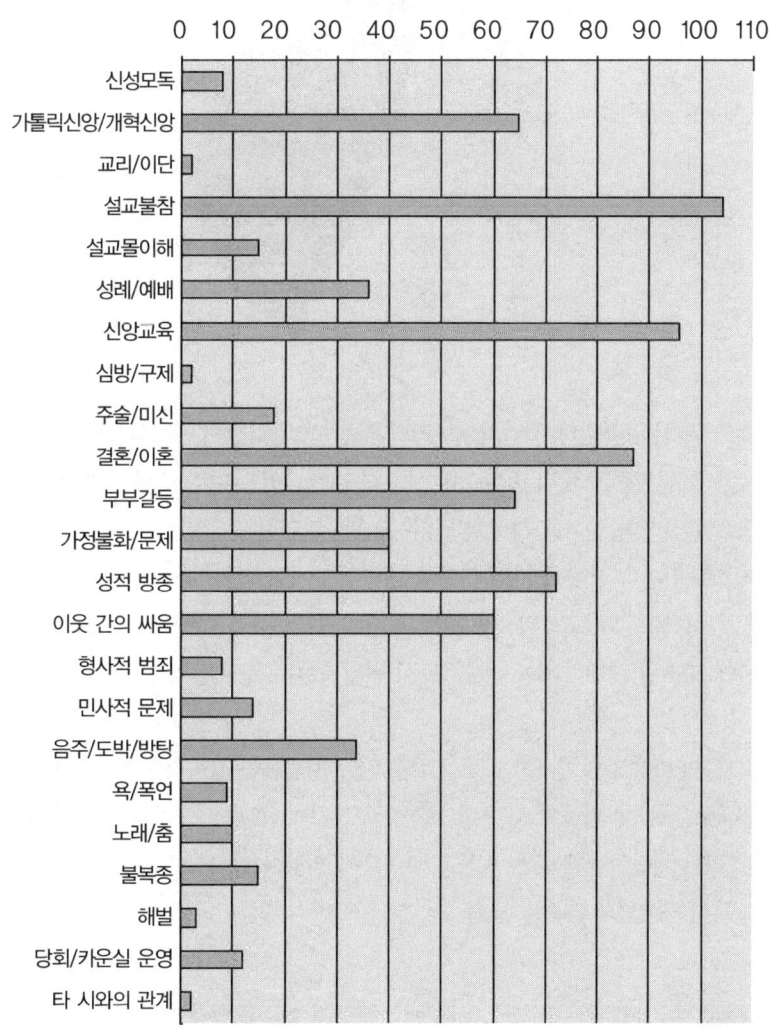

컨시스토리 유형별 빈도수

이것은 위에서 나눈 대분류 방식으로 분석한 다음의 원그래프를 보면 분명히 그 특징이 드러난다.

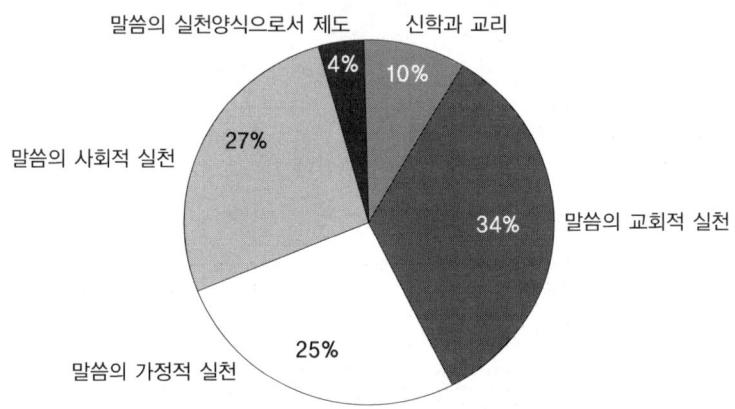

컨시스토리 사역유형별 분석

- 말씀의 실천양식으로서 제도 4%
- 신학과 교리 10%
- 말씀의 교회적 실천 34%
- 말씀의 가정적 실천 25%
- 말씀의 사회적 실천 27%

여기서 우리는 칼뱅 당시 컨시스토리가 직접 자기 기관의 직무와 그 목적을 서술한 것을 보면 컨시스토리가 단순히 사회적 기관만이 아니라 **교회의 목회사역의 기관**으로서 신학적 인식을 하고 있었다는 점을 확인할 수 있다. 그러기에 칼뱅은 이 컨시스토리의 의장을 초기의 시당국 행정장관에서 교회의 목사로 임명하는 법률안을 개정하여 개혁교회의 목회사역의 중심기구로 확립시켰던 것이다. 다음은 1542년에 개최된 제네바교회 컨시스토리 회의록에 기록된 당회의 목적이다.

> 그들의 마을에서 거룩하지 못한 삶을 사는 사람들을 감독함으로써 교회의 질서(order)를 확립하고, 거룩한 교회를 보존하며, 그리고 교회 안에서 죄를 지으려는 사람들에게 좋은 모본을 보여주기 위하여 컨시스토리가 소집되었다. 특히 하나님의 말씀을 잘 들을 수 있도록 하기 위함이다.[61]

---

61) The Resisters of the Consistory of Geneva, Thursday. October 12, 1542.

3) 제네바 교회법령에 나타난 목회사역의 특징

우선 제네바 교회법령의 종류와 내용을 살펴보고 칼뱅의 목회사역의 특징을 논하기로 한다. 제네바교회의 법령은 세 종류가 있다. 즉 "제네바교회의 조직과 예배에 관한 제의서"(1537), "제네바교회의 법령"(1541), "제네바교회의 법령"(1561) 등이다. 1537년 "제네바교회의 조직과 예배에 관한 제의서"는 칼뱅이 파렐(Guillaume Farel)의 강력한 권고로 제네바에 돌아온 후 1536년 11월 10일에 시의회에 제출한 "신앙고백서" 이후 두 달 후인 1537년 1월 15일에 제출한 것이다. 이 법령은 칼뱅이 초안하고 교역자들의 이름으로 소의회와 200인 의회에 제출하여 통과된 것이다. 이 법령은 수개월 후 제네바에서 추방당하여 즉시 실효를 나타내지는 못했지만 후에 제네바로 귀환한 후 실현을 보게 된다. 이것은 장로교회 조직의 창시적 문서로 대단히 중요한 문서이다.[62]

또 1541년 "제네바교회의 법령"(Ordonnances Eccéiastiques de l'Eglise De Genée)은 칼뱅이 스트라스부르그에서 망명 생활을 끝내고 돌아오자마자 11월 20일 교회 조직(ecclesiastical organization)에 관한 법을 만들어 시의회에 제출하여 채택된 법령이다. 마지막으로 칼뱅이 죽기 3년 전인 1561년에 채택된 "제네바교회의 법령"은 잘 알려져 있지만 제네바 교회법령의 최종적인 것이라는 점에서 매우 중요하다. 1561년 법령은 1541년 교회법보다 개혁을 구체화시키는 방향으로 개정한 것이다. 위의 3개의 법령은 분리된 것이 아니라 칼뱅의 신학과 사상이 담겨져 있다. 칼뱅은 목회사역의 개혁이라는 시대적 목표 속에서 이 법령들을 제정함으로 목회의 법적 기초를 마련하였다.

제네바교회의 법령 세 종류 중 가장 먼저 것인 1537년 "제네바교회의 조직과 예배에 관한 제의서"는 교회의 완전성을 기하기 위한 교회훈련의 문제, 공적 예배의 형식을 위한 시편 찬송의 문제, 교리의 순수함을 보존하기 위한 어린이 교

---

62) "제네바 교회의 조직과 예배에 관한 제의서," 편집실 역, 『신학지남』, 제29권 제1호, (1962년 9월호): 276

육의 문제, 혼인법의 문제 등을 규정하고 있다. 1537년 교회법령에서는 특별히 디아코니의 성격이 직접적으로 나타나지는 않으나 결혼 문제 담당관을 세움으로 "저들에게 제출되는 모든 문제를 심의 판결케 하되 목사들과 연합하여 행하며 결정되는 일들이 하나님의 말씀에 부합되도록"[63] 규정하고 있다.

1541년 '제네바교회의 법령'[64]의 내용은 교회의 전 삶을 법제화한 것으로 직제(Ordre)와 예식(Sacrament)으로 대별할 수 있다. 주의 복음 진리가 순수하게 견지되며, 교회가 바른 질서와 체제의 허용으로 확립되며, 후대를 담당할 청소년들이 바르게 교육되며, 빈곤자를 위한 병원이 적절하게 운영되기 위해 4개의 직제(Ordre)가 존재할 것을 규정하고 있다.[65] 특히 여기서 주목할 것은 가난한 자를 구제하고 재정을 관리할 직무와 병자를 돌보는 직무를 맡은 '집사직'에 대한 규정이다. 이들은 시 예산으로 고용되었고 목사와 장로 및 시 감독자들이 3개월에 한 번씩 병원을 살폈다. 특히 목사들의 목회적 활동으로서 심방이 설교와 연계하도록 규정하였으며(34조) 심방의 방법에 대해서는 8개의 조항으로 규정하였다(35-42조).[66]

우리는 제네바 교회법령을 통해 칼뱅의 목회사역의 특징은 모든 목회 활동이 신학적 근거를 가지고 있으며 더 나아가 그의 신학이 신학으로 멈추는 것이 아니라 사역을 실제적인 추진할 수 있는 법적인 근거를 제시함으로 목회사역의 실제화가 이루어졌다는 점이다. 이는 '질서의 목회'가 경직된 사역이 아니라 모든 사역을 더 역동적으로 추진할 수 있도록 하는 도약대가 되었음을 말해 준다. 우리는 그 구체적인 사역의 실천적 모델에 대해 논증할 것이다.

---

63) Ibid., 282.
64) 1541년 법령 영역본은 *The Register of the Campany of Pastors of Geneva in the Time of Calvin*, ed. & trans., Philip E. Hughes (Grand Rapids: Eerdmans, 1966), 35-49.
65) 김득룡, "제네바 教會憲法規定 硏究: 1541년 規定을 중심으로," 『신학지남』, 제178호, (1977. 9): 27.
66) "Ecclesiastical Ordinances," in *Paradigms in Polity*, ed., David W. Hall and Joseph H. Hall (Grands Rapids: William B. Eerdmans Publishing Company, 1994).

4) 목회사역의 실천양식별 특징

(1) 교회 통치의 사역

　마크 르얀(Mark Ryan)이 제시한 것처럼 칼뱅의 목회사역에서 위대한 관심은 목사로서 영혼의 구원과 확신의 안전이었다.[67] 그러나 당시 목회 환경과 개혁의 혼동 속에서 목회의 가장 큰 특징은 질서의 사역이다. 그는 체계가 세워진 곳에서 전도나 돌봄의 사역만을 감당하는 안정된 목회를 한 것이 아니라 개혁교회를 세워야 하는 목회적 과제를 안고 있었다. 왜냐하면 그의 모든 개혁은 자신의 목회적 실천과 관련된 중요한 문제들이었기 때문이었다. 우선 시의회에 새로운 교회법(Les Ordonnances ecclésiastiques) 초안을 제출했다. 그 핵심은 목회의 핵심을 이루는 교회의 직분에 관한 것으로 목사, 박사, 장로, 집사의 4직분을 골자로 하는 것이었다. 이 교회법은 교회의 완전한 자유권을 선언하였고, 컨시스토리를 제정하여 장로가 참여하는 목회 구조를 세우도록 하였다.[68] 이것은 개혁교회의 목회 방향에 중요한 질서의 기초가 되었다. 그리고 목회에서 중요한 심방의 사역도 교회 통치적 차원에서 조례가 1546년에 제정되었다.

　칼뱅의 교회 통치의 사역에서 중요한 특징은 교회를 보전하기 위한 강력한 대적의 사역이 있었다는 점이다. 그의 목회는 종교개혁기였기에 더욱 이러한 사역은 절대적으로 필요하였다. 그러나 이러한 교회 통치의 사역은 적들과 싸우기를 좋아하는 성향에서 나온 것이 아니라 목회적이고 성경적이고 신학적인 근거를 가지고 시행하였다. 이것은 교회를 무너뜨리려는 세력들에 대한 목회적 대응이었다.

---

67) Mark Ryan, *The Pastoral Theology of John Calvin*; available from www.dangerdog.com/theology.htm; Internet; accessed 2 June 2005.
68) 컨시스토리는 목사들과 제네바시의 소위원회가 추천하고 200인 위원회에서 결정한 12명으로 구성되었다. 12명 중 2명은 소위원회에서, 4명은 60인 회에서, 6명은 200인 의회에서 선출되었다. 원칙적으로 1년직이나 연임이 가능하였다. 컨시스토리는 목사 6명과 장로 12명으로 총 18명으로 구성되었다. 매주 목요일에 개최되었으며 목사의 수가 적으나 일반적으로 목사들의 권위와 의사가 보다 높이 존중되었다. 의장은 시의장 중 한 명이 사회를 맡았다.

(2) 말씀과 예전의 사역

칼뱅의 목회사역은 설교사역이 그 중심이다. 그의 설교사역에 나타난 목회적 관점은 설교준비 단계인 본문 주석 단계에서 드러난다. 그의 설교 본문 주석은 현대학자들이 하는 것처럼 분석과정이나 내용들을 장황하게 설명하는 식이 아니었다. 필요한 경우 신학적 이슈들을 다루기는 하지만 언제나 그의 관점은 목회적 적용에 있었다. 그의 주석의 성격을 보면 본문을 문법적으로 밀도 있게 분석한 후 역사적 해석 및 신학적 해석, 그리고 목회적 적용을 하는 것이 아니라 본문에 대한 문법적 이해를 전제한 상태에서 곧 바로 목회적 적용 내지 신학적 이슈를 다루고 있다는 점이다. 이 사실은 그의 주석의 목적이 성경의 메시지가 신자들의 삶 속에 구체적으로 적용되도록 하는 데 있지 신학적 논점 자체에 있지 않았다는 점을 말해 준다.[69]

칼뱅은 건강이 허용하는 범위를 훨씬 초과하여 과로하기까지 설교사역자로서 자신을 아끼지 않았다. 우선 그는 가장 부지런한 설교자였다.[70] 그는 1주일을 매일 설교했다.[71] 주일은 신약을, 평일에는 구약을 설교했다. 이제까지 칼뱅의 강단을 중심으로 모든 것을 평가하려는 시도가 거의 없었지만 그의 사역의 심장으로서 기능하는 것은 설교 강단이었다. 이것이 사실인지 아닌지에 대한 의심은 그가 평생 2,300번을 넘는 설교를 했다는 점을 알게 될 때 사라진다.[72] 이러한 강단의 열정에 대해 설교사 학자 다간(Edwin. D. Dargan)은 브로아두스의 글을 인용하며 "칼빈의 설교사역을 볼 때 놀라지 않을 수 없다"고 하면서 그가 방대하고 정치(精

---

69) 윤용진, "설교를 위한 칼빈의 주석 연구; 창 4:1-7을 중심으로," 『개혁신학』, 제15권, (2004): 169-171.
70) 칼뱅이 Farel에게 보낸 편지에서 "메신저가 나의 책(로마서 주석)을 요구할 때 나는 설교를 위해 회중들에게 읽기 위해 20장을 다시 썼고 어떤 논쟁 장소에 참석하기 위해 42통의 편지를 썼으며 10명 이상에게 답장을 썼다"고 했다. Cf. Charles Bridges, *The Christian Ministry* (Edinburgh: The Banner of Truth Trust, 1830; reprinted 1977), 43.
71) Beza, *The Life of John Calvin*, 김동현 역, 『존 칼빈의 생애와 신앙』, 65.
72) Kelly, "Some Aspects of the Preaching of John Calvin," *Evangel* 5 (1987), 11.
73) Edwin. C. Dargan, *A History of Preaching* Vol. I (Grand Rapids: Barker Book House, 1954), 370.

緻)한 저술을 내면서도 매일 설교하였는데 예를 들면 신명기를 200회나 설교했다고 하였다.[73] 더구나 그는 믿음의 확신의 충만함과 자유함으로 잃어버리고 고통당하는 영혼을 인도하려는 설교 이력(preaching career)을 철저히 추구했다.[74] 이러한 능력에서 자신의 영광이 되는 모든 것은 포기했으며, 그의 진지함, 학자적이고 수사적인 것들은 완전히 복음을 위한 봉사로 대치시켰다.[75] 그를 방해하는 모든 것을 스스로 제거하고 인간적인 마음에서 나오는 모든 의도에 저항하였기 때문에 그의 설교를 통하여 양떼를 먹이고 늑대로부터 지키는 데 진력하였다.

칼뱅은 성경에 대한 접근법에 있어서 초기 신학자들과 설교자, 그리고 중세교회의 알레고리칼한 해석 방법을 피함으로 강해설교의 방식을 채용했다. 본문을 정직하게 설명하기를 선호하였던 그는 전형적으로 주석이 없이 설교했으며 그 설명은 직접적으로 원어로부터 왔다. 그는 그의 설교에서 유머를 거의 사용하지 않았으며 자기 자신에 대해 자주 말하지 않았다.[76] 매주일 두 번의 설교와 격주별로 매일 설교를 한 칼뱅은 교인들에게 물을 타는 식으로 희석시키거나 변명하지 않는 습관으로, 꺼리지 않고 모든 하나님의 뜻으로 전하였다.[77] 그가 회중들의 이해와 상황에 대한 고려가 없이 교인들의 머리 위에서 혹은 되는 대로 설교했다고 말할 수 없다. 반대로 칼뱅은 16세기 속에서 청중들이 자신을 발견하도록 성경을 적용하였다. 칼뱅은 설교 뿐만 아니라 매주 금요일 성경말씀을 토의하기 위하여 모임에서 성경공부를 주관했다.[78] 그의 설교양식은 성경적 강해설교 이었다.

칼뱅의 사역은 말씀의 선포와 성례의 사역이 그 중심을 이룬다. 칼뱅의 설교와 성례의 사역은 분리된 사역이 아니라 통합된 사역이다. 신약성경에 따라 칼뱅은 세례가 우리를 교회로 인도하고 믿음의 공동체로 들어오도록 하는 '입교의 성

---

74) Ronald S. Wallace, *Calvin, Geneva and the Reformation* (Grand Rapids: Barker Book House, 1990), 171.
75) Emanuel Stickelberger, *Calvin* , trans. David G. Gelzer (London: James Clarke & Company, 1959), 95.
76) Kelly, *Evangel* 5, 11.
77) Parker, *Portrait Of Calvin* (London: SCM Press, 1983), 82.
78) Beza, *The Life of John Calvin*, 김동현 역, 『존 칼빈의 생애와 신앙』, 65.

례'(the sacrament of initiation)임을 가르쳤다. 반면 주님의 만찬은 끊임없이 그리스도 위에서 꼴을 먹도록 하며 영적으로 그분에 의해 양육을 받는 '연속의 성례'(the sacrament of continuation)임을 가르쳤다. 종교개혁 기간 동안 신학적 논쟁점이 있기는 했지만, 칼뱅은 교인들의 신앙에 도움이 되는 것으로서 성례를 말하였고 우리의 신앙의 구조를 지지하도록 디자인된 기둥으로 설명하였다. 칼뱅이 성례의 사역에서 강조한 것은 하나님의 말씀이 근본적인 역할을 해야 한다는 점이었다. 성례가 말씀과 결합될 때 보다 강하게 말씀을 배울 수 있는 기둥과 지지대로서 삶의 일부분이 된다는 점을 주장했다.[79] 그래서 칼뱅의 성례의 실천은 말씀과 함께 목회적 돌봄 속에서 영혼에 대한 염려를 완화시키기 위해서 시행되었다.[80] 칼뱅은 무시당하는 사람들과 가난한 자들에게 필요한 교육을 제공하였으며, 고통의 무게를 지는 사람들을 위한 위로의 수단으로서 환자들의 성례 집례자가 될 수 있다고 했다. 그러나 임종 환자들에 대한 성찬은 시행되지 못하였다.[81] 더 나아가 필요할 때 칼뱅은 고백(confession)을 들었다.[82] 많은 다른 사람들과 다르게 인간의 마음의 필요를 잘 이해한 그는 고백 그 자체를 비난하지 않았다. 오히려 고백은 하나님께 사적인 접근을 통해 고통이 경감될 수 있도록 하여 무거운 짐을 진 개인들을 도울 수 있도록 하였다.[83]

칼뱅의 말씀의 사역은 교회와 가정에서의 교육목회를 통해 실천되어졌다. 칼뱅은 '분별연령'(the years of discretion)을 넘으면 세례를 받은 모든 사람들에게 말씀을 가르치고 훈계하고 위로하기를 주저하지 않았다. 그의 가르치는 실천 방법은 캐터키즘 교육이었다. 칼뱅에게 있어서 교리문답 교육은 단순히 교리적 정보를 나누어주는 것이 아니라 목사와 교사, 그리고 부모들이 하나님과 개인적 관계를 맺도록 가르치는 것으로서 지속적이고 체계적인 방법으로 교육하였다.[84]

---

79) Benoit, *John Calvin, Contemporary Prophet*, 61; Cf, footnotes 35-44.
80) Inst. Ⅲ, 4, 12; Wallace, Calvin, Geneva And The Reformation, 174.
81) Benoit, *John Calvin, Contemporary Prophet*, 63.
82) Inst. Ⅲ, 4, 6;10-14.
83) Benoit, *John Calvin, Contemporary Prophet*, 63-64.
84) 황성철, "칼빈 당시 제네바 교회의 정체성에 관한 연구," 170..

(3) 목회적 돌봄과 교회훈련의 사역

기독교 실천에서 칼뱅의 교회훈련(church discipline)의 사역만큼 오해되거나 불완전한 이해를 가진 경우는 없다. 칼뱅의 교회훈련의 사역은 단순한 칼로 제단하거나 벌을 주는 그런 의미의 사법적 사역이 아니었다. 물론 권징의 주창자로서 칼뱅은 예수 그리스도의 통일성과 순수성을 보존하기 위한 방법으로 교회의 치리를 제도화하였다. 목회적 사역을 감당하는 내내 그가 그리스도의 교리에 대항하여 일어나려고 했었던 사람들에게 교회훈련을 실천한 것은 사실이다. 그는 때때로 게으르며 아버지의 권위에 도전하는 자들을 몰아내었으며, 비참하게 타락한 사람들을 그리스도 성령의 고결함을 가지고 온유한 심정으로 견책하였다.[85] 칼뱅은 설교가 교회훈련의 적절한 과정에서 근본적임을 주장했다. 이것은 죄인들이 그의 죄를 확신하고 교회의 머리되신 그리스도에 대한 회개와 믿음으로 돌아올 수 있는 것은 복음의 능력에 의해서만 가능하기 때문이었다. 칼뱅은 교회훈련에 관한 심의를 위해 당회가 개회될 때마다 참석하였다.[86] 칼뱅은 당회의 설치 과정에서 심각한 어려움에 봉착하기도 했다. 왜냐하면 아미 빼랭(Ami perrin)과 그의 지지자들이 교회훈련의 실행 책임을 당회에서 시의회로 옮기려고 했기 때문이었다.[87] 그러나 이 문제를 하나하나 하나님이 맡겨주신 소명대로 실천하였다. 그의 교회훈련의 사역에서 빼놓을 수없는 사역은 제롬 볼섹에 대한 권징이다. 칼뱅은 볼섹의 주장을 반박하면서도 그에게 괴로움과 원한의 소지를 주지 않고 그가 다시 돌아올 수 있는 방법을 사용하려고 애를 썼다.[88]

많은 역사학자들이 광포한 징계자로 칼뱅의 모습을 조장하고 촉진시켜 왔을지라도 실제로 이것은 진실을 외면했거나 역사적 사실에 회칠한 것이다.[89] 공정하게 고려한다면 교회훈련의 실천에 대한 칼뱅의 강조는 목회적 관심과 조화를 이루는 것이다. 교인들이 그리스도와 연합하고 주님의 자비와 은혜의 빛 안에서 몸

---

85) Inst. Ⅳ, 12, 1; Cf. T. H. L. Parker, *Portrait of Calvin* (London: SCM Press Ltd. 1954), 90.
86) Beza, *The Life of John Calvin*, 김동현 역, 『존 칼빈의 생애와 신앙』, 65.
87) Ibid., 80.
88) Ibid., 90.
89) Inst. Ⅳ, 12, 9; 12, 11.

을 녹일 기회를 가지도록 하나님을 향한 진지한 마음을 가진 사람들을 기다리기 위하여 칼뱅은 "올바른 훈련"(upright discipline)의 시행을 결코 포기하지 않았다.[90] 칼뱅의 눈에 교회훈련은 복음과 사람들의 매일매일의 삶 사이를 연결하여 가장 밀접하게 촉진하며 보장하도록 하는 목회적 수단(a pastoral measure)이다. 오늘 우리 시대에 교회훈련의 목적이 너무나 유약하고 병들어버린 목회적 책임의 몸체(the body of pastoral responsibility)로부터 분리된 슬픈 현실을 보는 것은 어쩌면 당연하지도 모른다.[91]

칼뱅의 교회훈련의 사역은 오히려 목회적 돌봄으로서의 성격이 강하다. 칼뱅은 설교와 성례라는 전통적인 목회양식을 충실하게 실천하였을 뿐만 아니라 개인적인 목회적 돌봄을 통해 말씀의 사역을 적용하였다. 그는 영혼들이 구원을 받고 온전한 신앙으로 정착되기까지 목회적 돌봄에 관심을 집중함으로써 이 모든 사역을 수행했다. 그의 가장 소중한 목회적 돌봄 형태는 서신이다. 그는 종교적인 계획에 따라 왕, 여왕, 귀족, 교회지도자 및 다양한 친구들과 서신을 교환했다. 칼뱅이 주고받은 편지는 칼뱅 전집 11권에 걸쳐 3,491번까지 나가고 있다. 또 칼뱅은 1550년과 1559년 그가 주례한 270회의 결혼식과 50회의 세례식을 거행했다. 그리고 칼뱅에게 있어서 가장 중요한 목회적 돌봄은 심방이다. 심방은 설교의 확장이다. 심방은 설교를 보충하는 필수적 수단이며 개인적인 영혼에 대한 하나님의 약속을 집으로 인도하는 것이다.[92] 그것은 목회사역의 통합적 요소이다. 칼뱅은 자기에게 의탁하는 사람은 누구든지 기꺼이 방문하였다. 1542년 전염병이 돌 때, 그리고 시의회가 희생자들을 방문하는 것을 금지했을 때에도 칼뱅은 아랑곳하지 않고 심방사역과는 별개로 스스로 방문할 준비가 되어 있었다. 이

---

90) Inst. Ⅳ, 3, 6.
91) Inst. Ⅳ. 12, 1.
92) Inst. Ⅲ, 4, 14; John Calvin, *The Epistles of Paul The Apostle to the Romans and to the Thessalonians*, ed. David W. Torrance & Thomas F. Torrance, trans. by Ross Mackenzie, vol. Ⅷ (Edinburgh: Oliver and Boyd, 1960, reprint, Grand Rapids: Eerdmans Publishing Company, 1973). 345. 이후 본서에서는 이 신약성경 주석 원서 시리즈를 인용하기로 한다.

것이 목회적 심방에 대한 그의 책무였다.[93] 그는 수많은 병상과 장례식장에 있었다. 그의 수많은 서신들을 보면 그는 동정심과 고통에 대한 실제적 위로를 위해 열정적으로 노력하였다.[94] 제네바시 의회의 눈에 가장 중요한 인물이었음에도 불구하고, 칼뱅은 교인들이 처해있는 환경에 관계없이 누추한 곳에 방문하여 구원의 지식과 마음의 평화를 가져다줌으로써 자신의 교구를 개인적 차원에서 섬기도록 단순히 임명된 사람으로 보았다. 그는 매일매일의 사역에서 해결해야 할 무수한 문제들은 말할 것도 없고 물질적인 도움이 필요한 사람들에게 환자들을 심방할 때처럼 방문하였다.[95] 우리가 분석한 바와 같이 제네바교회 컨시스토리 연구에 따르면 칼뱅은 화해와 평화를 도모하기 위해 피나는 노력을 기울였던 영혼의 목자였다. 이 점은 로버트 킹던의 분석도 마찬가지이다.[96] 그가 얼마나 목회적 돌봄의 경계선을 높게 정하고 있는지는 그의 주석에 잘 나타난다. 칼뱅은 목사가 강단에서 공적으로 설교하는 것만으로 충분하지 않다는 점을 강조하면서 목사가 한 번의 설교를 하고 마치 자신들의 의무를 다한 것처럼 게으르게 시간을 보내는 것은 용서할 수 없다고 강조했다. 이것은 자신의 목회가 공적인 권면만이 아니라 사적인 훈계를 중단하지 않았음을 의미한다. 그는 이것을 '모든 사람의 피에 깨끗하다' 는 사도 바울의 목회관과 연결시키고 있다.[97]

(4) 봉사의 사역

칼뱅의 목회는 봉사를 실천하는 목회였다. 그의 봉사 목회의 핵심은 집사 직무에 있다. 칼뱅이 목회적 차원에서 실천한 봉사는 주로 '말씀의 봉사' 였다. 그러

---

93) Parker, *Portrait Of Calvin*, 81.
94) Elsie Anne Mckee, Ed. and Trans., *John Calvin: Writings on Pastoral Piety* (New York: Paulist Press, 2001), 33.
95) Beza, *The Life of John Calvin*, 김동현 역, 『존 칼빈의 생애와 신앙』, 65.
96) Robert M. Kingdon, "A New View of Calvin in the Light of the Rigisters of the Geneva Consistory," in *Calvinus Sincerioris Religionis Vindex*, ed. W. H. Neuser and Brian G. Amstrong. vol. xxxvi (Kirksville, MS: Sixteenth Century Essays & Studies, 1997), 21-34. 재인용. 한국칼빈학회, 『최근의 갈빈연구』(서울: 대한기독교서회, 2001), 24.
97) Comm. Acts 20:20; 1 Thess 2:11.

나 그의 '말씀의 봉사'는 설교만으로 만족하는 목회관이 아니라 '말씀에 반응하는 봉사'를 강조하는 목회였다. 1540년대 중반부터 피난민들이 제네바로 몰려들면서 도시의 기능은 마비될 정도였다. 제네바시는 피난민들을 위해 병원시설을 확충하고 극빈자들과 환자들을 돌보았다. 그러나 그 수가 늘어남에 따라 모든 사회적 문제들을 해결하기는 역부족이었다. 칼뱅은 이러한 상황을 정부에게만 돌리지 않고 교회적 차원에서 할 일을 찾았다. 그 대표적인 예가 집사제도와 구빈원(병원)이었다. 그는 이 사역을 위해 교회법으로 규정하기에 이르렀다.[98] 특히 1541년 '제네바교회의 법령'에서 칼뱅은 병원을 **"하나님께 헌신된 집"**(the house dedicated to God)이라고 불렀으며 모든 병원의 사역자는 그 집을 관리한다는 사실에 입각해서 특별한 치료사역을 감당하여야 한다고 규정한 것으로 보아 칼뱅이 얼마나 '말씀의 봉사의 사역'을 '말씀에 반응하는 봉사의 사역'으로 연계시켰는가를 그의 봉사 목회에서 알 수 있다.

1537년 "제네바교회의 조직과 예배에 관한 제의서"에 나타난 결혼 문제에 대한 규정은 오늘날 서구 유럽 전통과 맥을 같이 한다고 보고 있다. 즉 현대 유럽교회의 상담사역이 교회의 '디아코니' 사역으로 교회와 독립된 별도의 전문 사역기관들이 맡고 있다는 점을 감안하여 볼 때 제네바 교회법령은 중요한 의미를 가지고 있다.

1561년의 교회법령에 나타난 교회의 디아코니는 소위 사회봉사 모형에 있어서 '집사 모형'으로서의 성격을 가진다. 간호와 사회봉사를 중심으로 한 병원사역에는 여성 집사들이 헌신하였는데 여기서 나이팅게일 등 근대적 간호사들이 출현하게 하는 큰 역할을 했다. 현대에도 이런 여집사/교회봉사자 제도를 채택하는 교회들이 많이 있다. 칼뱅의 '집사 모형'은 나름대로 도움이 필요한 사람들에게 책임을 맡도록 정부와 시민을 격려하고, 하나님의 사랑에 응답하는 봉사정신과 교회의 선행을 격려하며, 자활 수단으로서 근면과 검약을 실천하도록 하였으며, 사회를 바로잡는 개혁에 참여하게 하는 등 큰 영향을 미쳤다.[99]

---

98) 김한옥, 『기독교 사회봉사의 역사와 신학』(부천: 실천신학연구소, 2004), 335.
99) Derrel R. Watins, *Christian Social Ministry: An Introduction*, 노영상 역, 『기독교 사회봉사

이러한 집사 모형은 제네바에서 어느 것도 집사직과 그들의 중요 활동 영역인 구빈원보다 철저히 교회가 영혼 뿐만 아니라 그들의 육체까지도 돌보고 있다는 점을 제네바 시민들이 철저히 깨달았고 이것은 종교개혁을 성공시키는 중요한 원동력으로 작용했다. 다시 말하면 제네바 교회법령에 나타난 교회 디아코니 직무 실천을 통해 현대 복음주의식 전도방식의 한계를 극복할 수 있다는 점에서 시사하는 바가 크다.

입문』(서울: 쿰란출판사, 2003), 53.

John Calvin's
Pastoral Theology

John Calvin's Pastoral Theology 제4장

칼뱅의 목회신학

우리는 이제까지 칼뱅의 목회신학이 존재하지 않는다는 기존 목회신학자들의 평가절하를 검토하고 먼저 칼뱅의 목회사역을 살펴보았다. 과연 평생을 목회 실천에 집중한 삶이 아무런 목회신학적 근거 없이 사명을 다했다고는 보기 어렵다. 이제 필자는 그의 목회신학의 내용을 본격적으로 검토함으로써 힐트너 같은 대가들의 오류가 잘못된 것임을 논증할 것이다. 이를 위하여 목회의 신학적 기초를 먼저 살펴보고 이어 목회신학의 내용을 본질, 직분, 구조, 양식이라는 4대 기둥을 중심으로 파악할 것이다. 목회의 신학적 기초를 칼뱅은 어떻게 인식했을까? 먼저 목회의 신학적 기초를 살펴보기 전에 꼭 우리가 간과하지 말아야 할 것은 헤셀링크(Hesselink)의 말처럼 칼뱅의 신학은 목회적이라는 사실이다.[1] 심지어 그의 선택의 교리마저 목회적이다.[2]

1. 목회의 신학적 기초

1) 목회의 근원으로서 삼위일체 하나님

---

1) Hesselink, *On Being Reformed: Distinctive Characteristics and Common Misunderstandings* (New York: Reformed Church Press, 1988), 34.
2) Takeshi Takasaki, "Calvin's Theology as Pastoral Theology," *Reformed Review* vol. 51, No.3 (Spring 1998), 221.

일반적 의미로 목회란 목사가 하는 사역을 지칭한다. 이 목회의 신학적 기초는 삼위일체 하나님의 사역에 근거한다.[3] 칼뱅은 목회의 신적 기원에 대해 "하나님에 의하여 주어진 사역"[4](The Ministry given by God)이라고 했다. 목회는 목사 자신으로부터 출발되어지는 것이 아니라 하나님의 사역에 그 뿌리를 두고 있다는 의미이다. 더 나아가 목회의 주체는 하나님이라는 사실이다. 그러므로 칼뱅은 하나님의 사역을 "그분이 사람들의 사역을 이용하셔서 자신의 뜻을 우리들에게 말로써 명백하게 위임한 일"[5]이라고 했다. 목사는 "노동자가 일을 할 때 필요한 연장"[6]과 같다고 비유한 것은 목회의 신적 기원을 의미한 것이다.

그렇다면 **목회의 근원으로서 하나님**은 누구신가? 일반적으로 칼뱅의 신관은 '창조주 하나님', '무한하신 하나님', '영이신 하나님', '삼위일체 하나님' 등으로 말하여진다. 이 중 목회의 신적 기원을 가장 잘 밝혀주는 것은 '삼위일체 하나님' 이다.[7] 칼뱅은 터툴리안의 삼위일체 교리를 설명하면서 "그에 의하면 하나님은 유일하신 분이지만 섭리나 경륜(dispensation and economy)에 의하여 존재한다. 또한 본체의 일체성에 있어서는 하나님은 한 분이시지만 섭리의 신비(the mystery of dispensation)에 의해서 일체가 삼위로 분배된다. 그와 같이 삼위가 있지만 그것은 상태에 있어서 그런 것이 아니라 지위에 있어서 셋이고, 본질에 있어서가 아니라 형식에 있어서 셋이며, 또한 능력에 있어서가 아니라 표현에 있어서 셋이다"[8]라고 했다. 즉 칼뱅은 삼위일체 하나님을 존재론적으로 설명하기

---

3) 목회사역의 '삼위일체 근거 및 모델' (a trinitarian model)에 대해서는 Ray S. Anderson, *The Shape of Practical Theology: Empowering Ministry with Theological Praxis* (Downers Grove: InterVarsity Press, 2001). 35-46.
4) Inst. Ⅳ, 3, 1.
5) Ibid.
6) Ibid.
7) 현대 목회신학에서 성부 하나님의 사역을 목회의 신학적 기초로 삼는 학자들은 특별히 R. Anderson과 J. Wharton의 글에서 볼 수 있다. Ray S. Anderson, ed., *Theological Foundations for Ministry* (Grand Rapids: Wm. B. Eerdmans Publishing Co., 1975). James Wharton, "Theology of Ministry of the Hebrew Scriptures," in *A Biblical Basis for Ministry*, ed. E. E. Shelp and R. Sunderland (Philadelphia: Westminster Press, 1981).
8) Inst. Ⅰ, 13, 28.

보다는 그의 사역을 통하여 설명하려고 하였다. 그러기에 목회적 측면에서 삼위일체의 구별과 일치는 삼위 안에서 더 친밀하게 계시되었고 그리스도께서 "모든 족속으로 제자를 삼아 아버지와 아들과 성령의 이름으로 세례를 주라"(마 28:19)는 말씀으로 하나님의 본질 안에 삼위가 거하며, 유일하신 하나님이 삼위로 알려지셨다는 점을 강조한다.[9] 즉 하나님의 영원하신 작정과 섭리의 사역 속에서 삼위일체의 하나님이 계시되었다는 것이다. 그러므로 칼뱅은 인간에 맡겨진 목회의 신적 기원을 삼위일체의 하나님의 사역으로 보았다.[10]

그런데 칼뱅이 목회의 신적 기원으로서 삼위일체의 사역적 특성을 들면서 아주 중요하게 생각하는 것은 만물에 대한 하나님의 영원한 작정 중 피조물인 인간에 대한 작정, 즉 예정(predestination)을 제시하고 있다는 점이다. 이 예정은 선택과 유기로 구성되었는데 칼뱅이 이것을 『기독교강요』 신론에서 다루지 않고 구원론에서 "기도"와 함께 다루는 것은 구원받은 성도의 삶을 결론론적으로 설명하기 위한 극히 목회적인 배려였다. 목회의 신적 기원으로서 칼뱅의 예정론은 "언약신학"(covenant theology)[11]에 근거를 두고 있다. 인간에 대한 하나님의 영원한 작정을 말하려면 인간과 하나님의 접촉을 말해야 되는데 그 출발점으로서 언약을 말해야 참 종교가 성립되는 것이다. **언약 이외의 타 방법으로는 인간과 하나님 사이의 차이를 극복할 수 없다.** 언약 속에 하나님의 자기 비하 곧 하나님의 큰 행동이 있다. 언약으로 하나님은 인간과 특별한 교제가 가능하게 된다(사57:15). 타락 이전에도 언약 상태였다(호 6:7; 고전 15:21-22; 롬 5:12-21). 여기에 목회신학적 함축성이

---

9) Inst. I, 13, 16.
10) 칼뱅이 목회의 신학적 기초를 삼위일체 하나님의 사역으로 보는 것은 소위 '성경'과 '말씀'을 구분하는 소위 신정통주의자들이 주장하는 것처럼 목회의 근거를 성경계시보다 큰 초월적 하나님의 사역에 두는 것을 의미하지 않는다.
11) 바빙크(Herman Bavink)에 의하면 언약신학은 콕세이유스(Coccejus)에게서 발원된 것이 아니고 실상은 그 원리가 쯔빙글리(Zwingli)에게서 시작되어 불링거(Bullinger)와 칼뱅에게 이르렀다고 한다. Cf. Herman Bavink, *Gereformeerde Dogmatick* III, 1929. 188-190. 그러나 에머슨(Emerson)은 그것을 인정하면서도 그 이전의 Ames와 Coccejus에 의해 형성된 신학이라고 했다. Cf. Everett H. Emerson, "Calvin and Covenant Theology," in *Articles on Calvin and Calvinism* vol. 8, ed. Richard C. Gamble (New York: Garland Publishing, 1992), 3.

있다. 박윤선 박사는 은혜언약이 삼위일체적 성격인 이유에 대해 "이 계약 체계에 있어서 하나님 아버지께서는 우리의 구원을 계획하셨고, 성자께서는 우리의 피 값을 대신 지불하시어 구원을 이루시고 성령께서는 그 이루신 구원을 각인에게 시행하시는 까닭이다"(요 1:16; 엡 2:8; 벧전 1:2)[12]라고 했다. 이것은 **언약신학 안에 목회의 신학적 기초가 있음**을 말한다. 칼뱅의 언약신학과 후대의 언약신학자 사이의 차이의 정도에 대해 논쟁이 있는 것은 사실이지만 칼뱅이 언약사상을 말한 것만은 사실이다. 칼뱅의 언약신학이 그의 목회신학 체계의 '근본적인 요소'[13]라는 문제는 개혁주의 목회 실천에 영향을 미친다는 사실 때문이다.[14] 칼뱅의 언약신학을 부정하게 되면 언약관계자가 성부 하나님과 죄인들을 대신하는 그리스도가 되는 것이 아니라 순종의 확실성이 없는 인간이 언제나 나섬으로 그 인간을 구원하는 목회사역은 인본주의적 목회로 전락할 염려가 있다. 즉 언약이 없는 목회는 '참 종교'로서 계시종교의 본질을 벗어날 우려가 있다는 것이다.

2) 목회의 대상으로서 인간

칼뱅은 인간의 본성을 "불멸하지만 피조된 존재"(an immortal yet a created essence)[15]와 "타락한 인간"(fallen man)으로 규정하고 있다.[16] 칼뱅의 인간론은 하

---

12) 박윤선, 『개혁주의 교리학』(서울: 영음사, 2003). 233.
13) 김득룡은 언약신학이 칼뱅의 목회신학의 근본적인 요소라고 주장하면서 오늘날 한국 장로교회의 목회신학 변질의 핵심적 원인으로 주장한다. 그런데 한국 장로교회 목회자들이 목회 현장에서 언약신학을 말하지 않는다는 것이 사실이더라도 김득룡의 주장의 문제는 정작 그 언약신학의 내용만을 나열하고 있어 정작 칼뱅의 언약신학이 목회자들의 목회신학과 목회에 어떤 문제를 야기했는지에 대한 실천적 안목이 결여되어 있어 전형적인 이론과 실제의 괴리를 드러내고 있다. Cf. 김득룡, 『현대목회신학원론』(서울: 총신대학교출판부, 1987). 367-408.
14) 17세기 뉴잉글랜드 언약신학자들의 설교가 대개 비소명자들을 설득하거나 자신의 소명을 시험하기 위하여 자신 스스로 소명 받은 것으로 간주하는 사람들을 권면하기 위한 것이라면, 칼뱅의 설교는 이미 소명을 받은 사람들에게 구원의 확신과 감사를 고무시키기 위한 것이라는 점이다. Cf. Everett H. Emerson, "Calvin and Covenant Theology," in *Articles on Calvin and Calvinism* vol. 8, ed. Richard C. Gamble (New York: Garland Publishing, 1992), 8.
15) Inst. I, 15, 2.
16) 칼뱅은 우리 자신에 대한 지식의 이중성을 이 두 가지로 분리하여 논하였는데 "창조된 인간"에 대

나님의 섭리론과 병렬시킴으로 "창조된 인간"이 본질적으로 하나님의 양육하심과 보전하시며 섭리로서 다스리시는 돌보심의 대상으로 창조되었음을 구조적으로 밝히고 있다. "불멸하지만 피조된 존재"의 본성에는 다음과 같은 특징이 있다.

첫째, **인간의 의존성과 자유성이 공존하는 존재**라는 점이다. 인간은 이 세상에 우연히 던져진 존재가 아니라 하나님의 목회 대상으로서 그분에게 의존하여만 살아갈 수 있는 존재이다. 즉 인간은 연약한 존재이다. 이러한 의존성은 목회사역의 필요성과 관련된다. 그래서 칼뱅은 교회의 사역은 우리가 연약하기 때문에 필요하다고 보았다.[17] 그러나 그는 이러한 의존성은 인간의 자유의지와 충돌되지 않는다고 보았다. 인간은 완전한 상태에서 자유의지에 의해 인간이 원했다면 영생에 이를 수 있는 능력의 소유자로 창조되었다.[18]

둘째, **"창조된 존재"**(a created essence)의 구조는 '영혼'과 '육체'로 창조되었으며,[19] 영혼은 육체 속에 거하는 "그 자체의 고유한 실체"[20]로 보았다. 그러므로 칼뱅은 "영혼의 목자와 감독"(벧전 2:25), "영혼의 구원"(벧전 1:9), "영혼을 거스려 싸우는 육체의 정욕"(벧전 1:11), "육과 영과 온갖 더러운 것"(고후 7:1) 등을 인용하며 목회 대상으로서 영혼이 육체와는 다른 어떤 실체임을 밝히고 있다.[21] 그러나 목회 대상으로서 "창조된 인간"은 육체를 멸시하고 영혼만을 중시하는 이분법적 입장은 아니다.[22] 그는 인간의 영혼이 오성과 의지라는 두 기능으로 구

해서는 『기독교강요』 제1권에서 하나님에 관한 지식과 병립하여 인간에 대한 지식으로 논하였고, "타락한 인간"은 제2권에서 그리스도를 논하기 전 단계로 중보자의 필요성으로써 논하고 있다.

17) Inst. Ⅲ, 2, 13.
18) Inst. Ⅰ, 15, 8.
19) 인간이 영과 혼과 육으로 지음을 받았다는 3분설은 칼뱅의 입장이 아니다. 3분설은 목회사역에 실제로 상당한 영향을 끼치고 있다. 보통 3분설을 지지하는 목회자는 영성목회를 강조하는 경향이 있다. 3분설을 지지하게 되면 목회 대상인 인간을 영, 혼, 몸으로 영적 레벨화하고, 목회 대상인 인간의 영적 상태를 쉽게 분석함으로 교만하거나 좌절에 빠지게 할 우려가 있다.
20) Inst. Ⅰ, 15, 2. 칼뱅은 영혼이 삼위일체의 반영이라고 한 어거스틴의 생각은 전혀 건전하지 못하다고 보았다. Cf. Inst. Ⅰ. 15. 4.
21) Inst. Ⅰ, 15, 2. 여기서 칼뱅은 목사들이 "영혼을 위하여 경성하기를 자기가 회계할 자인 것같이 하느니라"(히 13:17)는 말씀을 인용하여 목회의 대상이 영혼임을 시사하고 있다.
22) Inst. Ⅲ, 25, 8.

성되어 있다고 보았다.²³⁾ 그리고 감성을 오성이란 개념 안에 포함시킨다.²⁴⁾ 그러므로 목회 대상으로서 영혼은 무미건조한 인격체가 아니라 오감(五感)이 있는 존재이다.²⁵⁾ 또 "창조된 인간"은 '하나님의 형상과 모양'으로 창조된 인간이다. 이 인간이 '하나님의 형상과 모양'으로 창조되었다는 것은 인간 안에 하나님의 영광이 반영된 것이지만 그 참된 속성은 그리스도를 통해 완전하게 파악된다고 했다.²⁶⁾ 또 인간 이성에 대한 칼뱅의 입장은 계시 지배적인 범주 속에 있는 이성이다. 따라서 이성과 계시는 충돌되는 것이 아니다. 다만 칼뱅은 인간 이성의 사용을 덜 강조하였다.²⁷⁾

셋째, 인간은 **"불멸하는 본질"**이다. 목회 대상으로서 인간의 영혼은 순간적인 에너지(energy)가 아니라 생명의 원천에까지 꿰뚫고 나아가는 불멸하는 영혼이다.²⁸⁾ 더 나아가 칼뱅에게 인간은 영혼 뿐만 아니라 그리스도의 몸의 부활과 같이 현세에서 입던 몸이 부활하는 전인으로서 영생불사의 존재이다. 그러므로 목회는 부활의 소망을 사모하는 경건한 자로 변화시키는 것이다.²⁹⁾

마지막으로 칼뱅은 전적으로 부패한 **"타락한 인간"**(fallen man)을 주장한다. 하나님의 형상은 아담이 타락하기 전에 아담 안에 빛났던 인간적 속성의 완전한 탁월성은 "몹시 손상되고 거의 도말되어서 혼란되고 훼손되고 부패한 것만이 남게 되었다"³⁰⁾고 했다. 그는 아담의 타락으로 전 인류가 저주를 받게 되었고 그 원상태가 부패되었다고 했다.³¹⁾ 그런데 여기서 원상태가 무엇인가에 대해서는 로마 교회와 입장이 다르다. 그는 '하나님의 형상과 모양'에서 "형상"과 "모양"을 구

---

23) Inst. Ⅰ, 15, 7.
24) Inst. Ⅰ, 5, 7.
25) Inst. Ⅰ, 15, 6.
26) Inst. Ⅰ, 15, 4.
27) Leroy Nixon, "John Calvin's Teachings on Human Reason and their Implications for Theory of Reformed Protestant Christian Education" (Ph.D. diss., New York University, 1960), 246-248.
28) Inst. Ⅰ, 15, 2.
29) Inst. Ⅲ, 25, 1; 2; 6.
30) Inst. Ⅰ, 15, 4.
31) Inst. Ⅱ, 1, 1.

별하지 않음으로 로마교회의 "덧붙여진 교리"(donum superaddition)가 들어설 여지를 배제했다. "덧붙여진 교리"는 목회신학적으로 중요한 문제이다. 가톨릭 교회 **사목신학(司牧神學)의 핵심 사상**인 '사제주의'(sacerdotalism)는 사제들이 시행하는 7가지 성례를 통하여 구원이 전달되고 주어진다는 사상으로 그 신학적 근거는 창세기 1:26의 '덧붙여진 은사'(donum superadditum)이다. "우리의 형상을 따라 우리의 모양대로"에서 생래적인 자연적 은사인 '형상'(imago)은 그대로 있고 덧붙여진 초자연적 은사인 **모양(similitudo)만 파괴되었으므로** 사목(司牧)이란 사제들의 성례를 통해 덧붙이면 되는 성사(聖事)이다. 아담 타락 이전 원의(justitia originalis) 상태를 형상(dona naturalia)에 모양(dona supernaturalia)이 덧붙여져 조화를 이루는 것으로 이해한 인간관은 목회의 본질을 근본적으로 뒤 흔드는 것이다. 이것은 두 관계를 유기적으로 보지 않고 기계적 병립관계만으로 보기 때문이다. 따라서 로마교회는 남아 있는 형상으로 구원을 얻을 수 있는 가능성을 열어놓고 있다. 이 '가능성'으로 구원은 하나님께 대한 순종의 대가로 주어진다. 여기서 공적 사상이 나오게 된다. "모양"은 사제가 주는 영세로 회복된다고 보는 사제주의를 만들어 놓았다. 칼뱅은 이러한 타락관을 단호히 배격한다. 그리고 "타락한 인간"에서 칼뱅은 "전 인간 존재가 정욕에 지나지 않는다"[32]는 전적 부패(total depravity)를 주장한다. 죄는 인간 전체를 전복시키므로 인간은 선택의 자유를 박탈당하고 비참한 노예 상태로 전락해 있다고 보았다.[33]

이러한 부패한 인간의 속성의 본질은 교만이다. 칼뱅의 목회적 인간관은 '교만한 인간'이다. 그래서 그는 모든 악의 기원은 교만이라는 어거스틴의 주장에 동조한다.[34] 그리고 그의 저술에서도 "만약 여러분이 나에게 기독교의 규범이 무엇이냐고 묻는다면 나는 첫째도, 둘째도, 셋째도, 그리고 언제까지나 '겸손'이라고 대답할 것이다"[35]라고 겸손을 중요시함으로 인간 변화의 지향점을 '겸손한 인간'으로 생각했다.

---

32) Inst. II, 1, 8.
33) Inst. II, 2, 1.
34) Inst. II, 1, 4.
35) Inst. II, 2, 11.

특히 칼뱅은 전적 타락 이후에 자유의지를 받아들이려는 어거스틴을 제외한 교부들의 입장과 견해를 달리하고 있다.[36] 그는 "인간의 의지는 자유에 의해서 은혜를 얻는 것이 아니라 은혜에 의해서 자유를 얻는다"는 어거스틴의 견해를 따른다.[37] 그러므로 회개도 하나님과 인간의 협력으로 되지 않는다고 보았다.[38] 그런즉 "타락한 인간"은 중보자를 필요로 한다. 목회 대상으로서 인간에 대한 칼뱅의 입장은 얼마나 인간이 죄로 철저히 부패하게 되었는가 하는 것이다. 또한 그는 그 인간에게 잃어버린 하나님의 형상을 회복하기 위한 목회적 대상으로서 인간을 그리고 있다.[39] 그러나 주의할 점은 칼뱅이 전적 타락을 주장함에도 불구하고 하나님의 형상이 아직도 인간에게 남아 있으며 그래서 인간은 아직도 적잖은 숭고성을 지니고 있다는 점과, 거룩하신 창조주 하나님은 제아무리 인간이 부패했다고 하더라도 자신의 원래 창조의 목적을 분명히 지키고 나아가신다는 점을 강조하고 있다는 것이다.[40] 중생 이후도 목회 대상으로서 인간은 그리스도인으로서 내면적 자유와 외면적 자유를 누려야 한다는 것이 칼뱅의 생각이다. 왜냐하면 진리가 없는 곳에서는 자유가 없기 때문이다. 사실 칼뱅의 목회사역은 일련의 자유 투쟁으로 여겨질 수 있다.[41]

그런데 칼뱅은 목회신학적 인간관은 이러한 존재론적 인간관을 기초로 보다 사역적으로 말한다. 즉 **목회 대상으로서 인간은 어디에 놓여 있느냐**는 것이다.

---

36) Inst. Ⅱ, 2, 4; 9
37) Inst. Ⅱ, 3, 14.
38) Inst. Ⅱ, 5, 9.
39) 칼뱅의 목회 대상으로서 인간관 연구에 대해서는 김득룡, "칼빈의 목회신학 연구: 기독교인의 자아상을 중심으로," 『신학지남』(1979), 8-45. 김득룡은 여기서 칼뱅의 인간관은 부정적이라기보다는 긍정적이라는 측면에서 그의 목회적 인간관을 그리고 있다. 칼뱅이 신자의 부정적 자아상을 그리고 있다는 주장에 대한 반론은 다음 글을 참고하라. Cf. Louis A. Vos, "Calvin and the Christian Self-image: God's Noble Workmanshop, or a New Creature?" in *Exploring of the Heritage of the John Calvin* ed. David E. Holwerda (Grand Rapids: Barker, 1976). 76-80.
40) Comm. Gen. 9:6.
41) 박건택, "자유 개념과 목회 사역," 한국칼빈학회 편, 『칼빈 신학과 목회』(서울: 대한기독교서회, 1999). 158.

그것은 하나님의 사역의 장(場)이 하나님의 '극장'[42]과 하나님의 '학교'[43]인 이 창조 세계에 놓여 있다는 것이다. 하나님은 인간의 목회사역의 장인 교회의 장(場)과 아울러 자신의 극장과 학교를 통해 하나님의 사역을 볼 수 있도록 하시며, 자신을 바로 알도록 역사하신다. 그러나 인간의 배반 이후로부터 우리의 눈은 어디를 향하든지 하나님의 저주를 만나게 된다. 그리하여 우리의 영혼은 절망으로부터 압도당하는 세계가 되었다. 그리하여 우리는 이 우주를 관찰하여 볼 때 하나님이 우리 아버지라고 결론을 내릴 수 없게 되었다.[44] 바로 여기에 그리스도를 통한 새로운 복음의 목회사역의 장인 교회가 전개된다. 목회는 바로 이러한 인간의 장(場) 속에 있다. 물론 **칼뱅의 목회적 인간의 장은 '교회의 장'으로만 양들을 몰아세우는 목장이 아니다.**

칼뱅의 목회적 인간관은 그 '극장'과 '학교' 안에서 '관찰자'와 '학생'으로서 인간의 최고의 목적이 무엇이냐에 대한 문제에서 '행복'과 '거룩' 두 가지를 동시에 다 말하고 있다. 그 극장과 학교는 본래 인간에게 영생(eternal life)과 완전한 행복(perfect felicity)으로 옮겨가야 되지만 그것이 그리스도를 통해 회복되어야 함을 말한다. 따라서 칼뱅의 목회신학은 비관적 인간관을 바탕으로 소위 현대 복음전도에 의한 '영생'만을 추구하는 목회만이 아니라 인간의 '완전한 행복' 혹은 '경사'(慶事)를 추구하는 목회관도 도출됨을 시사한다. 물론 그 경사는 칼뱅이 말한 대로 '경건한 기쁨'(pious delight)[45]을 누리는 것이다. 이것은 금욕적 목회관으로 오해된 칼뱅의 목회관을 어느 정도 수정하여 유미적 목회관과 통합됨을 의미한다.[46] 그래서 바텐호우스(Roy W. Battenhous)는 칼뱅의 인간관에는 유미주의(estheticism)와 금욕주의(asceticism) 양자가 다같이 나타난다고 보

---

42) Inst. Ⅰ, 6, 2; 14, 20; Ⅱ, 6, 1.
43) Inst. Ⅱ, 6, 1. Comm. Prefatory "Argument" to Gen.
44) Inst. Ⅱ, 6, 1.
45) Inst. Ⅰ, 14, 20.
46) 현장 목회자들이 말하기를 '교인들이 예뻐 보이면 목회가 됩니다'라고 말하는 것은 칼뱅의 목회적 인간관과 동 떨어진 것이 아님에도 불구하고 부정적이고 금욕적인 목회 방법이 '칼뱅주의 목회의 정도'라고 인식하는 것은 칼뱅의 목회신학을 잘못 인식한 데 기인한 것이다.

았다.⁴⁷⁾ 그런 의미에서 역사적으로 나타났던 소위 구학파(Old School)의 대표자인 찰스 핫지(Charles Hodge)와 신학파(New School)의 대표자인 나다니엘 테일러(Nathaniel Taylor)의 '**인간 존재의 목적 논쟁**'⁴⁸⁾은 비록 그 결과가 신학적 분열과 교단의 분열로 이어졌지만 칼뱅의 목회신학적 인간관에서 보면 그것은 통합되어야 하고 또 실제로 목회 현장에서 통합되어 나타난다. 이 말은 자유주의의 문을 열어주었던 테일러의 신학과 핫지의 신학을 통합한다는 말이 아니라 인간 존재의 최고 목적이 거룩임이 신학적으로 논증되어도 그것이 목회의 목표와 실천 과정에서는 통합된다는 것이다. 그러므로 칼뱅의 목회적 인간관은 김득룡 교수가 말한 것처럼 비극적 수동적 인간관이 아니며⁴⁹⁾ 바텐호우스가 주장하는 것처럼 역동적 창조성(dynamic creativity)을 도전하는 인간관이다. 따라서 칼뱅의 목회적 인간관에서는 창조론적 목회와 구속론적 목회의 긴장관계가 없어진다.

3) 목회의 내용으로서 구원

칼뱅의 구원의 교리는 목회의 내용으로서의 교리이다. 타락한 인간을 구원하고자 하는 하나님의 사역은 중보자 예수 그리스도를 보내심으로 가능하다. 그러므로 칼뱅에게 있어서 예수 그리스도는 하나님의 사역의 내용이다. 중보자 그리스도를 통해 볼 때 하나님은 은혜로우신 아버지이시다.⁵⁰⁾ 인간의 구원은 그리스도의 구속을 통해서만 가능하다. 구약의 율법마저 그리스도의 구속을 위한 소망

---

47) Roy W. Battenhous, "Doctrine of Man in Calvin and Renaissance," in *Articles on Calvin and Calvinism* Vol. 4, ed. Richard C. Gamble (New York: Garland Publishing, 1992), 171-179.
48) 구학파와 신학파의 논쟁은 미국 장로교회의 분열의 핵이다. 그들의 논쟁으로 미국 신학계는 진보와 보수로 양분되었고 교회도 분열되었다. 찰스 핫지(Charles Hodge)는 테일러(Nathaniel Taylor)의 행복지향적인 인간의 존재 목적론에 대해 다음과 같이 반격했다: "우리가 알기로는 성결은 수단 그 이상의 어떤 것이며, 행복해지는 것은 거룩함의 목적이나 이유가 될 수 없으며, 기쁨은 존재의 궁극적 목적이 아니다." Cf. David E. Wells, "Charles Hodge," in *Reformed Theology in America*, ed. David E. Wells (Grand Rapid: Eerdmans Publishing, 1985), 52.
49) 김득룡, 『현대목회신학원론』(서울: 총신대학교출판부, 1987), 329-335. 여기서 김득룡은 칼뱅이 인간에 대해 적극적으로 강조하였음에도 불구하고 후에 개혁파의 신학적 전통이 인간에 대하여 더욱 부정적으로 옮겨갔다고 주장한다.
50) Inst. II, 6, 1.

의 약속이었다. 율법은 그것의 완성자이신 예수 그리스도를 지향한다. 그리스도는 중보자의 직분을 다하기 위하여 성육신하였다. 중보자가 하나님과 동시에 인간이 되어야 하는 이유는 참 하나님이며 참 사람만이 하나님과 우리 사이의 벌어진 틈을 이어주는 다리가 될 수 있기 때문이다.[51] 칼뱅은 이것은 가장 자비하신 아버지께서 우리를 위하여 최선의 것을 작정해 주셨기 때문이라고 했다.[52] 그는 하나님의 아들을 우리 자신들 중의 한 사람처럼 우리 사이에 친밀하게 세워주셨다고 했는데[53] 이는 하나님의 사역의 성격을 잘 말해 준다. 칼뱅은 중보자 그리스도의 삼중 활동을 말한다.[54] 그리스도의 선지자, 왕, 제사장의 직분으로 우리를 구원하셨다. 그리스도의 삼중 직무는 그의 십자가의 죽음과 부활과 승천을 통해 완성하였다. 이 모든 속죄의 사역은 하나님의 사역에서 비롯된 것이다.[55] 오직 아버지에 대한 순종을 통해 그 사역을 이루셨다.[56] 그리스도의 죽음은 우리를 구속하기 위한 대가이기 때문에 그리스도의 공로로 우리가 구원을 얻었다고 하는 말은 정당한 말이라고 했다.[57]

칼뱅에게 있어서 그리스도의 구속은 기독론과 구원론의 경계선이다. 그리고 그 구속은 언약에 기초한다.[58] 칼뱅은 그리스도의 구속이 구체적으로 성령을 통해 어떻게 인간에게 적용하는가에 대해 『기독교강요』 3권에서 구체적으로 논의한다. 그는 믿음, 회개, 그리스도인의 삶의 핵심인 자기부정을 통해 하나님의 형상이 어떻게 회복되는가를 밝히고 있다. 육신의 부활과 내세에서의 인간 생활 등을 말한다. 목회 내용으로서 칼뱅의 구원관은 성화와 칭의이다. 이것은 예수 그리스도께서 주신 가장 중요한 은혜(deux principles graces)이다. 성화와 칭의는 발생 시간에 따른 순서가 있지 않다. 칼뱅은 이 구원사역의 동시성을 말하고 있

---

51) Inst. Ⅱ, 12, 1.
52) Ibid.
53) Ibid.
54) Inst. Ⅱ, 15, 1.
55) Inst. Ⅱ, 16, 4.
56) Inst. Ⅱ, 16, 5.
57) Inst. Ⅱ, 17, 1.
58) Inst. Ⅱ, 6, 3.

다.[59] 그리고 성화의 점진성과 결정성에 대해서도 칼뱅은 보다 포괄적이다.[60] 특히 칼뱅의 구원교리는 우리를 그리스도께 연합시켜 주는 띠로서 성령을 강조하고 있다.[61] 즉 성령을 통한 사역이 우리의 구원을 완성한다고 보았다. 칼뱅은 성령을 구원의 약속이 우리의 마음속으로 스며들어 오도록 노력하시는 내적인 교사로 본다.[62] 결국 칼뱅에게 **목회의 내용으로서 구원은 그리스도의 위격 안에서 발견된다.** 구원은 그리스도인의 삶에서 나타나야 하는데 그 핵심은 자기부정을 통해 십자가를 지는 삶을 통해 완성된다고 보았다.[63]

4) 목회의 장(場)으로서 교회

칼뱅의 목회신학은 그의 교회론에 근거하고 있다. 『기독교강요』 초판을 내놓을 당시 1536년은 칼뱅이 바젤에서 은둔하던 시기였다. 그 당시 칼뱅은 전혀 목회경험이 없었다. 이 당시의 특징은 그의 교회관이 가시적 교회관보다 불가시적 교회관을 중시하였다는 점이다.[64] 그러나 그가 목회를 하는 전 생애 동안에 나온 저작들은 그가 가시적인 교회를 더욱 중요시하였음을 알 수 있다. 그의 교회론은 목회적이다. 그것은 교회론을 떠나서는 목회실천의 어떠한 근거도 가질 수 없기 때문이다. 그렇다면 칼뱅의 목회적 교회론의 특징은 무엇인가?

첫째, 그의 목회적 교회관은 **"신자의 어머니로서의 가시적 교회"**이다. 『기독교강요』 4권의 제목이 보여주듯이 "하나님께서 우리를 그리스도의 공동체로 인도하시며 그 안에 있게 하시려는 외적인 은혜의 수단"으로서 교회론이다. 모든 경건한 자들은 교회와 연합되어 있다고 보았다. 어머니의 가르침이 있는 교회는 신자를 낳으며 양육하는 어머니로서 교회의 역할이 구원을 위해 필수적이기 때문

---

59) 유광웅, "성화론," 한국칼빈학회 편, 『칼빈 신학과 목회』, 107-114.
60) Inst. Ⅳ, 3, 19; 16, 1.
61) Inst. Ⅲ, 1. 1.
62) Inst. Ⅲ, 1. 4.
63) Inst. Ⅲ, 8. 1.
64) 황정욱, "칼빈의 목회," 한국칼빈학회 엮음, 『칼빈 신학과 목회』, 259.

이다. 그리고 아무도 어머니 없이는 존재할 수 없기 때문이다. 이것을 다른 말로 하면 신자는 교회의 '목회'가 없이는 존재할 수 없다는 말이다. 왜냐하면 경건한 자들을 양육하고 그들을 훈계하는 일은 어머니로서 교회가 할 일이기 때문이다. 칼뱅은 교회의 목사들이 하나님의 말씀으로 성령의 지배권을 행사하기 때문에 교회는 여왕으로 불리고 모든 경건한 자들의 어머니로 호칭된다고 보았다. 이 '어머니' 호칭은 당시 로마 가톨릭교회가 사용하던 것을 칼뱅이 양육적 차원에서 사용하였다.[65] 이와 같이 그의 교회관은 은혜의 외적 수단인 교회가 가지는 양육하는 어머니로서의 특성을 말하고 있다. 자녀가 양육하는 어머니를 떠나서는 살 수 없듯이 모든 신자는 교회를 떠나서는 항상 비참한 결과만을 낳는다고 강조하고 있다. 그는 이것을 이렇게 강조하고 있다.

> 연약한 우리는 일평생 교회에서 생도로 지내는 동안 이 학교로부터 떠나는 것을 허락받을 수 없다. 더욱이 이사야(사 37:32)와 요엘(욜 2:32)이 말한 것과 같이 교회의 품을 떠나서는 죄의 용서나 어떠한 구원도 바랄 수가 없다.[66]

둘째, 칼뱅의 목회적 교회관은 **하나님의 배우자로서의 교회**이다. 칼뱅은 믿는 사람 각자가 '하나님의 성전'이라고 불리지만 바르게 말하면 그리스도의 배우자는 하나이며 이 배우자는 믿는 자들의 온 몸으로 구성된다고 보았다. 이러한 의미에서 이 배우자는 왕의 옆에 앉는데, 자기만이 가진 어떤 지배권을 행사하기 때문이 아니라 그리스도께서 배우자 안에서 다스리시기 때문이다.[67] 교회는 모든 경건한 자들의 어머니이자 하나님의 배우자라는 사상은 교회가 그리스도의 신부라는 사상에서 비롯된다.[68] 이것은 인간 목회자가 어떤 마음으로 목회에 임해야 하는 것인가를 핵심적으로 말해 준다.

---

65) Comm. Ps. 47:3. Cf. 김길성, 『개혁신학과 교회』(서울: 총신대학교출판부, 1996), 36.
66) Inst. Ⅳ, 1, 4.
67) Comm. Ps. 45:10-11.
68) Comm. Isa. 5:1.

셋째, 칼뱅의 목회적 교회관은 **말씀의 선포와 성례전의 집행에 기초한 교회관**이다. 이 두 가지는 참 교회의 표지인 바, 필수적인 교리의 요점과 성례의 효험이 파괴될 때 교회는 틀림없이 죽게 된다고 보았다. 교회의 기초는 사도와 예언자들의 가르침이며 머릿돌은 예수 그리스도임을 강조한 것이다. 말씀의 선포는 오늘날과 같은 설교의 실천만을 의미하는 것이 아니라 가르침을 포함하는 총체적인 개념이다. 그것은 본질이며 성례전은 상징이다. 본질과 상징은 분리되는 것이 아니라 하나라고 보았다. 이것은 당시 말씀 선포 대신에 거짓으로 뒤섞인 패악한 조직이 교회를 대신하고 성례전은 미신적인 상징으로 뒤바뀌어지며 주교들의 계승이 끊어지지 않는 교회가 참 교회라는 로마 가톨릭교회의 교회관을 질타한 것이다.[69] 이러한 칼뱅의 교회관이 목회적이라는 이유는 말씀의 선포와 성례전의 집행이 목회자의 실천행위에 기초하기 때문이다. 목사들의 프락시스가 바르지 못할 때 참 교회가 아니라고 본 것이다. 그에게 교리와 실천은 하나이다.

마지막으로 칼뱅의 목회적 교회관은 **교회의 질서를 매우 중시하는 교회관**이다. 칼뱅은 당시 로마 가톨릭교회 조직의 근거가 되는 '성직주의'를 비판하면서도 가시적 교회로서 외부적 질서를 중요하게 생각하였다. 그가 교회의 외부적 질서를 중시하는 이유는 목회를 전제하기 때문이다. 그러나 그는 외부적 질서를 강조하면서도 철저히 '질서'와 '자유'를 균형 있게 강조하고 있다. 칼뱅은 참 교회란 하나님을 '입법자'와 '왕'으로 인정하는 교회라고 주장하면서도 양심을 다스릴 권리는 오직 하나님께만 있음을 주장했다. 그러나 교황주의자들은 개개의 양심에 대해 잔인한 독재를 행사했다고 비판했다.[70] 칼뱅은 자유와 외면적 교회의 질서에 대해 양심은 어떤 예속에도 굴복해서는 안 되며 우리의 영혼을 얽매이는 의무를 끌어들일 목적에서 만들어지는 교회법에도 묶이지 않는다고 했다.[71] 그러나 교회의 권세 자체를 부정한 것은 아니다.

---

69) Inst. Ⅳ, 2, 1-12.
70) Comm. Isa. 33:22.
71) 『기독교강요』 초판에서 1541년판까지 담고 있는 "자유와 영적 통치"는 1543/45판에서 점차 강요에서 사라진다. 그리하여 최종판에 이르면 상당량이 수정된다. 이것은 칼뱅의 초기 생각의 변화가 목회 과정을 통해 변화되고 있음을 나타내는 것이다.

2. 목회의 본질 : 목회 직무의 문제

목회란 무엇인가? 목회의 본질에 관한 문제는 모든 목회사역의 가장 중요하고도 중심적인 질문이다. 투르나이젠(Thurneysen)은 『목회학원론』에서 칼뱅이 제시하는 목회의 본질을 '교회훈련' 개념으로 제시하고 있다.[72] 그리고 교회훈련의 실천은 말씀과 성례전을 통해 이루어짐을 강조하였다. 투르나이젠이 제시하는 그 이상의 개념을 칼뱅은 제시하지 않았을까? 우리는 칼뱅의 저서들을 통해 다음과 같이 살펴보고자 한다. 우선 개념적 혼란을 막기 위해 일정한 용어의 구분을 해두기로 하자.

우리는 목회의 본질이 무엇이냐를 밝히려고 할 때 개념적 혼란을 겪는 경우가 많다. 그것은 목회의 본질적 직무와 목회의 실천양식을 구분하지 못함으로 겪는 혼란이다. 목회의 본질적 직무 혹은 목회의 근본적인 개념은 시대를 초월하는 영원한 실천적 계시이다. 그러나 그 근본적 개념을 실천하는 양식 혹은 형태는 다양하게 유형화할 수 있다. 물론 계시적으로 그 실천양식마저 정통실천의 양식의 문제가 있을 수 있지만 일반적으로 목회의 본질로서 직무에 대한 실천양식은 다양하게 유형화할 수 있다는 것이 근대적 목회신학 이후의 일반적인 견해이다. 이 실천양식을 현대 목회신학은 '연출과 표현'으로 보려는 입장까지 와 있다. 왜냐하면 내용은 형태 속에서만 존재하기 때문이다.[73]

우리는 위의 두 개념을 설명하기 전에 병원의 예를 들어보자. 병원에서 가장 중요한 행위는 '의료행위' 이다. 병원에서 행해지고 있는 '의료행위' 가 무엇이냐고 질문한다면 그 대답은 '치료' 이다. 그러나 그 '치료' 개념은 다양한 '포이에

---

72) Eduard Thurneysen, *Die Lehre von der Seelsorge*, 박근원 역, 『목회학원론』(서울: 성서교재 간행사, 1990). 26.
73) Michael Meyer Blank, "Inszenierung und Präsenz, Zwei Kategorien des Studium Praktischer Theologie; in : WzM 49 (1997), 2-16. 재인용, Michael Meyer Blank, "연출과 표현: 실천신학 연구의 두 방법," 하우실트, 이영미, 슈뢰터 엮음, 『창조적인 목회를 위한 실천신학』 (서울: 한들출판사, 2000), 130.

시스'(poiesis)[74] 라는 실천기술을 통해 이루어진다. 거기에는 '진단', '수술', '투약', '돌봄' 혹은 '간호', '대화' 혹은 '의료상담', '병원경영' 등 수많은 치료 양식이 존재한다. 하지만 수많은 실천양식 중 어느 하나를 붙잡고 그것이 '의료 행위' 라고 규정할 수 없다는 난점이 있다.

교회도 마찬가지이다. 교회에 필연적으로 존재하는 '목회행위' 가 무엇이냐를 밝히려면 어느 하나의 개념을 획일화하여 규정할 수 없다. 교회의 목회행위는 수많은 실천양식들이 존재한다. 왜냐하면 목회적인 행위는 독자적인 하나의 활동 이지만 언제나 교회의 다른 모든 활동 속에 포함되어 있기 때문이다.[75] 즉 '돌봄' 혹은 '양육', '설교', '교육', '상담', '제자훈련', '교회훈련', '성례', '영적지도', '리더십', '교회 정치', '교회 행정', '선교', '봉사', '전도', '기도' 등 수많은 실천양식이 존재한다. 그러나 어느 하나를 붙잡고 이것이 '목회행위' 라고 말하기에는 어딘가 부족하다는 생각이 든다. 더구나 고전적 '목회적 신학' 에서는 그 저자들이 지금과 같은 전문화되고 특수화된 신학적 분과 개념에서 말하지 않고 보다 포괄적이고 통합적인 개념으로 신학을 말하기 때문에 더욱 어느 하나의 개념이 고전적 전통에서 말하는 목회 개념이라고 말하기가 어렵다. 따라서 우리는 목회의 본질로서 실천양식을 구분하여 여기서는 목회의 본질을 탐구하고 그 실천양식은 '목회의 실천' 부분에서 진술할 것이다.

1) 목회의 본질적 내용으로서 영혼의 치유

필자는 전술한 바와 같이 본서에서 사용하는 '목회'(pastoral work)를 "교회에

---

74) 아리스토텔레스가 말한 개념으로 실천신학에서 다루어지는 이 용어는 이론(theory)과 실천(praxis)에서 행위를 의미하는 프락시스 단계 이전의 전문기술을 의미한다. 아리스토텔레스는 테오리아(theoria), 포이에시스(poiesis), 프락시스(praxis)라는 3단계 실천 개념을 말했었다. 이때 포이에시스는 의사 등의 수술행위와 같은 것이다. 프락시스가 '성찰적 활동' 이라면 포이에시스는 '숙달된 작업'(skilled making)을 의미한다. Cf. 김순환, "실천신학의 학문적 위치와 방법," 복음주의 실천신학회 편, 『복음주의 실천신학개론』(서울: 도서출판 세복, 1999), 12.

75) Thurneysen, *Die Lehre von der Seelsorge*, 박근원 역, 29.

서의 목사의 사역"으로 정의한 바 있다. 칼뱅은 목회를 직접적으로 정의하지는 않았지만 목사직의 임무를 말하면서 또는 목사로 지칭된 사람들이 무엇을 해야 하는가를 설명하면서, 그리고 교회훈련의 본질을 설명하면서 간접적으로 목회사역의 정의를 다음과 같이 규정하고 있다.

(1) 하나님의 백성들에게 하나님의 말씀을 먹이거나 혹은 건전한 교리로 공적으로나 사적으로나 교회를 세우는 것[76]
(2) 그리스도의 교훈으로 사람들에게 진정한 경건을 가르치며 거룩한 성례를 집행하고 올바른 치리를 유지하고 실시하는 것[77]
(3) 개인적인 권면, 교정, 다른 종류의 보조수단[78]
(4) 하나님께서 교회를 다스리시기 위하여 사용하시는 인간의 사역[79]
(5) 성령과 의와 영생을 다루는 복음의 사역[80]

위와 같은 칼뱅의 목회에 대한 정의는 필자가 정의한 것처럼 교회 회중 전체를 아우르는 사역이다. 위와 같은 목회사역에 대한 칼뱅의 여러 가지 정의로부터 가장 적절한 목회의 정의는 "말씀을 먹이고 교회를 세우는 것"으로 규정할 수 있을 것이다. 또 다른 사람들은 다양한 목회의 정의를 도출할 수 있을 것이다. 이러한 정의에서 목회가 '양육'(nurture)이라는 본질적 개념을 이끌어낼 수 있을 것이다. 혹은 '가르침'(teaching) 혹은 '교육'(education)이라는 목회 개념을 이끌어내기도 한다. 또 개인적인 권면의 차원을 더욱 발전시키면 목회를 '상담'(counseling) 혹은 '대화'(Gespräch)로 인식할 수 있을 것이다. 실제로 투르나이젠도 목회를 "교회훈련"(Kirchenzucht; church discipline)으로 규정하고 있다. 그러나 그가

---

76) Inst. Ⅳ, 4, 3.
77) Inst. Ⅳ, 3, 6.
78) Inst. Ⅳ, 12, 1.
79) Inst. Ⅳ, 3, 2.
80) Inst. Ⅳ, 3, 3.

칼뱅의 목회 개념을 "교회훈련"이라고 규정한 것은 지나친 비약이다. 왜냐하면 칼뱅은 목회라는 단어를 전제하고 교회훈련을 설명하고 있지 않기 때문이다. 물론 "교회훈련"의 개념 속에 '개인적 권면'으로서 목회 개념이 내포되어 있는 것은 사실이지만 투르나이젠처럼 "교회훈련"이 곧 목회라고 하는 것은 목회 개념을 너무 미시적으로 규정하는 것이라고 볼 수 있다.

이러한 목회 개념은 전술한 바와 같이 목회의 실천양식들이다. 따라서 이 중 하나를 붙잡는 사람에 따라 그 양식들은 여러 종류의 목회 개념으로 규정할 수 있어 뭔가 석연치 않은 느낌이다. 물론 그 실천양식들이 목회 개념을 말하기는 하지만 그것은 목회의 외연적 실천행위라고 여겨진다. 사실 칼뱅은 은혜의 외적 수단으로서 목회사역의 방식 혹은 수단들인 설교, 성례, 세례, 교육, 교회훈련 등을 폭넓게 제시하고 있다. 그러므로 그러한 **목회의 양식 혹은 수단을 실천하는 행위를 곧바로 목회라고 보편 개념화할 수는 없다.**

박근원 교수의 경우 기독교 역사상 나타났던 목회자상에 상응하여 목회의 유형을 '중세의 사죄로서의 목회', 종교개혁 시대의 '교육으로서의 목회', 경건주의에서의 '권면으로서의 목회'로 분류하면서 목회의 본질을 교회 프락시스의 주도적 양식을 실천하는 과정에서 신자들을 돕는 행위를 목회로 보고 있다.[81] 이러한 관점은 교회의 프락시스를 목회, 설교, 교육이라는 3대 영역으로 한정하고 이것들이 기독교의 역사적 확대과정에서 생성된 것으로 보기 때문이다. 즉 목회가 교회활동의 자주적인 행태로서 형성된 것은 종교개혁 시대에 최초로 대두되었다는 입장이다. 최덕성 교수 같은 경우 '목사 모델'에 따른 목회 본질론에 따르면 칼뱅의 목회 본질은 '설교'가 된다.[82]

그러나 박근원 교수는 '목회' 개념을 신앙성장 과정에서 목사가 신자들을 돕

---

81) 박근원, 『현대목회실천론』(서울: 대한기독교서회, 1999), 253-259.
82) 사실 최덕성 교수 경우 '목사'(pastor)라는 말 자체도 목양적 돌봄으로서 목회 개념에서 나온 말로 청교도적 유산으로 보고 있다. 그러나 그 면이 그 시대에 강조되었다고 하더라도 '목사 모델'에 따른 목회 본질론 규정은 목회의 본질이 청교도 시대에만 강조되었다는 말이 되는데 이는 치우친 생각이다. Cf. 최덕성, "목회자 모델의 역사," 『신학논문총서 실천신학』, 제3권(서울: 학술정보자료사, 2004), 263-267.

는 행위, 즉 상담과 같은 개념으로 보기 때문에 "종교개혁 시대를 목회의 역사에서 최초의 시기로 보는 데 이견이 없다"[83]고 단언하고 있다. 교회의 프락시스의 발전에서 강조된 어느 하나의 실천양식에 '목회'라는 말을 붙여 목회 유형을 만들어 낼 수는 있지만 그 양식 자체가 목회의 본질은 아니다. 이러한 접근은 기능주의적 목사 모델론에서 파생된 규정이다.[84]

일반적으로 칼뱅 시대 이후 목회신학의 정체성이 확립된 시점인 18세기 후반의 목회 개념은 '영혼 돌봄'(Seelsorge)이다. 그러나 우리가 칼뱅의 목회 개념을 '영혼의 돌봄'이라고 결론내릴 수 없는 것은 칼뱅이 목회라는 단어를 제시하면서 이것이 영혼의 돌봄이라고 직접적으로 사용한 적이 없기 때문이다.[85] 오히려 칼뱅의 목회 개념은 보다 포괄적이다. 특히 그의 저작들에서 목회란 교회를 다스린다는 개념이 더 많이 나온다. 필자가 보기에 '돌봄'이나 '다스림' 역시 목회의 실천양식으로 여겨진다.

그렇다면 그가 정의하는 목회 개념은 어떻게 이끌어낼 수 있을까? 우리는 **전제적 방식**(presuppositional method)을 사용한다. 전제는 칼뱅이 말한 목회의 본질이 너무나 종합적이고 포괄적이기 때문에 결론을 도출하기 전에 이것이 목회 개념이라고 가정을 하고 논리를 전개해 나가는 방식이다. 이 전제적 방식은 철학적, 신학적으로 사상을 발전시키고 인도하는 데 매우 중요한 논쟁 방식이다.[86]

우리는 이 방식에 따라 먼저 전제적으로 **칼뱅의 목회 개념은 '영혼의 치유와 감독'**이라고 전제한다. 이때 '치유'라는 말에 오해가 있을 수 있다. '치유'(cura)

---

83) Ibid., 254.
84) 이런 방법은 목회의 본질을 그 시대적 목사상이나 모델에 따라 다양하게 규정될 우려가 있다. 이종성 박사는 목사를 '복음을 전하는 일', '봉사', '보호' 등 목회자의 실천 양식에서 찾고 새로운 본질로서 '목회 면담'(pastoral counselling), '정신요법'(psychotherapy) 같은 추가적 목회 본질의 '새 방법'을 말하고 있다. Cf. 이종성, "목회의 본질과 새 방법," 『기독교사상』, 2권 11호, (1958년 12월), 28-37.
85) 물론 칼뱅은 "돌봄"이라는 개념을 사용하기는 한다. "인간은 하나님의 돌보시는 대상"이라고 보았다. Comm. Gen. 4:13. "하나님의 돌보심" Comm. Gen. 8:1.
86) Donald K. Mckim, *Westminster Dictionary of Theological Terms* (Louisville: Westminster John Knox Press, 1996), 219.

란 현대 심리학을 바탕으로 하는 '영혼치료'(Seelenpflege)의 개념이 아니다. 라틴어 'cura'는 '돌봄'(care)의 의미와 치료, 회복, 교정, 구원을 의미하는 '치유'(healing)의 의미를 다 가지고 있다. 라틴교회가 이 용어를 차용하여 'cura animarum'라는 용어를 만들어냈다.[87] 필자가 '치유'라고 하고 '치료'라고 하지 않는 이유는 현대 심리학적 영혼 치료의 오해를 방지하고자 하는 의도가 있다. 그렇다고 '돌봄'이라고 규정해 버리면 한국어의 '돌봄'이 실천양식으로 이해되어져 또 다른 오해를 불러일으키므로 여기서는 '영혼의 치유'라는 용어를 사용하기로 한다.[88] 필자는 이러한 본질적 목회 개념을 전제로 모든 목회의 실천양식들이 파생되었다고 본다. 사실 그의 목회사상에서 가장 두드러지게 나타나는 사죄의 문제, 성례의 문제, 교회 통치의 문제는 '영혼의 치유와 감독'의 개념을 전제로 논하는 것들이라고 볼 수 있다.

먼저 그의 저작물들에 나타난 목회의 본질은 『기독교강요』와 『주석』에 잘 나타나 있다. 칼뱅은 "목회"라는 항목을 별도로 선정하고 이 주제에 대해 집중적으로 논하지는 않았지만 『기독교강요』는 칼뱅의 신학 사상이 가장 극명하게 드러난 저서이다. 『기독교강요』의 성격에 대해서는 그 견해가 분분하지만 '영혼의 치유와 감독'의 개념을 확대하여 당시 잘못된 로마 가톨릭의 '영혼의 치유와 감독'에 대항한 목회적 변증서라고 말할 수 있다. 맥닐(John T. McNeill)에 따르면 "독일 종교개혁의 발단은 영혼의 치유에 관한 것"[89]이었다. 그는 "루터는 그 자신이 스스로 영혼의 인도자였으며 참된 회개를 경험한 고백자였다"[90]라고 말했다. 이것은 역시 칼뱅에 있어서도 마찬가지이다. 그는 예수 그리스도가 영혼의 의사로서 영혼을 치유하러 오셨다고 하며 그분이 신체를 고치는 기적을 통해 우리 영혼을 구원하신 것은 그가 '상처 입음으로' 그가 '고통을 받으며 수치를 당하시므로'

---

87) John T. McNeill, *A History of The Cure of Souls* (London: SCM Press, 1952). Preface vii.
88) '영혼의 구원'이라고 하지 않는 이유는 '구원'이라는 단어가 조직신학적 용어로 그 개념이 추상적 이미지를 갖고 있기 때문이다.
89) John T. McNeill, *A History of The Cure of Souls* (London: SCM Press, 1952). 163.
90) Ibid, 170.

되어진 것이다. 예수 그리스도의 수난의 길은 그의 종들에게 맡기신 목회의 길이며 그 본질은 영혼을 치유하는 것이다.[91]

신학적으로 칼뱅의 영혼의 치유를 위한 논증은 그 범위가 매우 넓다. 맥닐(John T. McNeill)이 칼뱅에 있어서 목회적 관심에 가장 근접하는 신학적 주제는 회개의 교리였다고 말한 것은 정당하다.[92] 그래서 칼뱅은 고백과 참회의 중세 시스템을 철저하고 집요하게 다루었다. **이 영혼의 치유에 대한 왜곡은 목회의 본질을 파괴하는 것**이라고 보았기 때문이다. 칼뱅은 믿음에 대한 논제는 회개(repentance)와 죄 용서(forgiveness of sins)가 두 기둥이라고 보고 이것을 빠뜨리고는 "아무런 효과가 없고, 불완전하며 거의 무용한 것이 될 것이다"[93]라고 말했다. 그래서 그는 복음 전체가 이 두 주제로 표현될 수 있다고 했다.[94] 그것은 회개가 믿음에 선행하는 것이 아니라 믿음의 결과이기 때문이다. 즉 회개는 복음을 받아들이는 믿음 안에 있기 때문에 목회의 본질적 내용은 회개와 죄 용서라고 볼 수 있다. 이것은 다른 말로 '영혼의 치유'이다. 칼뱅은 '고침을 받는' 첫 단계가 회개임을 눈여겨보아야 한다고 했다. 회개하게 될 때 하나님께서는 우리와 화해해 주시며 몸 뿐만 아니라 영혼의 온갖 질병을 위한 치료 방법을 제시해 준다고 했다. 그래서 그는 말씀에 의한 가르침이 갖는 본래의 성격이 '고치는 것'과 '부드럽게 하는 것'이라고 했다.[95]

먼저 칼뱅은 **목회의 내용인 회개를 세 가지 요점으로 제시**한다.[96] 첫째는 '생활을 하나님께로 전향하는 것'으로 정의한다. 회개는 죄의 고백이라기보다는 하

---

91) Comm. Isa. 53:4.
92) Ibid, 198.
93) Inst. Ⅲ, 3, 1.
94) Inst. Ⅲ, 3, 1; 19.
95) Comm. Isa. 6:11.
96) Inst. Ⅲ, 3, 6. 회개의 교리는 1909년 Hermann Strothmann의 두 연구에 의해 자세하게 분석되어졌다. 첫 연구에서 Strothmann은 Institutes 1539년판에 나타난 회개에 대한 진술의 변화를 관찰하였다. 1536년판을 볼 경우 그는 멜랑톤과 같이 "죽임 혹은 치욕"(mortification)과 "살림 혹은 격려"(vivification)로 구성되는 '참회'(penitentia)를 다루었다. 그리고 1539판에서는 "격려"(vivification)가 더 중요하다고 생각했다. Cf. McNeill, *A History of The Cure of Souls*, 198.

나님께로 돌아서는 것이다.⁹⁷⁾ 둘째는 하나님을 진정으로 두려워하는 데서 생긴다고 보았다. 셋째는 회개의 구성은 '육의 죽임'(mortification)과 '영의 살림'(vivification)으로 보았다. 죽임은 죄를 인식하며 하나님의 심판을 알게 됨으로 일어나는 '영혼의 슬픔과 두려움'이며, 살림은 죄의식으로 절망에 빠지게 되고 하나님께 대한 두려움에 떨던 사람이 그리스도를 통하여 하나님의 자비와 은혜와 구원을 깨닫고 일어나서 정신을 차리며 용기를 회복하는 것이라고 보았다. 전자는 '통회'(contrition)이며, 후자는 '위안'(consolation)이다.⁹⁸⁾ 이러한 회개는 하나님께로 돌아서서 '새로운 생활'을 사는 삶이다. 하나님의 성령은 우리의 영혼을 감화시키사 우리의 영혼에 새로운 생각과 새로운 감정을 불어넣으심으로 우리의 영혼을 새롭게 하신다. 그러한 의미에서 칼뱅은 회개에 대해 중생(regeneration)이라는 용어를 사용하고 있다.⁹⁹⁾ 목사의 모든 목회실천 행위는 바로 이것을 위해 존재하는 것이다.

또 칼뱅은 **영혼의 치유로서 목회 개념은 죄 용서에 있다**고 보았다. 회개가 새로운 생활이라면 죄 용서는 값없이 얻는 화해이다.¹⁰⁰⁾ 회개와 죄 용서는 서로 관련되어 있다. 용서도 회개처럼 믿음으로부터 파생하는 것이다.¹⁰¹⁾ 다만 회개의 근거가 되어 우리가 죄 용서를 받을 자격이 생기는 것은 아니라고 보았다.¹⁰²⁾ 바로 여기서 목회의 왜곡이 일어난다고 보고 그는 당시 참회에 대한 스콜라적 교리에 대항하였다.¹⁰³⁾ 그는 양심이 참회의 교리에 의하여 고통을 받아왔던 구 시스템에 대항하였다. 그는 사제에게 매년 비밀스러운 고백을 해야 하는 의무에 대해 비꼬듯이 인정하지 않았다. 그것은 초대교회에서 듣지 못한 것이었기 때문이다. 칼뱅은 한센병 의심이 있을 때 먼저 제사장에게 몸을 보여야 하는 율법을 근거로 사

---

97) Inst. Ⅲ, 3, 18.
98) Inst. Ⅲ, 3, 3.
99) 회개는 이제 "아담의 타락으로 지워져버린 하나님의 형상이 회복되어진 결과로서 영적인 중생"을 의미했다. Cf. Inst. Ⅲ, 3, 9.
100) Inst. Ⅲ, 3, 1.
101) Inst. Ⅲ, 3, 19.
102) Inst. Ⅲ, 3, 20.
103) Inst. Ⅲ, 4, 1.

제가 죄를 면제해 주는 것이 모든 사제의 공통된 직분이며, 죄의 사유(事由)를 듣기까지는 한센병에 대한 판결을 선고할 수 없다고 하면서 고해가 꼭 필요하다고 주장하는 것은 터무니없는 주장이라고 했다. 왜냐하면 하나님께서는 감추진 질병의 심리를 원치 않으셨고 다만 명백한 증세가 나타난 후의 심리(審理)만 원하셨기 때문이라고 했다. 칼뱅이 사제에게 고백하는 "의무적 비밀참회" (compulsory auricular confession)를 반대하는 이유는 고백자들이 부분적으로 큰 근심을 수반할 것이라는 점을 믿었기 때문이었다.[104] 칼뱅은 일 년 중에 어떤 특별한 날을 정하여 교회가 엄숙한 의식으로써 자신의 죄를 고백하라는 규정은 없다고 했다. 신자들은 모일 때마다 스스로 죄인임을 인정하고 죄의 용서를 구해야 한다고 했다.[105] 그는 시편 50편에 대한 크리소스톰(Chrysostom)의 두 번째 설교를 다음과 같이 인용하였다. "치료하시는 하나님에게 그 죄들을 복창하십시오. 당신의 죄를 침대에서 고백하십시오. 여러분의 양심은 자신의 행동이 잘못되었음을 알 것입니다."[106] 하나님은 우리의 영혼의 의사이며 우리의 마음을 찾으시는 분이다. 그러나 마음으로 죄를 뉘우친다면 사람 앞에서나 공적인 예배에서도 고백하기를 바랄 것이다.

또 칼뱅은 스콜라학자들이 말하는 참회의 세 부분인 마음의 통회와 입술의 고백과 행위의 보속에 대해 비판한다. 이러한 이유는 목회의 본질인 영혼의 치유 방식이 잘못되었다고 보았기 때문이다. 그러나 칼뱅은 두 가지 종류의 사적인 고백을 지지한다. 하나는 서로 죄를 고백하는 것이다(약 5:16). 이것은 상호 권고와 위로를 위한 고백이다. 그리고 또 하나는 우리가 상처를 입힌 이웃에게 화해하기 위한 고백이다(마 5:23-24).

전자는 형제들 상호간의 기도와 고백을 하나로 묶어서 말한 것이다.[107] 이러한

---

104) Inst. Ⅲ, 4, 1-23.
105) Comm. Lev. 16:20.
106) McNeill, *A History of The Cure of Souls*, 199.
107) 칼뱅은 야고보서 주석에서 이 고백의 성격은 과오의 화해나 죄 용납을 통한 화목의 방법이 아니고 고통을 아는 형제들이 적극적으로 도움을 주는 데 적극적이도록 하기 위한 것이라고 보았다. Cf. Comm. James 5:16.

고백의 이점은 하나님 앞에서 기도하는 우리 형제의 기도로부터 도움을 받는 것이다. 그러나 가장 최선의 선택은 통상 목사에게 적절할 것이다.[108] 칼뱅은 마태복음 16:19과 요한복음 20:23을 "죄와 영혼을 용서하기 위한" 목사의 권위적 직무로 해석하고 있다. 참회는 이것을 이용해야만 한다. 그러나 이것은 사적인 고백으로 목사에게 고백해야 하는 일반적 의무는 없다. 왜냐하면 죄에 대한 비통함에서 벗어날 수 없는 사람들이 있기 때문이다. 목사는 그러한 일에 양심이 얽매이지 않아야 한다. 그것은 권고요 의무가 아니다. 이러한 고백에서 자신의 죄들을 일일이 열거하는 데 구속되는 사람은 아무도 없다. 누구를 상대로 고백할 것인지는 자유로 남겨놓았다.[109] 이러한 자유는 신실한 목사에 의해서 굳게 지켜져야만 한다. 목사는 새로운 올가미로 영혼을 속박하지 말아야 한다.[110] 목회자의 중요한 특징 중의 하나는 자기 회중들의 자발적인 고백을 듣는 것이다. 그리고 그들이 그리스도의 구속사역 안에서 진정한 회개와 신앙을 갖는다면 자신들의 죄가 용서된다는 확신을 갖도록 하는 것이다. 목사는 사죄를 당연히 하는 것이 아니라 그리스도를 대신하여 말할 뿐이다.[111]

후자의 고백은 우리가 저지른 잘못을 인정하고 용서를 비는 고백으로서, 죄로 인하여 깨어진 사람이 회복된다. 이 고백에는 교회 전체에 해를 입힌 사람들의 죄 고백도 포함된다. 칼뱅은 키프리안이 회상한 초대교회의 고백 형식을 따른다. 즉 "그들은 일정기간 동안 참회한 후에 고백하러 와서 감독과 성직자들의 안수로 친교의 특권을 받는다." 칼뱅은 성경에 이 두 가지 고백의 형식 이외는 전혀 없다고 하였다.[112]

이와 같이 회개와 죄의 용서는 목회의 본질적 개념이자 내용으로 칼뱅은 목사의 직분은 인간들에게 복음을 순종하게 함으로써 그들을 하나님께 제물로 바치

---

108) Inst. Ⅲ, 3, 12.
109) Ibid.
110) Ibid.
111) Inst. Ⅳ, 14, 17.
112) Inst. Ⅲ, 3, 13.

는 것이라고 보았다. 따라서 목회자는 신앙으로 깨끗하게 된 영혼들을 하나님께 예물로 바치는 것을 자신의 목표로 삼지 않으면 안 된다고 하였다.[113] 그런데 이러한 **영혼을 치유하게 하는 것은 성령과 말씀으로만 가능하다**고 보았다. 우리 영혼이 성령에 의해 그리스도의 피뿌림을 얻었다는 것은 확신하게 된다.[114] 또 칼뱅은 율법이 영혼을 소성케 한다는 '영혼의 회심'은 '영혼의 회복'으로 이해되어져야 하며 영혼이 율법에 의해 새로워진다는 의미는 우리의 영혼을 회복하는 하나의 도구로 하나님께서 말씀을 사용하시기 때문이라고 했다.[115]

그리고 칼뱅은 회개가 믿음의 열매이고 그 믿음은 성령의 사역이지만 인간의 사역을 통해 그것이 주어짐을 다음과 같이 강조하며, 목회의 본질은 '영적 치유'임을 밝힌다. 여기서 그는 그 목회권이 목사들에게 있음을 강조한다.

> 그러나 가르침의 직분으로 부름 받은 자가 특별한 방법으로 백성의 부정(the uncleanness)을 깨끗하게 하지 못한다고 금지하는 것은 아니다. 왜냐하면 믿음이 하나님께서 사람의 입을 통해 제공해 주는 증거를 받아들이는 한, 마음을 정화시키는 것은 믿음밖에 없으므로 우리가 하나님과 화해되었다는 것을 증거하는 사역자는 우리의 더러움(pollution)을 제거하는 자로 보아도 괜찮다…그러나 우리가 믿음으로 받는 영적 치유(the spiritual healing)는 단지 하나님의 은혜로부터 나오는 것이기 때문에 인간의 사역은 하나님의 영광을 떨어뜨리지 않는다…그리고 공적 권위로 일단 회중 밖으로 축출당한 자는 누구든지 참회와 새로운 생활을 고백하는 경우 이외에 다시 받아들여져서는 안 된다. 또한 이런 관할권이 제사장들에게 부여된 것은 그들이 그리스도를 대표했다는 근거에서 뿐만 아니라 그들과 함께 공유하고 있는 사역 때문이라는 점을 우리는 주목하지 않으면 안 된다.[116]

---

113) Comm. Rom. 15:16.
114) Comm. Exod. 12:21.
115) Comm. Ps. 19:7.
116) Comm. Lev. 14:2.

여기서 칼뱅은 인간의 목회사역이 중요하지만 **가르치는 직분(a docendi officio)과 사죄의 능력을 혼동해서는 안 된다**는 점을 보여주었다. 칼뱅은 그리스도께서 사도들에게 죄를 용서하라는 명령을 내리고 있는데 이 경우 그는 자신의 것을 그들에게 양도하고 있는 것이 아니라고 보았다. 죄를 용서하는 것은 그에게 귀속되는 권한이다. 이 영예는 자신에게 특수한 것인 만큼 그리스도는 그것을 사도들에게 양보하고 있는 것이 아니라 그들에게 그의 이름으로 사죄를 선언해서 그가 그들을 통해서 사람들을 하나님께 화해시킬 수 있도록 할 것을 명령하고 있다. 한마디로 그의 사도들을 통해서 죄를 용서하는 쪽은 그리스도뿐이시라고 강조하는 것이다.[117] 칼뱅은 한센병자가 완치되더라도 제사장이 그들을 출교시킨 뒤 화해하는 것처럼 희생제사를 드린 후가 아니면 거룩한 회중에 받아들여지는 것을 기뻐하지 않으셨다고 하면서 하나님은 치유의 명예를 자신에게만 요구하신다고 보았다. 이것은 사람들이 그 명예를 차지하지 않도록 하기 위함이라고 보았으며 또한 하나님께서는 이로써 자기 교회에서 다스리실 통치의 규율도 확립하신다고 보았다. 이것은 죄의 사유는 하나님께만 속하는데 그렇다면 하나님께서 베푸시는 은혜의 증인과 사자가 되는 일을 제외하고 인간에게 남는 일은 무엇인가에 대해 하나님의 사역자는 이미 사면하신 자가 아니면 아무도 용서할 수 없다고 보았다. 요컨대 면죄는 인간의 능력이나 의지에 속하는 일이 아니라는 점을 강조한 것이다(사 43:25).[118] 그래서 칼뱅은 이 점을 왜곡한 가톨릭교회를 다음과 같이 비판하고 있다.

> 이노센트 3세 이전에는 고백에 대한 법이나 제도가 전연 없었다…경건과 교리가 소멸된 후, 목회자의 망령에 불과한 자들이 모든 권한을 통틀어 떠맡을 때에 이런 횡포가 드디어 들어오게 된 것이다. 그리고 역사서적과 그 밖의 다른 고대 저술가들의 증언을 보면 고백은 그리스도와 사도들이

---

117) Comm. John 20:23.
118) Comm. Lev. 14:2.

정한 법이 아니고 감독들이 제정한 행정적 규율이었다.[119]

그러므로 모든 신자는 죄의식으로 홀로 심중에 불안과 고통을 느낄 때, 그리고 다른 사람의 도움을 받지 않고는 해방될 수 없다고 생각할 때 주께서 제시하신 방법을 무시하지 않는 것이 우리의 의무라는 것을 기억해야 한다. 즉 죄에서 풀려나기 위해서 자기 교회의 목사에게 사적으로 고백하며, 위로를 얻기 위해서 **목사의 사적인 도움을 청해야 한다**. 왜냐하면 목사는 공적으로나 사적으로나 복음의 교훈으로 하나님의 백성을 위하는 것을 직무로 삼는 사람이기 때문이다. 그러나 목사는 항상 다음 규칙을 따라야 한다. 즉 하나님께서 분명히 규정하신 것이 없으면 멍에로 사람의 양심을 속박해서는 안 된다는 것이다. 그러므로 이런 종류의 고백은 자유 선택에 맡기며 모든 사람에게 요구할 것이 아니라 자기에게 필요하다고 생각하는 사람에게만 권해야 한다는 결론에 이른다. 또한 필요에 의해서 이런 고백을 활용하는 사람들에 대해서는 **모든 죄를 고백하라고 규정으로 강요하거나 교묘하게 유도해서는 안 된다**. 고백하는 사람들이 적당하다고 생각하는 대로 고백하게 하여, 완전한 위로를 얻을 수 있게 해야 한다. 진리에 신실한 목사들은 교회에 이 자유를 허용할 뿐만 아니라, 이 자유를 옹호하고 굳게 지켜야 한다. 목사들의 횡포와 교인들의 미신을 피하려면 말이다.[120]

이와 같이 목사적인 사죄는 회개와 죄의 용서가 개인적인 차원을 넘어 교회의 차원에서 다루어져야 함을 의미한다. 그 이유는 칼뱅이 말한 것처럼 교회가 한 개인의 죄를 그들이 전체 몸을 포함한 온 가족이 불행을 당한 것처럼, 그 개인의 범죄를 마치 슬퍼하는 것이 교회의 임무이기 때문이다.[121] 그리고 여기에 목사의 계속적인 목회를 통해 그것은 평생 권면받아야 한다. 칼뱅은 회개는 교회에 처음 입회했을 때만 필요한 것이 아니라 우리의 전 생애에 걸쳐 계속되어야 하기 때문에 '회개하라'(막 1:15)는 설교는 교회 안에서 계속 울려 나와야 한다고 했다.[122]

---

119) Inst. 3, 4, 7.
120) Inst. 3, 4, 12.
121) Comm. 1 Cor. 5:2.
122) Comm. Acts 2:38.

그리고 계속적으로 그것이 되어야 하는 이유는 우리의 옛 사람의 속성이 여전히 남아 있기 때문이다. 칼뱅은 만일 원죄가 영혼의 모든 부분에까지 미친다고 생각하지 않고, 또 사람의 정신과 마음이 온통 썩어 버렸음을 인정하지 않는다면 우리는 죄의 지배에 관한 바른 관념을 갖지 못한 것이라고 했다.[123] 바로 이러한 이유 때문에 우리는 여전히 교회의 목회가 필요한 것이며, 하나님은 성례전을 통해 그것을 제도화하셨다. 칼뱅은 구약의 희생제사를 드리는 성례전을 통해 하나님과 화목하였듯이 오늘날 세례라는 성례전을 통해 깨끗게 하신다고 보았다. 다만 신약의 성례전들은 믿음과 회개(faith and repentance)가 뒤따를 때만이 소용이 있다고 보았다.[124] 칼뱅은 이러한 인간의 목회인 교회의 성례를 통해 죄의 용서가 약속되어 있다고 했다.[125] 왜냐하면 하나님께서 우리를 사유하시기 위해서는 우리의 죄악은 한결같이 용서를 받아야 하는데 이 임무가 교회에서 날마다 되풀이되고 있기 때문이다(고후 5:20). 따라서 우리의 구원의 원천은 거저 베푸신 입양에서 흘러나올 뿐만 아니라 마지막까지 이르는 구원의 계속적인 과정 역시 하나님께서 우리를 거저 자신에게 화해하시는 사건을 통해서만 성취될 수 있다.[126] 따라서 칼뱅은 성찬식 전에 성찬 받을 자격이 있는 자들 각각에 대해 면담할 것을 촉구하고 있다.

이러한 칼뱅의 치유 개념은 사죄의 사역을 본질로 하지만 그것은 당연히 **인간을 성화(Heiligung)시키는 목표점을 가지게 된다.** 칼뱅은 『기독교강요』에서 회개를 먼저 다루고 그 다음 성화를 다룬 후 칭의를 말한다.[127] 회개와 칭의 사이에 있는 성화는 회개의 연장선에 있는 개념이다. 성화는 믿음으로 그리스도를 얻게 된

---

123) Comm. Ps. 51:5.
124) Comm. Lev. 1:1.
125) Comm. Lev. 4:22.
126) Comm. Exod. 34:8.
127) 구원의 서정(*ordo salutis*)은 15세기 이후 중세 로마 가톨릭 신학자들에게 의해 논의되어 오다가 1724년 루터파 신학자인 부데우스(Franz Buddeus)에 의해 본격화되었다. 그러나 이 개념은 개혁파 신학자들 사이에서도 합의에 이르지 못했다. 그러나 칼뱅은 그리스도의 연합이라는 중심 구조에서 성령의 사역을 통해 회개, 믿음, 용서받음, 칭의, 양자됨, 성화, 견인, 영화 등 영적인 축복들이 동시적으로 일어난다고 보는 '그리스도와 연합 모델' 이 구원론의 새로운 패러다임으로 이해되고 있다. Cf. 김재성, 『성령의 신학자 존 칼빈』(서울: 생명의말씀사, 2004), 84-90.

두 가지 축복인 회개와 칭의라는 '이중적 은혜'(duplex gratia Dei) 가운데 있는 것으로 "그리스도의 성령으로 거룩하게 하여 흠 없고 점도 없이 순결한 생활을 이루어가는 것"[128]이다. 그는 성화를 먼저 다룸으로 칭의를 손상시킬 의도가 있는 것이 아니라, 성화는 일생동안 진행되는 것이므로 결국 완전함에 이를 수 없기 때문에 "하나님께서 우리에게 은혜를 베푸셔서 우리를 의인으로 받아주시는 것"[129]으로 칭의를 이해했다. 따라서 칼뱅에게 목회의 목표로서 성화란 경건한 삶으로 요약되며 그 요체는 성령의 사역을 통한 그리스도의 연합을 통해 이루는 것이다. 칼뱅의 목회신학의 핵심은 그리스도와 성도를 연합시키는 성령의 사역을 분리시키지 않는다는 데 있다. 바로 위와 같은 성화의 사역을 위해 하나님은 말씀을 먹이는 인간의 목회를 사용하시는 것이다.

우리는 이제까지 칼뱅의 목회 본질을 영혼의 치유라는 전제론적 가정을 논증하였다. 즉 목회의 본질적 내용인 영혼의 치유를 지향하지 않고는 우리의 모든 사역의 기초는 그 중심점을 상실하고 만다는 것이 칼뱅의 강조점이다. 칼뱅은 복음 전파의 첫째 목적은 인간이 하나님과 화해되도록 하는 데 있으며 이것은 값없는 사죄에 의해서만 가능하다고 했다. 칼뱅은 우리가 복음의 충실한 사역자가 되고자 한다면 이 점에 신중을 기해야 한다고 했다. 그에 의하면, 모든 교의와 교회의 영적 건축은 모든 죄를 용서하심으로 하나님 자신의 백성으로 입양하신다는 사실에 기초한다. 왜냐하면 복음은 세속 철학과 달리 사죄의 은총이기 때문이다.[130] 더 나아가 이러한 영혼의 치유는 그리스도의 형상을 닮아가는 성화를 목표로 하는 것이다. 왜냐하면 본질은 목표 지향성을 갖기 때문이다.

2) 목회의 확장된 내용으로서 영혼의 감독

우리는 위에서 칼뱅의 목회의 본질이 '영혼의 치유' 라고 보았다. 그런데 이러

---

128) Inst. Ⅲ, 11, 1.
129) Inst. Ⅲ, 11, 2.
130) Comm. John 20:23.

한 개념은 상당히 미시적인 개념이다. 실제로 칼뱅의 저서들에 나타난 목회의 개념은 더 포괄적이고 교회론적이다. 실제로 목회란 교회를 다스린다는 통치 개념이 더 많이 나타난다. 그렇다고 우리는 칼뱅의 목회 개념을 '교회 통치'라고 개념화할 수는 없다. 왜냐하면 앞에서도 밝혔듯이 그것은 목회의 실천양식의 하나이기 때문이다. 따라서 우리는 목회의 본질적 내용인 **'영혼의 치유' 보다 더 확장된 개념**을 '영혼의 감독'이라고 가정한다. 칼뱅의 목회 개념은 '영혼의 치유'와 '영혼의 감독'이라는 두 개념을 근거로 그의 모든 사역의 신학이 전개되었다고 전제한다. 이 '영혼의 감독'은 개혁주의 교회에서 전통적으로 내려오는 '영적 지도'(spiritual direction)라는 개념을 포함하고 있지만 이 개념보다 더 교회론에 근거를 두고 있다. 또 교회 정치를 의미하는 교회의 질서의 사역들을 포함하기는 하지만 그보다는 영적이고 근본적인 개념이다. 또 '영적인 돌봄'이나 '양육'의 개념들을 포함하지만 보다 더 포괄적이고 교회 통치적이다. 물론 칼뱅에 있어 감독은 돌봄을 포괄한다. 그러나 감독은 미시적인 돌봄보다 포괄적인 개념이다. 이 개념을 그림으로 나타내면 다음과 같다.

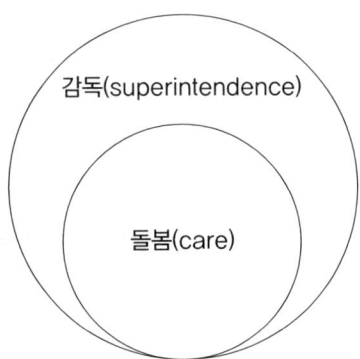

칼뱅의 목회 본질은 양떼를 감독하는 목자 이미지에서 잘 나타나 있다.[131] 그는

---

131) 그러나 우리가 '목양'을 목회의 본질로 말하지 않는 이유는 그것이 목회에 대한 전반적인 이미지를 비유적으로 나타낸 용어이기 때문이다. 즉 목회의 본질을 말하기 보다는 목회의 양태(樣態)를 말하는 메타포이다.

양무리가 양육되지 않는다면 양들이 우리로 들어오는 것만으로는 충분하지 않다고 하면서 양은 어리석은 동물이므로 다스리고 보호할 목자가 필요하다고 보았다.[132] 그에 의하면 '영혼의 감독'이란 양떼들에게 유익한 것과 해로운 것을 잘 판단하여 마치 위에 서 있는 사람처럼 주위를 살펴 모든 면에서 있어서 양떼들의 안전을 증진시키는 것으로 이해하고 있다. 그래서 칼뱅은 교회의 교사들은 하나님께로부터 지명받았고 모든 사람의 안전을 계속 지킬 수 있도록 망대 위에서 세움을 받았고 그 일은 처음부터 파수꾼으로 하늘의 교훈을 가르치는 사역자로 지명받았다고 보았다.[133] 그는 목사의 감독의 직무를 시편 주석에서 이렇게 말하고 있다.

> 자신의 임무를 잘 아는 선한 목자의 주요한 탁월성은 마치 망대 위에 서 있는 사람처럼 열심히 주위를 살펴 양떼들에게 유익한 것과 해로운 것이 무엇인지 잘 판단하며 모든 면에서 그들의 안전을 증진시키는 것이다. 그러나 무지와 몽매보다 그 직책에 모순되는 것도 없다. 그러므로 자기 백성을 다스리는 올바른 방법을 터득하지 못한 사람은 선한 목자가 될 수 없다…하나님께서 목자들에게 "개"의 직분을 임명한 것은 그들로 하여금 강도들과 도둑들이 우리 안으로 들어오는 일이 없도록 망을 보며 멀리 쫓아버리는 일을 맡긴 것이나 다름없다.[134]

이러한 양떼들의 안전을 책임지는 목사의 '감독'은 해로운 것들을 쫓아내는 부정적 의미의 직무만이 아니라 보다 적극적인 양육의 개념을 포함한다. 칼뱅은 하나님께서 품꾼을 시켜서 우리의 양떼를 먹이시는 것과 같이 요셉을 목자의 직무로 부여하신 것으로 보았는데 이것은 자기 백성을 양육하기 위한 것이라고 보

---

132) Comm. Jer. 23:4.
133) Comm. Ezek. 3:17.
134) Comm. Isa. 56:10.

았다.[135] 즉 목자 요셉은 정치가로서 '감독'과 '양육'의 개념이 통합되어 있다는 것이다. 그래서 칼뱅은 목자에게는 두 음성이 필요하다고 보았다. 그 하나는 양을 모으는 음성이요, 다른 하나는 이리와 도둑을 쫓는 음성이 그것이다.[136] 이러한 두 개념은 하나님께서 참 신자를 다스릴 때 베푸시는 보살핌을 목자의 막대기와 지팡이에 비교하는 것과 같다.[137]

뒤에 신약에 와서 이 개념은 부성적(父性的) 감독으로 그려지고 있다. 즉 칼뱅은 목자를 '교회를 양육하는 아버지'[138]로 그리고 있다. 칼뱅은 아버지의 사랑, 아버지의 관심, 아버지의 호의는 교사의 사랑이나 관심, 호의와는 완전히 다르다고 했다. 바울이 자신을 아버지로 지칭한 것처럼 교회를 아버지와 같은 사랑으로 돌보는 사람이 극소수라고 했다. 그들은 교사 외에 아무것도 아니라고 했다.[139]

칼뱅의 이러한 영혼의 감독 개념은 '영적 지도'의 전통과 맥을 같이하지만 칼뱅 이후의 **'사적인 영적 지도'의 개념을 넘어 보다 총체적이고 포괄적이다.** 사실 이 영혼의 감독은 다양한 형태로 나타났다. '영적 지도', '상담', '개인기도', '설교', '가르침', '편지쓰기', '예배', '교회 통치', '교회 정치와 행정' 등으로 나타났다.

그런데 이러한 영혼의 감독의 성격이 완전성이라는 측면에서 문제가 된다. 즉 칼뱅의 영적 지도가 "완전을 향한 충고"인가이다. 16세기 프로테스탄티즘은 '완전'이라는 말에 호감을 가지고 있지 않았다. 하지만 은혜 안에서 성장과 그리스도인의 삶의 진보를 말할 때는 그 반대였다. 물론 "지도"(direction)의 개념에 대한 프로테스탄트의 주저함이나 거부는 16세기 프로테스탄트의 일반적 관점을 부정하려고 했던 목사들에 의해 통제의 원리를 채택하는 데 대한 두려움 때문이다. 그러나 루터, 부처, 칼뱅, 스펜서 그리고 끊임없는 다른 프로테스탄트 교도들이 양적인 면에서 "완전을 향한 그런 종류의 충고"들에 대한 서신을 써왔다는 점은 부정

---

135) Comm. Gen. 49:22.
136) Comm. Titus 1:8.
137) Comm. Ps. 23:4.
138) Comm. Deut. 13:5.
139) Comm. 1Cor. 4:15.

될 수 없다.[140] 그러나 이것은 영적인 지도의 측면에서 가톨릭의 개념을 차용한 완전한 영적 지도의 개념을 받아들였다고 하여도 가톨릭의 경우처럼 유일한 가이드의 위치를 가정하지 않았다. 거기에는 교회적 표준과 성례의 구조 밖으로 주어진 수많은 사적인 도움이 항상 존재해 왔기 때문이다.[141] 특히 칼뱅의 서간문은 이러한 예이다. 칼뱅의 영적인 지도의 편지들은 영혼의 감독의 풍부한 내용들이다. 1947년 베노아(Benoit) 교수는 그의 저서 『영혼의 감독자 칼뱅』(Calvin Director of Souls)에서 이 주제를 다루고 있다.[142] 칼뱅의 서간문에 나타나는 영혼의 감독의 특징을 맥닐은 이렇게 평가했다.

> 우리가 위에서 제시한 증거들은 역시 칼뱅의 상담이 그의 개혁 활동의 일부이며 당시 반대의 분위기를 반영하는 것임을 보여준다. 그는 프랑스 법정에서 Madame de Crussol에게 썼던 것처럼(1563.5.8), 전쟁에 있는 군인을 돕고 지지하고 있는 것이다. 그는 세상과는 동떨어진 거룩함으로 인도하는 금욕주의자나 헌신적인 고행자를 도모하는 것이 아니라 위험에 둘러싸인 과정 속에서 신속하고 영웅적인 헌신을 요구하며 희생과 순교의 유적과 같이 인간의 영혼을 요새화할 방법을 구한 것이다.[143]

그러나 이러한 감독의 직무는 남용되기 쉽다. 칼뱅은 이 남용을 질타하는 스가랴 선지자의 목소리를 통해 역으로 영혼의 감독의 직무와 그 한계가 무엇인지를 간접적으로 설명해 주고 있다. 칼뱅은 스가랴서 주석에서 참 목회의 직무가 무엇인지를 선한 목자의 속성과 표적을 설명하면서 그것은 버려진 자를 돌아보고 어

---

140) McNeill, *A History of The Cure of Souls*, 200.
141) Ibid.,
142) Jean-Daniel Benoit, *Calvin Directeur D'Ames: Contribution a L'histoire de la Piéte réformée* (Strasbourg: Oberlin, 1947). 맥닐은 Benoit의 *Calvin Director of Souls* (1947)에 나타난 칼뱅의 서간문을 분석하고 있다. McNeill, *A History of The Cure of Souls*, 200., 201-209.
143) Ibid., 209

린 자를 찾으며, 상한 자를 힘써 고쳐주고 활기 있고 강건한 자를 잘 먹이며 또한 모든 종류의 포학을 삼가고 욕심에 빠져 자기의 이를 생각하거나 횡포를 부려서는 안 될 것이라고 하면서 영혼의 감독이 '우매한 목자의 기구'가 되지 말아야 할 것을 경고하고 있다.

칼뱅의 영혼의 감독은 하나님의 백성을 말씀으로 먹이고 교회를 보존하고 세우는 복음의 사역 속에서 이루어진다. 영혼의 감독은 교회를 세우는 일과 별개로 진행되는 것이 아니라 교회 통치 등 목회의 모든 실천양식으로 이루어진다. 그러므로 영혼의 감독은 공적으로 혹은 사적으로 목사의 직무로 진행된다고 해도 그것은 어디까지나 교회적이다.

결론적으로 영혼의 치유와 감독은 방대한 역사적 유산을 가지고 있다. 교회는 죄와 그 비참한 절망에 대항하는 끝없는 전투의 빛 아래서 그것을 중시해 왔다. 칼뱅은 하나님께서 우리의 몸을 먹여살려주는 데 있어서 가장 관심을 두시는 것은 틀림없이 우리의 영혼이라고 했다.[144] 그래서 하나님께서는 개개인의 영혼을 책임지우겠다는 조건으로 모든 목회자들의 보호 아래 두셨다는 것이다.[145] 칼뱅에게 있어 목회란 영혼의 치유와 감독이며 목사들은 영혼의 의사들(curatores animarum)이다.

---

144) Comm. Matt. 6:11.
145) Comm. Ezek. 3:18.

3. 목회의 직분: 목사직의 본질에 관한 문제

1) 목사직의 본질

목회신학은 목사가 누구인가에 대한 신학이 아니라 목회하시는 하나님과 예수 그리스도의 복음에 대한 신학이어야 한다는 주장이 있다.[146] 그러나 필자가 보기에 이러한 주장은 실천신학으로서 목회신학을 이분법화할 우려가 있다. 칼뱅이 지적하였듯이 목회란 결국 인간의 사역이기 때문에 목회신학에서 목사가 누구인가에 대한 정체성 물음은 정당한 것이다. 적어도 칼뱅이 보는 목사직의 본질은 보다 포괄적이고 통합적이다.

칼뱅은 목사의 직분을 매우 중요시했다. 그래서 그의 목사직에 대한 설명은 제일 먼저 왜 목사직이 필요한가에 대한 목사직의 필연성에 대해 많은 지면을 할애하고 있다. 칼뱅은 그리스도가 교회의 머리됨을 보여주었으며, 그분만이 교회 위에서 그리고 교회 안에서 통치할 수 있는 권한과 권세를 가지고 있음을 주장하였다. 그러나 그분은 승천하시어 우리에게 보이지 않는 분이시므로 우리 가운데 그 자신의 목적을 완성하기 위하여 인간의 사역을 사용하시기로 선택하셨다.[147] 하지만 하나님께서는 이러한 직분을 채우기 위하여 인간에게 의지하지 않으심을 강조한다.[148] 칼뱅은 하나님께서 오류가 있을 수밖에 없는 수단을 통하여 자신의 일을 수행하시는 이유를 통찰력 있게 말한다. 그것은 목회적 직분의 중요성 때문이다. 칼뱅에 따르면 그러한 이유는 하나님께서 우리를 존중하기 위한 방식이 되기 때문이다. 그리고 우리에게 "가장 선하고 가장 유용한 겸손의 연습"을 제공하기 때문이다. 그래서 하나님은 우리 자신과 같은 인간을 통하여 우리에게 설교함에도 불구하고 그의 말씀에 순종하도록 우리를 부르셨다는 것이다. 그리고 역시

---

146) Andrew Purves, *Reconstructing Pastoral Theology* (Louisville: Westminster John Knox Press, 2004). 4.
147) Inst. Ⅳ, 3, 1.
148) Inst. Ⅳ, 3, 1; 1, 5.

목사로 임명된 사람 아래서 함께 모이고 교훈을 받는 것보다 나은 상호적인 사랑의 양육은 어떤 것도 없기 때문이다.[149]

목사직 용어에 대한 칼뱅의 사용은 초기에는 'minister', 'pastor', 'bishop' 등 여러 가지 용어를 사용하였다. 그러나 스트라스부르그에서 돌아온 이후에는 품위 있고 질서 있는 처신을 위해 중재자로 선출된 'bishop'이란 말을 사용하기 시작하였다.[150] 그러한 중재자는 로마교회 감독을 존경해서가 아니라 어떤 특별한 권세를 가지고 있었기 때문이었다. 그리고 나머지는 'pastor'라는 말을 사용하기를 좋아했다.[151] 칼뱅 자신이 최초로 연관되어 있음에도 불구하고 그 직분의 필요성과 중요성을 즉시 인식할 수 있는 최선의 방법으로 목사의 직분을 보여주었다.[152] 그는 신약성경의 가르침과 사도들의 소명과 가르침 속에서 목사직의 본질과 사역을 비유적으로 다음과 같이 설명하고 있다.

칼뱅의 목사직의 첫 번째 본질은 **"하나님의 목자직"**이다. 교회의 목회사역은 하나님의 목자직으로부터 근원된다. 그래서 칼뱅은 "목사란 특별한 양무리를 맡아 돌보는 사람"[153]이라고 했다. 성경은 종종 다윗을 목자라고 부른다. 그러나 다윗 자신은 그 직분에 전혀 부적합하며, 다만 하나님의 사역자에 불과하다고 고백하면서 목자의 직분을 하나님께 돌린다.[154] 그것은 이스라엘 백성을 기르시는 목자로서 자신의 '목사직'을 포기하시는 사상으로부터 목사직의 본질을 찾을 수 있을 것이다. 하나님께서 스가랴 선지자가 활동한 당시 목사직의 본질 훼손을 질타하며 자신의 목사직이 무엇인지 밝혔음을 칼뱅은 다음과 같이 말했다.

---

149) Inst. Ⅳ, 3, 1.
150) 칼뱅은 '감독'이라는 용어가 계급이 사람들 사이에서 흔히 일어나는 불화를 막기 위하여 뽑는 한 사람을 지칭한다고 했다. Cf. Inst. Ⅳ, 4, 2.
151) W. Stanford Reid, "John Calvin, Pastoral Theologian," *Reformed Theological Review* vol. XⅠⅠ. No. 3 (September-December 1982). 71. Cf. Inst. Ⅳ, 3, 8. Comm. 1 Tim. 3:1; Titus 1:5-7.
152) Inst. Ⅳ, 3, 1-3.
153) Comm. Eph. 4:11.
154) Comm. Ps. 28:9.

더욱 유의해야 할 점은 바르고 선한 통치가 외형적인 형태로 남았다고 해도 하나님의 통치자라고 결론을 내릴 근거는 없다…왜냐하면 하나님의 성령에 의해 다스림을 받지 않는 참된 목자는 없으며, 하나님의 종이 아닌 참된 목자도 없으며, 선하지 않은 목사와 불경건한 목사가 아닌 참된 목자도 없다. 그들이 하나님의 종이라는 타이틀을 사칭한다고 할지라도 하나님의 종이라고 불릴 수 있는 참된 목자는 없다.[155]

칼뱅은 "보라 내가 한 목자를 이 땅에 일으키리니"(슥 11:16)라는 말씀에 대해 하나님은 목자의 직분을 포기하신 후 참 목자들 대신에 이리와 도둑과 강도를 세우신다는 말씀으로 거짓 목자들이 어떻게 목회했는지를 성경대로 제시했다. 그들은 "없어진 자를 마음에 두지 않고", "흩어진 자를 찾지 아니하며", "상한 자를 고치지 아니하며", "강건한 자를 먹이지 아니하며", "살찐 자의 고기를 먹으며", "그 굽을 찢으리라"는 것이다. 그러면서 참된 목회가 무엇인지를 다음과 같이 제시한다.

이제 선지자는 선한 목자(a good shepherd)의 책무와 모순되는 일을 열거하므로 우리는 하나님의 뜻을 따라 교회를 올바르게 다스린다는 것이 무엇이며, 선한 목사(a good pastor)의 태도나 표식이 무엇인지를 배우게 된다. 따라서 교회의 선한 목자(a good pastor)라면 누구나 버려진 자를 방문하고 어린 자를 찾으며, 상한 자를 힘써 고쳐주고 활기 있고 강건한 자를 잘 먹이며 또한 모든 종류의 포학을 삼가고 욕심에 빠져 자기의 이를 생각하거나 횡포를 부려서는 안 될 것이다. 누구든지 그렇게 행동하는 자는 참된 목사(a true pastor)로서의 증거를 가진 것이다.[156]

이러한 '하나님의 목사직'은 그대로 인간 '목자'를 통하여 행사된다. 자신의

---

155) Comm. Zech 11:16.
156) Ibid.

양들의 영혼을 치유하고 감독하는 직무를 수행하는 직분이 바로 인간 '목사직'이다. 그러한 목자 유비로부터 목사는 먼저 '영혼의 감독자'[157]이다. 감독자로서 목사직은 단순히 영혼을 치유하고 돌보는 수준을 넘어 영혼을 지도하고 감독하는 직분이다.[158] 목사가 감독자라는 개념은 보통 목사 모델론에서 부정적으로 다루고 있는 것이 특색이다. 즉 '감독자' 개념은 1세기 초대교회의 말씀의 봉사직의 수평적 개념이 흐려지면서 계급조직인 성직자단(sacerdotium)이 출현한 데서 나온 개념이라는 주장이다.[159] 이러한 주장은 자칫 목사직의 본질을 왜곡할 우려가 있다. 마치 감독자로서 목사직이 비성경적인 후대 개념으로 오해될 우려가 있기 때문이다.[160] 칼뱅이 지지하는 감독자로서 목사 본질론은 그런 후대 개념을 신학화한 것이 아님을 유의할 필요가 있다. 즉 초대교회의 조직적 제도화와 리더십이 처음부터 제도화되었고, 그것이 은사적 성격의 변질에 따른 것이 아니라 사회적 지위에 의해 결정되었다는 점을 간과해서는 안 되는 것이다.[161]

칼뱅은 하나님의 양떼가 운집하는 방법과 모양에 대해 양들은 한 목자 아래 있

---

157) Jean-Daniel Benoit, *Calvin Directeur D'Ames: Contribution a L'histoire de la Piété réformée* (Strasbourg: Oberlin, 1947).
158) 이 '감독자'의 개념이 감리교의 목사 직분의 근거가 되는 것은 아니다. 칼뱅 이후 목사를 '감독자'(bishop)라고 부른 역사적 발전 과정은 초기 스코틀랜드 장로교회의 '슈퍼인텐던트'(superintendent)에 잘 반영되어 있다. 스코틀랜드 종교개혁 초기 있었던 '슈퍼인텐던트'는 목사에 대한 명칭을 '감독'이라고 했지만 그것은 일시적인 제도였지 감독제를 지지하는 역사적 근거는 아니다. Cf. James Kirk, *Patterns of Reform: Continuity and Change in Refornation Kirk* (Edinburgh: T&T Clark, 1989), 334-367.
159) 최덕성, "목회자 모델의 역사,"「개혁신학과 교회」, 제3권, (1993). 264.
160) 학계에서 신약성경이 초대교회에서의 제도화의 과정을 반영한다는 것은 학자들 사이에서 오랫동안 합의되었던 견해이었다. 소위 바울이 고린도전서를 쓸 때의 발전 단계의 교회인 초기 '은사적'(charismatic) 교회가 목회서신이 나타나기 시작했을 때의 후기 '계층적'(hierarchical) 교회 구조로 점차적으로 제도화되었다는 것이다. Fames. Burtchaell은 F. C Baur, Ritschl, Lightfoot, Hatch, Harnack 그리고 Sohn 등 신약학자들이 이러한 견해에 일치한다고 강조했다. Fames. Burtchaell, *From Synagogue to Church: Public Services and Offices in the Earliest Christian Community* (Cambridge: Cambridge University Press, 1992), 136.
161) 앤드류 크라크(Andrew D. Clarke)는 은사적 교회가 계층적 교회로 변화되었다는 견해에 대해 반대 의견을 제시했다. Cf. Andrew D. Clarke, *Serve the Community of the Church: Christians as Leaders and Ministers* (Grand Rapids, Eerdmans, 2000), 252.

을 때 그의 음성을 듣고 모이는 것이라고 했다. 이 말은 교회가 오직 그리스도에게 순복할 때 그의 명령을 지키고 그의 가르침에 귀를 기울일 때 질서를 잘 유지할 수 있다는 뜻이다. 그러므로 어떠한 출발점도 언제나 머리에서 시작되어야 한다는 것을 강조했다. 하나님이 다스리지 않는 곳에 교회가 있을 수 없고 목자의 명칭이 그리스도에게 허락되지 않는 곳에 하나님의 나라가 있을 수 없다고 했다.[162] 이것은 영혼의 감독을 위한 지팡이 직무를 말한다. 이러한 감독의 직무는 양과 이리를 구분하기 위한 것이 아니라 양들이 하나님의 아들이신 그리스도에게 순종하도록 하기 위함이다. 그래서 궁극적으로 선택받은 양들에게만 결실을 맺기 위한 것임을 다음과 같이 말했다.

> 그리스도는 베드로와 다른 제자들에게 무분별하게 모든 사람을 먹이라고 위임하신 것이 아니라 오직 그의 양들에 대해서만 말씀하고 계신다. 다른 곳에 보면 그는 그가 자신의 양무리로 인정해 주는 사람이 누구인가에 대한 정의를 내리고 있다. 곧 "나의 양은 내 음성을 듣고 나를 따를 것이지만 타인의 음성은 듣지 않을 것이다"라고 그는 말씀하신다. 물론 신실한 교사들은 모든 사람을 그리스도에게로 모으려고 노력해야 한다. 다시 말해서 그들은 양과 들짐승을 구별할 수 없으므로 양보다는 이리 같은 자들을 길들이는 데 모든 수단을 강구하는 것이 당연하다. 그러나 그들이 최선을 다한 다음에 그들의 수고는 오직 선택받은 양들에게서만 결실을 맺을 것이다. 왜냐하면 유순함과 믿음은 그리스도에게 순종함으로 창세 전부터 선택한 자들을 하나님의 아들(His Son)에게 넘겨주는 하늘 아버지로부터 일어나기 때문이다. 다시 말하지만 온유하고 가르침을 받는 자들 외에는 아무도 복음의 가르침을 통해서 구원을 받도록 양육받을 수 없다는 것이 이 구절의 가르침이다.[163]

더 나아가 영혼의 감독자는 양들을 위한 목자의 지팡이일 뿐만 아니라 막대기

---

162) Comm. John 10:16.
163) Comm. John 21:16.

이다. 지팡이가 영혼을 푸른 초장으로 인도하는 것이라면 막대기는 그 양떼들을 지키기 위한 것이다. 이것들은 영혼의 감독을 위해 반드시 필요한 것이다. 칼뱅은 교회 건물 밖에서 목회자의 음성 듣기를 중요하게 생각하지 않는 자들, 더구나 집에서는 경고를 받을 수 없고 꾸짖음을 받을 수 없는 자들, 아니 그와 같은 필요한 요소를 값싸게 여기고 맹렬히 거절하는 자들은 양이라기보다는 곰이라고 했다.[164] 칼뱅은 목자의 감독을 거절하는 사람들에 대한 경고를 다음과 같이 하고 있다.

> 친절하고 사랑을 베푸는 목자의 보호를 거절하는 사람들은 전혀 은혜를 모르는 자들로서 수백 번 멸망을 당해 마땅하다는 것을 알 수 있다. 그리고 그런 사람들은 모든 종류의 손해에 대해 열려 있다. 여기서 우리가 교회 정치에서 바라는 것이 무엇이며 피할 것과 참을 것이 무엇인가를 깨달을 수 있다고 한 어거스틴의 말은 사실이다. 교회가 선하고 부지런한 목자들의 다스림을 받는 것보다 우리에겐 더 바랄 것이 없다. 그리스도께서는 자신이 그의 교회를 안전하고 건전하게 지키는 유일한 목자장으로 첫째는 자신이 직접, 둘째는 자기의 도구(instruments)를 통하여 교회를 보전한다고 말씀하신다. 어디든지 선한 질서와 적절한 사람의 다스림이 있는 곳은 그리스도께서 사실상 목자장으로 역사하고 있는 곳이다.[165]

아담스(Jay. E. Adams)는 목자 이미지의 다양성을 네 가지로 분류하였다. 즉 하나님께서는 자신의 목자들이 목회활동을 하는 가운데 약간씩 다른 양상을 지닐 수 있으므로 목사들을 양과 함께하는 '참여자로서의 목자', 흩어지는 양을 무리지어 주는 '조직자로서의 목자', 푸른 초장으로 인도하는 '계획자로서의 목자', 감독하고 다스리는 '통치자로서의 목자' 등으로 분류함으로 목자의 직분에

---

164) Comm. Acts 20:20.
165) Comm. John 10:11.

는 감독의 직분 개념이 있음을 지적했다.[166]

이와 같이 영혼의 감독의 직무 개념은 단순한 양육의 개념을 넘어 강한 '대적'의 직무도 포함한다. 심지어 목자의 생명까지 내어놓기까지 해야 한다. 칼뱅은 예수 그리스도께서 그의 사역자들에게 완전한 모범을 보여주고 있다고 한다. 그것은 양들을 위해 자기 목숨을 버리는 부성애(父性愛)의 가장 두드러진 표시이다. 그러므로 목회의 직무에는 항상 생명까지도 감수하는 순교의 길이 놓여 있다.[167] 그리고 교회 외적으로만이 아니라 내적으로 대적하는 자들을 다스리고 지도해야 하는 대적이 있어야 한다. 그렇지 않고는 양들을 대적자들에게 내어주고야 말 것이다.

다음으로 목사직의 두 번째 본질은 **"하나님의 입"으로서 대변자**이다. 구약성경의 선지자들은 "바로 하나님의 그 입"이었다.[168] 칼뱅은 제대로 임명받은 사역자는 하나님의 대변자, 하나님의 사신으로 받아들여져야 마땅하다고 했다.[169] 목사는 보통 신자들과 구분되는 '하나님의 입'으로서 '말씀에 봉사하는 종'(minister verbidivini)이다.

목사직의 세 번째 본질은 **그리스도의 교훈을 가르치는 "교사"**이다.[170] 물론 칼뱅은 목사와 교사를 분리하여 교사들은 제자훈련이나 성례 집행이나 경고와 권면을 하는 일을 맡지 않고 성경을 해석하는 일만을 맡은 직분으로 이해했다. 물론 목사직은 그 자체에 교사직의 기능을 다 포함한다고 말한다. 그리고 "우리 시

---

166) Jay. E. Adams, *Shepherding God's Flock*, 정삼지 역,『목회연구』(서울: CLC, 1998), 335-339.
167) Comm. John 10:12. 칼뱅은 목회의 직무에서 이리를 대적하지 않고 회피하는 사람을 무조건 삯군으로 간주해야 하는가의 문제에서 칼뱅은 극단적인 터툴리안(Tertullian)보다는 온건한 어거스틴의 견해를 지지한다고 했다. 왜냐하면 어거스틴은 목사들이 이리를 회피함으로써 그들에게 맡겨진 양떼를 버리는 것보다 공적인 안전에 기여할 수 있다면 이리를 회피해도 무방하다는 견해를 피력했기 때문이다. 어거스틴은 교회가 훌륭한 사역자를 잃지 않고 목사의 생명을 찾을 때 목사의 회피는 그들의 분노를 가라앉게 하는 효과가 있다고 했다. 칼뱅은 그런 측면에서 키프리안(Cyprian)의 도피는 죽음을 두려워하지 않았기 때문에 정당하다고 보았다.
168) Inst. Ⅳ:1, 5.
169) Comm. 2 Cor. 5:18.
170) Inst. Ⅳ, 3, 4.

대의 교사들은 고대의 선지자에 그리고 목사는 사도에 해당한다"고 했다. 목사들은 각각 그들에게 맡겨진 교회를 다스리는 점을 제외하고는 사도들과 똑같은 책임을 맡았다.[171]

목사직의 네 번째 본질은 **청지기이며 종**이다. 목사들이란 하나님께서 그의 집을 다스리는 임무를 맡겨주신 청지기들과 같다.[172] 목사는 하나님의 종이다. '종'이란 단어는 하나의 직분을 가리키고 있으며 단지 목사의 뜻만 가지고 있다.[173]

마지막으로 목사직의 다섯 번째 본질은 **세상의 빛**이다. 칼뱅은 복음전도의 위대한 사명이 처음에는 사도들에게 부여되었지만 오늘날은 교회의 목사들에게 부여된 만큼 그리스도가 '너희는 세상의 빛'이라고 붙여준 명칭에 걸맞게 높은 망대에 올라가 빛을 비춰야 된다고 하였다.[174] 우림은 참 제사장께서 모든 신자에게 비춰주시는 가르침의 빛을 대표하는 것이며, 둠밈은 오직 그리스도 안에서만 찾아야 하는 완전한 순결을 의미한다. 이것은 교회의 목사들에게 적용할 수 있는데 그 이유는 그들이 건전한 가르침과 생활의 정직성에 있어서 마땅히 모든 빛을 발해야 하는 사람들이기 때문이다. 그러나 칼뱅은 이 양자는 그리스도를 제외한 어느 곳에서도 찾을 수 없다는 점을 보여주려는 것이 하나님의 의도였다고 한다.[175]

칼뱅에게 있어서 목사의 직분은 교회의 통치를 위하여 주님에 의해 설립된 최초의 직분 4가지이다.[176] 크리소스톰과 어거스틴과 같이 목사와 교사는 목사직에 교사가 포함되는 직분으로 볼 수도 있지만 칼뱅은 교사를 별도의 분리되는 직분으로 본다. 이 두 직분은 영구적인 직분으로 그들이 없으면 교회를 다스려 나갈 수 없다.[177] 이미 위에서 암시한 바와 같이 박사, 장로, 집사의 다른 직분이 비록 교회의 질서를 위해 절대적으로 필요하므로 주어졌고 그의 저작 속에서 철저한

---

171) Inst. Ⅳ, 3, 5.
172) Comm. 1 Tim. 3:15.
173) Comm. Rom. 1:1.
174) Comm. Matt. 1:16.
175) Comm. Exod. 25:4.
176) Potter and Greengrass, John Calvin (London: Edward Arnold, 1983), 69-76
177) Comm. Eph. 4:11.

언급을 각각 했어도,[178] 가장 우선적인 중요성은 목회적 직분에 두었다. 신적으로 인정된 이 직분은 "지상에 있는 교회를 보존하기 위하여 필요한"[179] 것이다. 그러므로 커다란 무게와 특권의 직분일지라도[180] 거의 진지함과 충실함으로 채워져야만 하는 직분이다. 이러한 관점에서 칼뱅은 교회 리더십을 위한 성경적 자격요건을 신약성경의 목회서신에서 세웠다.[181] 이러한 결과 사역에 대한 소명감을 갖고 모든 사람들의 합의와 인정을 받을 뿐만 아니라 신학과 설교에서 그들의 능력을 시험한 후에만 목사 직분을 선택하도록 하는 표준적 실천이 제네바에서 발견된다. 마찬가지로 그들의 삶에 부끄러움이 없음을 증명하기 위한 조사가 있음은 물론이다.[182] 우리가 칼뱅에 대해 보다 위대하게 다루는 것은 높은 위상의 목회적 직분의 공식화(formulation of the pastoral office)에 공헌하였기 때문이다. 이것은 목회 실천의 중요한 맥락이다. 왜냐하면 인사는 만사이기 때문이다. 사람이 모든 프락시스의 출발이요 기본인데 칼뱅은 그 중요성을 인식하고 있었다고 결론을 내릴 수밖에 없다.

2) 목사직의 특성: 도구성, 대표성, 사도성,

그런데 이러한 목사직에 대한 정의는 목사직의 본질적 특성에서 보다 그 성격이 분명해진다. 칼뱅의 목회직의 특성을 밝히려면 우선 그가 말한 '비유법'을 염두에 두어야 한다.[183] 그가 말하는 목회사역의 비유법으로부터 목회직의 성격을 보다 수월하게 유출할 수 있을 것이다.

---

178) Inst. Ⅳ, 3-4.
179) Inst. Ⅳ, 3, 2.
180) Inst. Ⅳ, 3, 3.
181) Inst. Ⅳ, 3, 6; 4. 12; Comm. 1 Tim. 3:1-7; Tit. 1:7-8.
182) Inst. Ⅳ, 3, 10-11; 3, 13-15.
183) 칼뱅의 비유법은 '인간의 능력'에 하나님의 자신을 맞추시는 계시와 사역의 방법이다. '맞추심' (acommodating)에 대한 논의는 Ford Lewis Battles, *Interpreting John Calvin* (Grand Rapids: Barker Bookss, 1996), 117-137.

목사직의 첫 번째 특성은 **도구성**이다. 칼뱅은 목회사역을 하나님이 주신 사역으로 말하고 있다. 이것은 하나님만이 교회를 다스리시고 통치하신다는 사상을 근거로 한다. 목회자는 목수가 연장을 사용하듯이 하나님이 사람의 봉사를 사용하시는 도구(tool)에 불과하다. 하나님께서 자신의 사역을 홀로 하실 수 있으나 목회자를 통하여 하시는 이유는 겸손을 훈련시키기 위함이다. 흙에서 나온 하찮은 인간의 사역을 통해 배우는 태도를 보인다면 하나님께 대한 우리의 경건과 순종을 가장 잘 입증하게 된다고 보았다.[184] 이것은 목사직의 도구성을 말한다. 그리스도께서는 이 제도(order)를 제정하신 뒤에 각자의 교의와 정직한 생활로 그 직무를 수행하기에게 적합한 자들을 교회에서 선발하도록 명하셨다. 하지만 이렇게 함으로써 그가 자신의 권리와 능력을 인간들에게서 포기한 것은 아니다. 그는 계속해서 그들을 통해서 부르시기 때문이다.[185] 그러나 칼뱅은 자연의 원리처럼 교회의 영적 배양은 목사의 수고를 요청하지만 그 결과는 하나님 자신의 것으로 돌리고 있다고 보았다.[186]

또 인간의 사역은 신자들을 묶어서 한 몸을 이루게 하는 중요한 힘줄(sinew)이라고 보았다.[187] 교회훈련과 같은 인간의 사역도 하나님께서 교회를 다스리시기 위해 사용하시는 근육(sinew)과 같은 것으로 보았다.[188] 이 근육을 통해 몸의 지체들이 서로 결합하고 각각 자신의 위치에 있을 수 있다고 보았다. 구원하는 그리스도의 교리가 교회의 혼(魂)인 반면 목회자의 사역은 근육이라는 사실은 목사직의 실천적 도구성을 말한다. 이것은 인간 자체에게 힘이 있다는 의미가 아니라 말씀을 통한 성령의 사역으로써만 목회적 힘줄의 실체가 발현된다는 뜻이다.

목사직의 두 번째 특성은 **대표성**이다. 칼뱅은 목회직의 특성으로 대표성을 말하였는데 이것은 목회의 도구성으로부터 나온다. 즉 목사직은 철저히 하나님을

---

184) Inst. Ⅳ, 3, 1.
185) Comm. Exod. 28:1.
186) Comm. Lev. 26:12.
187) Inst. Ⅳ, 3, 2.
188) Inst. Ⅳ, 12, 1.

대표한다는 것이다. 이 대표성으로부터 목사직의 권위와 영광이 들어난다. 하나님이 교회를 다스리도록 목사를 보내는 것은 목회직의 대표성을 전제로 하지 않으면 안 된다. 대표와 대신은 다르다. 목사는 하나님의 대표자이지 하나님을 대신하는 사람은 아니다. 그러나 웨인 오츠(Wayne E. Oates)가 말한 대로 목사들은 "인간 형태를 띤 신에 대한 비실질적 요구"(unreal need for a god in humanform)의 유혹을 끊임없이 받아왔다.[189] 그러나 목사직의 '대리성'은 언제나 그 '도구성'에 의해 제한을 받아야 한다는 것이 칼뱅의 생각이다.

이러한 목사직의 대표성은 위임성을 가져온다. 칼뱅은 요한복음 20장에서 중요한 목회신학 사상을 말하고 있다. "아버지께서 나를 보내신 것같이 나도 너희를 보내노라"는 주님의 말씀은 자신의 직무의 영원성과 위임성을 말해 주는 것이라고 한다. 그리고 사도들의 입을 통한 그의 가르침이 권위를 덜 받는 일이 없도록 아버지로부터 받았던 동일한 사명(in eandem functionem succedere)을, 동일한 역할(eandem personam)을, 동일한 권위(idem iuris)를 그들에게 부여하고 있다고 했다. 베드로는 자기가 죽은 다음에도 교회가 자기에게 위임되었던 가르침에 전념하기를 바란다는 점을 기록하고 있다(벧후 1:15).[190] 이 점은 오늘날 목사들에게도 마찬가지이다.

그러나 그 위임성은 그리스도만이 누리도록 하신 최상의 가르치는 직무(summo magisterio)를 포기할 정도로 자신의 자리를 그들에게 양보(substituit in locumsuum)하지는 않고 있다고 보았다. 그러므로 주님은 지금도 유일한 교사(unicus Doctor)로서 남아 있다. 따라서 그리스도의 권위와 영광은 여전히 그에게 남아 있다. 그러므로 복음전파를 위해 사역자들과 목사들을 임명해서 교회를 다스리도록 한 것은 그리스도 자신만이 전체 권력을 소유하고(ut solum ipse

---

189) Otto Rank가 "Will Therapy, and Truth and Reality"에서 말한 것을 목회신학자 Wayne E. Oates가 강조하고 있다. 이 개념은 유진 피터슨의 "목회오경"에서 전도서를 통한 목회적 전망을 통해 다시 강조되고 있다. Cf. Wayne E. Oates, The Christian Pastor, 김득룡 역, 『기독교목회학』(서울: 생명의말씀사, 1974), 31.
190) Comm. Gen. 48:21.

potestatem in solidum retineat) 그들은 맡은 바 사역 이외의 것에 대해서는 아무런 권리 주장도 하지 않는다는 조건 아래서의 임명이라고 강조했다.[191] 따라서 그리스도가 유일한 목자장임에도 불구하고 사람에게 목자라는 말이 적용되었을 때는 종속적인 의미에서 사용된 것이다.[192]

칼뱅은 요셉이 자기 형제들에게 한 말인 "내가 하나님을 대신하리이까"를 주해하면서 '대신'의 의미는 '종속'(subjection)의 의미로 보고 '나는 하나님 아래 있는 만큼'으로 번역할 수 있다고 한다. 요셉은 그 형제들에게 '나는 하나님 밑에 있는 몸'으로 하나님의 권위 아래 있는 만큼 길을 인도하는 것이 자기 임무가 아니라 따라가는 것이 자기 임무라는 점을 가르쳐주었다고 보았다.[193] 이러한 위임성은 목사 인간 자체에 그럴 만한 자격이 있어서 위임하신 것이 아니다. 그래서 칼뱅은 레위의 잔인성에도 불구하고 하나님이 그들을 제사장직으로 세우신 것은 그분이 얼마나 자비로운 분이신가를 보여주는 것이라고 했다.[194]

셋째, 목사직의 특성은 **사도성**이다. 위의 모든 특성은 목사가 하나님의 부르심을 받고 하나님 자신의 목회사역을 대신하도록 보내졌다는 '사도성'을 근거로 한다. 칼뱅은 목사들은 사도와 똑같은 책임을 가지고 있다고 하면서 "교회의 사역자들은 주께서 당신의 사자로 보내시는 사람들이기 때문에 사도라고 명명되는 것이 마땅하다"고 했다.[195] 이것은 목회직의 사도성을 말한다. 만약 하나님의 보내심을 받지 않은 목사는 "하나님의 종"이 아닌 것이다.

이것은 오늘날 목회 구조에서 상당히 중요한 문제이다. 왜냐하면 평신도가 목회적 사도성을 가지고 목사와 목회실천을 동역한다고 모두가 다 대표성을 갖는 것은 아니기 때문이다.[196] 칼뱅은 "너는 내 입의 말을 듣고 나를 대신하여 그들을

---

191) Comm. John 20:21.
192) Comm. John 10:10.
193) Comm. Gen. 50:19.
194) Comm. Gen. 34:25.
195) Inst. Ⅳ, 3, 5.
196) 한국교회의 평신도 제자훈련사역을 정착시킨 옥한흠 목사는 한스 큉(Hans Küng)의 『교회론』에서 평신도 목회의 본질을 사도성에서 찾았는데 이 사도성에 의해 안수목회의 본질과 평신도 목회

깨우리라"라는 말씀은 목회자에게 해당되는 보편적인 규칙이라고 했다. 따라서 목회자들은 하나님 자신의 말씀 이외의 다른 어떤 것을 말하지 말아야 한다고 강조했다.[197]

위와 같은 목사직의 특성은 존재론적으로 자기 주체성이 없는 피동적 직분이라는 특성이 있다. "종"이라는 직분이 그 모든 특성을 말해 준다. 그렇다면 목회의 본질적 직무인 사죄의 사역에서 목사의 역할이 무엇인가가 문제가 된다. 칼뱅에 의하면 그것은 목사가 하나님의 대리자라는 의미가 아니라 하나님이 성령을 통하여 보이지 않는 은혜(invisible grace)를 주듯이 인간의 사역을 통해 가시적 성례(the visible sacraments)의 열매를 맺게 하는 것이지 하나님만이 하시는 일을 죽을 사람에게 넘기지(turn over) 않으신다는 의미이다. 우리가 의롭게 되는 것은 가르침으로부터 비롯되는 신앙에 의한 것이므로 우리에게 가르침을 가져다 준 사람들은 의롭게 되는 것을 도와주는 사역자들이다.[198] 맥닐에 의하면 프로테스탄트교회는 가톨릭교회의 성직자 제도를 철저히 비판했지만 개혁교회 안에서 목사의 권위에 대한 교리는 매우 높았다는 점을 지적하였다. 맥닐은 평신도 가운데서 일어나는 상호 위로와 신적인 긍휼의 확신을 칼뱅이 '목사적인 사죄'(minsterial absolution)로 연결시켰다고 평가한다. 다만 칼뱅이 유일하게 연결시키는 목사의 선언은 예배 때에 "그대들의 죄가 아무리 크더라도 용서하노라"라는 말이다. 실제로 칼뱅은 목사들은 "죄를 용서하고 영혼을 해방한다고 말한다"[199]고 했다. 그리고 낙스(Knox)의 사죄 선언의 형식은 "그리스도의 이름과 권세로"라고 말하는 것이다. 이것은 목사의 권위가 매우 높음을 주장하는 것이라고 맥닐은 진단했다. 영적 지도자로서 목사직의 권위 문제는 심리학적 기초에서도 매우 중요하다. 물론 칼뱅에 의하면 그리스도인의 우주적 제사장의 교리는 영혼

의 본질은 같은 것이라고 본다. Cf. 옥한흠, 『이것이 목회 본질이다』(서울: 국제제자훈련원, 2004), 50-60.
197) Comm. Ezek. 3:17.
198) Comm. Dan. 12:3.
199) Inst. Ⅲ, 4, 12.

의 치유 기능에 있어서 모든 사람이 동등하게 자격을 가지고 있다는 함축성을 의미하지는 않는다.

3) 목사직의 존엄과 한계

위와 같은 본질적 특성을 가진 목사직은 칼뱅 시대에도 끊임없이 도전을 받았다. 칼뱅의 모든 저서들을 통해 이 점에 대해 아주 강도 높게 반복하여 목사직의 가치를 강조하였다. 그리고 그 한계도 지적하였다. 칼뱅은 태양의 빛과 온도가 없이는 먹고 마실 수 없듯이 이 지상의 교회를 보존하기 위해 목회직(pastoral office)은 반드시 필요하다고 강조했다.[200] 또 목사직의 존엄성에 대해 "하나님의 동역자의 직분"(the office of fellow-worker with God)[201]이라고 지칭했다. 또 목사직의 위대성에 대해 다음과 같이 말한다.

> 마찬가지로 그리스도께서 가르치는 직분으로 자기 사역자들을 부르신 것은 교회를 정복하고 지배하기 위한 것이 아니다. 오히려 그리스도께서는 그의 신실한 일꾼들을 이용하여 교회를 자기와 연합시키는 것이다. 사람이 하나님의 아들의 위격(the person)을 대표하는 권위를 교회 위에 놓았다는 것은 위대하고 놀라운 일이다.[202]

이와 같이 칼뱅은 목사를 **"하나님의 아들의 위격을 대표하는 권위자"**로 말하고 있기 때문에 하나님의 사역자로서 무한한 영광과 권위가 남용될 때 얼마나 무서운 결과를 가져오는가를 논증했다. 목사직 무용론에 대한 칼뱅의 반박은 그의 주석과 『기독교강요』 전체에서 강조되고 있다. 목사직은 외적 도움으로서, 우리

---

200) Inst. Ⅳ, 3, 2.
201) Comm. 1 Cor. 3:9. Cf. Charles Bridges, *The Christian Ministry with an Inquiry into the Cause of its Inefficiency* (Edinburgh: The Banner of Truth Trust, 1830, 1997). 5.
202) Comm. John 3:29. Bridges, 6.

의 약점을 대비하기 위한 장치로서 교회의 질서임이 강조되고 있다. 반면 목사직은 어머니와 같은 사랑에 의해 인도를 받도록 하기 위함이라고 했다. 그래서 칼뱅은 "그러므로 하나님이 짝지어주신 것을 사람이 나누지 못할지니라"(막 10:9)는 이혼금지 명령을 목회적으로 적용하여 신자들이 교회와 분리되지 말아야 할 것을 강조한다.[203] 이것은 키프리안이 "교회를 어머니로 모시지 않으면 하나님을 아버지로 모실 수 없다"는 말을 근거로 한다.

칼뱅은 모세가 하나님이 내려주시는 영적인 존귀함을 받았던 것처럼 디모데 역시 목사로 세움을 받았을 때 그에게 새로운 은혜가 임했었다고 했다.[204] 목사들에게 이런 은혜가 임하지만 경건한 사역자들이 자신들의 일을 충실하게 수행하자면 깊은 고민에 빠질 수밖에 없다. 그 이유는 복음에 순종하는 사람들이 극소수에 지나지 않을 것이기 때문이다. 하나님께서 보내시는 일꾼이 많아도 그들의 가르침을 믿어주는 사람이 드문데 목사라는 일꾼이 전혀 없다면 어떻게 되겠는가라고 묻고 있다.[205] 하나님께서는 우리에게 선생을 두실 때, 우리 구원에 가장 좋은 것을 마련해 주신다는 것을 확실히 깨달아야 한다. 왜냐하면 하나님께서 친히 하늘에서 우레를 발하신다면 우리는 그의 엄위하심을 감당할 수 없기 때문이다. 이것은 말씀의 외적인 가르침의 형태가 우리에게 매우 편리하기 때문에 그것으로 그의 교회를 다스리신다는 것을 하나님께서 훌륭하게 증거해 주고 있다. 하나님께서 세상적으로 가장 미천한 자를 교사로 택하시고 질그릇에 불과한 그들에게 말할 수 없이 가치 있는 그의 교훈을 맡기신 것은 하나님의 능력이 분명히 나타나도록 하기 위함이다.[206]

칼뱅은 플라톤이 자주 인용한 "탁월한 것은 힘들고 어렵다"($δύσκολα\ τά\ καλά$)라는 옛날 속담에 빗대어 감독의 직분이란 힘들고 어려움으로 가득한 직분이라는 점을 확증한다.[207] 그는 바울의 예를 들면서 목사들이 많은 난관의 짐을 지지

---

203) Inst. Ⅳ, 1, 1.
204) Comm. Num. 27:18.
205) Comm. Isa. 53:1.
206) Comm. Amos 1:1.
207) Comm. 1 Tim. 3:1.

않고서는 교회에 대하여 진정으로 관심을 가질 수 없다고 했다.[208] 칼뱅은 목사직의 어려움을 다음과 같이 그의 요한복음 주석에서 토로하고 있다.

> 그리스도의 이 말씀은 어느 누구도 인간적인 수준 이상의 안목이 없이는 교회 봉사와 양떼를 먹이는 임무를 충실하게 감당할 수 없다는 뜻이다. 무엇보다도 먹이는 임무 자체가 힘들고 고통스럽다. 왜냐하면 인간을 하나님의 멍에 아래 두는 일보다 더 어려운 일은 없기 때문이다. 대부분의 사람들은 연약하고, 어떤 사람들은 경솔하고 미덥지 못하며, 또 어떤 사람은 둔하고 게으르며, 다른 어떤 사람은 고집불통이라서 가르칠 수 없다. 여기에다 사단은 온갖 거침돌을 가지고 공격해 오면서 선량한 목사의 용기를 꺾어 놓으려 한다. 그러므로 목사가 이 직분을 한결같이 감당하려면 그리스도의 사랑을 심장에 품고 자아를 잊어버리고 그에게 온전히 헌신하여야만 온갖 장애물을 극복할 수 있다.[209]

칼뱅은 목자들에게 속해 있는 이러한 탁월함이 하나님께 마땅히 드려야 할 영예로부터 분리되어서는 안 된다는 점을 강조하고 있다. 하나님께서는 자신의 권위를 유한한 인간에게 양도하시거나 어떠한 권리도 떨어뜨리지 아니하신다. 하나님께서는 홀로 교회를 다스리시고 지존자가 되기 위해 사람들을 자신의 사역자로 삼으신다.[210] 칼뱅은 사역자들이 하나님과 동등한 것처럼 보일 수 있다고 했다. 그 이유는 하나님께서 창조주의 위치에 그냥 계신다면 목사가 그분보다 더 높은 것처럼 보일 수 있기 때문이다. 왜냐하면 목사는 말씀으로 이 지상에 죽을 몸으로 태어나는 것보다 하늘의 삶으로 거듭하게 하는 더 위대한 일을 하기 때문이다. 이처럼 외적인 가르침을 존귀하게 한 것은 성령의 은밀한 역사와는 따로

---

208) Comm. 2 Cor. 11:28. Bridges, *The Christian Ministry with an Inquiry into the Cause of its Inefficiency*, 14.
209) Comm. John 21:15.
210) Comm. Zech. 3:7.

떼어서 말씀하시지 않기 때문이다.[211]

그러나 이러한 가치를 가지고 있는 **목사직이 교회에서 무한한 무소부재의 권한을 가지는 것은 아니다.** 칼뱅은 1538년 '캐터키즘'에서 성경적으로 목사에게 할당된 권세란 '말씀의 사역'에 의하여 전적으로 얽매여 있다고 보았다.[212] 칼뱅은 사역자로 임명받은 자는 자신을 위해서가 아니라 타인을 위해서 그런 존귀함을 받고 있다는 점을 명심해야 한다고 했다. 사역자는 올바르게 목회함으로써 자신의 임무를 성취하고 그의 명칭에 일치하도록 해야 한다.[213]

칼뱅은 인간의 명을 거절하는 것이 하나님을 반역하는 것이 아니라고 얼버무리면서 자위하지 않도록 그의 사역자들의 충성을 촉구하고 있다.[214] 우리는 이것을 모든 목회자들에게 영적으로 적용할 수 있는데, 만약 신앙과 하나님 예배의 성결성이 타락되거나, 가르침의 순수성이 훼손을 입거나, 백성들의 안녕이 위태롭게 된다면, 이 모든 일이 그들에게 위탁되어 있다는 점을 생각할 때 그 책임을 목회자들에게 묻는 것은 공정한 일이다.[215] 칼뱅은 사도들을 교회의 창설자로 보고 목사들은 사도의 자리를 채우는 후계자들이 아니라 그들을 계승하는 자들로서 그들이 세워놓은 건축을 보호할 뿐만 아니라 증축할 의무가 있다고 했다.[216] 말씀의 사역자들과 목회자들이 단지 말로만 하는 고백으로 만족해야 한다는 생각은 어리석은 것이라고 추측할 수 있다.[217]

칼뱅은 레위인들에 대한 규정을 오늘날 교회의 목사들과 교역자들에게도 적용한다. 하나님께서 그들을 통해 열심히 모든 죄를 경계하고 거룩한 생활을 추구해 나가도록 하였기 때문에 그들의 범죄는 더욱 엄한 처벌을 받아야 마땅하다고 보

---

211) Comm. Luke 1:16.
212) J. John Hesselink, *Calvin's First Catechism, A Commentary* (Louisville: Westminster/John Knox, 1997). 36.
213) Comm. Rom. 12:6.
214) Comm. Deut. 8:11.
215) Comm. Num. 18:1.
216) Comm. Rom. 15:20.
217) Comm. Exod. 9:30.

았다.[218] 오늘날 누가 교회의 사역자와 목사로 임명되든 그들은 스스로 어떠한 지배권도 횡령하지 않으며 목사들의 임금되시는 분에게 모든 것을 바치는 자로서 (벧전 5:4) 겸손하게 행동함으로써 그리스도의 지배 아래 있다는 점을 생각할 필요가 있다. 하나님의 부르심을 받은 자라야 교회의 올바른 사역자들이라는 사도의 유명한 선언은 바로 여기에 근거를 두고 있다(히 5:4)고 칼뱅은 강조하며 목사의 범죄에 대해 경고하고 있다.[219]

칼뱅은 오늘날 교회 안에서 스스로 목사라고 자랑하며 싸우는 자들은, 하나님께서 사단이 사역자들에게 너무 많은 자유를 주어 온갖 심술을 부리면서 건전한 교의를 파괴하게 하거나 수많은 의견 대립으로 교회의 통일성을 파괴하지 못하도록 하신다는 점을 상기해야 한다고 했다.[220] 우리는 부르심에 합당한 신실함을 갖지 못한다면 목사나 선지자 또는 제사장이든지간에 영예로운 지위나 그럴듯한 이름을 지니기에 충분치 않다.[221] 주님께서 사도들을 임명하는 것은 축복의 증인과 선포자로 삼기 위해서일 뿐이다. 축복의 창시자로 삼기 위한 것이 아니라면 무슨 이유로 그들의 능력을 이처럼 훌륭하게 칭찬하고 있는가? 그 대답은 우리의 신앙을 확고하게 하기 위해서이다. 우선 우리가 먼저 사죄의 은총을 확정적으로 믿는 믿음이 중요하지만 하나님께서는 그것을 입증하기 위해 사람을 증인으로 사용하신다. 우리의 마음은 하나님께서 직접 사람의 신분을 통해서 말씀하고 있다는 점을 알기 전에는 안정을 찾지 못할 것이다(고후 5:20).[222]

칼뱅은 율법에서의 성직 전체가 오직 그리스도의 형상에 불과하다고 보았다.[223] 바울은 자신의 권위가 오직 신자들의 교화(敎化)에만 소용하도록 하고 있다는 점에 주의하도록 하며, 교회를 파괴하는 데 자신들의 권위를 행사하는 자들은 목회자가 아니라 스스로 폭군과 강도임을 입증하는 것이라고 했다. 왜냐하면

---

218) Comm. Lev. 4:3.
219) Comm. Num. 3:5.
220) Comm. Ezek. 13:2.
221) Comm. Deut. 13:1.
222) Comm. John 20:23.
223) Comm. Num. 6:2.

정당한 권위란 두 가지 필수적인 요건이 있는데, 첫째는 하나님에 의해 수여되어야 한다는 것과 둘째는 교회의 안녕을 위해서 행사되어야 한다는 점이다.[224] 교역자들의 목표는 사람들의 박수갈채를 구하는 것이 아니라 하나님을 기쁘시게 해드리는 것이다.[225] 외적인 칭호를 가진 목자와 양이 다 자격을 갖는 것은 아니다. 목사라는 사람들이 만일 우리를 그리스도로부터 멀리 유인하려고 한다면 우리는 그리스도께서 말씀하신 대로 그들이 절도나 강도인 것처럼 그들로부터 피해야 할 것이다.[226] 목사의 나태와 침묵에 의해 피해를 입지 않도록 하기 위해 악의 시초부터 담대히 항거하지 않으면 안 된다.[227] 발람 선지자의 '하나님께서 친히 축복하셨다' 는 말을 통해, 말씀의 사역자들에게는 하나님께서 내려주시는 것을 충성스럽게 제시하는 것 외에는 매고 푸는 권세가 주어져 있지 않았음을 알 수 있다.[228] 교훈이나 가르침이 없이는 제사장도 없고, 가르치는 자로서의 직분을 성실하게 수행하지 않는 자는 제사장이 아니다. 또 하나님께서 제사장들을 교회 위에 세우셨다고 해서 자신의 권리나 권능을 양도하신 것이 아니다. 하나님께서는 제사장들에게 단지 직분만을 맡기신 것이므로 오직 하나님만이 권위를 지니신 것이라고 했다.[229] 칼뱅은 교회의 목회자들이 자기 자신의 유익을 구하는 것이 얼마나 자기 목회에 방해를 주는가를 강조하고 있다.[230] 모든 교회에서 치명적인 독이 되는 것은 교역자들이 그리스도보다 자신의 이익을 더 추구하는 것이라고 했다.[231] 칼뱅은 목사의 세 가지 임무를 말하고 있는데 첫째는 건전한 교의에 대한 지식에 능통하는 것이며, 둘째는 그의 고백을 불굴의 용기로 고수하는 것이며, 셋째는 가르치는 방법에 덕을 세우는 데 맞추는 것이라고 했다.[232]

---

224) Comm. 2 Cor. 10:8.
225) Comm. 1 Cor. 3:8.
226) Comm. John 10:1.
227) Comm. Gen. 35:2.
228) Comm. Num. 23:20.
229) Comm. Mal. 2:9.
230) Comm. Phil. 2:21.
231) Comm. 1 Cor. 1:12.
232) Comm. Titus 1:8.

4) 목사직의 선택과 임명

목사를 어떻게 선택하는가의 문제는 목사직의 소명에 관한 문제와 위임과 안수의 문제이다. 칼뱅은 이 문제를 4가지 관점에서 서술했다. 첫째, 어떤 사역자가 선택되어야 하는가? 둘째, 어떻게 선택하는가? 셋째, 누가 사역자들을 택해야 할 것인가? 넷째, 임명식은 어떻게 할 것인가이다.[233] 이것은 모두 목사직의 본질과 관련되어 있다. 목사직은 대표 사역자로서, 교회 안의 모든 사역자의 모델로서 중요한 의미를 갖는다. 그렇기 때문에 하나님의 신적 질서로서 일정한 절차가 요구되어진다. 칼뱅은 질서가 가장 잘 지켜지는 때는 교회 정치를 바로 세울 때라고 보았다. 그러므로 그는 교회 정치에서 어떤 일이 불규칙적으로 시행되는 것만큼 위험한 일은 없다고 강조했다.[234] 목사직의 선택과 임명은 하나님의 보편적이고 가시적인 교회 전체 목회의 완성을 좌우한다.

우리는 위의 4가지 문제 중 첫 번째 문제는 어떤 사역자가 선택되어야 하는가로서 자격자의 문제이며, 두 번째 문제는 어떻게 선택하는가로서 선택 의식(儀式)을 말하는 것이 아니라 종교적 경외감을 가지고 선택해야 함을 말하는 것이다. 그리고 세 번째 문제는 누가 선출하는가에 대한 문제이고, 네 번째 문제는 임명 방식인 안수의 본질에 관한 문제로서 이를 차례로 설명하기로 한다.

첫째, **어떤 사역자가 선택되어야 하는가**의 문제는 목사직의 자격에 관한 문제로서 매우 중요하다. 즉 누가 목사직을 하기에 충분한가 하는 것이다. 왜냐하면 그와 같은 일은 고도의 직무이기 때문이다. 가녹지(Ganoczy), 보헤텍(Bohatec) 등은 목사단에 의해 안수를 받아야만 하는 일을 결정하는 일에 대한 칼뱅의 입장을 지적했다.[235] 이 목사단은 제네바 사역 기간에 점차적으로 발전되었고 그의 『기독교강요』에서 계속적으로 분명하게 진술되었다. 칼뱅은 두 가지 수준에서 소명이 없이는 그 직무를 맡을 사람이 아무도 없다고 굳게 믿었다. 모든 사람이

---

233) Inst. Ⅳ, 3, 11.
234) Inst. Ⅳ, 3, 10.
235) Reid, *Reformed Theological Review* vol. ⅩLⅠⅠ. No. 3, 70.

말씀의 사역자에 적합한 것은 아니다. 말씀의 사역자는 특별한 소명이 요구된다. 첫째는 성령을 통한 하나님의 내적인 소명이다. 이 소명은 사람이 증명할 수 없다. 그러나 교회의 외적인 소명이 있다. 이것은 개인이 건전한 교리와 거룩한 생활에 속해 있다는 사실에 기초한다. 그리고 그가 목회적 직무와 책임을 충족하기 위한 마음과 인격의 자격을 가졌다는 사실에 기초한다. 이것이 분명해졌을 때[236] 개인은 영적이고 정신적인 육체적인 측면에서 성령의 은사를 필요한 대로 받았다는 것이 분명해진다. 교회는 그를 목사단으로 부를 수 있다.[237]

자격 있는 사람이 소명을 받고 자신의 특별한 일과 분리되는 방식에 대해 제기되는 실제적인 문제가 있다. 칼뱅에게 소명은 개인의 은사와 자격을 판단하는 목사들과 장로들을 통하여 오는 것이다. 변덕스러움과 악한 의도와 무질서를 통하여 나쁜 것들이 들어오지 못하도록 '다수'가 막기 위한 것이라고 보았다. 왜냐하면 은사가 없거나 기꺼이 가르치려고 하지 않는 사람은 이 목사직과는 거리가 멀기 때문이다.[238] 다른 한편 선택받은 개인은 전체적으로 교인들이 그를 받아들여야만 한다.[239] 후보자를 받아들일 때 목사들에 의해 안수를 받는다. 비록 안수 의식은 손에 의해 주어지지만 "그 당시의 약점 때문에" 안수가 베풀어지고 목사직의 임명은 기도가 따른다. 여기서 안수는 중요하지 않은 것으로 다루어져서는 안 된다. 그러나 사실 안수는 모든 믿는 자를 위한 것이 아니라 하나님의 백성의 특별한 위치로 부름 받은 사람에게 한정된다. 그러므로 일단 안수를 받으면 그 사람은 사적이고 개인적인 신분이 끝난다. 그리고 그는 하나님에 의하여 보내어진 공적인 종이 된다.[240]

---

236) 거룩한 소명의 가장 뚜렷한 표식 중의 하나는 그 사람의 "마음속의 목적이 아무것도 가지지 않고, 살기 위해서나 노동을 위해서가 아니라"(quod neque ambitione, neque avaritia, neque ulla alia cupiditate) 그리스도와 그의 교회를 위하여 향하게 되는 것이다. Cf. Inst. Ⅳ. 3. 11. Charles Bridges, *The Christian Ministry with an Inquiry into the Cause of its Inefficiency*, 97.
237) Inst. Ⅳ, 3, 11; Comm. Eph. 4:11.
238) Reid, *Reformed Theological Review* vol. XⅡ. No. 3, 67.
239) Inst. Ⅳ, 3, 4.
240) Inst. Ⅳ, 3, 8. Titus 1:5-7; 1 Tim 3:1.

칼뱅은 여성 안수에 대해 부정적인 입장을 보이고 있다. 그는 16세기 상황에서 성의 평등(gender equality)의 급진성을 보여주지만 구원사의 3단계인 창조와 타락과 구속에서는 성의 계급(gender hierarchy)을 주장한다. 따라서 그는 여성이 교회 안에서 권위의 위치에 접근하는 것을 부정한다.[241] 그러므로 그는 디모데전서 2:12의 주석에서 남녀의 성의 계급은 하나님께서 규정해 놓으신 "본질적인 참된 질서"(the true order of nature)이고, 이것은 "하나님께서 동등하게 서 있는 두 '존재'를 창조하신 것이 아니므로"(God did not created two 'beings' of equal standing)[242] 교회 안에서 가르치는 직분으로 적합하지 않다고 보았다.

칼뱅은 소명을 내재적 소명과 외면적 소명으로 나누고 성직자가 되고자 하는 자는 하나님의 은밀한 부르심인 내재적 부르심이 있어야 하며, 두 번째 부르심은 명령에 속하는 외면적이거나 성직자적인 것으로 공적인 선거제도나 일정한 질서를 통해 부름 받은 것이 있어야 한다고 했다.[243] 그리고 신학교는 "목사들의 유치원"[244]이라고 보았기 때문에 이곳에서 목사후보생으로서 잘 준비하는 것이 자격 있는 목사를 길러내는 데 매우 중요하다고 보았다. 목사의 자격은 주님이 사도들을 임명하는 과정을 보더라도 처음부터 완벽한 자를 임명하는 것은 아니었다. 베드로의 경우는 그가 세 번씩 그리스도를 부인했음에도 임명이 되었다. 그래서 칼뱅은 그리스도께서 그를 세 번이나 목사(pastor)로 임명하는 이유는, 크리소스톰, 어거스틴, 씨릴 및 기타 사람들이 현명하게 관찰한 대로, 베드로가 세 번 부인함으로써 자신에게 씻을 수 없는 치욕을 가져 왔기 때문에 이것이 그의 사도직에 방해가 되지 않도록 그 세 번의 부인을 말끔히 씻는 데 있다. 그리고 베드로에게 하신 말씀 가운데 복음의 모든 사역자들에게 공통되지 않은 것이 어디 있느냐고

---

241) Mary Potter, "Gender equality and gender hierarchy in Calvin's Theology," in *Articles on Calvin and Calvinism* Vol. 8, ed. Richard C. Gamble (New York: Garland Publishing, 1992), 291.
242) Comm. 1. Tim. 2:13.
243) Comm. Jer. 23:4; 29:31.
244) Comm. 1 Tim. 3:1.

했다.[245]

둘째, **어떻게 선택하는가**는 선택의 방식이 아니라 선택의 신중함을 말하는 것이다. 칼뱅은 교직자를 선택하는 일에는 기도와 성실성 여하가 반드시 중시되어야 한다고 보았다.[246] 그러므로 지교회가 목사가 없는 허위 교회들이 되었을 때 금식하며 기도하는 것은 칼뱅의 전통을 따르는 것이다.

셋째, **누가 선출하는가**에 대한 문제는 교회 정치적 목회 실천양식에서 매우 중요한 문제이다. 칼뱅은 이 문제에 대해 3가지 관점을 우선 제시한다. 즉 교회 전체에 의해 선택되어야 하는가, 혹은 목사의 동료와 장로들에 의해 선택되어야 하는가, 그렇지 않으면 한 사람의 권위에 의해 임명되어야 하는가이다. 칼뱅은 세속 정치에 있어서나 교회 정치에 있어서나 개인보다는 다수의 권위를 가져야 한다는 견해를 나타냈다.[247] 그는 감독이나 그 밖의 고위 성직자 한 사람에게 교회의 사역자를 임명하는 무제한적 권위를 주는 것을 반대한다. 사도행전 14:23의 주해서에서 장로들(목사들)의 선거는 모든 사람의 투표에 의해서 임명되었음을 다음과 같이 주장했다.

> 그들은 투표에 의하여(*suffragiis creassent*) 임명되었다. 헬라어 Χειροτονειν이란 말은, 사람들의 회의 때에 보통 그렇게 하듯이, 손을 들어서 어떤 것을 결정하는 것을 의미한다. 그러나 교회의 저술가들은 명사 Χειροτονειν를 다른 의미로 사용할 때가 자주 있다. 즉 임직을 위한 엄숙한 의식인데 이는 성경에서 안수로 불려지고 있다. 더욱 이러한 방식으로 말함으로 목사의 임직에 관한 합법적인 방법이 잘 설명되어 있다. 바울과 바나바는 장로들(presbyters)을 임명하는 사람들이었다. 그들은 독특한 직무를 가진 권한자들로서 그들에게 독단적으로 행동했는가? 그 반대로 그들은 모든 사람의 투표에 의하여 목사들을 임직시키게 했다. 그러므로 목사들을 임직시

---

245) Comm. John 21:15.
246) Comm. Acts 1:24.
247) Inst. Ⅳ, 3, 10-11; Ⅳ, 20, 8..

키는 데 있어서 사람들은 자유선거(a free election)를 했다. 그러나 어떤 질서 없는 일이 있을 경우에 바울과 바나바는 의장처럼 사회를 했다. 이 방법에 대해서 우리는 일반 교인들에게 맡겨지는 선거를 금지한 라오디게아(Laodicea) 회의의 결정을 이해해야 한다.[248]

이러한 견해를 『기독교강요』에서는 다음과 같이 주장하고 있다.

내가 증거를 위조하는 것처럼 보이지 않도록 나는 비슷한 예를 들어 나의 주장을 분명히 밝히겠다. 누가는 바울과 바나바에 의해 각 교회에 장로들이 임명되었다고 했다. 그러나 누가가 "각 교회에서 장로들을 택하여"(행 14:23)라고 말한 것은 동시에 투표 방식을 의미한다. 그러므로 이 두 사도는 장로들을 "임명했다"(created)고 하지만 당시 헬라 사람들의 선거 관습에 따라 교회 전체가 거수로 그 소원을 표명한 것이다. 로마 역사가들도 집정관이 민회를 열고 새로운 시장을 "택했다"고 기록했는데, 이것은 집정관이 선거에 있어서 사람들의 의장으로서 선거를 주관했다는 의미일 뿐이다…적합하게 보이는 사람이 교인들의 합의와 승인을 얻어 임명되어야 한다. 더구나 다른 목사들이 선거를 관장해야 한다. 그래야만 회중이 경솔함이나 악한 의도나 무질서 때문에 잘못되지 않는다.[249]

결국 칼뱅은 모든 교인 전체의 투표를 지지하고 있는 듯이 보인다. 이것은 『기독교강요』에서도 주장하였는데 그 근거로 키프리안(Cyprian)의 주장을 인용하고 있다. 키프리안은 모든 신자들 앞에서 감독을 선정하고 공중의 결정과 증언에 의해 감독이 적임자임을 증명하는 것은 하나님의 권위로부터 나온 것이라는 주장을 근거로 한다. 역시 키프리안이 목사가 모든 사람들이 보고 아는 가운데 임명되어야 하고 그래야만 그 임명이 모든 사람의 증거로 검증되어 정당하고 합법적

---

248) Comm. Acts 14:23.
249) Inst. Ⅳ, 3, 15.

인 것이 될 수 있다는 주장을 인용하고 있다.[250]

1561년 제네바 교회법령(Ecclesiastical Ordinances)은 이 문제를 법제화했다. 즉 목사를 임직시키는 것은 누구의 임무인가에 대해 다음과 같이 규정하고 있다.

> 우리는 이런 일에 대해 성경에 진술한 것을 실천하는 것만이 유일한 길이라는 관점에서 고대교회의 질서를 따르는 것이 가장 최선임을 알았다. 즉 목사는 먼저 소카운실에서 임직시킬 사람을 택한다. 그리고 후에 그가 그럴 만한 가치가 있다는 점이 발견되고, 인정되고 받아들여진다면, 마지막으로 설교를 통해 교인들을 확신시키도록 그에게 증거할 기회를 주고 동료들의 공통된 동의에 의해 받아들여지는 것이다.[251]

이 법령에는 ① 소카운실의 선발, ② 교인들의 확신, ③ 동료목사들의 동의라는 3단계가 제시되어 있다. 제네바 교회법령에서 특이한 점은 정부의 개입이다. 최초 선발에 카운실이 개입되어 있다는 점이다. 이 점은 오늘날 목사후보생들을 선발하는 신학대학원의 정원 조정에 대한 교육부의 개입에 대해 일견 근거가 될 수 있다.

이러한 모든 교인들의 투표와 승인은 성직의 절대임직을 금지하는 451년 칼케돈 공의회(Chalcedon Council)의 결정과 연관된다. 즉 청빙이 없는 성직 임직은 없다는 것이다. 이것은 은사는 위로 오고 임직은 아래로부터 온다는 고대교회의 전통을 수용한 것이다. 즉 **임직은 교인들의 투표를 통해 승인**된다는 것이다.

그런데 주목할 점은 칼뱅이 교인들의 선거 주관권에 의한 성직자 선출에 대해 부정적인 주장을 하는 듯한 견해를 보이기도 했다는 점이다. 먼저 그는 사도행전 주석에서 일반 교인들에게 선거를 맡기는 것을 금지했던 라오디게아회의(Synod

---

250) Inst. IV, 3, 15.
251) David W. Hall, "Ecclesiastical Ordinances, 1561" in *Paradigms in Polity: Classic Readings in Reformed and Presbyterian Church Government*, ed. David W. Hall & Joseph H. Hall (Grand Rapids: Eerdmans, 1994), 141.

of Laodicea)의 결정을 알고 있어야 한다고 하면서 이 회의에 대한 구체적인 평가를 더 이상 하지는 않는다. 그리고 민수기 11:16 주석에서는 키프리안(Cyprian)이 전 회중의 동의 없이는 피선될 수 없다고 한 말에 대해 의문을 제기하는 듯하다.

> 키프리안은 본문을 더욱 의곡하고 있다. 감독은 전 회중의 동의 없이는 피선될 수 없다는 그의 말에 대해 충분한 근거가 있는지 나는 알지 못한다.[252]

그러나 이것은 『기독교강요』에서 대체로 키프리안의 주장을 수용하는 것으로 보아 전체 회중의 찬성을 말하거나 일반 회중의 선거 주관권을 금지하는 주장으로 이해해야 할 것이다. 이것은 칼뱅이 주석에서 라오디게아회의 캐논 제13조를 근거로 제시하고 있는 바와 같다.[253] 이것은 『기독교강요』 다른 곳에서 **라오디게아회의가 군중에게 선거를 맡기지 않은 이유**가 충분하다는 설명으로 보아 회중들이 아니라 다른 목사들의 선거 주관권만을 인정한다는 것이다. 이것은 디도의 성직 임명권에 관한 칼뱅의 주석을 보면 알 수 있다.

> 그러나 그가 디도에게 모든 교회의 목사를 임명하라고 말하는 것은 너무 많은 권위를 부여하는 것처럼 보일 수 있다. 이것은 거의 국왕의 권한이나 다름없으며 개교회의 선택권과 목사단의 심판권을 빼앗게 되며 마침내 교회의 전반적인 통치를 속되게 하는 처사가 되고 말 것이다. 그러나 대답은 간단하다. 곧 그는 디도에게 모든 것을 혼자서 임의대로 할 수 있는 권한을 부여한 것이 아니며, 자신이 좋아하는 사람을 교회의 감독으로 세우도록 한 것도 아니라 선거 시에 대회 의장으로써 회의를 주재할 것을 명령하고 있는데 이것

---

252) Comm. Num, 11:16
253) 칼뱅이 알고 있어야 한다는 라오디게아회의(Synod of Laodicea)는 363-4년에 개최되었는데 그때 결정된 캐논 60개항 중 제13조인 "성직자로 임명되는 사람들의 선거는 대중들에게 맡기지 않는다"(The election of those who are to be appointed to the priesthood is not to be committed to the multitude.)는 규정을 염두에 둔 것이다. Cf. http://www.newadvent.org/fathers/3806.htm; Internet; accessed 10 February 2006.

은 사실 필요한 것이다.[254]

민수기 11:16 주석에서 보이는 키프리안의 견해에 대한 의구심은 키프리안이 실제로 전 회중의 선거 주관권까지 허용했다고 칼뱅을 오해하도록 했기 때문이다. 그러므로 1561년 제네바 교회법령 10조에서 제시한 두 번째 '교인들의 확신' 단계는 설교를 통한 증거의 확신을 일반교인들에게 확신케 했다고 해석할 수 있을 것이다. 여기서 교회법에 따라 확실히 전 회중이 투표를 했는지는 문자적 해석으로는 확실하지 않다. 명문 규정이 없다면 이는 당시 16세기 정치문화와 관련될 수 있을 것이다. 그러나 칼뱅이 일반 교인의 선거에 의한 선출을 지지한 것만은 확실하다.[255]

그런데 목사의 선택에서 제비뽑기가 시행되는 문제에 대해 칼뱅은 목사를 선택하기 위해서 확실히 제비를 뽑지 않았다고 했다.[256] 칼뱅은 제비뽑기로 맛디아 사도를 선출한 이유에 대해 두 사람이 너무 비슷하여 누가 더 적당한지를 식별할 수 없었기 때문에 그렇게 한 것이 아니라고 보았다. 오히려 많은 사람들에 의해 선택되었다기보다는 하나님 자신의 결정에 의해 지명된 것으로 사람들에게 알려지고 증거되기를 바라셨기 때문에 차라리 제비뽑기가 시행되었던 것이라고 보았다. 목사가 사도들과 선출하는 방식이 다른 이유는 목사는 단순히 교회에 의해서 선택되는 반면 사도들은 하나님에 의하여 직접 부르심을 받아야 했기 때문이다.[257]

마지막으로 **임명식은 어떻게 할 것인가**의 문제에서 중요한 것은 안수의 문제이다. 칼뱅은 사도들이 사역자로 인정했을 때 안수 이외의 다른 의식은 사용하지 않았던 것이 분명하다고 보았다. 그는 안수의 기원이 히브리 관습에서 왔다고 본

---

254) Comm. Titus 1:5.
255) 칼뱅은 그의 "제세례파 논박"에서 '모든 회중을 통해서 목회자를 세워야 한다' 는 것은 그들의 '슐라이타임 신앙고백서' 와 일치한다고 했다. Cf. 박건택 편역, 『칼뱅작품선집』, 제Ⅴ권 (서울: 총신대학교출판부, 1998), 137.
256) Comm. Gal. 1:1.
257) Comm. Acts 1:23.

다. 따라서 사도들은 사역자가 될 사람에게 손을 얹음으로 하나님께 바친다는 뜻을 표시하였다고 한다. 이것은 신자들에게 성령의 은사를 줄 때에도 그랬다. 칼뱅은 안수가 직분의 위엄을 알리는 표징으로서 유용하며, 동시에 임명받는 사람에게 이제부터는 그가 더 이상 자기 마음대로 하는 것이 아니라 하나님과 교회를 섬기기 위하여 매인 몸임을 경고한다고 보았다. 또 안수라는 외적인 상징이 무의미한 것은 아니지만 은혜가 수여되는 것은 아니라고 보았다.[258] 그는 안수의 유용성을 지지하면서도 당시 미신적인 악용을 경계하였다. 칼뱅은 교인 전체가 사역자에게 안수를 한 것이 아니고 오직 목사들만이 안수를 했다는 점을 강조했다. 그런데 항상 여러 명의 목사들이 안수했는지는 확실하지 않았다고 했다. 특히 장로들이 목사들과 함께 안수했는지에 대해 그는 부정적이다. 디모데후서 1:6에서는 바울 자신이 디모데에게 안수했다고 회상하는데 이는 바울이 '장로회'(the presbytery)의 안수에 대해 디모데전서 4:14에서 한 말을 장로들이 안수했다는 의미로 이해하지 않고 '장로단'(the college of presbyters) 임명 자체를 표현한 것으로 이해했다.[259] 그러므로 오늘날 일부 교단에서 목사 임직에 장로들이 안수하는 것은 칼뱅적 전통은 아니라고 본다.

다음으로 **안수의 장소**가 문제가 된다. 이것은 임직을 어디에서 세우느냐의 문제로 오늘날에도 중요한 문제이다. 목사 임직식의 장소는 취임 교회인가 특정한 교회인가? 칼뱅은 임직식이 취임의식을 거행하는 교회에서 이루어져야 한다고 한다. 칼뱅은 1561년 제네바 교회법령을 통해 이 문제를 다음과 같이 법제화했다.

> 제11조. 전에 말한 저명한 목사들이 우리를 비판한 바 있는 조항, 즉 임직식은 취임식을 거행하는 교회에서 해야 한다는 조항은 타당하지 못하다고 그들은 주장하는 바, 노회에 의해 선출되고 승인된 사람들과 마찬가지로 당사자들이 동의한다면 묻지 않고 특정한 교회에서 단순히 취임식을 거행하였다

---

258) Comm. 2 Tim. 1:6.
259) Ibid.

고 한다. 이것은 전 평신도와 전 교회가 그들의 권리를 빼앗음으로 처음부터 확립된 것이 무시당한 것처럼 보이는 것으로, 부가해서 말하면 전에 말한 목사들은 이 모든 점에 있어서 자신들의 이익을 구하지 않았다는 점을 지적했지만 그들과 그들의 계승자들은 보다 철저한 구속에 의해 붙들려 있다. 그러므로 옛 법령은 정식으로 우리와 같은 취지를 가지고 말했다. 그래서 과거에 일어났었던 의식이나 우리 교회 안에서 진리 없는 어떤 의식과 그것과 관련된 어떤 실체를 막기 위하여 우리는 다음과 같은 구제책을 제시하는 바이다. 목사가 선택될 때, 취임식이 있기 전까지 그의 이름은 누구든지 그에 대해 이의를 제기할 수 있도록 만인에게 공개적으로 선포되어져야 한다. 그래서 그가 목사직을 수행할 수 있는 능력이 없다면 새로운 선거가 이루어져야 한다.[260]

---

260) David W. Hall, "Ecclesiastical Ordinances, 1561" in *Paradigms in Polity: Classic Readings in Reformed and Presbyterian Church Government*, ed. David W. Hall & Joseph H. Hall (Grand Rapids: Eerdmans, 1994), 142. Cf. "목사 취임식에서 이 조항이 잘 이해하도록 선언하고, 고착된 직위남용을 바로잡기 위하여 1560년 2월 9일 200명의 카운실 회의에서 통과되고 결론을 내린 부가 조항"이라고 이 조항을 설명하고 있다.

4. 목회의 구조: 목회의 주체와 객체의 문제

목회의 구조 문제는 목회의 주체와 객체의 문제이다. 이 문제는 목회의 주체가 신학적으로 성령의 역사이냐 인간의 사역이냐의 문제가 아니라 현실적 주체가 누구냐의 문제이다.[261] 따라서 목회의 주체는 누가 목회를 주체적으로 수행하느냐의 문제이고 목회의 객체는 누가 그 대상이냐의 문제이다. 이것은 목회의 대상으로서 신학적 인간론을 다루는 것이 아니다. 전통적으로 목회는 목사들이 주체가 되어왔다. 그리고 교인들은 그 대상이 되어왔다. 그러나 현대 목회에서는 평신도의 사역이 강조되면서 목회의 대상으로만 인식되어왔던 교인들이 목회의 주체가 되면서 목사의 목회사역에 참여하고 있다. 더 나아가 이제는 단순히 목사를 돕는 차원이 아니라 목사의 사역과 동등한 목회 병행체로서 역할을 하고 있다. 소위 셀교회가 보편화되면서 과거의 목회의 객체들은 이제 셀교회의 '목사'로서 역할을 하고 있는 것이 현실이다. 이러한 목회 구조의 변화를 분석하고 비평하자면 평신도를 목회에 참여시킨 칼뱅의 목회관에 근거하여 목회사역의 신적 질서를 재고해 보아야만 한다.

1) 목회사역의 중심체로 '장로회' (Presbyterium)

칼뱅은 목회사역을 『기독교강요』 제4권 전체 제목과 같이 '하나님께서 우리를 그리스도의 공동체로 인도하시며 그 안에 있게 하시려는 외적 은혜의 수단'의 차원에서 논하고 있다. 따라서 그 차원은 '하나님이 제정하신 제도'를 충실하게 지키려고 노력했던 초대교회의 제도 안에 있음을 말하고 있다. 그리고 그 제도 안

---

[261] 보통 목회의 구조와 목회의 모델을 혼동하여 사용하고 있는데 김득룡 교수는 목회의 구조를 '목회의 모델' 개념으로 이해한다. 즉 '설교와 예배의 이중모델', '설교와 예배와 전도의 삼중모델' 등 사역의 구조 개념을 목회 구조로 이해한다. 그러나 필자는 이 견해를 따르지 않는다. 필자는 목회의 구조를 사역 구조의 유형화로 보지 않고 목회의 주체와 객체 사이의 구조로 본다. Cf. 김득룡, "한국 개신교 목회신학의 요소와 계보 고찰," 『신학지남』, 제51권 1화 (1984), 77.

에 있는 목사의 지위(The position)도 하나님이 제정하신 것임을 말한다. 칼뱅은 여기서 제롬의 견해에 따라 교회의 질서를 감독, 장로, 집사, 신자, 학습교인 등 다섯 가지 지위로 분류하고 그에 대한 지위와 직무를 설명하고 있다.[262]

우리는 목회의 주체를 생각하기에 앞서 칼뱅이 목회사역의 중심체로 무엇을 전제하고 있는지를 눈여겨보아야만 한다. 즉 그는 **외적인 은혜의 수단으로서 목회사역의 중심체로 '장로회' 혹은 '당회'**(the assembly of presbyters: *Presbyterium*)**를 제시하고 있다**는 점이다.[263] 장로(*presbyter*)는 교회를 다스리는 자리에 있는 사람들을 총칭하는 말이지만 목사들만 장로라고 부른 것이 아니고 질서를 바로 잡도록 선택받은 '감독관' 들도 여기에 포함된다고 했다. 각 교회마다 이들로 구성된 준(準) 의회가 있었다고 한다.[264] 감독과 장로는 같은 직분의 다른 이름이다.[265] 칼뱅은 에베소의 장로들(seniors)은 나이가 많은 자들이 아니라 교회를 다스리던 자들이었음이 아주 확실하다고 보았다.[266] 고린도전서의 '다스리는 것' 은 장로회를 의미하는 것으로 장로회의 이중적인 질서(*duplicem ordinem*)를 디모데전서 5:17에서 말하고 있다.[267]

오토 베버(Otto Weber)가 지적한 바와 같이 장로회 제도의 기원에 대한 칼뱅의 입장은 이론보다 실천이 앞서기 때문에 '별로 분명한 이론' 을 갖추지 못한 것은 사실이지만,[268] **'계시성' 과 '문화인류학적 보편성' 을 동시에 인정**하고 있다. 즉 제롬의 견해에 따라 "사람들의 합의로 도입된 것"[269]임을 인정하면서도 "하나님께서 제정하신 것"[270]임을 인정했다.

---

262) Inst. Ⅳ, 4, 1.
263) Inst. Ⅳ, 4, 2.
264) Comm. James 5:14.
265) Comm. Acts 20:28.
266) Comm. Acts 20:16.
267) Comm. 1 Cor. 12:28.
268) Otto Weber, *Die Treue Gottes in der Geschichte der Kirche*, 김영재 역, 『칼빈의 교회관』 (서울: 이레서원, 2001), 80.
269) Inst. Ⅳ, 4, 2.
270) Inst. Ⅳ, 4, 1.

장로제도가 계시성을 갖는다는 말은 장로제도가 단순히 성경에 나왔다는 것 때문에 성경적 진리라고 말하는 것이 아니다. 왜냐하면 오늘날 장로회제도가 성경적이라는 것에도 하나님의 구원사 속에서 역사적으로 하나님이 당시 문화적 제도를 사용하셨다는 '문화채용 이론'이 대세를 얻고 있기 때문이다. 이러한 이론의 입장에서는 상대성의 문제가 나온다. 이러한 논리에는 장로제도 폐기론의 신학적 근거를 가지는데, 여기에는 성경해석학의 문제가 있다.

제임스 스마트의 성경해석학에 의하면 역사 속에 담겨져 있는 "그들의 의미"(their meaning)만을 추구하게 될 때 히스토리(Historie)만 강조하게 되고, 불트만(Rudolf Bultmann)과 같이 역사를 과소평가하고 선 이해를 전제로 한 케리그마적 선포의 의미만을 추구하게 될 때 게쉬테(Geschichte)만을 강조하게 된다. 하나님의 계시는 역사 속에 담겨져 있는 의미만이 아니라 사건 속의 계시이기도 하다. 성경 자체가 '해석된 하나의 사건'일지라도 분명히 계시는 성경속의 역사적 사건들과 동일하게 취급될 수 있다.[271] 이러한 성경해석은 칼뱅의 성경해석의 원리와 비슷하다.

따라서 해석된 사건 속에 담겨져 있는 계시의 의미는 어디서 오는가? 신약성경은 이 질문에 명쾌하게 답변한다. 해석은 인간적 추론에 의해서가 아니라 하나님이 행하셨고 행하시고 있고 또 앞으로 행하실 계시에 의해 주어졌다. 성경의 해석자의 목표는 하나님의 성령이 그 의미를 계시한 사람들에게 전달하신 것 이상을 말하지 않는 것이다.[272] 그런데 이 계시는 불트만(R. Bultmann)의 비신화화를 나타내는 '폐쇄된 연속체'(closed continuum)에 대응하는 개념인 '통제적 연속체'(controlled continuum) 속에서 계시의 통일성의 과정이 있어왔다. 창조주로서 하나님의 행동과 그의 백성 이스라엘과 함께하시는 하나님의 행동, 그리고 그리스도 안에서 하나님의 행동과 그리스도 안에 있는 사람들과 함께하시는 하

---

271) James D. Smart, *The Interpretation of Scripture* (Philadelphia: The Westminster Press, 1961), 172-173.
272) A. Berkeley Mickelsen, *Interpreting The Bible*, 김인환 역, 『성경해석학』(서울: 크리스찬다이제스트, 1996), 84-93.

나님의 행동에는 통합적인 요소가 있다. 장로제도를 택했던 사람들의 사상체계가 주는 통일성이 아니라 성경계시의 본질적 요소가 있다는 것이다. 이것은 집의 건축물에서 어떠한 무게도 감당하지 못하는 집의 칸막이들인 독립적인 특수자가 아니라 집의 무게를 지탱하는 대들보들에 해당하는 것이다. 여기서 문제 핵심은 **그 하나님의 집인 교회의 대들보가 하나님의 계시 없이 인간의 선택에 맡겨져 있겠느냐**는 것이다. 바로 여기에 장로제도의 정체성의 핵심이 있다. 1646년 영국 웨스트민스터회의는 총회 기간 동안 장로회 정치체제에 대한 공동선언을 내면서 그 계시성을 이렇게 선언하고 있다.

> 장로회 정치는 본질적으로 인간의 발명품이 아니라 그리스도의 법령이다. 그 작품이 인간의 의지에 의하여 진술되어진 것이 아니라 오직 선지자와 성경에 의하여 되어진 것이다. 이 정치는 '하나의 교회 직분자'(one Church-officers)에 의하여 허락된 것이 아니라 '하나의 치리 의회'(one Ruling-Assembly)에 의해 허락된 것이다. 이것은 직분자나 의회에 의해 행해지는 비난과 힘의 행동이 아니며, 또 하나님의 집을 경영하는 하나의 법령이 아니라 하나님의 말씀에 의해 근거하고 정당화되는 정치이다.[273]

마찬가지로 목회의 중심체로서 장로제도는 '문화인류학적 보편성'을 가지고 있다. 칼뱅은 장로회제도의 핵심인 '원로회'의 기원을 설명하면서 그 영속성의 근거를 우리들의 '경험'에 두고 있다. 즉 우리들의 경험이 성경적 '원로회'의 정치를 분명히 확증해 준다는 것이다. 여기서 그는 '성경'과 '경험'을 연결시키고 있다.[274] 장로는 성경적인 제도 이전에 이미 존재했던 개념이다. 이 명칭은 고대 근동지방에서도 사용한 말이다. B. C. 18세기 마리(Mari) 문서나 B. C. 8세기 사

---

273) David W. Hall, ed., *Jus Divinum Regiminis Ecclesiastici or The Divine Right of Church Government, originally asserted by the Ministers of Sion College* (Dallas: Naphtali Press, 1995), Editor's Preface iv.
274) Inst. Ⅳ, 3, 8.

르곤 왕조의 서한 가운데도 장로라는 단어가 발견되어지는데 이들은 백성의 대표자로서 백성의 이익을 옹호하는 자로 나타나고 있다.[275] 이와 같이 장로라는 말은 고대의 보편적인 현상이었다.

그러므로 목회사역의 주체가 신적 기원성을 갖는 것으로 칼뱅은 인식했다. 오토 베버는 칼뱅이 당회나 노회를 다루는 방식은 지극히 실제적이며, 추상적인 원리에 근거하지 않았다고 주장한다.[276] 칼뱅이 당회를 '교회의 의회'(Senat der Kirche, senatus ecclesiae)로 부른 것은 독립적인 시의 헌법에서 나온 말로서 시의회를 지칭하는 것으로 이해했으며 세속적인 적용이라고 했지만 그것은 교회가 세상에 안 있는 기구로 보았기 때문이다.[277] 이러한 세속적 제도를 교회에 적용하는 것은 초대교회의 '교회'(ἐκκλησία)라는 단어의 사용도 마찬가지이다. 초기 그리스도인 공동체는 이 명칭으로 '회당'(쉬나고게)보다는 '민회'(에클레시아)를 채택했기 때문이다. 하나님의 백성의 회중에 대한 명칭으로 당시 폭넓게 사용되던 시민적 대중 의회의 명칭인 '에클레시아'를 사용하였다.[278]

또 칼뱅은 **목회사역의 주체로 "집사들"**[279]**을 제시한다.** "장로회"와 같이 '집사회'가 아닌 이유는 궁극적으로 감독들이 교회의 업무를 관할하는 권한이 있기 때문이라고 보았다. 왜냐하면 사람들의 영혼이 감독에게 맡겨졌다면 감독이 재산 관리에 관여하는 것은 당연하기 때문이다. 이것은 칼뱅의 목회사역의 주체는 이중구조로서 **'장로회'와 '집사회'라는 평행구조가 아님**을 의미한다. 물론 칼뱅은

---

275) 주전 18세기 세력 다툼에서 남부 함무라비 왕에게 주도권을 내어주기까지 서부 유프라테스 강 중류의 Mari는 메소포타미아의 가장 유력한 국가였다(주전 1750-1697). 아모리족인 그들의 궁전은 당시 세계 불가사의 가운데 하나이다. 1953-38년 Andre Parrot가 20,000여점의 토판을 발견함으로 족장시대의 문화를 이해하는 중요한 계기가 되었다. 마리에서 발견된 풍부한 행정 및 상업문서들은 경제생활이 고도로 조직되었음을 보여준다. 고대 장로제도 등 마리의 고대 행정제도에 대한 연구는 다음을 참고하라. Cf. J. R. Kupper, "Un gouvernement provincial dans le royaume de Mari," Revue d' Assyriologie, XLI, (1947). Mari 토판에 대한 일부 해석은 ANET, 482-483을 참조하라.
276) Weber, Die Treue Gottes in der Geschichte der Kirche, 80. Cf. Inst. Ⅳ. 9. 13.
277) Ibid., 81.
278) Clarke, Serve the Community of the Church: Christians as Leaders and Ministers, 152.
279) Inst. Ⅳ, 4, 5.

"집사들"을 사역 파트너로 중요하게 생각하였다. 그래서 안디옥회의에서 장로들과 집사들 모르게 교회 일을 처리하는 감독들을 제한하도록 결정했음을 지적하고 있다.[280] 즉 집사는 감독의 지도하에 가난한 자들을 돌본다는 교회법을 칼뱅은 인정하고 있다. 따라서 칼뱅의 목회 구조는 "장로회" 중심이되 "집사들"은 교회 재산의 운용을 위하여 감독의 위임을 받은 필수적 직분으로 기능하였다. "장로회"는 목회 구조의 주체로서 충분조건이지만 그와 동시에 "집사들"은 목회 구조의 또 다른 주체로서 필요조건이다.

따라서 칼뱅의 목회 구조 사상에 의하면 필요조건과 충분조건에서 충분조건만을 지나치게 강조하지 않는다는 점이다.[281] 충분조건인 "장로회"의 권위가 막강하더라도 "집사들"은 목회사역의 필요조건으로서 하나님의 사역 방법으로서 계시성을 확보하고 있었다는 점을 인식하고 있었다. 따라서 오늘날 지나친 "당회" 중심적인 정치적 근본주의나 "집사회"를 파트너 이상으로 충분조건화하는 '위원회 목회 구조'[282]는 양쪽 다 칼뱅의 목회 구조 사상은 아니다.

또 칼뱅은 당시 부집사나 부감독 제도의 생성을 "보다 정확하고 새로운 관리 방법"의 수요에 따라 만들어진 "하나님께 드리는 영적 기능"으로 인식함으로 교회의 새로운 기능들에 대한 목회 구조의 제도화의 여지를 열어놓고 있다.[283] 이것은 목회 구조에서 칼뱅이 "장로회" 중심성을 강조하면서도 새롭게 생성되는 목회 수요의 제도화에 신학적 근거를 제시하고 있다.

그러나 어디까지나 칼뱅의 목회 구조의 신학은 장로회와 집사들을 통한 사역

---

280) Inst. IV, 4, 5. Cf. Council of Antioch(341) canon 25.
281) 충분조건만을 강조하는 것은 세차를 할 때 꼭 필요한 물만 강조한 식이다. 걸레도 빗자루도 화장지도 모두가 필요하다. 물론 물이 가장 중요하다. 만약 물만 강조하는 식이면 칼뱅주의 목회는 장로독재, 당회독재가 될 우려가 있다.
282) "집사회"를 파트너 이상으로 충분조건화하는 '위원회 구조'는 유럽 개혁교회(reformed church)의 집사들이 당회에 참여하는 '카운실' 제도를 잘못 적용한데서 온 것이다. 그러나 이 '카운실' 제도가 당회독재가 만성화되어 있는 오늘날 한국교회에 큰 영향력을 미치고 있는 실정이다. 그러나 이 점을 논의할 때 반드시 간과해서는 안 될 점은 '당위'(sollen)와 '현실'(sein)을 구분해서 생각해야 한다는 점이다. 즉 장로를 잘못 세움으로 파급된 당회의 무능함의 '현실'(sein)을 목회구조에서 집사를 충분조건화 하는 제도적 '당위'로 끌고 가서는 안 된다는 점이다.
283) Inst. IV, 4, 5.

이다. 그리고 중심은 어디까지나 장로회이다. 장로회를 통한 목회는 장로와 함께 하는 말씀의 사역이며, 집사들을 통한 목회는 집사를 통한 말씀에 반응하는 사역이다. 장로회가 말씀의 사역 구조라면 집사들은 말씀에 반응하는 사역 구조이다. 이 사역 구조는 평행 구조가 아니라 충분조건에 대한 필요조건의 보완 구조이다. 그러므로 칼뱅의 목회 구조 사상은 지나친 '장로회' 독재나 '집사회' 중심으로 한 목회가 아니라 장로회를 중심으로 하되 집사들을 필수적 기능으로 동역하는 구조이다. 이에 대해 필자는 칼뱅이 정치철학적으로 철인정치식의 플라톤의 사상이나 아리스토텔레스의 민주정치식의 회중정치 양극단을 피하는 중도적 정치철학을 가지고 있었기 때문이라고 진단한다.

2) 목회의 주체로서 '안수사역'

위와 같이 목회의 중심체로서 '장로회'가 '집사들'과의 관계에서 충분조건으로 자리매김됨으로써 목사의 사역은 일반 평신도의 사역을 의미하는 '평신도 목회사역'과 대칭적 관점에서 목회신학적으로 특별한 의미를 가지게 된다. 우리는 이러한 목사의 사역을 '안수사역'[284]이라고 별칭하고 목회의 주체로서 '안수사역'의 의미를 칼뱅의 입장에서 살펴보고자 한다.

칼뱅은 전통적으로 목회사역의 주체는 목사임을 인식하고 있었다. 그는 목회의 본질을 하나님의 백성의 영혼을 치유 감독하고 교회를 다스리는 것으로 보고 이 직무를 맡은 사람이 목사라고 보았다. 칼뱅은 목사가 하나님의 백성들에게 하나님의 말씀을 먹이고 '공적으로나 사적으로' 건전한 교리로 교회를 세우는 것이 일차적인 의무라고 보았다.[285] 그것은 목사가 하나님에 의해 목회의 주체자로 위임되었다는 사상 때문이다. 칼뱅은 교회를 위한 성직의 중요성을 설명하면서 하나님께서 교회를 다스리시기 위하여 사용하시는 **"가장 중요한 힘줄"**(the chief

---

284) '안수사역'이란 목사가 신자의 머리에 안수하는 사역을 의미하지 않는다. 교회의 대표자로서 안수받은 목사의 사역이라는 의미에서 '안수사역'이라고 부르기로 한다.
285) Inst. Ⅳ, 4, 3.

sinew)²⁸⁶⁾과 교회를 유지하고 온전히 지키는 "**안전장치**"(the safeguards)²⁸⁷⁾로 목사에게 목회사역의 직책을 위탁하셨다고 강조한다.²⁸⁸⁾ 따라서 칼뱅에 의하면 성직자에 의하여 교회를 다스리며 유지하는 방식은 "**주께서 영원히 세우신 방식**"이며 이 방식이 소홀히 대접을 받거나 무시되거나 폐지되어서는 안 된다고 했다.²⁸⁹⁾ 이것은 하나님의 사역에서 목사의 '안수사역'의 중요성을 강조한 것이지만 그렇다고 칼뱅이 평신도의 사역을 무시한 것은 아니다.

그렇다면 여기서 문제가 되는 것은 칼뱅이 **목사의 특수 권한으로서 목회사역의 주체성**을 말하는 것인지 아니면 평신도와 함께하는 '**일반사역(혹은 교역)**'**을 기초로 한 보다 전문화된 '목회사역'**을 말하는 것인 지이다. 칼뱅은 감독과 장로의 지위를 말하면서 고대교회가 장로들의 협의로 운영되었지만 그 후 불화의 씨를 없애기 위하여 감독권이 한 사람에게 맡겨졌다고 보았다.²⁹⁰⁾ 감독과 장로 중 누가 주체적으로 사역을 하느냐의 문제는 '교회의 관습'에 의한 것이지 실제로 '주께서 정하신 일'이 아님을 천명했고 그 사실을 양자가 서로 인지하고 있었다. 그래서 장로들은 감독에게 복종해야 한다는 것을 알았고, 그 반대로 감독들도 장로들과 협력하여 교회를 다스려야 한다는 점을 알고 있었다.²⁹¹⁾ 따라서 칼뱅의 목회 주체의 중심은 "장로회"이기는 하나 목사가 교회의 관습상 보다 주체적 성격이 있음을 인정했고 더 나아가 제롬의 주장을 근거로 마가 시대부터 장로들 중 더 높은 지위를 부여한 '감독'이 있었음을 주장한다.²⁹²⁾ 이것은 비록 목사가 장로들과 협의하여 목회를 해나갈 수 있으나 목회의 주체는 목사임을 알 수 있다. 이것은 칼뱅이 목사의 특수 권한으로서 목회사역의 주체성을 말하는 것이지 평신도와 함께하는 "일반사역(혹은 교역)"을 기초로 한 보다 전문화된 '목회사역'을

---

286) Inst. Ⅳ, 3, 2.
287) Ibid.
288) Ibid.
289) Inst. Ⅳ, 3, 3.
290) Inst. Ⅳ, 4, 2.
291) Ibid.
292) Ibid.

말하는 것은 아니다.

그러므로 목사의 안수사역은 하나님의 배우자로서 교회가 목회자에게 맡겨졌다고 보는 **신부 위탁 사상에 근거한 목회사역**이다. 칼뱅은 목회자가 주님의 아내인 교회를 맡는 영광에 대해 다음과 같이 감격적으로 말했다.

> 우리는 바울을 비롯하여 하나님께 신실하게 헌신한 모든 선지자와 교사들이 하나님의 배우자(God's spouse; 고후 11:2)를 선망했음을 알 수 있다. 하나님의 모든 종들은 이 명칭에 매우 감동을 받았으며 각성하게 했다. 한 남자에게 자신의 아내보다 더 소중한 것이 있을 수 있을까?…보라, 주께서는 그의 사랑하는 아내인 교회를 목사와 사역자에게 맡겨주셨다. 만약 나태와 태만으로 교회를 저버린다면 그 사악함은 얼마나 큰 것일까? 그녀를 보호하기 위하여 열심히 일하지 않는 한 결코 변명할 여지가 없다.[293]

이 말은 목사는 일반 교인들이 모두가 다 하나님의 사역자임에도 불구하고 목사는 하나님의 대표 사역자로 세우셨다[294]는 현대 목회신학적 관점과 충돌되는 것이 아니라 목사의 안수사역의 고유성과 주체성을 강조하는 것이다. 적어도 칼뱅과 같은 고전적 목회신학적 관점에서 보면 목사의 대표 사역은 평신도의 사역과는 특별하다고 볼 수 있다. 평신도가 목사의 사역의 범주에 들어오는 영역은 오직 '장로회'를 통한 목회사역이다.

그러나 이 부분에 대해 평신도나 목사 자신들이 상당한 오해를 가지고 있다. 즉 안수사역에 대한 오해이다. 어떤 목사는 안수를 받은 자신이 하나님의 기름부음을 받은 제사장으로서 역할을 한다고 생각한다. 그러나 성경적으로나 개혁자들의 삼중직에 비유하면 제사장 직분은 오히려 집사직이다. 목사는 선지자직, 장로는 왕직에 해당한다. 가끔 목사들은 안수직에 대한 제사장적 역할 오해로 자신

---

293) Comm. Isa. 5:1.
294) 안수는 그에 대한 물리적 표시로 보고 있으며, 사도행정에서 오순절 성령강림보다 더 먼저 유다를 대신하여 맛디아를 사도로 뽑은 사실은 대표 사역자의 중요성을 말해 주는 것으로 본다.

들의 권위를 정당화하는 도구로 사용한다. 그 반대로 평신도들이나 일부 목사들은 이 둘 사이의 구분은 교회가 가지는 은사적 기능의 구분일 따름이라고 강변한다.[295]

3) 목회의 객체로서 평신도의 목회 참여

칼뱅의 목회신학에서 평신도가 목사의 사역의 범주에 들어오는 영역은 오직 '장로회' 혹은 '집사들'을 통한 목회사역이다. 이에 대한 목회신학적 기초는 성부 하나님의 사역에 기초한다. 하나님의 사역의 신학적 기초는 상의를 통한 탁월성 성취이다. 칼뱅은 이에 대해 이렇게 말했다.

> 하나님은 인간 창조 사역에서 명령하시지 않고 이제 그의 모든 사역의 가장 탁월함을 보여주는 상의하심으로 일하신다. 하나님께서는 확실히 말씀으로 명령함으로 자신이 할 수 있는 일을 하실 수 있을 것이다. 그렇지만 하나님께서는 인간의 탁월성에 이러한 가치를 부여하기 위하여 상의하신다.[296]

이 신학적 기초는 목회의 질서로서 장로회를 통한 참여로 나타났다. 칼뱅은 교회의 합법적인 행정권이 장로들(Presbyteris)에게 주어진 것은 확실하다고 보았으며, 장로들이 행정권을 갖는다는 이 말은 말씀의 사역자들 뿐만 아니라 품행의 검열자들로서 장로들과 연합된 평신도(ex plebe)들도 이 행정에 참여함을 의미한다고 하였다.[297] 또 집사들도 말씀에 반응하는 사역으로 목회사역에 참여한다. 그는 집사들의 안수에 대해 이렇게 말했다.

---

295) 목사직에 대한 은사적 기능론자들의 대표자들은 Alastair Campbell, John Patton, Paul Tillich, 침례교 목회신학자 Franklin M. Segler 등이다. Cf. Franklin M. Segler, *A Theology Church and Ministry* (Nashville: Broadman press, 1960). chap., 7.
296) Comm. Gen. 1:26.
297) Comm. Matt. 8:18.

안수하는 일은 율법 아래서는 성별의 엄숙한 상징이었다. 이제 사도들이 집사들에게 안수한 것은 그들로 하여금 자기들이 하나님께 바쳐졌다(offerri)는 것을 알게 하기 위한 목적에서였다. 그렇지만 의식 그 자체는 무용한 것이기 때문에 그와 동시에 기도가 가해졌고, 그 기도 속에서 하나님께 바쳐진 집사들인 일꾼들(the ministers)을 교인들(the faithful)이 하나님에게 바치는 것이다. 확실히 이것은 사도들에게 속한 일이다. 왜냐하면 사람들 전체가 집사들 위에 손을 얹은 것이 아니고 사도들이 교회의 이름으로 기도했을 때에 다른 사람들도 그들의 기도와 안수에 참여한 것이 되었기 때문이다. 우리는 이러한 사실로부터 안수하는 일은 사도들이 사용한 것으로 보아 질서와 존엄을 세우는 하나의 의식이다. 물론 그 자체 안에 무슨 효능이나 가치가 있는 것은 아니요 그 힘과 효력은 오직 하나님의 성령에 의한다는 사실이다. 이것은 모든 의식에 대한 일반적인 견해가 되어야 한다.[298]

그런데 위와 같은 오늘날 목회의 객체로서 평신도의 **'목회 참여'**를 인정한다고 하더라도 **'목양 참여'**는 오늘날 신학적 정당성이 있는가? 이는 곧 평신도의 목회 참여를 '당회/집사들의 목회 참여'와 '목양 참여'로 나누어 볼 때 '목양 참여'의 신학적 정체성에 관한 질문이다. 이 질문은 모든 그리스도인들이 목자가 되도록 부름을 받았는가 하는 것이다.[299] 만인제사장 교리가 평신도 목회의 근거가 될 수 있는가?[300] 이것은 오늘날 제자훈련이나 셀교회의 신학적 근거와 맞물려 있다.

일반적으로 평신도는 목회의 객체이기는 하지만 목사의 목양사역에 참여한다. 그러한 신학적 근거는 바로 그리스도인의 우주적 제사장의 교리이다. 오늘날 평신도 훈련을 통한 평신도의 목양사역은 교회에서 크게 강조되고 있다. 칼뱅의 목

---

298) Comm. Acts 6:6; 13:3
299) Leroy Howe, *A pastor in Every Pew: Equipping Laity for Pastoral Care* (Valley Forge: Judson Press, 2000), 29.
300) Melvin J. Steinbron, *Can the Pastor do it alone*, 서병채 역, 『목회, 혼자할 수 있는가』(서울: 평신도목회자목회연수소, 1999), 36.

회신학적 관점에서 과연 평신도의 '목양 참여'를 어떻게 이해할 것인가?

최초로 목회신학을 체계화한 하름스는 집사의 구제사역을 목양적 돌봄을 위한 사역으로 규정함으로 교회 목회 시스템의 주체로 인식했다. 칼뱅도 평신도의 '목회 참여'는 집사들에 의한 구제적 돌봄의 차원의 범주에서 사역하는 '목회 참여'였다. 한편 칼뱅도 이 점을 인정할 뿐만 아니라 전 목회사역의 영역에서 평신도들이 참여할 것을 암시하고 있다. 그것은 제사장들과 레위인들이 모든 사람의 지도자로 임명된 만큼 그들에게 모범이 되라는 뜻이며 그들은 백성 전체를 대신하였다. 이 원리는 오늘날 말씀의 사역자들 뿐만 아니라 모든 그리스도인에게도 관련되는데 그리스도인들은 "왕 같은 제사장"(벧전 2:9)으로서 성전의 기물을 메도록 임명받았을 뿐만 아니라 그들 스스로가 하나님의 성전(고전 3:16; 6:19)이기 때문이다. 즉 정결은 단 한 명의 예외도 없이 모두에게 요구되는 것이다.[301]

그러나 유의해야 할 것은 칼뱅에게 있어서 만인제사장의 교리는 평신도가 목회의 주체가 되는 목양 시스템의 제도화의 근거로 제시하지는 않는다. 그의 사상에서는 만인제사장 교리가 소위 '평신도 목회'의 근거가 될 수는 없다. 그러므로 오늘날 교회가 평신도에게 한 지교회를 위탁받는 형식의 '목회권'을 주어야 하는가의 문제는 칼뱅에게 있어서 부정적이다. 물론 평신도가 하나님의 전 사역(ministry)에 동참하지만 전체적 목양 시스템의 위임사상은 부정되어진다.[302]

일반적으로 평신도 목양 운동이나 제자훈련을 하는 이들은 디모데후서 2:2을 대표적인 성경적 근거로 제시한다. 즉 복음사역의 위임성을 모든 평신도들에게 확대하는 근거로 제시하는 바, 바울의 가르침을 디모데가 '충성된 사람들'($\pi\iota\sigma\tauo\hat{\iota}\varsigma$ $\dot{\alpha}\nu\theta\rho\dot{\omega}\pi o\iota\varsigma$)에게 가르치고 그들은 다시 '다른 사람들'($\dot{\epsilon}\tau\dot{\epsilon}\rho ov\varsigma$)을 가르치는 제자훈련의 4세대를 말한다고 한다. 그러나 이 구절에 대한 칼뱅의 디모데후서 주석은 매우 조심스럽고 제한적이다. 즉 이 구절은 사도의 "건전한 가르침을 후대에 전하는 일"에 관한 본문임을 지적하고 있다. 그리고 그 가르침이 "양

---

301) Comm. Isa. 52:11.
302) Comm. 2 Tim. 2:2.

식"과 "특징"을 보전하는 문제를 다루는 것이라고 하면서 사도의 가르침은 "전달할 자격이 있는 모든 경건한 사역자들에게 위임"[303] 되어야 하며 그 자격자로서 "충성된 사람들"은 "극히 소수에 지나지 않는다"고 말한다. 그리고 그것을 이 본문 뒤에 나오는 "군사"와 연결시키며 그들은 "자기 생활"에 얽매이지 않아야 하는데 "자기 생활"이란 "자기 가정과 자신의 일반적인 임무를 운영하는 것"을 의미한다고 하며 "우리의 성스러운 임무"에 "집중해야 한다는 뜻"임을 밝히고 있다. 즉 "충성된 자들"($\pi\iota\sigma\tauο\hat{\iota}\varsigma\ \dot{\alpha}\nu\theta\rho\dot{\omega}\pi\omicron\iota\varsigma$)이나 "다른 사람들"($\dot{\epsilon}\tau\dot{\epsilon}\rho\omicron\upsilon\varsigma$)에 대한 보편적 적용을 경계하며 그는 결론적으로 이렇게 말하고 있다.

> 여기서 바울은 디모데라는 사람을 통해서 교회의 목회자들에게 이야기하고 있다. 그의 발언은 보편적으로 적용될 수 있지만 특별히 말씀의 사역자들에게 적합하다.[304]

그러므로 칼뱅의 성경 해석에 의하면 디모데후서 2:2은 현대 제자훈련의 신학적 근거가 될 수 없다. 물론 보편적 적용의 여지를 두고는 있지만 이것은 어디까지나 제한적이다. 오히려 칼뱅에게 집사나 일반 신자는 목회사역에 반응하는 사역자들로서 디아코니아나 세상을 향한 섬김의 사역으로 나아감을 전제한다. 따라서 칼뱅의 목회신학에 의하면 오늘날과 같이 과도한 '목사주의'에 근거하여 전 성도를 목양 시스템화하는 목회 방식은 문제가 있음을 암시한다. 그런 의미에서 현대의 교회 내의 독립된 교회로서 '셀교회'의 목양권을 평신도에게 위임하는 것은 칼뱅의 목회사상이 아니다. 사실 현대 목회가 자본주의 하에서 무한 경쟁 체제로 돌입하면서 목회는 이미 교회성장의 논리와 결합되어 평신도를 목사화하는 심각한 위기에 직면해 있다.

---

303) 칼뱅은 "부탁하라"($\pi\alpha\rho\dot{\alpha}\theta\omicron\upsilon$)를 정확하게 "위임하라"는 의미로 해석하고 있는 바 이 말은 "옆에 놓는다"는 뜻을 지닌 "$\pi\alpha\rho\alpha\tau\dot{\iota}\theta\eta\mu\iota$"의 기본형에서 온 말로 '위임하다', '책임을 위탁하다'의 의미로 해석할 수 있다.
304) Comm. 2 Tim. 2:4.

칼뱅은 오늘날처럼 목회의 객체들인 평신도를 과도하게 주체화하려는 노력보다는 고대교회의 전통에 따라 '신자들'로 자기 자리에 '정체성'을 확보하게 하려는 의도가 있었음을 알 수 있다. 적어도 칼뱅에게 있어서 평신도는 오늘날 현대 평신도신학자들이 말하는 것처럼 '얼어붙은 평신도'가 아니라 교회의 목회사역에 반응하는 주체적 '객체'로서 성속을 넘어 이 세상을 향해 나아가 세상을 변혁시키고 예수 그리스도의 섬김체로서 역할을 하는 독립적 객체들이다. 그래서 칼뱅이 쓴 『기독교강요』 제3권 6-10장까지의 그리스도인의 생활론은 때때로 분리되어 『그리스도인의 삶의 황금서』(Golden Book of the Christian Life)란 제목으로 출판되기도 했다.[305] 그러므로 칼뱅의 목회신학에 의하면 평신도의 자리는 '목양주의'에 몰입하는 객체들이 아니라 말씀에 반응하는 세상의 제사장적 객체들이다. 그리고 그 대표자는 '집사들'이다. 그런 의미에서 예수 그리스도의 삼중직에서 제사장직이 집사직임은 정당한 평가이다. 그러므로 칼뱅에게 있어서 목회의 객체로서 평신도의 목회 참여는 어디까지나 한정적이다. 왜냐하면 그들에게는 예수 그리스도의 섬김체로서 다른 영역의 사역이 기다리고 있기 때문이다.

4) 목자-양떼 모델로서 목회의 구조

칼뱅의 목회 구조는 근본적으로 목자-양떼 모델에 영향을 받는다. 그의 모든 목회에 대한 설명은 목자-목양 모델에 근거하고 있다. 성경의 수많은 곳에서 하나님과 자기 백성의 관계를 목자와 양의 관계로 설명하는 것에 대해 칼뱅은 교훈적인 가르침으로 표현할 수 있는 그 이상의 의미를 담아내고 있다. 즉 단순한 비유 이상이 아니라 그것은 하나님의 모델로서 나타나고 목회신학적 구조로 나타난다. 이러한 관점은 요셉도 자기 백성을 양육하기 위하여 세운 목자로 해석하거나,[306] 다윗도 하나님의 백성을 먹이는 목자로 보는 성경의 입장을 그대로 받아들

---

305) B. A. Gerrish, "Preface," in *John Calvin: Writings on Pastoral Piety*, ed. Elsie Anne Mckee (New York: Paulist Press, 2001), xiv.
306) Comm. Gen. 49:22.

인다.[307]

이러한 목자-양떼 모델에서 목자는 왕권 리더십을 가진 지도자로서 주도권을 가지고 지도력을 베푸는 사람이며 하나님의 백성인 양떼는 지도와 영적인 보살핌을 받는 사람들이다. 따라서 목자는 목회의 주체로서 뒤따르는 양떼를 인도하며 양떼는 목회의 객체로서 수동적으로 따라가는 구조를 가지게 된다. 이러한 모델은 하나님의 양떼가 운집하는 방법과 모양에서 "어떠한 출발점도 언제나 머리에서 시작되어야 한다는 것을 잊지 말자"[308]는 점을 강조함으로 목회 구조에서 목회의 주체를 중요시하는 고전적 목회신학의 특징을 드러내고 있다.

---

307) Comm, Ps. 28:9.
308) Comm, John 10:16.

5. 목회의 양식(樣式) : 목회의 형식의 문제

지금까지 칼뱅이 이해한 목회의 본질, 직분, 구조를 살펴보았다. 그 다음은 목회의 실천양식이 문제가 된다. 목회의 실천양식은 다양한 기능화로 말미암아 설교, 성례, 교육, 양육, 제자훈련, 상담, 리더십, 행정 등으로 전문화되고 있다. 이러한 실천양식들은 목회의 일정한 형식을 만들어 낸다. 여기서는 칼뱅의 신학 사상에 나타난 양식들을 살펴보고자 한다.

1) 교회 통치의 양식

칼뱅에게 제일 먼저 두드러지게 나타나는 양식은 '교회 통치'의 양식이다. 모든 목회 실천의 통전적 양식으로 나타나는 분야가 있는데 우리는 그것을 '교회 통치'(church government)[309]라고 부르기로 한다. 현대 목회학자들은 이 개념을 '목회지도'라고 부른다. 그리고 그 구체적인 기능은 교회 정치나 행정과 같은 감독의 직무를 의미하기도 한다.[310]

교회 통치는 "이중적 통치"(duplex in homine regimen)[311]인 영적 통치와 정치적인 통치 중 영적 통치의 영역이다. 따라서 교회 통치의 개념은 목회 실천의 다양한 양식들을 포괄한다. 목회는 지교회의 전 공동체 구성원들을 잘 다스리는 문제와 직결되어 있다. 칼뱅은 목회의 이 점을 가장 중요하게 보았고 그의 모든 저작들에서 이 점을 강조하고 있다.[312] 그의 "교회훈련" 혹은 "치리" 내지 "권징"도

---

309) 이 용어는 목회의 실천 원리인 '질서의 원리' 안에서 교회를 다스린다는 개념을 포괄하므로 '교회정치'라는 말보다 '교회통치'라는 말을 사용하기로 한다. 그러므로 현대 정치학의 '전통적 지배'(traditionale Herrschaft)나 헌법학의 '통치행위'(act de gouvernemet; Prerogative; Regierungsakte)를 의미하는 것이 아니다. 그러나 칼뱅의 '두 눈 통치론'을 감안하면 고대 정치학적 통치론과 연관성을 어느 정도는 부인할 수 없다. Cf. 홍성방, 『헌법학』(서울: 현암사, 2002), 666-669.
310) Adams, Shepherding God's Flock, 『목회연구』, 329-341.
311) Inst. Ⅲ, 19, 15; Ⅳ, 20, 1.
312) 칼뱅이 『기독교강요』에서 제시하는 교회통치의 영역은 사역자의 선택과 임명, 통치형태, 교회의

사실 이러한 아버지가 자녀를 사랑으로 양육하는 "다스림"의 차원에서 나온 것이다.

이러한 교회 통치의 양식은 사도행전 20:28의 주해에 그 개념이 잘 나타나 있다. 그는 바울이 에베소교회 장로들에게 하나님께서 저들에게 목회를 위임하셨다는 것을 주지시키면서 "성령이 저들 가운데 너희로 감독자로 삼고 하나님이 자기 피로 사신 교회를 치게 하셨느니라"(행 20:28)의 주해에서 **교회를 "친다"는 개념을 "다스린다"는 개념으로 이해했다.**[313] 칼뱅은 이 말을 라틴어 "ad regendam ecclesiam"으로 번역했다. 그는 여기서 교회를 '양육'한다는 개념으로 말하기도 했지만 그 양육은 우리가 생각하는 미시적 개념을 의미하는 '먹임' 혹은 '돌봄'이 아니라 보다 거시적 양식으로서 '다스림' 혹은 '통치'라는 개념을 말하고 있다.[314] 이것은 요한복음 21장 주석에서도 역시 잘 나타난다.

'먹이다'라는 말은 어떤 종류의 다스림에 대하여 은유적으로 성경에 의하여 적용된 것이다. 그러나 여기서 언급하고 있는 것은 교회의 영적 통치이므로 목사의 직무가 무엇으로 구성되어 있는지 관찰하는 것이 중요하다. 여기

자유와 권위, 교회의 입법권, 교회의 사법권 등의 영역을 제시하고 있다. Cf. Inst. Ⅳ. 3-11장. John T. McNeill은 『기독교강요』영문판 각주에서 '교회훈련'을 '교회통치'의 영역에 포함시키지 않음이 특이하다. 교회훈련은 사법권에 이어 진술되어 교회통치와 관련은 있지만 맥닐과 같이 별도 실천양식으로 볼 수 있다. Cf. Inst. Ⅳ, 12, 1.

313) "교회를 친다"(ποιμαίνειν τὴν ἐκκλησια)는 개념에서 헬라어 동사 "ποιμαίνειν"는 "먹이다"의 뜻이지만 아주 유사하게 어떤 종류의 지배를 가리키는 뜻으로 변화되었다고 한다. Cf. Comm, Acts 20:28.

314) Comm. 1 Pet. 5:2. Comm. 1 Cor. 12:28. 여기서 칼뱅은 의도적으로 에라스무스의 '돌봄'에 대한 개념보다 '감독'이라는 개념을 선택하고 있다: "그리스도의 양 무리는 순전한 교훈, 다시 말해서 영혼의 양식이 되는 것만으로 먹여야 한다는 것이다. 그러므로 목회자들은 조용히 방관만 하는 자나 자신의 사상을 퍼뜨려 죽이는 독과 같이 사람의 영혼을 파멸시키는 자가 되어서는 절대로 안 된다...에라스무스는 '치되'라는 말을 '돌보되'라고 번역했다. 그러나 이 말의 헬라어는 ἐπισκοπουντες라고 되어 있어서 나는 베드로가 감독의 직분과 칭호를 말하고 있음이 분명하다고 본다. 우리는 다른 성경 구절들을 통해서 이 두 이름, 즉 감독과 장로가 동의어라는 것을 알 수 있다. 그러므로 ἐπισκοπειν이라는 말이 일반적으로 '다스리다' 또는 '감독하다'라는 뜻을 갖고 있기는 하지만, 베드로는 그들이 정당하게 목회의 직분을 맡았다는 사실을 보여주고 있다."

서 우리에게 서술하고 있는 것은 게으른 위엄이 아니요, 기분에 따라 멋대로 행사하는 어떤 통치권을 죽을 수밖에 없는 인간에게 그리스도께서 부여하고 계신 것이 아니다. 우리가 제10장에서 본 대로 그리스도는 교회의 유일한 목자이시다. 거기서 우리는 그리스도께서 왜 이 명칭을 자신에게 부여하시는가 하는 문제에 대해서도 살펴보았다. 그것은 그가 영혼에 대한 유일하고 진정한 양식 곧 구원의 가르침을 통해서 그의 양떼를 다스리고 먹이기 때문이다. 그러나 그는 복음전파에 있어서 인간들의 노력을 사용하시는 만큼 자신의 이름을 그들에게 주시고 있거나 최소한 그들과 함께 나누어 쓰고 계신다. 그러므로 하나님 앞에서는 그리스도를 자신들의 머리로 삼고 말씀의 사역에 따라서 교회를 다스리는 그러한 사람들만이 목사로서 간주된다. 여기서 우리는 그리스도께서 베드로에게 부담시키신 짐이 무엇이며 무슨 조건으로 자신의 양떼를 다스리도록 임명하고 계신가 하는 점을 쉽게 알 수 있다.[315]

이것은 디모데전서 주석에서도 나타난다. 그는 3장의 주제를 밝히면서 바울은 감독직의 탁월성을 밝히고 참된 감독상을 묘사하고 요구되는 특성을 열거했는데 목회자는 "하나님의 집이요 진리의 기둥인 교회를 통치한다는 것이 무엇인가"를 디모데에게 지적해 주고 있다는 점을 지적했다. 또 3장의 주석에서는 다음과 같이 진술하고 있다.

> 다시 말해서 하나님의 나라를 세우고 확장하며, 주님께서 몸소 그의 피로 값 주고 사신 영혼들의 구원을 보살피며, 하나님의 기업인 교회를 다스리는 중대한 사명에 있어서 하나님의 아들을 대표하는 것은 결코 가벼운 일이 아니다.[316]

여기서 칼뱅은 **목회양식을 하나님의 집을 다스리는 "통치"로 이해**하고 있다.

---

315) Comm. John 21:15.
316) Comm. 1 Tim. 3:1.

물론 여기에는 영혼들을 보살피는 "영혼 돌봄"과 "교회 다스림"의 실천양식을 동시에 말하고 있다. 또 칼뱅은 디모데전서 3:15 주해에서 목회직의 의의와 가치를 말하면서 "목사들이란 하나님께서 그의 집을 다스리는 임무를 맡겨주신 청지기들"과 같다고 말했다.[317] 4절의 주해에서도 "자신의 가정을 다스릴 줄 모르는 사람은 하나님의 교회를 통치하기에 부적합하다"고 하면서 목회자가 가정을 잘 다스려야 교회를 잘 통치할 수 있음을 강조하고 있다.[318]

교회 통치가 필요한 이유는 첫째, 하나님이 교회를 전적으로 직접 통치하시지만 목회는 "하나님께서 교회를 다스리시기 위하여 사용하시는 인간의 사역"[319]이기 때문이다. 그것은 국가통치와 같이 영적 통치가 "본향을 갈망하고 이 세상에서 나그네 생활을 하는" 성도들에게 보조수단이 필요하기 때문이다. 왜냐하면 중생한 그리스도인이라고 하더라도 인간 사회에서는 결코 완전성을 찾을 수 없기 때문이다. 따라서 칼뱅은 교회가 주님의 전적인 통치를 받아야 한다고 강조하면서도 교회를 보호할 책임이 사람에 의해서가 아니라 하나님에 의해 그들에게 위탁되었다고 한다. 그렇기 때문에 주님께서 사람들의 투표에 의해서 말씀의 사역자들이 택해지도록 계획하셨다 해도 주님 한 분만이 유일한 통치자라고 했다.[320] 그리스도 한 분만이 교회의 신실한 목자로서 그의 양떼를 다스리신다.[321] 이것은 하나님만이 교회 행정의 보호자가 되심을 믿었기 때문이다.[322] 그럼에도 불구하고 좋은 목사란 그리스도만이 유일하신 통치자이시며 권세와 영광을 누리실 분이며 그의 군기 아래서 싸운다는 마음으로 그분에게만 순종하고 다른 사람들이 그분의 통치를 받도록 인도하는 목사이다.[323] 칼뱅은 교회의 영적 건축에 있어서는 교회의 통치를 맡아 볼 목사들을 임명하는 것이 교의(敎義) 다음으로 중

---

317) Comm. 1 Tim. 3:15.
318) Comm. 1 Tim. 3:4-5.
319) Inst. Ⅳ, 3, 2.
320) Comm. Acts 20:28.
321) Comm. John 10:4.
322) Comm. Matt. 8:19.
323) Comm. 1 Cor. 1:12.

요한 일이라고 보았다. 목사들의 사역이 없이는 교회가 안전하게 유지될 수 없기 때문이다. 따라서 얼마의 사람이 모인 곳에는 목사를 세워야 마땅하다고 했다.[324]

둘째, 교회 통치가 필요한 이유는 교회의 통일성을 성취하기 때문이다. 적어도 칼뱅에 의하면 지교회 각자가 자신의 자율권에 따라 교회를 다스린다는 생각은 위와 같은 거시적인 생각에 의하면 교회의 통일성을 해치는 것이다. 그래서 칼뱅은 교회가 다른 사람을 무시하고 교회 자체만의 변화를 가져와서는 안 된다고 보았다. 모든 교회는 다른 교회들과 서로 친교를 도모하기 위해서 의로운 손을 서로에게 뻗어야 하는데 이것은 교회의 통일성이 요구되기 때문이다.[325] 칼뱅의 선교적 교회 개척의 원리도 이러한 교회 통치사상에 근거한 교회의 통일성에서 나온 것이다. 칼뱅은 하나님께서는 이 교회를 희생시켜서 다른 교회를 보살핀다는 생각을 하지 못하도록 교회의 인원이 충분할 정도로 일꾼이 많다는 점을 알려주시기 위해 안디옥교회를 사용하셨다고 보았으며, 하나님께서는 이 교회를 저 교회보다 더 부요하게 하셔서 그들이 복음전파의 보모(保姆)가 되게 해주셨다는 점을 지적했다.[326]

이러한 교회 통치의 중요한 직무는 '교회의 보존'[327]이다. 칼뱅은 여러 곳에서 이 점을 강조한다. 교회의 보존을 위해 이 목회적 실천양식이 필요하다고 보았다. '교회의 보존'이 필요한 이유는 교회는 하나님의 포도원이요 기업이며,[328] 하나님의 목장이요 하나님의 집이기 때문이다.[329] 칼뱅은 하나님을 가리켜 자기 교회를 보호하시는 놀라운 사역자라고 했다.[330] 교회는 이 세상보다 하나님께서 붙들고 계시기 때문에[331] 하나님께서는 친히 그들의 목자장이 되어주시는 은총을

---

324) Comm. Tit. 1:5.
325) Comm. 1 Cor. 14:36.
326) Comm. Acts 13:1.
327) Comm. Mic. 5:5.
328) Comm. Isa. 3:14.
329) Comm. Ps. 83:12.
330) Comm. Ps. 83:9-11.
331) Comm. Gen. 11:10.

베풀어 주셨다고 했다. 하나님께서 백성들을 자신의 양떼로 삼으사 조금도 싫어하지 않으시고 그들을 먹이시고자 자신을 낮추셨다는 사실은 하나님께서 우리를 향하여 품고 계시는 독특한 사랑의 표지라고 보았다.[332] 그것은 아버지의 사랑이다. 칼뱅은 야곱의 가족 70명이 그처럼 많은 수가 된 것은 하나님의 섭리로 교회가 이와 비슷하게 확장되어 감을 보여주는 것이라고 했다.[333] 족장들의 삶은 여호와께서 어떻게 언약에 의해 아브라함의 자손들의 아버지 역할을 해오셨는가를 보여주는 결정적인 본보기와 같다.[334] 이러한 하나님의 사역의 속성 때문에 칼뱅은 하나님을 '교회의 목자'로 다음과 같이 지칭한다.

> 하나님이 교회의 목자로 주장되어질 때 온 인류에게 차별 없이 베푸시는 바 일반적인 보살핌과 보존과 통치 그 이상의 무엇을 교회에 베푸시는 것을 뜻한다. 하나님께서 자기 교회를 나머지 세상과 구분하시고 특별한 아버지로서의 관심으로 보살피시기 때문에 그의 백성들은 '그의 목장의 백성'으로 불려진다…그들은 '그 손의 양'으로 불리고 있다. 이는 그들이 그의 손으로 지으심을 입었기 때문이며 프랑스어 표현대로 하면 '그의 지휘 하에 있는 양떼'(le Troupeau de sa conduite)이기 때문이다.[335]

칼뱅의 교회 통치의 전략은 '노암'(נעם)과 '호블림'(חבלים) 사상이다. 즉 목자는 '은총'과 '밧줄' 즉 '아름다움'과 '연합'이라는 두 개의 막대기로 교회를 다스려야 한다는 것이다. 긍정적으로는 '노암'이며 부정적으로는 '호블림'으로 후자는 하나님의 목회 포기 전략과 전투적 목회 전략을 제시한다. 먼저 교회 통치의 포기 사상이란 무엇인가? 하나님은 목회 혹은 다스림을 거부하는 이스라엘 백성에 대해 두 가지의 태도를 보이신다고 한다. 첫 번째 태도는 모두가 '버림받

---

332) Comm. Ps. 78:52
333) Comm. Gen. 46:8.
334) Comm. Gen. 48:15.
335) Comm. Ps. 95:7.

아 마땅한 양' 떼이지만 아직 자비를 베푸실 적은 수의 '가련한 양'에 대한 배려이다. 하나님은 그 한 마리의 양을 위해 모든 방법을 시도해 보시는 자비로운 목자이시다. 그러므로 '잡힐 양떼'를 먹이시는 하나님은 그 '가련한 양' 때문에 목자의 두 지팡이를 사용하신다고 한다. 두 번째 태도는 하나님의 목회 포기 사상인데 그것은 하나님의 통치를 거부하는 양떼들에 대한 준엄한 심판이다. 하나님께서 목자직을 포기하신다는 것은 자신에게 책임이 없음을 암시하는 것이라고 보았다. 하나님의 목회를 거부하는 것은 자신이 세운 언약을 폐하는 것임을 말해 주는 것이다.[336]

필자가 보기에 칼뱅의 이러한 '가련한 양'에 대한 배려와 '목회 포기 사상'은 목회실천의 패러독스 문제로 이미 사도 바울의 목회사역에서도 볼 수 있다. 그는 고린도교회 음행자에 대해 출교 행위로써 사단에게 내어주면서도 그 목적을 "육신은 멸하고 영은 주 예수의 날에 구원 얻게 하려 함"(고전 5:5)이라고 했다. 이것은 사도 바울이 교회 안의 음행자에 대해 목회를 포기하면서도 그들이 다시 회개하고 돌아올 수 있는 목회적 여지를 남겨둔 것이라고 볼 수 있다. 왜냐하면 목회자는 양들이 하나님의 선택자인지 아무도 모르기 때문이다.

그렇지만 목자 하나님의 다스림을 끝까지 거부한 '버림받아 마땅한 양'은 어찌 되는가? 하나님은 영원히 '노암'과 '호블림'이라는 두 막대기를 사용하시어 '가련한 양'처럼 그들을 위해 목양하시는가? 아니다. 교회 통치를 거부하게 될 때 하나님의 백성들은 파멸하게 된다. 칼뱅은 백성들의 파멸의 원인은 그들 가운데 교훈이 그치지고 목회자들은 벙어리 개나 강도들이 되었기 때문이라고 한다. 하나님의 교회는 거룩하고 신실한 목회자들을 통하여 태어나고 소중하게 품어지고 양육되어지기 때문에 교회 통치가 무너지게 될 때 목회적 실천도 같이 무너지기 때문이라고 보았다.[337] 선지자들과 제사장들의 권위는 이 계층을 임명자이신 하나님이 허용한 것이며 제사장이나 재판장들에게 순종하도록 한 규례는 인간들

---

336) Comm. Zech. 11:11.
337) Comm. Jer. 3:15.

의 양심을 얽매어 두신 것이 아니요, 오직 제멋대로 교회 통치를 과소평가하는 자들의 오만을 제재하시는 뜻에서 이렇게 하신 것이다. 칼뱅은 교회 지도자들이 정한 것을 인간들이 무분별하게 배척할 경우 거기에는 처참한 무질서가 따를 것이며 아무런 권위도 부여받지 못한 자들에게 통치권을 맡긴다는 것은 우스꽝스러운 것이라고 했다. 결국 옛날 제사장들에 대한 순종과 하나님께서 임명하신 목자들을 존경한다는 것은 모든 목자들의 우두머리요 왕이신 하나님 자신으로부터 이탈해서는 안 된다는 것을 의미한다.[338] 하나님께서 교회가 그의 모든 자녀들의 어머니가 되도록 결정하셨기 때문에 하나님의 통치에 복종하는 자들만이 교회의 합법적인 시민들이며,[339] 그리스도께서 교회를 다스리는 한 사단은 교회 밖에 있을 수밖에 없으며, 교회 밖에 있는 사람은 어떤 면에서 사단에게 내어준 바 된 사람들이기 때문이다.[340] 이것은 목회사역이 종말론적 집행의 성격을 가지고 있음을 말해 주고 있으며 칼뱅은 그것을 인식하고 있었다.

그런데 문제는 어느 시점에서 '가련한 양'에 대한 배려와 '목회 포기'를 할 것인가이다. 포기와 배려 사이에는 실천적으로 매우 복잡한 문제가 있다. 양들 중에는 '버림받아 마땅한 양'과 '가련한 양' 사이가 뚜렷하지 않기 때문이다. 목회 현장에는 목회자와 늘 함께하면서도 철저히 목장을 떠나지 않고 목자를 괴롭히는 양들이 있기 때문이다. 칼뱅의 경우는 교회를 악의적으로 비판하는 '우리에 들지 아니한 다른 양'의 개념을 부정한다.[341] 따라서 칼뱅에게는 목양의 대상으로서 양들은 실질적 의미의 목양 대상이냐의 문제가 아니라 유형교회 안에 실제로 존재하는 양들이냐의 문제이다. 그래서 교회 안의 적대자들도 적극적 목양 대상으로 삼는다. 여기에서 교회 통치의 대적의 문제가 발생하게 된다.

이러한 현대 목회의 문제에 대해 칼뱅처럼 목회신학적으로 적나라하게 역설한

---

338) Comm. Deut. 17:12.
339) Comm. Isa. 44:5.
340) Comm. 1 Cor. 5:5.
341) Comm. John 10:16. 그는 교회 안에 많은 이리가 있는 것처럼 교회 밖의 많은 양이 있다는 어거스틴의 말을 무조건적으로 받아들이지 않는다. 이 양은 목자로서 그리스도의 직분이 유대 지방을 넘어 이방인에게도 확대됨을 의미한다고 보았다.

사람은 없다.³⁴²⁾ 그의 **교회 통치 신학에는 하나님의 전투적 목회 전략이 있다.** 그는 교회 통치의 중요한 실천 방법으로서 아주 중요한 개념인 '대적'(confrontation)의 개념을 말한다. 칼뱅은 "양떼를 좋은 꼴로 봉사하고 관리하는 것만으로는 충분치 않다"³⁴³⁾고 했다. 이것을 칼뱅은 '용기'(courage)의 개념으로 설명했다.³⁴⁴⁾ 그는 스스로 목사가 복음을 선포할 때 부딪쳐야만 하는 것이 무엇인지 잘 알고 있었다. 그것은 절대적으로 필요한 용기이다.³⁴⁵⁾ 목사는 효과적이기 위하여 무엇을 말해야 되는지 알아야 하며 확고해야 한다. 그러기 위해 교인들이 어떤 동기를 가지고 있는지 발견하여야 한다.³⁴⁶⁾ 위협과 테러에 의해 저지되는 것을 막아야 한다. 사단은 진리에 대적하며 이 세상을 자기 지배하에 두려고 한다. 마찬가지로 그들은 복음을 선포하는 자들에 대해 대항하고 있다. 그러므로 주의 종들은 말씀을 나타냄으로 주님을 섬기기를 고집해야 한다. 신실한 목사가 자기 교인들에 의해 하나님의 말씀을 선포하지 못하도록 하는 반대가 있다면 그는 성령의 인도함을 따라 그의 설교를 듣기를 원하는 또 다른 청중이 발견될 때 옮길 준비를 하여야만 한다.³⁴⁷⁾ 동시에 목사는 교회 안에서 복음이 곡해되지 않도록 항상 지켜야만 한다. 교회는 성경적 가르침과 조화되지 않는 새롭고 희한한 교리들을 표명할 야망 있고 거만한 시도를 하는 사람들에 의해 분란이 일어난다. 목사는 그러한 늑대들을 양떼들로부터 몰아낼 준비가 되어 있어야만 한다. 그리하여 그들의 머리인 그리스도에게 전적으로 순종하도록 해야 한다. 모두가 같은 은사를 가지지 않았다고 하더라도 교회 안에서 최선의 능력을 발휘할 수 있는 은사들

---

342) 이제까지 칼빈학계에서는 이 문제에 대해 변증신학의 입장에서의 '논쟁자로서 칼뱅' 이나 역사신학이나 조직신학적 측면에서 칼뱅의 '대적자' 들을 주로 다루어 왔다. Cf. "Calvin as a controversialist," in *Articles on Calvin and Calvinism* Vol. 5, ed. Richard C. Gamble (New York: Garland Publishing, 1992), 195-204. 그러나 Gilmore의 경우 칼뱅을 교회갈등론의 차원에서 다루고 있다. Gilmore, *Pastoral Politics: Why Ministers Resign*, 8.
343) 박건택 편역, 『칼뱅작품선집』, 제5권, 232.
344) Reid, *Reformed Theological Review* vol. XLII. No. 3, 67.
345) Comm. Mic. 3:8; Acts 23:17
346) 이에 대한 칼뱅의 실제적 목회의 사례는 Gilmore, *Pastoral Politics: Why Ministers Resign*, 37을 보라.
347) Comm. Acts 22:18; 23:17.

을 사용하도록 해야 한다.³⁴⁸⁾ 칼뱅은 이와 같이 교회 통치의 어려움을 잘 지적하고 있다.³⁴⁹⁾

그는 참 목자는 두 가지 직무를 수행하는 자로서 양 무리를 모든 폭력과 강도와 이리의 침입으로부터 방어하지 아니하고 그들을 지도하고 다스리기만 하는 것으로는 충분치가 않다고 했다.³⁵⁰⁾ 칼뱅은 우리가 이 세상에서 숨김없는 박해는 말할 것도 없고 친구들 혹은 동반자들에 의한 은밀한 반역도 당하게 될 것임을 다윗의 예를 통해 가르쳐주고 있다. 사단은 칼과 공공연한 싸움으로 교회를 공략해 왔지만 모든 계략을 숨긴 무기로 교회를 손상시키기 위해 교회 안에 원수들을 생겨나게 했다고 강조한다. 이는 버나드(Bernard)가 말하고 있듯이 "우리가 그들로부터 떠나갈 수도 없고 그들을 쫓아버릴 수도 없는 유의 적"이라고 했다. 그래서 우리의 이웃관계, 친족관계, 혹은 직업상의 다른 사람들과 연결은 우연이 아니라 하나님의 계획과 조정의 결과임을 더욱 알게 된다고 하였다.³⁵¹⁾ 칼뱅은 교회의 축복 차원에서 대적하는 자들만 득실거리고 참된 목자를 갖지 못했다면 이것은 분명히 비참한 상황이라고 하며 교회 안에서 다스리는 자들은 영원한 소경이어서는 안 된다는 점을 강조했다.³⁵²⁾ 그러기 위해서는 인간의 모든 협박에 대적해야 함을 다음과 같이 강조한다.

> 특별히 가르치는 직책(ad docendi munus)에 부르심을 받은 사람들은 어떠한 인간의 협박이나 어떠한 권위의 형태로 인하여 두려움을 느끼지 않도록 해야 한다. 오직 그들로 하여금 하나님께서 자기들에게 맡겨주셨다고 알고 있는 직책을 자유롭게 수행하도록 해야 한다.³⁵³⁾

---

348) Comm. Acts 20:23; Exod. 18:13, 17.
349) Comm. 2 Cor. 11:28.
350) Comm. Jer. 23:4.
351) Comm. Ps. 55:14.
352) Comm. Ps. 118:25-26.
353) Comm. Acts 4:20.

그러므로 칼뱅은 합당하게 부르심을 받고 자기 직분을 성실하게 이행하고 있는 하나님의 종들을 괴롭히는 행위는 하나님을 적대하며 싸움을 하는 행위가 된다고 강조한다.[354] 이것은 목회신정론과 맞닿아 있다. 칼뱅은 하나님께서 왜 교회가 고난을 당하도록 허용하셨는지에 대해서 의심하는 일이 자주 일어나지만 우리로 하여금 인내로서 기다리도록 하셨다고 하였다.[355] 그러므로 칼뱅은 교회 내부의 적들[356]에 대해 단호히 대적할 것을 강조하고 있지만 그것은 '관용의 한계' (the limits of toleration)[357] 내에서이다. 칼뱅은 그의 사역에서 실제로 수많은 관용의 실례를 보여주고 있다.[358]

그러나 이러한 **교회 통치도 한계가 있다.** 칼뱅은 그리스도와 완전히 배치되는 절대 권력을 휘두르고 있는 자들은 목사와 감독의 반열에서 거리가 먼 자들이라고 했다.[359] 목사들이 평화로 연결된 서열의 구분(ordnum distinctio)을 남용하여 나머지 지체들을 경멸하지 않고 불화를 위한 어떠한 구실도 주지 않아야 한다고 했다.[360] 그러므로 칼뱅의 '다스림'의 목회양식은 그가 그렇게 강조한 목회의 도구성을 전제로 해야만 오해되지 않는다. 그는 곳곳에서 목회자의 전제(專制)를 극렬하게 반대하고 있기 때문이다. 베드로전서 주석에서는 목회자들에게 맡은 바 임무를 잘 감당하도록 권면하는데, 특히 게으름(sloth), 물욕(desire for gain), 욕망(lust)이라는 세 가지 죄악을 경계하면서 전제적인 권위의식으로 교회를 다스려서는 안 되며 선한 삶의 본으로 다스려야 된다고 했다.[361]

---

354) Comm. Num. 16:11.
355) Comm. Ps. 115:3.
356) Comm. Ps. Preface.
357) Paul Woolley, "Calvin and Toleration," in *Articles on Calvin and Calvinism* Vol. 5, ed. Richard C. Gamble (New York: Garland Publishing, 1992), 192.
358) John Calvin, "To Philip Melanchton," Letters, Parts 1 in *Selected Work of John Calvin Tracts and Letters* vol. 4, eds. Jules Bonnet (Philadelphia: Presbytrian Board of Publication, 1858; reprint, Grand Rapids: Baker Book House, 1983). 374; "To Bullinger," 113; "To Farel," 89.
359) Comm. 1 Thess. 5:12.
360) Comm. Acts 21:22.
361) Comm. 1 Pet. 5:1.

그것은 목회의 본질인 영혼의 치유와 감독을 위하여 하나님이 신적 질서 안에서 부여해 주신 권세이지만 그것이 남용될 때 영혼의 치유와 감독에 치명상을 입힐 수 있기 때문이었다. 그래서 칼뱅이 아래와 같이 결코 목회자들에게 통치권이 주어지지 않았다는 표현을 쓰는 이유는 이러한 한계를 지적하기 위한 것이라고 보아야만 한다.

> 베드로는 교회를 직무 혹은 부분(cleros)을 '맡은'(charges) 것으로 부르는데 이는 그리스도의 전 몸이 주님의 기업이기 때문이다. 왜냐하면 수많은 농장과 같이 도시와 농촌에 흩어져 있는 교회들이 각각 장로들에게 맡겨져 경작하도록 할당되어져 있기 때문이다. 어떤 사람들은 매우 무식하게도 이 말이 소위 목사(clergy)를 의미하고 있다고 한다. 이 말이 목회에 대한 모든 직분들을 가리키는 고대의 표현 방법인 것은 사실이다. 나는 교부들에게 이러한 말을 하는 일이 결코 일어나지 않기를 바란다. 그 이유는 성경이 모든 교회들에게 공통적인 것으로 말하는 것을 소수의 몇몇 사람들에게만 국한시킬 권한이 결코 없기 때문이다. 이러한 표현 방법은 오류이거나 최소한 사도들이 사용한 의미와는 동떨어진 것이다…주님께서는 결코 목회자들에게 통치권(regnum)은 주시지 않았다. 다만 보살피도록(curam)하셔서 자신의 권리가 손상됨이 없이 존속하도록 하신다.[362]

2) 말씀의 양식(樣式)

교회 통치가 영혼의 치유와 감독을 위한 정치적이고 구조적인 목회양식이라고 한다면, 말씀사역은 인간을 통하여 하나님의 말씀을 드러내고 적용하는 사역이다. '말씀사역'이란 말씀을 통한 목회사역이다. 말씀은 목회사역의 가장 기초적이고 근본적인 직무이다. 말씀은 오늘날 실천 개념으로는 설교와 교육, 그리고

---

362) Comm. 1 Pet. 5:3.

전도와 선교를 포함한다. 더 나아가 목회의 모든 실천양식이 말씀의 사역이 아닌 것이 없다. 따라서 말씀의 사역은 지금처럼 '설교' 라는 목회의 실천양식에 국한되지 않는다. 그러나 우리는 칼뱅이 말하는 말씀의 사역을 현대적 의미의 '교육' 과 '설교' 의 사역에 한정하여 논의하기로 한다.[363]

먼저 설교의 양식에 있어서 칼뱅의 목회신학적 관점은 무엇인가? 그것은 16세기 목회신학의 특징처럼 칼뱅의 목회신학에서도 목회자로서 설교에 임하는 동기와 태도이다.[364] 그것은 **칼뱅의 설교관**에서 찾을 수 있다. 첫째, 칼뱅의 설교관은 하나님의 말씀으로서 설교이다.[365] 칼뱅에게 있어서 설교란 한 마디로 신적 행위이며 그리스도의 현현이다.[366] 설교를 통해서 예수 그리스도께서 우리에게 오시며 또 하나님께서 우리를 참으시고 가까이 오신다. 인간의 영혼을 치유하고 감독하는 수단은 말씀이다. 그런데 그 말씀은 목회자의 설교를 통해서 나타난다. 설교에 대한 칼뱅의 목회신학의 출발점은 하나님은 왜 인간에게 하늘에서 직접적으로 천둥소리로 말씀하지 않으시고 목회자 인간을 통해 말씀하시는가이다.[367] 칼뱅은 하나님의 말씀은 선지자의 말과 차이가 나지 않는다고 말한다.[368] 이것은 하나님께서 그분의 사역자들의 음성을 통해 말씀이 전파되기를 원하시기 때문이다. 그는 "인간들이 하나님의 말씀을 듣는 곳이 아니고서는 아무데도 하나님께 대한 진정한 경외심을 찾아볼 수 없다"[369]고 했다. 이것은 "하나님께서 우리를 가르치는 데 있어 그 종의 음성이 아니고서는 들려지는 것을 결코 원치 않기 때문

---

363) 말씀의 목회신학에서 전도와 선교의 목회신학에 대한 칼뱅의 견해를 포함할 수 있으나 본서에서는 생략하기로 한다. 설교(homiletics or Kerygmatics)에 교리교육(Catechetics)을 포함하는 개념으로 보고 이 둘을 나누는 것을 좋지 않게 보는 목회신학자로는 Michal Pfliegler 등이 있다. Michael Pfliegler, *Pastoral Theologie*, trans. John Drury, *Pastoral Theology* (Westminster: The Newman Press, 1966). Foreword vi.
364) 김득룡은 칼뱅의 목회신학을 논하면서 16세기의 목회신학의 특징은 동기나 태도에 중요 관심을 기울인 것이라고 보았다. Cf. 김득룡,『현대목회신학원론』(서울: 총신대학교출판부, 1987), 273.
365) Wallace, *Calvin's Doctrine of the Word and Sacrament*, 82.
366) Richard Stauffer, *Calvin et sermon*, 박건택 편역,『칼빈의 설교학』(서울: 나비 1944), 64.
367) Comm. Isa. 55:11.
368) Comm. Hag. 1:12.
369) Comm. Isa. 55:10.

이다."³⁷⁰⁾ 따라서 영혼의 치유와 감독자로서 목회자는 단순히 성경의 문자적 내용을 청중들에게 전달하는 웅변가가 아니라 하나님의 말씀을 수종드는 '하나님의 종'으로 설교에 임해야 한다.

둘째, 목회자로서 가져야 할 설교관은 하나님의 임재의 표식으로서의 설교이다.³⁷¹⁾ 그의 설교의 본질은 하나님의 백성에 대한 자신의 나타나심이다.³⁷²⁾ 목회자들에 의해 선포되어진 설교는 자신 안의 베일에 싸여서 인간이 직접 볼 수 없는 하나님께서 인간에게 다가오는 은총의 양식이다. 칼뱅은 이 하나님의 "온당한 가르침의 방법"(familiaris docendi ratio)³⁷³⁾이 얼마나 경외롭고 신성한 위엄을 불러일으키는가에 대해 감탄할 뿐만 아니라, 더 나아가 계시의 자기 전달의 수단으로서 목회자의 입에서 나오는 설교를 하나님의 임재의 표식으로 인식했다. 이것은 하나님이 인간에게 다가오는 방식이다. 그러므로 설교자가 봉사하는 말씀은 하나님의 말씀이지 자신의 것이 아니다.

셋째, 목회자의 설교는 그리스도의 통치 수단이다.³⁷⁴⁾ 설교는 그 백성들의 마음 속에 그의 '질서'를 세우는 그리스도의 통치 수단이다. 칼뱅은 그리스도가 무력의 힘으로나 공포의 대상으로 통치하시는 것이 아님을 지적하고 "그분의 모든 권위는 그분이 추구되고 알려지기를 원하는 교리와 설교 안에 있다"³⁷⁵⁾라고 했다. 즉 목회자의 설교는 그리스도께서 자신의 교회 안에서 통치하시는 왕권일 뿐만 아니라 교회의 비밀스러운 검이다.³⁷⁶⁾ 이것은 설교가 그리스도의 왕권 행사의 방편으로 타락한 피조물을 하나님의 새로운 질서로 갱신시키는 기능이 있음을 말한다.³⁷⁷⁾ 그리스도는 설교 가운데 계시고 그의 왕적 보좌를 거기에 두신다.

이러한 칼뱅의 세 가지 설교관은 목회자로서 **설교에 임하는 태도와 동기**가 어

---

370) Comm. Isa. 55:10.
371) Wallace, *Calvin's Doctrine of the Word and Sacrament*, 84.
372) Inst. Ⅳ, 1, 5.
373) Inst. Ⅳ, 1, 5.
374) Wallace, *Calvin's Doctrine of the Word and Sacrament*, 85.
375) Comm. Isa. 49:2.
376) Comm. Ps. 149:9.
377) Comm. Isa. 51:16.

떠해야 하는가를 말해 준다. 말씀의 사역은 기초적이고 근본적인 목회적 직무이기 때문에 칼뱅은 말씀사역이 목사의 직무 중에서 가장 중요한 임무이자 가장 높은 수준의 직무임을 지적하였다.[378] 그는 자신의 사상과 생각을 회중들에게 공급함으로 진리를 억눌렀던 설교자들을 몹시 혐오하였다.[379] 또 설교 있어서 영감된 말씀의 배타성과 확실성을 자주 강조하였다. 목사의 책임에 대한 궁극적인 논평은 "하나님 나라의 열쇠"의 권세가 효과적으로 만들어지는 것은 설교를 통해서라는 것이다.[380] 이것은 말씀의 공적인 사역을 목사의 우선적 관심으로 보았기 때문이었다. 물론 성례의 사역도 참 교회의 표지이기는 하지만 말씀의 사역을 더 본질로 보았다.[381]

설교의 사역은 하나님의 말씀을 수종드는 '봉사의 사역'이다. 칼뱅은 누가가 '봉사 및 사도의 직무'라고 말할 때 '봉사'(ministry)라는 말이 경멸의 뜻을 가지고 있기 때문에 큰 존엄을 뜻하는 '사도의 직무'라는 말을 추가한 것이라고 보았는데, 이것을 '사도직의 봉사'라고 설명한다.[382] 즉 예수 그리스도의 말씀의 봉사는 사도직의 봉사이며, 그들의 봉사의 핵심은 말씀의 사역이라고 본 것이다. 이 말씀의 봉사는 오늘날 목회자들을 통해 계속적으로 이어지도록 하였다. 그런 의미에서 목사는 사도들의 후계자이다.[383] 따라서 목회자로서 설교자는 양들의 영혼의 치유와 감독을 위해 먼저 자신이 하나님의 음성을 들어야 한다. 하나님의 음성을 위임받은 목사는 그 위임된 직무를 자랑하거나 뽐내서는 안 된다. 그는 언제나 겸손을 보여야 한다.

그리고 목회자는 **말씀의 사역의 가치나 권위에 대해 확신**이 있어야 한다. 칼뱅은 "설교자는 자신이 예수 그리스도를 대리하기 때문에 탁월한 지위를 부여받았다는 확신을 가지고 설교에 임해야 한다"고 했으며, "설교자의 권위는 목사 자신

---

378) Inst. Ⅳ, 1, 5; 4, 3.
379) Parker, *Portrait Of Calvin* (London: SCM Press, 1983), 83. Cf. Comm. 2 Tim. 3:16.
380) Comm. Matt 16:19.
381) Inst. Ⅳ, 14, 3.
382) Comm. Acts 1:25.
383) Stauffer, *Calvin et sermon*, 『칼빈의 설교학』, 62.

에게서 나오는 것이 아니라 그를 보내신 분으로부터 비롯된다"고 했다. 그래서 칼뱅은 설교자들을 "사자들", "하나님의 입"이라고 지칭했다. 그것은 하나님께서 자신의 말씀을 수단으로 해서만 자신의 교회를 낳으시고 증대하시기 때문이다.[384] 또 특별한 의미로서 교회는 하나님이 말씀으로 세우신 건물이며 온 교회를 지금도 말씀으로 돌보시고 계시기 때문이다.[385] 그리고 교회의 탁월성은 이 말씀의 사역에 있다. 그는 성막이 교회의 모형이라고 보았으며 성막의 외형적인 장식은 영적 은사의 탁월성을 지칭하는 것이라고 보았다. 이사야가 말한 성전의 아름다운 치장(사 54:11-12)은 그리스도의 통치 밑에서 완전한 영광을 가지게 되는 교회를 의미한다. 이것은 교회가 천상의 아름다움으로 치장될 것이라는 뜻이다. 교회의 제일가는 탁월성은 우리를 하나님의 형상으로 새롭게 만들어 주는 가르침과 관련해서 생각하지 않으면 안 된다고 보았다.[386] 그래서 칼뱅은 목회자의 다른 어떤 과업보다 설교의 우선적 과업을 중시하였다.[387]

그러므로 이러한 **말씀 사역의 가치를 무시하는 자들**에 대해 칼뱅은 비판한다. 그는 교만한 자들이 성경을 개인적으로 읽는 것만으로 충분하다고 생각하면서 교회의 일반적인 봉사의 필요성을 부인하는데, 이는 말씀의 봉사가 하나님의 뜻이기 때문에 잘못된 것이라도 했다.[388] 그는 공적 설교를 부정하고 하나님의 내적 영감이 그 자리를 차지한다는 광신자들을 비판하고 있다.[389] 인간 선지자들의 입에서 나오는 말씀에 귀를 기울여야 하는 것처럼 목자의 음성을 모두 배척하는 광신자들을 경계하였다. 참 목자들이 우리를 권면하거나 꾸짖거나 하나님의 명령에 따라서 우리를 경고하고 정죄할 때를 가리지 말고 그들의 말에 귀를 기울여야 한다고 했다.[390]

---

384) Comm. Ps. 22:30.
385) Comm. Ps. 51:18.
386) Comm. Exod. 26:1.
387) Stauffer, *Calvin et sermon*, 『칼빈의 설교학』, 62.
388) Comm. Eph. 4:12.
389) Comm. Heb. 8:11.
390) Comm. Isa. 39:8. Stauffer, *Calvin et sermon*, 『칼빈의 설교학』, 64

목회자로서 설교의 바른 동기와 태도를 가진 영혼의 치유와 감독자로서 목회자는 어떤 방법으로 설교의 프락시스를 행할 것인가? 칼뱅의 **설교 방법론에서** 제일 첫째의 문제는 즉흥적인 설교냐 준비된 설교냐이다.[391] 이러한 준비는 무엇으로 구성되는가? 칼뱅의 설교 방법은 세 가지이다. 첫째 방법은 자신의 의도를 겉치레하지 않고 또 청중의 귀를 간질이지 않고 "백성의 유익과 영혼의 구원"을 생각하면서 복음을 전하는 것이다. 둘째 방법은 잘못된 교리에 집착하지 않으면서도 헛된 수다에 몰두하지 않는 것인데 그 이유는 그 방법이 호기심에 찬 쓸데없는 문제들과 관련되어 있다는 사실 때문이다. 셋째 방법은 백성들의 영혼을 거짓으로 "중독시키고" 그 정신들을 수많은 환상으로 가두며, 그리하여 신자들을 교화시키기커녕 오히려 그들을 하나님에게서 떠나 미신으로 향하게 하는 방법을 피하는 것이다.

말씀의 사역의 방법에 대해 칼뱅은 하나님의 진리가 하나이듯이 그것을 가르치는 방법도 하나라고 하면서 그 방법은 모든 거짓 핑계에서 벗어나 외적인 인간의 웅변의 과시보다는 성령의 위엄을 풍기는 것이라고 보았다. 칼뱅은 복음 설교의 본질은 참 권위로 충만한 능력이라고 했다. 아무리 설교가 유창하더라도 말(sermone)보다 능력(virtute)이 없으면 그 설교는 죽은 것이며, 결국 아무런 힘도 갖지 못한다고 보았다.[392] 사도 바울의 설교 방법은 성령의 능력이 그의 설교 안에서 나타나도록 하는 그런 방법이었으며, 어떤 외적인 지원을 받지 않고, 순수하고 단순한 방법으로 설교를 하였다고 했다.[393]

칼뱅에 있어서 설교는 성경적이어야 한다.[394] 신자들이 먹어야 할 하나님의 말씀인 양식은 오직 성경에만 있기 때문이다. 이 양식은 하늘의 양식을 목사의 설교를 통해 나누어주는 것인데 칼뱅은 설교를 빵 덩어리에 비유하고 빵을 자르는 것은 해석으로 비유했다.[395] 칼뱅은 '다르게 가르치는' 형식 뿐만 아니라 '다른

---

391) Stauffer, *Calvin et sermon*, 『칼빈의 설교학』, 66.
392) Comm. 1 Cor. 4:20.
393) Comm. 1 Cor. 2:13.
394) Reid, *Reformed Theological Review* vol. XLII. No. 3, 68.
395) Stauffer, *Calvin et sermon*, 『칼빈의 설교학』, 68.

것을 가르치는' 본질까지 반대하고 있다.[396] 그것은 설교가 전달되기 전에 바른 성경해석을 전제로 한다. 그는 목회자의 가르침의 핵심은 아버지가 빵을 갈라서 자기 아들에게 주는 것과 같은 원리라고 했다. '올바로 나누는 것'은 교회에 도움이 되는 해석방법을 의미한다.[397] 칼뱅은 교인들이 성경을 제대로 읽을 수 있는 능력이 있느냐에 대해 회의적으로 보았다.[398] 칼뱅에게 성경읽기란 항상 교회적으로 읽는 것이며 목회적으로 읽는 것이다.[399] 따라서 칼뱅의 참된 설교란 성경의 해석과 적용이다.[400] 칼뱅은 목회자의 바른 성경해석법을 그의 로마서 주석에서 그의 옛 친구 시몬 그리네우스(Simon Grynaeus)[401]에게 드리는 헌사를 통해 밝히고 있다. 즉 성경을 해석하는 가장 좋은 방법은 '간단명료하고', '저자의 마음을 드러내는 것' 두 가지라는 점을 서로 확인하고 있다.[402] 결국 칼뱅은 설교 준비자로서 목회자가 성경을 어떻게 해석해야 하는지를 보여준다고 볼 수 있다. 그가 제시한 해석의 방법은 단순성, 간결성, 용기, 실천적 적용 등이다. 특히 설교에 있어서 목회자는 하나님의 뜻을 잘 분별하도록 본문에 고정되어 있어야 한다.

---

396) Comm. 1 Tim. 1:3.
397) Comm. 2 Tim. 2:15.
398) Ibid., 67.
399) Ibid., 77.
400) Ibid., 71.
401) Simon Grynaeus는 칼뱅이 1535/1536 사이 바젤에 머무를 때 사귀었던 유명한 고전 문헌학자였다. 칼뱅의 로마서 주석 헌사에는 그들이 서로 '성경을 해석하는 가장 좋은 방법'에 대해 '우의에 넘친 대화'를 했다고 기록하고 있다. Cf. Fritz Büser, "Bullinger as Calvin's Model in Biblical Exposition: An Examination of Calvin's Preface to the Epistle to the Romans," in *Articles on Calvin and Calvinism* Vol. 6, 436.
402) Comm. Rom. 헌사. 칼뱅의 성경 해석 방법론에 대해서는 다음 학자의 논문을 참고하라: 안명준, "해석학," 『최근의 칼빈 연구』(서울: 대한기독교서회, 2001). 55-66. 안명준, 『칼빈의 성경해석학』(서울: CLC, 1997). 그 외에 주해 원리 등에서는 Hans-Johachim Kraus, "Calvin's Exegetical Principles," Richard Gamble, "*Brevitas et Facilitas*: Toward an Understanding of Calvin's Hermeneutic," T. H. L. Parker, "Calvin the Biblical Expositor," J. L. M. Haire, "John Calvin as a Expositor," Poul Traugott Fuhrmann, "Calvin, The Expositor of Scripture," Irwin Hoch De Long, "Calvin as an Interpreter of the Bible," L. Floor, "The Hermeneutics of Calvin," in *Articles on Calvin and Calvinism* Vol. 6.

칼뱅이 보기에 율법 설교의 성경적 방법(scriptural mode of preaching the law)은 무엇인가? 하나님과 이웃에 대한 완전한 사랑은 의의 완전성인 율법을 행하는 것이다.[403] 칼뱅은 설교자가 삶의 법칙으로서 율법(as a rule of life)을 실천하도록 설교해야 한다고 주장한다. 그것은 단순히 도덕설교(mere moral preaching)를 하는 것이 아니다. 더구나 반율법주의(antinomianism)도 아니다. 율법은 단지 복음에 대한 준비일 뿐이다. 하나님의 심판으로 양심을 부르는 것이 율법의 적절한 기능이다.[404] 그리스도는 자신의 죄의식으로 좌절하는 겸손한 사람에게만 약속되었다. 복음의 교리적 설교는 "하나님의 모든 계획"(declaring all the counsel of God)[405]을 선포하는 것이요 꺼리지 않고 증거하는 것이요(do not shun to declare it), 성경의 주장을 숨김없이 드러내는 것이다(explicit scripture declaration). 계시가 서는 곳에서 서고 조금이라도 주제넘게 계시 밖으로 더 이상 나가지 않는 것이다(Let us ever stop, where revelation stops; and not pretend to more one inch beyond it).[406]

더 나아가 칼뱅은 목사들은 자기들이 날마다 설교하는 일을 위하여 얼마간의 시간을 보냈다 해도 자기들의 의무를 다했다고 생각해서는 안 된다고 했다. 즉 목사들에게는 다른 또 하나의 노력, 다른 또 하나의 열심, 다른 또 하나의 부지런함이 모두 요구된다. 그렇게 함으로써 그들은 자기들이 설교하는 일에 스스로 전력을 다했다는 것을 자부할 수 있게 된다고 했다. 모두가 교회의 번영을 위해 기도해야 하지만 다른 이들과 비교해서 그들만이 갖고 있는 특별한 기도의 이유가 있는 것은 목사들이 그 일을 위해 누구보다도 더욱 안타까운 심정으로 기도해야 하기 때문이다. 그리고 이것은 아무리 목사가 밭을 갈고 씨를 뿌리고 물을 주는 수고를 하여도 하늘로부터 성장시키는 일이 없다면 무익하기 때문이

---

403) Comm. Luke 10:26. Bridges, *The Christian Ministry with an Inquiry into the Cause of its Inefficiency*, 225.
404) Comm. John 10:8; 16:10; Bridges, *The Christian Ministry with an Inquiry into the Cause of its Inefficiency*, 233.
405) Comm. Acts 20:27.
406) Bridges, *The Christian Ministry with an Inquiry into the Cause of its Inefficiency*, 250.

다.[407] 설교자는 밭을 갈고 씨를 뿌리는 경작자이기 때문에 인간적인 땀이 필요하다. 그러므로 이런 방법을 무시하고 믿음을 가질 수 있다고 믿는 사람은 마치 농부가 농사에 필요한 작업을 하지 않으면서 하늘에서 음식이 입으로 떨어지기를 기다리는 사람과 똑같다고 했다.[408]

그리고 설교자는 하나님의 은혜로우심과 자비하심을 믿고 위협적인 내용인 심판과 멸망도 선포할 수 있어야 한다고 했다.[409] 그는 말씀 선포 자체가 '이중적 효과'[410]가 있음을 말하고 있지만 목회자는 영혼의 감독자로서 죄악을 책망하는 설교도 해야 한다고 보고 있다. 오늘날 소위 '달콤한 설교'의 지향은 칼뱅의 설교 방법론의 입장에서 보면 양떼를 모으고 도둑떼와 늑대를 쫓기 위한 두 목소리 중 한 목소리만을 내는 것이다.[411] 말씀의 봉사자들이 죄악을 책망함으로 집권자들의 짐이 경감되도록 해야 한다. 교사들의 자유로운 책망이 법률과 재판에 추가되어야 한다는 것이다. 칼뱅은 그레고리(Gregory)가 복음전파(방울소리)의 소리를 들을 수 없는 제사장은 사형감이라고 했다는 점을 인용하면서 이사야가 '벙어리 개'(사 56:10)들을 꾸짖는 것과 같다고 보았다.[412] 이것은 영적으로 설교자들에게 하나님의 심판을 선포하는 '선지자적 설교'(prophetic preaching)[413]의 책임이 있음을 강조한 것이다.

그 다음은 교육의 양식이다. 칼뱅의 교육은 말씀을 먹이고 적용하는 사역이다. 그 실천 방법론은 다음과 같다. 첫째, 칼뱅의 **교육 방법론**은 '캐터키즘' 교육이다. 칼뱅은 가정의 아버지를 위한 루터의 캐터키즘을 계승 발전시켜 교회교육의

---

407) Comm. Acts 6:4.
408) Comm. 1 Cor. 3:7.
409) Comm. Jon. 4:2.
410) 칼뱅의 설교에 있어서 "이중음성 교리"(duplex vox)에 대해서는 Stauffer. *Calvin et sermon*, 『칼빈의 설교학』, 71.
411) Comm. Tit. 1:9.
412) Comm. Exod. 28:31.
413) Chang Hoon Kim, "The Significance of prophetic preaching: The Implications of Isaiah's Message for Contemporary Preaching" (Th.D disss., University of Stellenbosch), 1999. 166.

커리큘럼으로 제네바 『캐터키즘』을 만들었다.⁴¹⁴⁾ 제네바교회는 성인 뿐만 아니라 청소년들이 올바른 신앙의 가르침을 받고 교회에 입교할 수 있도록 성만찬 시행과 연결지어서 캐터키즘을 가르쳤다. 이러한 교리교육은 성경교육 방법론에 비추어보면 본문(text) 중심의 교육보다 주제(themen) 중심의 교육이었다. 이것은 강단의 말씀이 본문을 강해하는 본문설교의 성격인 것과는 대조적으로 교육의 영역에서는 연역적인 방법으로서 '요리문답'(katechismus)의 형식을 취했다.

그런데 이러한 '캐터키즘' 교육은 자칫 주지주의적이고 이성을 근거로 한 지식만을 강조하는 교육으로 오해되기도 한다. 그러나 칼뱅이 이해했던 목회의 중심 주제로서 교육 내용은 어디까지나 성경의 복음적 진리의 내용으로서의 교리였다. 이것은 그가 주지주의적 목회를 했다고 평가하기보다는 교회의 필수적인 정통실천의 말씀사역으로 이해해야 한다. 실제로 칼뱅 그 자신이 믿음을 "우리에 대한 하나님의 뜻이 무엇인지 아는 것"⁴¹⁵⁾이라고 정의하고 그 지식은 이해(comprehension)가 아니라 인간의 감각적 지식을 초월하는 확신(assurance)이라고 했다.⁴¹⁶⁾ 왜냐하면 칼뱅의 '경험'에 대한 이해는 학습자의 주관적 이해를 의미하는 주관적 경험이 아니라 성령의 경험을 의미하기 때문이다. 따라서 칼뱅이 창조사역에 나타난 하나님을 "경험이라는 교사"(magister experientia)를 통해 자신의 말씀에서 나타내신 하나님을 발견할 수 있다고 말한 것은 자연신학적 교육관을 말하는 것이 아니라 성령 안에서 그리스도와의 연합을 통한 지식의 경험을 통해 하나님의 속성을 배울 수 있다는 점을 강조한 것이다. 그러므로 칼뱅의 교육과정에서 나타난 주지주의적 비판은 결코 칼뱅 자신이 말한 것처럼 사실이 아니다. 그가 말하는 지식은 항상 순종과 예배와 연결되는 진정한 경건으로 연결됨을 확인할 수 있다.⁴¹⁷⁾

---

414) J. John Hesselink, *Calvin's First Catechism, A Commentary* (Louisville: Westminster/John Knox, 1997). 1-38.
415) Inst. Ⅲ, 2, 6.
416) Inst. Ⅲ, 2, 14.
417) Inst. Ⅰ, 10, 2.

둘째, 칼뱅의 교육 방법론은 성령의 사역과 밀접하게 관련을 맺고 있다. 그의 교육목회 방법론으로서 '캐터키즘' 교육도 칼뱅의 성령신학을 도외시하고 접근하면 칼뱅을 날카로운 이성주의자로 평가하기 쉽다. 그리고 또 칼뱅의 교회교육에서 성령론을 도외시하면 교회교육에 있어서 인간 존재는 하나의 도구로 전락할 가능성이 있다.[418] 우리가 앞에서 정리한 대로 성령과 인간의 관계는 신률적 상호관계성(reciprocity) 속에서 인격적으로 상호주관적인 관계(personally intersujective relationship)의 리얼리티를 가짐으로 이 실천신학적 원리가 교육과정 원리에 원용되어야 한다. 성령은 직접적으로 학습자를 가르치거나 간접적으로 교사를 통해 가르친다. 이들은 서로 역동적인 관계이다.[419]

이러한 점에서 교회교육의 방법론은 교수학적인 면에서 먼저 진리의 교사이신 성령과 인간 교사로서 목사와의 관계이다. 성령과 인간 교사의 관계는 성령이 인간 교사를 배제한다는 견해나 성령이 인간의 노력을 대신한다는 견해 혹은 성령이 교육에 각주를 다신다는 견해나 성령이 전혀 불필요하다는 견해는 모두 그릇된 견해이다.[420] 성령은 중생한 신자들의 속에 내주하심으로 성령 안에서 완전해지도록 교육사역을 행하신다. 로이 주크(Roy B. Zuk)는 성령의 교육사역 즉 교훈사역, 회상사역, 인도사역, 그리고 조명사역으로 나누고 있다.

칼뱅의 교육방법론에 이어 **교육에 대한 칼뱅의 목회신학적 관점**은 무엇인가? 첫째, 말씀의 사역 중 교육은 중요한 목회실천의 사역이다. 칼뱅은 제네바 교리문답서의 처음에 교회는 하나님이 누구인지를 인식하는 데 도달하여야 한다고 말한다.[421] 이렇게 말씀의 봉사 중 교육이 필요한 이유는 이 세상과 교회가 학교이기 때문이다. 칼뱅은 하나님은 '세상의 모형'(the image of the world)으로 자

---

418) 화란의 실천신학자 피렛(Jacob Firet)은 인간은 단지 성령의 산들 바람이 불면 현이 음악 소리를 낼 수 있는 풍명금(風鳴琴; Aeolion harp)에 불과하거나 하프 연주자가 아니라고 보았다. Cf. Jacob Firet, *Het agogisch Moment in het Pastoraal Optreden.* trans. J. H. Kok, Dynamics in Pastoring (Grand Rapids: Eerdmans Publishing Company, 1986), 128.
419) Ibid., 129.
420) Roy B. Zuk, *The Holy Spirit in Your Teaching* (Wheaton: Scripture Press, 1963), 53-59.
421) "그들 자신이 하나님이 누구이신지를 인식해야 한다"(*ut ipsi noverint Deum, a que conditi sunt homines*).

신을 계시하시기 때문에 하나님을 바로 알기 원한다면 이 세상을 우리의 학교로 삼아야 한다고 했다.[422] 또 교회도 학교이기 때문에 하나님께서는 가장 작은 자들로부터 가장 큰 자들에 이르기까지 모든 사람들을 그의 학교로 초대하시고자 했고 그들을 그의 제자로 삼고자 하셨기 때문이라고 했다.[423] 그러므로 목회직의 사역은 "신성한 교리"를 사람들에게 가르침이라고 보았다.[424] 칼뱅은 교인들이 "신의 손"인 인간에 의해 복음의 메시지를 통하여 은혜 가운데 자라야 함을 강조했다.[425] 그러므로 교사에 대한 우선적인 자격요건은 교인들이 주님의 지식 안에서 자라도록 적절히 교회를 가르칠 수 있는 지혜와 판단을 부여받는 것이다. 목사는 청중들의 부름에 스스로 응답하여 그들이 잘 성장하도록 가르치고 훈련해야만 한다. 이것은 그리스도의 몸으로서 교회를 통일되게 하고 강하게 할 것이다.[426] 하나님께서는 그의 사역자들이 가르치는 직무를 수행하도록 부여하고 그들의 어깨 위에 올려진 그 진리를 유지하게 함으로 거룩한 진리가 널리 전파되며 유포되도록 하셨다.[427] 따라서 목회의 본질인 치유와 감독은 목사의 가르침을 통하여 실천되도록 하나님께서 교회의 프라시스로 정해 놓았다고 할 수 있다. 목회자들의 교회에서의 교육적 의무에 대해 제네바 『캐터키즘』 서문에서 이렇게 말한다.

> 교회는 항상 어린아이들에게 기독교 교리를 교육하는 것을 특별히 권장하여 왔다는 사실이다. 이것 때문에 옛날에는 여러 학교가 있었다. 또한 각자에게 그 가족을 보다 잘 가르쳐야 될 것을 명하는 데 그치지 않고, 다시 다른 교회 모든 신자들 간에 공통적으로 있어야 될 여러 가지 점에 관하여 어린이들이 응함으로써 공적인 질서가 잘 보존되어진다.[428]

---

422) Comm. Gen. 서론
423) Comm. Deut. 31:12.
424) Inst. Ⅳ, 1, 5.
425) Reid, *Reformed Theological Review* vol. XLⅠⅠ. No. 3, 67.
426) Ibid.
427) Comm. Ps. 78:6.
428) Le Catechisme, Epitre au Lecteux; 김득룡, "칼빈의 교회교육 연구," 『신학지남』, 52: 2 (1985): 64.

둘째, 목회자의 교육적 실천의 목회신학적 의미는 성령의 외적인 사역자로서 사용되어지기 때문이다. 인간 목회자의 교육실천이 신적인 행동이 되는 이유는 교육에서 있어서 성령의 리얼리티와 신인협동(synergism)에 대한 신학적 이해 때문이다.429) 만약 이것이 없다면 지식적 교육이 되기 쉽다. 칼뱅처럼 교육에서 인간의 행동이 하나님의 행동과 어떻게 관련을 맺는가에 대해 분명하게 말한 사람도 없다. 칼뱅은 외적인 사역자(minister externus)들의 교육행위가 "하나님 자신이 하는 것처럼" 여겨지는 것은 성령의 사역 때문이라고 설명하고 있다. 칼뱅이 성령의 도구로서 외적인 사역을 사용한다고 말을 할 때 그 의미는 말씀의 사역과 성찬의 사역을 의미한다. '양자의 영'인 내적 성령의 사역이 효과적으로 개인의 성화에 적용되어 각 개인은 공동체에 역사하는 외적인 성령의 사역과 결합됨으로 효과적으로 교회 안에서 그리스도와 연합된다. 결국 성령의 내외의 사역과 목회의 사역은 결합되어 있다는 것이다.430)

칼뱅은 내적인 교사이신 성령이 우리의 마음을 꿰뚫어 구원의 약속을 주시려고 하지 않는다면 그 말씀은 우리의 귀와 공기를 때리는 약속으로 아무 효과 없이 남게 된다고 보았다.431) 이것은 외부적인 사역자의 행동이 중요하지 않다는 말이 아니다. 칼뱅은 사역자들이 교의를 강론하는 것만으로 충분치 않다고 하면서 듣는 자들이 한 번이 아니라 여러 번 지속적으로 받아들이도록 힘쓰지 않으면 안 된다고 보았다.432) 바울은 하나님의 말씀이 효험이 있게 되는 것이 자기 사역의 목표라고 말한다.433) 하나님은 우리가 겸손하게 경험하도록 다른 사람의 사역을 사용하신다. 만일 하늘로부터 하나님이 직접 말씀하신다면 우리가 그것을 받아들이는 것이 오히려 이상할 것이다. 칼뱅은 "흙에서 나온 하찮은 인간이 하나님의 이름으로 말을 할 때에 목회자가 우리보다 뛰어난 점이 없다 할지라도 그의

---

429) 황성철, "교회교육에 있어서 성령에 대한 교육신학적 접근," 「신학지남」, 278 (2004년 봄호), 127-129.
430) Inst. IV, 1, 5.
431) Inst. III, 1, 4.
432) Comm. 2 Cor. 6:1.
433) Comm. Col. 1:25.

사역을 통해 배우는 태도를 보인다면 여기서 우리는 하나님께 대한 우리의 경건과 순종을 가장 잘 입증하는 것이 된다"고 강조했다.[434] 이것은 인간이 외적인 교육을 한다 할지라도 성령은 인간의 마음속에서 진정으로 유효적인 교육효과가 나타나도록 한다는 것을 지적한 것이다.

칼뱅은 **말씀의 사역의 목표**에 대해 '**교화**'(edification)를 제시한다.[435] 칼뱅은 바울이 선지자의 일은 교화, 격려 및 위로를 위한 가르침이라고 했다.[436] 모든 교의를 시험하는 원칙은 교화시키는 데 도움이 되느냐이다.[437] 말씀은 '교회의 공동적인 교화'를 위해 역사한다.[438] 칼뱅은 그레고리의 목회사상을 인용하여 교황주의자들을 비판한다. 그레고리는 제사장들이 성소를 드나들 때 방울소리를 내는 것을 가르침에 비유하여 '우리가 소리를 내지 않고 다닌다면, 즉 우리가 목회자임을 자랑하면서 벙어리처럼 행한다면 화를 당할 것이다. 왜냐하면 교회 안에서 말하지도 않고 백성들의 교화를 위해 가르치는 직분을 소홀히 하는 자가 목회자로 간주된다면 그것보다 더 참을 수 없는 일은 없기 때문이다'라고 말했음을 주지시키고 있다.[439] 그러나 교황주의자들은 인간의 명령과 관례로서 이 가르치는 직분을 왜곡하였다.

또 말씀의 사역의 목표는 **하나님께 바른 예배를 드리기 위한 목적**이다. 하나님의 학교에서 교육을 받은 그의 제자만이 하나님을 제대로 예배하는 자들이다.[440] 칼뱅은 우리가 교훈으로 계도받지 않고서는 하나님을 올바로 예배할 수 없으며, 하나님이 교회의 유일한 교사이기 때문에 교회를 가르치는 권세와 권위를 오직

---

434) Inst. Ⅳ, 3, 1.
435) 황성철 박사는 칼뱅의 '교화'(edification) 개념을 교육 과정으로 이해하고 그 방법으로 설교, 예배, 캐터키즘, 교회훈련을 제시하고 하고 있다. Cf. Hwang Sung Chul, "The Teaching Ministry of the Church within a Calvinistic Approach to Theology" (Ed. D. Diss. The Southern Baptist Theological Seminary, 1987). 182-204.
436) Comm. 1 Thess. 5:20.
437) Comm. 1 Tim. 1:4.
438) Comm. Ps. 119:172.
439) Comm. Mal. 2:9.
440) Comm. Acts 8:28.

하나님께만 둘 것을 외칠 때 모든 사람의 입을 닫는 것은 정당하다고 했다. 그러므로 교사의 직분이 목회자에게 주어진 것은 하나님만을 전하라는 목적밖에 없다. '그가 그의 길로 우리에게 가르칠 것이라' (사 2:3)는 의미는 하나님이 완벽한 교육을 위해서 그의 길을 우리 앞에 걸어 놓겠다는 뜻을 의미한다고 했다.[441]

3) 예전의 양식

설교와 마찬가지로 말씀과 예전[442]은 목회사역의 가장 기초적이고 근본적인 직무이다. 예전은 성례와 예배를 포함하는 의미이다. 그리고 예배는 기도와 설교와 성만찬과 세례, 찬송을 담아내는 목회 실천양식이다. 성례와 예배의 관계는 목표와 지향성의 관계이다. 즉 칼뱅의 예배관에 의하면 성례는 예배를 목표로 하기 때문에 모든 예배는 성례를 담아내는 실천양식이 되어야만 한다. 칼뱅의 성례관은 성만찬과 세례 두 가지 종류만을 인정한다. 예전의 목회신학은 말씀과는 다르게 양들의 눈에 가시적 양식으로 존재하기 때문에 그 바른 실천 유무가 매우 중요하다. 이는 왜곡된 설교 프락시스의 폐단과 비슷하게 잘못된 예전의 프락시스는 또 다른 말씀의 가시적 왜곡이 되기 때문이다. 사실 칼뱅의 목회 실제에서 영혼의 치유와 감독을 예전에서 어떻게 실천할 것인가의 문제로 그는 평생 종교개혁운동을 했다고 과언이 아니다. 목회신학의 왜곡이야말로 목회의 실제적 왜곡을 가져오기 때문에 가톨릭의 잘못된 목회신학과 투쟁했던 것이다.

칼뱅은 **성만찬의 기원**에 대해 구약의 출애굽 규례에서 왔다고 보았다. 그러나 복음의 증거가 성례에 새겨져 있기 때문에 복음과 떼어서 생각할 것이 아니라 다음과 같이 복음과 밀접하게 관련시켜야 된다고 보았다.

> 그것을 의식 또는 영원한 규례(*edictum soeculi*)라 칭하고 있는데, 나는

---

441) Comm. Isa. 2:3
442) 정일웅, "성경적 예배관," 『개혁논총』, vol. Ⅲ. 13.

이 표현이 영구함을 의미할 뿐 그것은 단지 교회의 회복이 이루어질 때까지만 존재하게 될 것이었다는 사실을 인정한다. 똑같은 설명이 할례 뿐만 아니라 율법의 의식 전체에 적용될 것이다…그러므로 우리 자신과 그 옛 백성들 간의 차이점은 영원한 규례의 존엄성을 훼손시키지 않으며 마찬가지로 새 언약은 옛 언약의 형태만 파손시킬 뿐 그 본질은 파괴하지 않는다.[443]

칼뱅의 **성례의 본질**은 "주님이 우리의 약한 믿음을 받쳐주기 위해서 선한 뜻으로 우리에게 주신 약속들을 우리의 양심에 확신을 주고, 우리에게는 하나님을 향한 우리의 신앙심을 하나님 앞에서 그리고 천사들 뿐만 아니라 사람들 앞에서도 증거가 되게 하려는 외적인 표식"[444]으로 보고 있다. "새 언약과 세례 그리고 주님의 만찬의 표시와 보증의 표시"[445]인 이 성례는 말씀과 동떨어져서는 효력이 없는 것으로 보았다.[446] 그는 성례라는 말을 복음에 대한 "일종의 부속물"(a sort of appendix)로 말했다.[447] 그리고 말씀의 수반이 없이는 영적인 힘도 없을 뿐만 아니라[448] 모든 능력을 상실한 채 "생명이 없고 속이 텅 빈 허깨비"[449]만 남게 되고, 건전한 것도 순수한 것도 모두 잃게 된다.[450] 더 나아가 말씀이 없는 성례는 "쓸데없고 무의미한 그림자"[451]이며, "순수성을 상실한 타락"[452]이며, 그리고 "기만적인 표식"[453]일 뿐이라고 했다.

그러나 이 외적인 표식은 그 자체로서는 아무것도 아니며, 졸업증서의 인장이

---

443) Comm. Exod. 12:14.
444) Inst. Ⅳ, 14, 1.
445) Inst. Ⅳ,19-20
446) Inst. Ⅳ, 14, 6; 14. 3-4; 14, 11.
447) Inst. Ⅳ, 14, 3. Comm. 2 Cor. 5:19.
448) Serm. Luke 1:36-38.
449) Comm. Gen. 17:9.
450) Comm. Eph. 5:2.
451) Comm. Matt. 28:19.
452) Comm. Isa. 6:7.
453) Comm. Exod. 24:5.

나 공적인 행동이 그 자체로서는 별다른 의미가 없는 양피지처럼 어떤 목적에도 부합될 수 없지만 그것이 말씀과 결합될 때 그 표식들은 새로운 성질을 갖게 된다고 보았다. 그래서 말씀에서 떨어져서 단순히 몸으로 하는 외적인 활동(externa carnis lotio)이었던 것이 "비로소 새 힘을 주는 영적 담보물"(spirituale regenrationis pignus)[454]이 되기 시작한다. 성만찬은 그리스도 안에서 우리를 분담자가 되게 하는 실재의 인증과 확증이다.[455] 즉 말씀으로 인하여 성례전은 '그리스도의 행동'이 된다. 그러므로 설교와 마찬가지로 성례전도 하나님의 나타나심으로 이해되어야 한다. 그래서 칼뱅은 성례전이 표식 이상을 넘어 성도들의 믿음에 확신을 갖게 하는 인침(seals)이며, 더 나아가 말씀에 부가된 인침 그 이상을 넘어 말씀이 우리를 인도하는 보이지 않는 영적인 것들을 정말로 볼 수 있게 하는 대표(representations) 역할을 한다.[456] 칼뱅은 이것을 "가시적인 말씀"[457]이라고 한다. 이것은 "말씀이 보다 잘 보여주는 하나님의 은총을 나타낸 조각이요 조상(彫像)"[458]이다. 이러한 성례가 구원의 필수 조건이라고 했을 때 부정적으로는 자동구원관을 낳게 하고 구원의 방편으로 생각하기 때문에 그는 성례를 조건으로 주장하지 않고 필요성으로 생각하였다.

칼뱅의 세례관은 우리가 그리스도 안에서 깨끗함과 치욕과 새로워짐, 그리고 연합에 대한 표시와 증거이다.[459] 그는 세례의 본질을 상호계약의 결속으로 보고 있다. 즉 우리를 하나님의 가족이 되게 하고, 우리를 그의 백성에 추가하신 것처럼 하나님께만 복종하고 다른 어떤 영적 주인을 갖지 않도록 하는 것이다. 따라서 하나님 편에서는 은혜의 계약이며 인간 편에서는 영적 투쟁을 위한 서약이다.[460] 이것은 생의 전환으로서 고백(Bekenntnis zur Lebenswende)이며 '시작'

---

454) Comm. Matt. 28:19.
455) Inst. Ⅳ, 17, 4; 5.
456) Wallace, *Calvin's Doctrine of the Word and Sacrament*, 139.
457) Comm. 2 Cor. 5:19. 성례를 가시적인 말씀이라고 한 사람은 어거스틴이다. 칼뱅은 그의 말을 그대로 인용하고 있다.
458) Comm. Gen. 17:9
459) Inst. Ⅳ. 14. 3-6.
460) Comm. 1 Cor. 1:13.

(Initiation)이라는 의미를 칼뱅은 인정한 것이다.

칼뱅의 세례관은 말씀 중심의 세례관이다. 그는 세례와 말씀을 동시에 전하지 않는 사람은 정당한 사역자라고 할 수 없다고 하였다.[461] 그러나 그는 주님이 세례를 말씀과 결합하고 있으며, 단순히 세례를 추가적이며 종속적인 것으로 덧붙이고 있다고 했다. 그러므로 말씀이 항상 제1위에 있다고 보았다.[462] 또 그는 다음과 같이 세례를 목회의 내용인 죄 용서의 표적으로 보고 있다.

> 그러나 우리는 요한이 베풀었던 세례는 죄의 회개와 사하심을 받는 데 대한 표적이었음을 말씀으로부터 배우며, 그리스도께서 나타나셨고 그의 죽으심과 부활을 통하여 우리 구원의 모든 부분이 완성되었다는 사실 외에 오늘날 요한의 세례와 우리들이 받는 세례 사이에는 다른 점이 없음을 알게 된다. 그러므로 세례는 회개와 믿음의 효력을 가져오는데, 회개는 내가 언급한 죽음과 부활의 근원으로부터 흘러나오고, 믿음도 같은 곳에서 나오게 되는데, 거기에서 은혜로 말미암은 의를 구하게 된다. 요약하여 말하면, 바울은 요한의 세례가 우리들이 받고 있는 세례와 마찬가지로 중생과 갱신의 세례였음을 분명하게 보여주고 있다. 그러나 삶이 정결하게 되고 새롭게 되는 것은 오직 그리스도께로부터 나오기 때문에 바울은 세례가 그리스도의 신실성에 근거하고 있다고 말하고 있다. 그리고 우리는 이 말씀으로부터 그리스도 안에 있는 믿음으로 말미암아 우리는 세례가 상징해 주는 모든 것을 붙잡을 수가 있으며 외적 표적이 그리스도의 은혜를 어떤 방법으로든지 감소시키지 않음을 알게 된다.[463]

그리고 칼뱅은 요한이 베푼 세례와 그리스도께서 베푸신 세례가 같다고 하며, 세례를 반복해서 받는 것은 옳은 일이 아니라고 했다. 우리는 하나님의 아들과

---

461) Comm. Matt. 28:19.
462) Comm. 1 Cor. 1:17.
463) Comm. Acts 19:4.

공통된 세례를 받았다(Baptismum habemus cum Filio Dei communem).[464] 그리스도는 그 할례의 사역자가 되시려고 오셨다(롬 15:8).[465]

칼뱅은 성만찬인 '축복의 잔'(고전 10:16)은 코이노니아, 곧 그리스도의 피로 연합되는 것이며, 우리가 같은 빵을 함께 나누었으므로 우리 모두가 한 몸이 되었음을 의미한다고 했다.[466] 하나님은 교회의 모임과 공동으로 행하는 성례전을 통하여 우리를 함께 훈련하고 계신다.[467] 그 성례전은 다음과 같이 상징과 실재가 분리되지 않는다.

먼저 우리는 진리는 상징으로부터 구별되어야 하지만 결코 분리되어서는 안 되는 사실을 믿어야만 한다. 예컨대 우리는 주의 만찬에 있어서 목사가 우리 손에 들려주는 떡과 같은 상징물을 보기도 하고 느끼기도 한다. 그리고 우리는 하늘에 계신 그리스도를 구해야 하므로 우리의 생각은 그곳을 향하여 가야 한다. 목사의 손을 빌어 주께서는 자기 몸을 우리에게 주신다. 이는 믿음으로 주와 교제하려는 경건한 자들이 실제로 그것에 의해 은혜를 받게 하시기 위해서이다. 그러므로 주께서는 믿음으로 자기에게 마음을 두는 경건한 자들에게 자기 몸을 주신다. 주께서는 누구를 속이실 수 없기 때문이다.[468]

칼뱅은 이 상징을 실재화하는 교황주의자들을 비판했다. 칼뱅은 교황주의자들이 그리스도의 성체로 화한 떡이 떡이란 이름을 유지하듯이 모세의 지팡이가 뱀으로 변신되어도 여전히 모세의 지팡이라고 주장하는 것은 어리석기 짝이 없는 강변이라고 하면서 이러한 혼동은 상징과 상징된 사물 사이의 유추가 남아 있기

---

464) Comm. Acts 19:5.
465) Comm. Gen. 17:7.
466) Comm. 1 Cor. 5:16.
467) Comm. Ps. 52:8.
468) Comm. Isa. 6:7.

때문이라고 보았다.⁴⁶⁹⁾ 칼뱅은 표적과 그 표적이 상징하는 진리를 분리하는 행위를 비판한다.⁴⁷⁰⁾ 칼뱅의 성만찬 신학에서 가장 목회신학적으로 문제되는 것은 '영적 임재설'에 관한 것이다.

우리는 칼뱅이 고민했던 **예전사역의 목회적 관점**은 네 가지 문제로 압축할 수 있다. 칼뱅의 성례의 본질과 그 목회적 의미는 무엇인가? 신학적인 면에서는 은혜의 수단, 하나님의 임재, 그리스도와 연합 등으로 요약할 수 있을 것이다. 그러나 목회적 관점에서는 다음과 같은 점이 실천적 의미를 준다. 첫째는 '**사적인 고백**'⁴⁷¹⁾이다. 성례의 시행은 하나님의 종으로서 목사의 책임 중 필수적인 부분이다. 성만찬의 실천이 목사와 관련되는 것은 그 시행의 책임 뿐만 아니라 양들이 목회자 앞에 나가서 사적인 고백을 하기 때문이다. 칼뱅은 성만찬 시 이러한 사적인 고백을 양들이 하기를 열렬히 바란다고 했다.⁴⁷²⁾ 사실 칼뱅은 말씀에 대한 설교와 성례의 시행에 대해 말할 때 "주요한 의무"(chief duties) 그리고 "특별한 기능"(particular functions)이라고 말했다.⁴⁷³⁾

둘째는 **존재론적이고 영적인 강화와 유지**(ontological and spiritual strength & sustenance)이다. 칼뱅에게 있어서 성례적 행위의 활동 영역은 교회이다. 오직 교회에만 성례가 주님에 의해 명령되어져 있다. 그리고 그는 성례를 시행하는 것이 교회와 교인들의 영적 건강에 절대적으로 필요하다는 점을 완강히 주장했다. 그는 그것을 "우리 믿음의 기둥"⁴⁷⁴⁾이며 우리 믿음을 유지하고 육성하고 확신하게 하고 성장시키는 것으로 말하였다.⁴⁷⁵⁾ 칼뱅에게 있어서 성례는 하나님의 말씀에 관련시키되 예속시키는 방식으로 시행되었고 그것 때문에 성례의 장점을

---

469) Comm. Exod. 7:12.
470) Comm. Gen. 33:13.
471) 사실 루터의 경우 고해성사까지 받아들이려고 했지만 예배 속으로의 죄 고백의 차원에서 합의했다. 루터의 95개 조항의 핵심도 사실은 사죄의 용서가 사제에게 있는가의 문제였다. 있다면 예배에서 선포적 기능으로서 사제가 알려주는 정도로 이해하였다.
472) Inst. Ⅲ, 4, 13.
473) Inst. Ⅳ, 3, 6; 4, 3
474) Inst. Ⅳ, 14, 6.
475) Inst. Ⅳ, 14, 7.

끌어내는 것은 말씀으로부터라고 보았다. 성례들은 역시 간단한 방식으로 거행되었으며, 성례 제도에 관한 형태들에서 그것이 가능하도록 관련시켰다. 더구나 성례의 거행은 교회의 다른 의식들의 도입에 의해 모호하지 않도록 했다. 그리고 주님의 만찬은 자주 시행되도록 했다.[476] 성례에 대한 칼뱅의 논의, 특히 주님의 만찬에 관한 흥미 있는 또 다른 점은 교회에서 그것보다 유용하지 않은 것은 없다(was nothing more useful)고 말했다는 점이다. 그리고 "이것이 바로 처음부터 사악한 것들이 오류와 미신적 관습으로 의식을 거행하도록 했던 이유이다"[477]라고 말했다.

셋째, **영혼의 치유**(the cure of soul)이다. 성만찬은 육신과 영혼의 깊은 문제들과 사람들 사이의 화해를 이루어내는 능력이 있다. 죄를 용서함 받고 그리스도와 연합하고 성령의 임재함으로 신자들의 영혼을 치유하는 기능을 한다.[478]

넷째, **목회의 공동체성 확보**이다. 칼뱅은 '영적인 축제'로서의 성만찬과 '사랑의 잔치'라는 공동식사(άγαπαι)의 성만찬 개념을 인정하기는 하지만 그것이 잘못 실천되는 것에 대해서는 경계한다. 즉 '영적인 축제'로서의 성만찬이 부자와 가난한 자가 함께 식사하는 일상적인 잔치로 혼합되는 것은 옳지 않다고 보았다.[479] 그리고 '사랑의 잔치'라는 공동식사(άγαπαι)의 성만찬도 서로 친밀한 사랑을 표현한다고 해도 거룩한 성례를 모독하도록 강조해서는 안 된다고 했다.[480]

마지막으로 **성령의 역동성의 실현**이다. 목회의 본질을 실천하는 데 가장 중요한 것은 성령의 리얼리티를 실현하는 것이다. 칼뱅의 성만찬에 대한 '영적 임재설'은 목회를 목회되게 하는 데 매우 중요한 예전신학적 기초를 제공한다. 목회를 영혼을 치유하고 감독함으로 교회를 공적으로나 사적으로 세우는 것이라고 볼 때 칼뱅의 성령 임재설은 화체설이나 기념설보다 목회신학적으로 가장 적절

---

476) Wallace, *Calvin's Doctrine of the Word and Sacrament*, 242. Inst. Ⅳ. 17. 43-44, 46.
477) Ibid., 240, Inst. Ⅳ, 17, 1; 18, 1.
478) Frank Lake, *Clinical Theology: A Theology and Psychiatric Basis to Clinical Pastoral Care*, vol. Ⅰ (Lexington: Emeth press, 2005), 42-46.
479) Comm. 1 Cor. 11:21.
480) Ibid.

한 신학이다. 칼뱅이 본 성만찬의 효력은 성령의 중재를 통하여 구원, 칭의, 성화, 영원한 삶 그리고 축복과 유익함이 그리스도를 통해 주어지게 한다. 즉 '칼뱅주의 초월'(extra Calvinisticum)의 원리에 따라 그리스도는 성령을 통해서 하늘을 떠나지 않고도 우리와 신비한 연합을 이루기 때문에 성만찬을 성령 임재설의 관점에서 말씀을 강조하고 그 의미를 목회적으로 살려야 한다는 것이다.

4) 목회적 돌봄의 양식

칼뱅의 양육의 양식은 목회적 돌봄과 교회훈련의 양식으로 대별된다. 칼뱅의 교회훈련(church discipline)은 폭이 매우 넓은 개념이다. 오늘날 칼뱅의 사역과 사상에 대한 오해는 사실 이 개념의 혼란에서 야기된 것이라고 보아도 과언이 아닐 것이다. 조직신학에서는 훈련을 거의 권징이나 치리 혹은 징계의 수준으로 이해하고 있다. 현대 목회신학에서 목회적 돌봄은 거의 상담과 같은 개념으로 돌봄(care)과 훈련(discipline)을 분리적 개념으로 이해하는 것 같다. 필자가 보기에 그러한 오해는 칼뱅의 목회적 돌봄의 범주를 매우 좁게 보기 때문이다. 그의 목회적 돌봄의 범주를 어떻게 보느냐에 따라 칼뱅의 교회훈련이 어디에 위치하는지가 달라진다. 목회적 돌봄의 개념을 넓게 보았을 때는 교회훈련을 포함하는 개념으로 그 범주를 정할 수 있을 것이다. 오히려 투르나이젠과 같은 목회신학자는 교회훈련을 목회적 돌봄보다 더 큰 범주로 보기도 한다.[481] 그러나 이 두 영역은 실천신학적 측면에서 고전적 '영적 지도'(spiritual direction)의 차원을 포함하고 있다. 우리는 이 두 범주를 중복적 병렬구조로 보고 목회자 혹은 컨시스토리가 한 교인씩 한 교인씩 사적으로 대하느냐 아니면 동료 교인 사이를 공적으로 대하느냐에 따라 사적인 방법으로서 목회적 돌봄과 공적인 방법으로서 교회훈련으

---

481) 실제로 퓌베스(Purves) 같은 목회신학자는 이 양자를 통합하는 개념으로서 "목회적 훈련으로서 목회적 돌봄"(pastoral care as pastoral discipline)이라는 용어를 사용한다. Cf. Purves, *Pastoral Theology in the Classical Tradition*, 90.

로 나누어 볼 수 있다.[482] 그러나 이 둘은 실제 칼뱅의 프락시스에서는 구분되지 않는다. 왜냐하면 사적인 돌봄의 프락시스의 연장선에서 컨시스토리에서 상담과 권고와 훈계 등 훈육으로 발전하기 때문이다. 따라서 필자가 생각하는 칼뱅의 교회훈련은 목회적 돌봄과 상호연계성을 가진 중복적 병렬 프락시스로 파악한다.

그렇다면 칼뱅의 **목회적 돌봄의 개념은 무엇인가**? 그것은 목회적 돌봄의 역사를 체계적으로 정리한 클레브쉬(Crebsch)의 정의와 비슷하다. 그에 의하면 "목회적 돌봄(pastoral care)이란 대표적 직분(representative christian persons)에 의해 행해지는 돕는 행위로 구성되어 있으며 치유(healing), 지탱(sustaining), 인도(guiding) 그리고 궁극적 의미와 관심의 맥락에서 문제가 있는 사람들의 화해(forgiveness discipline)를 지향하는 것이다"[483]라고 정의된다. 사실 목회자인 칼뱅이 그토록 종교개혁에 천착했던 이유는 목회적 돌봄의 방식이 영혼의 돌봄과 감독으로서 목회 본질에 근본적으로 문제가 있었기 때문이었다. 따라서 어떤 의미에서 종교개혁은 목회적 돌봄 운동에서 발생되었다고 볼 수 있다.[484] 목회는 영혼의 치유와 감독인데 이것을 실천하자면 반드시 돌봄이 필요하다. 그리하여 많은 개혁자들은 목회적 돌봄에 집중했다.

칼뱅은 목회적 돌봄이 말씀과 성례를 따라가는 제3의 것이 아니라는 점을 강조하고 있다.[485] 그는 은혜의 수단으로서 말씀과 성례를 통하여 주어진 복음의 내용은 목회사역을 위한 사역 재료(the working material)임을 이해했다. 여기에서 상호 인격적 기술을 배워야 함은 의심할 여지가 없다. 유능한 목사는 인간의 감

---

482) 이 개념을 도표로 나타내면 다음과 같다.

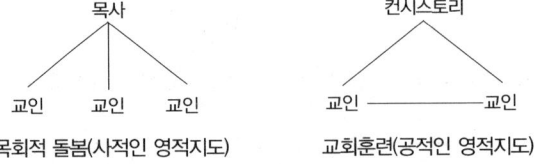

483) William A. Clebseh & Charles R. Jackle, *Pastoral Care in Histrical Perspective* (New York: Happer & Raw, 1964; 1967), 4.
484) Thurneysen, *Seelsorge im Voozug*, 『목회실천론』, 28.
485) Purves, *Reconstructing Pastoral Theology*, 11.

정, 인간의 발전 그리고 인간관계의 복잡성을 이해해야 한다. 그러나 그러한 요소가 기독교적 전통이 주는 근본적 내용을 목회사역에 제공하지는 않는다.[486] 즉 칼뱅의 목회적 돌봄 사상은 보다 말씀의 사역과 적용에 가까운 계시 근접성을 가지고 있다는 말이다.

그 다음 **교회훈련(church discipline)의 개념은 무엇인가?** 칼뱅의 '교회훈련'의 의미는 기존에 우리가 이해한 것처럼 '징계'와 '치리'의 차원보다 목회적 차원을 가지고 있다. 이것은 그의 '교회훈련'에 관한 의미 규정에서 다음과 같이 밝히고 있다.

> 하나님의 치리는 본질상 일반적인 것이 아니라 교회를 다스리시는 특별하고 영적인 지배임을 참고해야 한다. 그러므로 '다스린다'(to govern)는 말은 적당한 용어라 할 수 없고 자기 율법의 교훈에 따라 자신의 영향력(sway) 아래 모으는 것이라고 할 수 있다. '의'(righteousness)라는 단어는 그의 다스림에 대한 가장 적절한 표현일 것이다. 거의 같은 용어가 이사야와 미가 선지자가 구원의 말이 온 땅에 널리 퍼지게 될 것을 말할 때 사용되었다(사 11:4; 미 4:3)[487]

칼뱅의 교회훈련의 개념은 보다 포괄적인 실천 개념이다.[488] 그는 교회훈련을 하나님의 심판과 악에 대한 보호라고 보는가 하면,[489] '교회의 근육'으로서 몸의 지체들이 자신의 위치에 있을 수 있게 하는 것으로 비유한다.[490]

---

486) Ibid., 2.
487) Comm. Ps. 67:3.
488) '훈련'(discipline)의 개념이 사람들의 기초적 규범, 가치, 민감성, 감정, 행동규범을 유지하는 과제로 단지 벌이나 징계 이상으로 초대교회와 중세교회의 Pastoral Care의 중심적 과제로 보다 포괄적 개념을 가지고 있음은 현대 목회신학자들도 인정하고 있다. Cf. Don. S. Browning, *The Moral Context of Pastoral Care* (Philadelphia: Westminster, 1976), 60.
489) Clebsch & Jackle, *Pastoral Care in Historical Perspective*, 57.
490) Inst. Ⅳ, 12, 1.

칼뱅과 부처에 의해 개발된 교회훈련은 동료 신자와의 화해(reconciliation)를 포함한 하나님과 신자의 화해에 대한 구체적인 방식이라고 볼 수 있다.[491] 클레브쉬(Clebsch)는 화해의 목회적 기능의 양식으로서 교회훈련(discipline)[492]의 개념을 제시한다. **교회훈련은 '돌봄' 혹은 '양육'의 차원, 더 나아가 '훈육'을 포함한다.** 징계와 같은 훈련은 벌 자체를 목적으로 시행되는 것이 아니며 돌봄 혹은 양육의 차원에서 시행되는 것이다. 칼뱅은 하나님께서 자기 백성을 자신의 양떼와 특별한 유업으로 인정해 주시는 일반적인 원칙과 근원은 하나님께서 값없이 주시는 사랑이라고 했다. 이것은 신약시대의 교회 위에 내리시는 은혜도 마찬가지이다. 따라서 우리가 교회 안에 모이게 되고 하나님의 손에 의해 양육되고 보호되는 이유는 다음과 같이 오직 하나님 사랑 안에서만 찾아야 한다고 보았다.[493]

"주님의 가르침을 받는" 자들을 "교회의 자녀들"이라고 부른다. 그들이 교회의 자녀라면 그들은 교회의 태내에서 잉태되어 "장성해서 자랄 때까지"(엡 4:13) 우선 '젖으로 그리고 그 다음에는 단단한 음식'(고전 3:2)으로 양육되었을 것임에 틀림없다. 이처럼 우리가 제자가 되고자 한다면 외적인 말씀의 전파가 필요하다…교회 안에서 배우려 하지 않는 자들은 '교회의 자녀'가 될 수 없다.[494]

우리는 먼저 훈육으로서 공적인 교회훈련을 언급하기 전에 목회적 돌봄으로서 **사적인 교회훈련의 프락시스는 무엇인가** 살펴보자. 교회적 표준과 성례의 구조 밖으로 주어진 수많은 사적인 도움이 항상 존재해 왔다. 참회의 성례적 관점이 나타나는 곳이라 할지라도 성례와는 별도로 사적인 지도(private direction)가 자주 번성하여 왔다. 그러나 이러한 돌봄(care)은 루터 이후에 표준화되었다. 종교

---

491) Clebsch & Jackle, *Pastoral Care in Historical Perspective*, 27.
492) Ibid., 60-66.
493) Comm. Ps. 44:3.
494) Comm. Isa. 54:13.

개혁 이전에는 공동체에 초점이 있었으나 종교개혁 이후 목회의 핵심은 개인의 영혼을 하나님과 화해시키는 것에 초점을 두게 되었다. 따라서 목회의 핵심은 신앙공동체 구성원의 영적인 삶을 지도하는 것으로 변화하게 되었다. 이것은 목회적 돌봄의 개인화이며 모든 기독교인의 목회적 책임론으로의 변화이다. 다만 칼뱅은 여기에 첨가하여 하나님과 이웃과의 화해의 수단을 제공하는 데 있어 보다 제도적이고 규정적이고 조직적이었다.[495] 종교개혁 이후 17세기 유럽에서 비성례적 지도는 거의 그 자체적으로 하나의 의사, 판사, 성직자와 같은 지적 직업이었다. 그것의 본질은 현재 위대한 영적 인도자(director)들의 보존된 서신을 통해 발견되어지고 있다.[496] 칼뱅도 이러한 사적인 영적지도의 중요성을 강조하였다.[497] 사실 엄밀히 말하면 그의 『기독교강요』도 핍박받는 프랑스 난민들을 위해 쓰인 영혼 돌봄의 책이라고 해도 과언이 아니다.[498]

칼뱅은 인간의 도움을 필요로 하지 않는 여호와께서는 비상한 수단과 그분의 영이 경이적인 능력에 의해서 당신의 자녀를 낳으시며 그들을 양육하신다고 하였다.[499] 그는 교회가 어머니의 임무를 수행하면서 자식들을 성숙한 나이가 되기까지 양육하더라도 감사할 줄 모르고 자기들의 어머니에게 아무런 도움도 베풀지 않는 자녀들을 사생아나 버림받은 자들로 선언해야 함을 주장한다.[500] 양들은 끊임없이 돌보아 주지 않을 경우 넘어지거나 타락하기 쉽다.[501] 칼뱅은 이스라엘은 그의 구유, 즉 자기가 양육받는 교회, 당연히 관심을 가져야 할 그의 구유를

---

495) Charles V. Gerkin, *An Introduction to Pastoral Care*, 유영권 역, 『목회적 돌봄의 개론』(서울: 은성, 1999). 48-49.
496) 루터, 칼뱅, 웨슬리에 의해 쓰인 서신들은 그러한 위대한 리더들과 그들의 방법 속에 있는 다양함을 반영하고 있다. 루터가 설득력이 있고 동정적이었고, 칼뱅은 단호한 결정을 생산해내기 위하여 애썼고, 웨슬리는 "성경적 거룩함"의 실천으로 사람을 회심시키기 위한 자신의 독특하고 긴박한 서두름을 가진 요소들을 조합했다는 것이 대략적인 일반화이다.
497) David G. Benner, *Care of Souls: Revisioning Christian Nature and Counsel* (Carlisle: Paternoster Press, 1998), 31.
498) Mckee, *John Calvin: Writings on Pastoral Piety*, 1.
499) Comm. Isa. 49:21
500) Comm. Isa. 51:19.
501) Comm. Acts 15:36.

알지 못하는 반면 그들의 짐승들은 자기들을 먹이는 주인을 알고 그들이 먹었던 곳으로 기꺼이 돌아온다고 했다.[502] 칼뱅은 하나님께서 이스라엘 백성을 독수리가 그 어린 새끼들을 품듯이 품어주셨다는 점을 강조한다. 그것은 아버지로서 관심을 갖고 끊임없이 보살폈음을 말한다.[503]

특히 칼뱅의 목회적 돌봄의 신학에서 '부성적 양육' 개념이 특히 강조되었다. 그러나 대부분의 학자들은 셀비(W. B. Selbie)가 지적하였듯이 루터와 비교하여 칼뱅에게는 부성적인 구원 사상은 제한적인 의미에서 없다고 말한다.[504] 심지어 칼뱅의 하나님을 폭군으로 그리고 있는 경우도 있다.[505] 일반적으로 칼뱅주의 신학자들은 그의 신론에서 주도적인 교리는 하나님의 주권 사상으로 보고 있다.[506]

그러나 목회신학적 관점에서 보면 하나님의 부성은 사역자의 목회적 돌봄의 신학적 기초가 된다. 물론 칼뱅이 하나님의 부성이라는 말을 삼위일체 교리에서 가장 많이 사용하고 있지만 삼위의 첫 인격으로서 구별을 위해 쓰인 것이지[507] 삼위 중 독특하게 성부 하나님에게만 그 부성적 특징을 제한하지는 않는다.[508] 칼뱅의 하나님의 부성에 대한 용법은 두 가지이다. 첫째는 삼위 안에서 구별을 위한

---

502) Comm. Isa. 1:4.
503) Comm. Exod. 19:4.
504) W. B. Selbie, *The Fatherhood of God* (London: Duckwork Press, 1936), 75. 재인용, Garret A. Wilterdink, "The The Fatherhood of God in Calvin's Thought," in *Articles on Calvin and Calvinism* Vol. 9, ed. Richard C. Gamble (New York: Garland Publishing, 1992), 175.
505) 에릭 프롬(Erick Fromm)도 칼뱅의 하나님은 하나님의 정의와 사랑을 보존하려고 모든 시도를 하였음에도 불구하고 사랑과 정의라고는 조금도 없는 폭군으로 그리고 있다. Erick Fromm, *Escape from Freedom* (New York: Holt, Rinehart, and Winston, 1941), 87-88.
506) Garret A. Wilterdink, "The The Fatherhood of God in Calvin's Thought," in *Articles on Calvin and Calvinism* Vol. 9, ed. Richard C. Gamble (New York: Garland Publishing, 1992), 175.
507) 칼뱅의 삼위 하나님에 대한 차이는 간결하다: 즉 활동의 시초 및 만물의 원천과 기원은 성부에게 돌려지고, 지혜와 묘략 및 만사의 지배권은 성자에게 귀착되고, 그러한 활동의 힘과 효능은 성령에 기인한다는 것이다. Cf. Inst. I. 13. 18.
508) Garret A. Wilterdink, "The Fatherhood of God in Calvin's Thought," in *Articles on Calvin and Calvinism* Vol. 9, ed. Richard C. Gamble (New York: Garland Publishing, 1992), 177.

용법이고, 둘째는 창조에서 인간과의 관계를 서술하기 위한 용법이다. 후자는 특히 섭리의 교리에서 나타난다. 인간은 하나님의 부성적 돌보심에 의해 양육되고 있다고 했다.[509] 하나님의 창조사역에서도 그 순서는 아버지로서 풍성한 사랑을 나타낸다.[510] 이어 그의 부성은 타락한 창조세계에 대한 자비에서 나타난다. 특히 인간에 대한 자비로 나타난다. 칼뱅은 "우리가 영생을 얻는 유효적 원인은 하늘 아버지의 자비와 우리를 향하여 자유롭게 주시는 사랑이라고 성경 도처에서 선언하고 있다"[511]고 말한다. 그리고 그 자비의 아버지는 그리스도 곧 구속자로서 나타나셨다. 따라서 조물주 하나님을 경배한다고 자랑할지라도 "그리스도를 떠나서는 진정으로 하나님의 자비를 맛볼 수 없으며 하나님이 자신들의 아버지가 되신다는 것을 납득하는 것도 불가능하다."[512] 따라서 칼뱅에게 있어서 목회의 내용으로서 구원이란 그리스도를 떠나서는 존재할 수 없다. 그는 그리스도 안에 있는 계시와 구속을 하나님의 부성이라는 말로 해석한다. 하나님은 그리스도 안에서만 우리 아버지이시다. 그래서 그리스도는 아버지로서 신앙의 대상이다.[513] 복음의 요약은 그리스도이고 그것을 설교하는 것은 죄인들이 부성적인 자비로 자신의 공로와는 상관없이 의롭다 함을 얻는 것을 선언하는 것이다.[514] 이러한 하나님의 부성은 독생자 아들에게 한량없이 부어주심으로 그의 너그러움을 대행하는 사역자와 청지기가 되게 하셨다. 그래서 성령은 때로는 "아버지의 영" 때로는 "아들의 영"으로 불린다.[515] 칼뱅은 성령이 하나님 아버지의 사랑을 경험하게 하는 데 필연적임을 말한다.[516]

이러한 칼뱅의 **하나님의 부성의 목회신학적 의미**는 무엇일까? 그의 신인동형론적 적응(anthropomorphic accommodations)은 육체를 가진 하나님을 상상하

---

509) Inst. Ⅰ, 2, 1.
510) Inst. Ⅰ, 14, 2.
511) Inst. Ⅲ, 14, 17.
512) Inst. Ⅱ, 6, 4.
513) Inst. Ⅲ, 3, 1.
514) Inst. Ⅱ, 10, 4.
515) Inst. Ⅲ, 1, 2.
516) Inst. Ⅲ, 2, 39.

도록 하거나 자신이 어떤 분이신가를 나타내기보다는 우리의 미약한 능력에 맞게 하나님에 대한 지식을 조정하시고자 하는 '하나님의 맞추심'이다. 칼뱅은 하나님의 부성도 이런 차원에서 해석하고 있다. 따라서 헌터(A. M. Hunter)가 말한 바와 같이 칼뱅처럼 하나님의 부성을 사랑(love)과 돌봄(care)과 동정(compassion)을 함축하여 말한 사람은 없었다. 칼뱅의 하나님의 부성관은 아버지의 자녀 출생(begetting), 아버지의 권위(discipline), 아버지의 돌봄(nature) 그리고 아버지의 자녀들과의 관계(responsiveness)라는 네 가지 차원에서 완전한 발전을 이루게 된다.[517] 칼뱅의 목회적 관심은 신자들이 아버지의 이런 부성적 마음의 거울(speculum)과 같은 예수 그리스도를 통하여 숨겨진 하나님에게로 향하기를 바라는 것이다.[518] 목사는 바로 신자들을 그 아버지에게로 안내하는 목자인 것이다.

목회적 돌봄의 주요한 양식인 심방은 자녀를 향한 아버지 혹은 어머니로서 교회의 사랑의 방문이다. 심방에 대한 신학적 근거에 대해 칼뱅은 "사람이 무엇이관대 주께서 저를 생각하시며 인자가 무엇이관대 주께서 저를 권고하시나이까"(시 8:4)라는 말씀에 나타나듯이 아버지로서의 사랑을 품고 보호하며 아껴주시고 자연의 섭리를 사람에게까지 확대시키는 부성적 돌봄에서 찾는다. 여기서 '권고'(פקד)의 의미는 '방문하다'란 뜻으로 이 단어는 '기억하다'는 의미로 번역하는 것이 아주 적절하다. 즉 하나님께서 인간들을 염려해 주시고 계속적으로 그들을 기억해 주신다는 것이다.[519]

다음은 **훈육으로서 공적인 교회훈련**을 살펴보자. '훈련'(discipline; Zucht)이란 학교라는 뜻의 "*disciplina*"에서 온 말이다. 이것은 가르치고 배우는 영역의 용어이다.[520] 교회를 학교로 보는 칼뱅의 교회관에 따르면 학생들을 가르치고 돌

---

517) A. M. Hunter, *The Teaching of Calvin* (London: James Clark & Company, 1950), 49.
518) Garret A. Wilterdink, "The Fatherhood of God in Calvin's Thought," in Articles on Calvin and Calvinism Vol. 9, ed. Richard C. Gamble (New York: Garland Publishing, 1992), 184.
519) Comm. Ps. 8:4.
520) Eduard Thurnysen, *Die Lehre von der Seelsorge*, 박근원 역, 『목회학원론』(서울: 성서교재

보는 의미의 목회적 교회훈련은 당연한 것이다. 칼뱅은 교회 안에서의 훈련이 성경을 바탕으로 한다고 주장하였다. 따라서 교회훈련을 통하여 말씀을 도와주는 수단으로서 명확하고 구체적인 내용이 드러나는 것이다. 이것은 목회를 하는 사람 즉 목회의 주체와 그 목회를 받는 사람 즉 목회의 객체 사이의 명확한 관계를 전제로 한다.[521]

칼뱅은 교회훈련이 구약교회에서부터 연원되는 것이라고 보았다. 그 시대는 교회의 유아기였으므로 여호와께서는 당시에 살던 신자들을 엄한 교사의 가르침 아래 두셨다. 그리고 이제는 비록 그리스도의 오심으로 우리의 처지가 보다 자유롭긴 하나 우리는 하나님께서 자기의 옛 백성을 외형적 의식으로 규제하셨다는 사실을 기억해야 한다고 했다.[522]

교회훈련의 형태는 교회법(Cannon Law)과 교회의 관습에서 표현되어졌다. 니케아회의(The Council of Nicaea: 325년)는 리키니우스(Licinius)의 핍박 아래 배교한 까닭으로 3년간 책벌로서 출교했던 사람들에 대한 처리였다.[523] 마틴 부처(Martin Bucer)는 『진정한 영혼 돌봄에 관하여』(On the True Cure of Souls, 1538)에서 루터파와 개혁파 사이의 입장 차이를 중대한 불법에 대한 공적인 처벌인 초대교회의 훈련을 다시 재건하는 데서 찾았다.[524] 어떤 죄에 대해서는 심한 제재를 요구하였다. 부처는 초대교회에 감독들이 그러한 징계를 요구했다고 보고 중대한 위반자에 대해 다시 갱생할 수 있는 공적인 참회의 시스템을 마음에 두고 있었다. 초기 7년 동안 그와 스트라스부르그 동역자들은 그러한 징계제도를 확립하려고 노력하였다. 그 업무를 보조하기 위하여 20명의 평신도 위원(Kirchenpfleger)을 선출하였다. 그러나 그들은 시 행정장관의 권한 때문에 결국 실망스럽게 되었다.[525] 부처에게 있어 훈련은 건강한 교회의 필수였다. 교회훈련

간행사, 1990), 41.
521) Ibid.
522) Comm. Gen. 32:31.
523) Clebsch & Jackle, *Pastoral Care in Historical Perspective*, 58.
524) Takasaki, *Reformed Review* vol. 51. No.3, 225.
525) McNeill, *A History of The Cure of Souls*, 179.

은 초대교회와 같이 성경에 따라야만 하고 공적인 공개, 창피 줌 그리고 회개가 필요하다는 것을 포함한다.526) 쯔빙글리(Zwingle)도 비슷한 관심을 보였다. 스위스에서의 개혁은 독일에서의 개혁 그 이상 목회적 직무에 영향을 주는 남용과 관계된 것이었다.

칼뱅의 교회훈련은 성찬 참여 후보자와 모든 시민들에게 적용되었다. 평신도 장로는 목사와 협력하여 자신의 교구 안에서 교인들과 가정의 행위를 관찰했다. 목사는 주마다 서로를 가르침으로써 자극하기 위해 만난다. 그리고 년 4회 서로의 잘못을 교정하고 "형제애적인 권면"을 교환하기 위하여 심방한다. 또한 예비적으로 병자나 죄수, 그리고 어린이 캐터키즘 교육을 위해 방문한다. 이러한 제도는 1541년 채택되었다. 이러한 제도의 근거가 되는 "형제애적 꾸지람"(*correptio fraterna*)의 원리(살후 2:15; 히 3:13)는 특별히 정치적 조직의 영역에서 수행되어졌다.527)

영혼의 감독은 상호적 행동에서 돌봄(attention)이 반복적으로 요청된다. 맥닐이 밝힌 바와 같이 교회훈련의 근거가 되는 "상호적 교화"(*edificatio mutua*)와 "형제애적 꾸지람"(*correptio fraterna*)은 신약성경과 교부들의 기독교적 삶의 방식의 원리들임을 밝히고 칼뱅은 이 원리를 조직적 환경으로 이끈 사람이다.528) 부처와 칼뱅은 그 원리에 어떤 조직적 환경을 부여했다.

교회훈련이 필요한 이유는 무엇일까? 교인들의 삶과 고백이 복음의 가르침과 교훈에 일치하도록 하는 것이다. 그것이 필요한 이유는 어떤 사람들은 진정한 신자가 아니거나 거룩한 삶에 대한 부담감이 있기 때문이다. 칼뱅은 교회훈련이 필요한 이유를 다음과 같이 말했다.

> 여기서 우리는 좋은 목회자가 따라야 할 행동 유형이 무엇인지 주의 깊게 살펴보아야 한다. 왜냐하면 목회자는 사람들을 그리스도에게로 인도하기 위하여 억지로 끌어오기보다는 자발적으로 오도록 온유해져야 한다. 그는 가능

---

526) Ibid.
527) Ibid., 200.

한 한 이 온유함을 유지하여야 하며, 불가피한 경우를 제외하고는 교인들을 엄격하게 대하여서는 안 된다. 그러나 필요할 때에는 주저 없이 매를 들지 않으면 안 된다. 교훈을 잘 받아들이고 자발적으로 행하는 사람들은 부드럽게 대하고, 완고하고 오만한 사람들은 엄하게 다루어야 할 필요성이 있다. 우리는 하나님의 말씀이 교리만으로 이루어지고 그 이외의 것은 아무것도 없는 것이 아님을 잘 알고 있다. 하나님의 말씀 속에는 목회자들이 징계의 매를 들 수 있는 날카로운 증거들이 곳곳에 있다. 사람들의 완고함 때문에 본래는 온유한 목회자들이 엄격하고 준엄하게 행동함으로 다른 역할을 하지 않을 수 없는 사태가 종종 발생하게 된다.[529]

칼뱅이 지적한 바와 같이 교회훈련은 "완전히 칼의 정당성과는 분리된다."[530] 그래서 칼뱅은 로마교회의 훈련의 개념에 반대했다. 그러나 동시에 그는 부처와 낙스에 의해 지지된 것과 같이 교회훈련을 진정한 교회의 표시의 하나로 보지는 않았다.[531]

칼뱅은 신앙의 외적인 단련이 꼭 있어야 한다고 보았다.[532] 설교만으로는 부족하므로 하나님께서는 그의 선지자들에게 명백히 권위를 부여하시며 그것을 배척하는 사람에게는 처벌이 따를 것이라는 점을 엄히 경고하고 있다.[533] 그가 교회훈련의 중요성을 얼마나 크게 보았는가는 다음의 글을 보면 알 수 있다.

> 그러나 어떤 사람들은 교회훈련이라는 말만 들어도 용수철처럼 튕기는 사람들이 있으나 그런 사람들은 이 점을 이해해야 한다. 사회나 조그마한 가정도 훈련이 없으면 정상적인 조건이 유지될 수 없다고 하면 가장 질서가 잘 잡

---

528) Ibid., 327.
529) Comm. 1 Cor. 4:22.
530) Inst. Ⅳ, 11, 5, 6
531) Reid, *Reformed Theological Review* vol. ⅩLⅠⅠ. No. 3, 70.
532) Comm. Exod. 25:2.
533) Comm. Deut. 18:1.

혀 있어야 할 교회에서는 더욱더 훈련이 필요하다. 따라서 그리스도의 구원의 교리가 교회의 혼(soul)인 것처럼 훈련은 그 근육(sinews)이며 이 근육을 통해 몸의 지체들이 서로 결합하고 각각 자신의 위치에 있을 수 있다. 그러므로 훈련을 폐지하거나 그 부활을 막으려고 하는 사람들은 고의로 하든 또는 모르고 하든 간에 결국 교회를 해체시키는 데 기여하게 된다. 모든 사람이 각기 제멋대로 행동하게 내버려 둔다면 무슨 일이 일어날까? 만일 설교를 전하기만 하고 개개인을 향한 권면(private admonitions), 시정(corrections) 그리고 다른 종류의 보조수단(other aids of the sort)이 추가되지 않는다면 그런 일이 있을 수 있다. 그러므로 교회훈련은 그리스도의 교훈에 반대하여 날뛰는 사람들을 억제하고 길들이는 굴레와 같으며, 나태한 사람을 고무하는 박차와 같고, 더 심각한 타락에 빠진 사람들을 그리스도의 온유한 영으로 부드럽게 징벌하는 아버지의 매(rod)와 같다.[534]

칼뱅은 디도가 일반적인 목회 임무보다도 교회를 조직하는 임무를 부여받았다고 하면서 질서가 잡히지 않는 교회를 조직하고 거기에 통치와 훈계 방법을 부여하는 임무를 감당함으로 교회의 구조를 갖추도록 했다고 했다. 이것은 바울 자신의 일을 마무리짓는 '교정자'($\epsilon\pi\alpha\nu o\rho\theta\omega\tau\eta\varsigma$)의 임무라고 보았다.[535]

칼뱅에 의하면 **교회훈련의 목적**은 신앙의 순결과 교회의 정결이다. 그는 인생살이에 뒤따르는 고통도 필요한 훈련이라고 일반적인 공리로 주장할 수 있다고 한다. 하나님께서는 이것으로써 우리를 회개하도록 부르시기도 하시고 때로는 우리가 겸비해지도록 가르치기도 하시며, 때로는 미래에 죄의 유혹에 대항하여 싸울 경우 더 조심하도록 경각심을 일깨우신다.[536] 칼뱅은 모두의 손에 칼이 쥐어져 있는 것은 아니지만 각자의 소명과 직분에 따라 모든 타락에 대항해서 신앙의 순결을 당당하고 확고부동하게 유지하는 법을 강구하지 않으면 안 된다고 했

---

534) Inst. Ⅳ, 12, 1.
535) Comm. Tit. 1:5.
536) Comm. Gen. 3:19.

다.[537] 또 목회자들은 죄인을 바른 길로 돌아서게 하기 위해서는 그들을 끊임없이 책망해야만 한다고 했다.[538]

훈련을 시행하는 사람은 어떤가? 누가 그들을 훈련하는가? 목사가 죄를 범한 사람에게 권고하는 것은 당연하지만 그가 자신의 행동이 마지막이 되게 할 권위는 가지고 있지 않다. 이것은 교회훈련의 목적을 위하여 고린도전서 12:28에 언급된 "다스리는 자"로 임명된 자가 가지고 있다.[539] 칼뱅은 여기에는 훈련의 두 가지 수준이 있다고 했다.[540] 하나는 성경의 오해, 교회에서 사용되어지지 않는 실천, 성경 연구의 무시, 험한 말투 등 보다 낮은 단계의 결함에 대에서는 처음에는 관용한다. 그것은 개인적 권고로 다루어진다. 그러나 이단의 주장, 분파주의, 신성모독, 성직매매, 거짓맹세, 금지된 게임, 춤 등은 목사와 장로들의 회(consistory)에서 다루어져야 한다. 피의자에게 죄가 있음이 발견되면 목사와 장로들의 회는 적절한 징계를 한다. 심한 경우는 면직이나 출교까지 할 수 있다. 물론 그가 회개한다면 그 출교는 철회될 수 있으나 목사직의 회복은 극도로 바람직하지 않다.[541] 목사의 훈련은 평신도의 그것보다 더 엄격해야 한다고 했다. 이것은 목사들이 양떼들의 좋은 모범이 되어야 하기 때문이다. 목사들의 프라이드와 전제에 대항하여 양떼들이 보호되어야 하기 때문이다.[542] 칼뱅에 의해 간결하게 표현된 것처럼 "경건은 그들의 마음에 형성되어 있어야 하며 말씀의 종들은 하나님께 순종하기를 주저하게 하는 모든 것들로부터 분리되어야 한다."[543]

교회훈련의 주체는 장로회로 보고 있다. 칼뱅은 '그리스도에 관한 훈련'(*Christi disciplinae*)은 1차적으로 장로들의 모임(*collegium seniorum*)에서 심의하고 그 다

---

537) Comm. Jesh. 22:11.
538) Comm. Ezek. 3:18.
539) Reid, *Reformed Theological Review* vol. XLII. No. 3, 70.
540) Ibid.
541) Ibid.
542) Comm. Acts 20:23, 28.
543) Inst. Ⅳ, 3, 11, 15.

음 교인들의 동의를 얻어야 하는 사실에 주의하여야 한다고 했다. 이것은 전제정치를 방지하는 치유책이 되기 때문이다. 그러나 교회훈련 자체를 반대하는 것은 최대의 전제(專制)이며, 만일 모든 권력이 어느 한 사람에게 집중된다면 그 전제의 문은 활짝 열려있는 것과 마찬가지라고 보았다.[544] 훈계하는 임무를 수행하지 않는 자들은 목사의 이름을 헛되이 자랑하고 있을 뿐이다.[545] 칼뱅은 출교가 몇 사람의 모임이 아니라 경건한 자들의 전체 회중으로부터 비롯되어야 한다는 점을 지적하면서 마태복음 18:17의 재판은 모든 사람에 의한 것같이 보인다고 했다. 그러나 그는 예수님이 당시 말씀하실 때는 어떤 교회도 형성되지 않았을 때이므로 구약교회의 질서를 암시하고 계심에 의심이 없다고 했다. 따라서 유대인에 대한 출교권은 전체 교회를 대표하는[546] 장로들이 행하였으므로 도덕과 교리의 견책을 선발된 산헤드린(Sanhedrin) 의회에 의해 행사되었다고 한다. 이 공의회는 합법적인 치리기관이었으며 하나님이 인정하시는 것이므로 하나님의 백성이 징계의 제도를 갖지 않는 것은 잘못이며 부끄러운 일이 될 것이라고 했다.

5) 봉사의 양식

칼뱅의 봉사의 양식은 다섯 가지 측면에서 접근할 수 있다. 첫째는 목회적 돌봄이요, 둘째, 하나님의 형상론이요, 셋째는 예수 그리스도의 봉사의 모델이요, 넷째는 예배와 성례신학적 접근이요. 다섯째, 그리스도인의 생활론이요, 그리고 마지막은 교회론적 사역 구조이다.

첫째, 봉사의 목회신학은 **목회적 돌봄의 차원에서** 초기 목회신학을 정립한 독일의 크라우스 하름스(Claus Harms)의 목회신학적 전통이었다. 그는 교육체계와 자선체계와 사적인 보살핌의 문제들을 개별적인 영혼 돌봄의 차원에서 다루

---

544) Comm. 1 Cor. 5:4.
545) Comm. 1 Thess. 5:12.
546) 칼뱅은 누가 교회의 대표이냐의 문제에서 장로들의 회의가 교회를 대표한다고 보았다. Cf. Comm. Acts 5:21.

었다.[547] 따라서 우리는 목회자가 아닌 집사들의 고유 업무가 어떻게 목회신학의 대상이 될 수 있는가에 대해 재론할 필요가 없다. 칼뱅도 그 직무의 위임성을 말했기 때문이다. 목회신학에서 다루는 봉사의 신학은 사회봉사로서 디아코니아나 실천신학의 행동과학으로서의 '봉사의 신학'[548]을 다루는 것이 아니다. 목회자의 말씀의 사역에 반응하는 평신도 혹은 그 대표자 집사들이 어떻게 목사와 관련을 맺고 그리스도의 봉사의 사역을 실천하는가에 있다. 즉 봉사의 사역도 그 중심에 목사가 있다는 것이다. 비록 그 직무가 위임이 되어 있어도 그것은 교회의 사역이고 목회의 사역이기 때문에 목사와 관련을 갖지 않을 수 없다.

둘째, 디아코니아의 목회신학적 근거는 **하나님의 형상론**이다. '목회의 신학적 기초'에서 전술한 바와 같이 칼뱅은 인간이 전적으로 타락했음에도 불구하고 하나님의 형상이 여전히 남아 있어서 하나님께서 인간의 창조 목적을 지켜나가신다는 점을 밝혔다. 칼뱅에게 있어서 인간은 하나님의 돌보심을 받을 가치가 없는 존재이다(Men are indeed unworthy of God's care).[549] 그럼에도 불구하고 하나님께서 인간의 인격에 자신을 관여시키는 것은 자신의 창조물인 인간에게 여전히 자신의 형상이 있기 때문이다. 그래서 비록 인간들이 하나님의 호의를 받을 가치도 없는 존재들이지만 하나님은 인간 안에 있는 하나님의 은사들을 보시고 그것으로 인하여 "인간을 사랑하시고 돌보시고 싶어 하시는 것이다."[550] 바로 여기에 칼뱅의 디아코니아의 목회신학적 근거가 있다. 목자로서 돌보시는 하나님의 사역의 근거는 자신의 거룩한 형상 때문이다. 더 나아가 칼뱅은 이것을 실천적으로 구체화한다.

---

547) Claus Harms, *Pastoraltheologie*, Band 5, 6 in Bibliothek Theologischer Klassiker (Gotha: Friedrich Undreas Perthes, 1888).
548) 봉사의 신학은 신학 분과로 '디아코니아학'을 의미한다. Cf. Eberhard Hauschildt, 디아코니란 무엇인가, 하우실트, 이영미, 슈뢰터 엮음, 『창조적인 목회를 위한 실천신학』(서울: 한들출판사, 2000), 277. 정일웅 교수는 '봉사학'(Diakonik)이라고 지칭했다. 정일웅, "실천신학이란 무엇인가?" 『신학지남』, 제61권, (1994년 가을.겨울호) 참조.
549) Comm. Gen. 9:6.
550) Ibid.

이러한 하나님의 형상론은 **"하나님의 상처"**[551]**의 신학**에 의하여 개인의 차원을 넘어 세상으로 나아가는 디아코니아의 목회신학적 근거가 된다. "하나님의 상처"의 신학은 이 세상을 향한 하나님의 목회사역의 실천적 근거로서 "어느 누구도 하나님 자신에게 상처를 입히지 않고는 그의 형제에게 피해를 입히는 사람은 없다"[552](That no one can be injurious to his brother without wounding God himself)는 사상이다. 이것은 하나님이 노아의 홍수로 인류를 멸하신 후 생존한 노아에게 말씀하신 것을 기초로 한다. 여기서 칼뱅이 관심을 갖는 것은 동료 인간 존재에게 상처를 입히는 것은 하나님 자신에게 상처를 입히는 것이라는 점이다.[553] 왜냐하면 그것은 하나님 자신이 고통을 받기 때문이다. 따라서 이 세상의 상처의 비참함은 "하나님의 상처"[554]이다. 그러므로 칼뱅이 지적한 대로 "이 교리가 우리의 마음속에 깊이 고정되어 있다면 우리는 다른 사람에게 상처를 주는 데 훨씬 더 망설이지 않을 수 없는 것이다."[555]

또 칼뱅은 하나님은 인간 안에서 자신의 영광이 거울과 같이 보이기를 의도하셨다고 했다.[556] 그래서 그는 우리가 하나님을 비추는 현상 안에서 사랑과 정의를 실천할 의무와 책임을 주장한다. 그러나 그에 앞서 중요한 사실은 우리가 매일매일의 삶에서 하나님의 거울인 '타자'(Other)의 현존 앞에 직면에 있다는 사실이다. 도덕적 의무와 책임은 바로 이 '타자'의 요구나 하나님의 형상을 거울로서 반영하는 '대리자'(the Agent)로부터 나온다. '타자'의 요구로부터 시작되는 그 의무와 책임의 정도는 가히 충격적이다. 목회는 바로 교인들이 그 의무와 책임을 다함으로 영혼을 치유하고 감독하는 교회의 사역이다. 칼뱅은 이웃에 대한 사랑

---

551) Nicholas Wolterstorft, "The Wounds of God: Calvin's theology of social injustice," in *Articles on Calvin and Calvinism* Vol. 11, ed. Richard C. Gamble (New York: Garland Publishing, 1992), 134-142.
552) Comm. Gen. 9:6.
553) Ibid.
554) Wolterstorft, *Articles on Calvin and Calvinism* Vol. 11, 136.
555) Comm. Gen. 9:6.
556) Inst. II, 12, 6.

의 실천 근거를 이렇게 말했다.

성경이 가르치는 최선의 방법은 우리가 인간 자체에 가치가 있다고 생각할 것이 아니라, 모든 사람 안에 있는 하나님의 형상을 바라보고 사람들에 대한 존경과 사랑을 표시하는 것이다. 그러나 그리스도의 영을 통하여 새로워지고 회복되어졌다면 특히 믿음의 식구들 사이에서 이 동일한 하나님의 형상을 보도록 더욱 주의해야 한다(갈 6:10). 그러므로 당신의 도움을 필요로 하는 사람을 만날 때에 그가 어떤 사람이든 간에 당신은 돕지 않을 이유가 없다. 예를 들어 "그가 낯선 사람"이라고 하자. 그러나 주님은 우리 자신의 골육을 멸시하지 말라고 명령하신 사실(사 58:7)에 의해 당신에게 친근히 대해야 할 사람을 하나의 표(a mark)로 그 이방인을 주신 것이다. 또 "그가 비루하고 무가치하다"고 하자. 그러나 주께서는 그에게 자기의 아름다운 형상을 주셨다. 또 당신이 그 사람에게 봉사할 아무런 의무가 없다고 하자. 그러나 우리에게 많은 은혜를 주시고 자신에 대한 의무를 지우신 하나님께 말하자면 그를 자신의 자리에 두시고 우리가 받은 은혜들을 그를 향해서 인정하라고 하신다. 또 우리가 그를 위하여 노력할 가치가 조금도 없다고 하자. 그러나 그를 우리에게 추천하신 하나님의 형상에는 당신 자신과 당신의 전 소유를 바칠 가치가 있다. 또 그가 당신의 손에서 호의를 받을 가치가 없을 뿐만 아니라, 불의한 행동이나 저주로 당신을 화나게 했다고 하자. 그러나 이것까지도 우리가 그를 사랑으로 포용하며 사랑의 의무를 다하는 것을 중단해야 하는 정당한 이유가 되지 않는다(마 6:14; 18:35; 눅 17:3).[557]

셋째, 디아코니아의 목회신학적 근거는 **예수 그리스도의 봉사의 모델**이다. 디아코니아의 목회신학적 근거는 부활 승천 후의 예수 그리스도의 '섬기는 자'로서의 손이다. 예수님은 자신을 봉사자(διάκονος)로 불렀다(눅 22:27). 그리고 바

---

557) Inst. Ⅲ, 7, 6.

울은 그의 임무인 복음 전도와 그의 삶의 인도를 위한 행위 결과들을 봉사 (Diakonie: 고후 5:19; 6:4)라고 지칭했다. 이와 같이 '디아코니아'는 그리스도인의 삶에 중심점에 있다. 디아코니아는 주님 스스로 종의 형태로 오셨기 때문에 가능하다. 그는 섬김을 받으러 온 것이 아니라 섬기기 위해 오셨다. 그는 인간 가운데 '한 인간'(a Man)으로서 메시아적 직분을 접어두고 봉사적 기능을 행함으로 구원하신 것이다.[558]

넷째, 디아코니아의 목회신학적 근거는 보다 **예배와 성만찬의 공동체적 의의와 연결된다.** 디아코니아의 예배 및 성례전적 기초는 예배의 본질과 성만찬의 공동체성에 근거를 둔다.[559] 칼뱅은 어거스틴이 성찬을 자주 '사랑의 띠'라고 말한 것을 인용하면서 형제들 간의 사랑을 강조하고 있다. 칼뱅에게 봉사는 예배의 본질적 부분인 '감사 제물'로서 성격을 가진다. 이것은 형제 사랑의 구제와 봉사로 나타나며 예전에서는 봉헌과 성만찬으로 나타난다. 형제가 그리스도의 몸과 연합되어 예배와 성찬에 참여함으로 하나가 되고 그들은 우리들의 지체이므로 우

---

558) T. F. Torrance, *Service in Jesus Christ*, ed. James I. McCord and T. H. L. Parker (Grand Rapids, Michigan: William B. Eerdmans Publishing Company, 1966). 4. 토렌스는 우리가 보통 선지자, 제사장, 왕 직이 기름부음을 받았던 삼중직분에 따라 그리스도의 사역이 주님의 자비의 사역에 대한 봉사적 본성과 의미가 그림으로 그려지는 데 실패해 온 경향이 있어왔다고 진단했다.

559) 성찬의 성경적 모델은 3가지로 볼 수 있다. 첫째는 식탁의 교제 모델, 둘째는 유월절 만찬 모델, 셋째는 부활 후의 만찬 모델 등이다. 식탁 교제의 모델은 예수님의 십자가 사건 이전의 식사 공동체로서의 '주님의 만찬'(Lord' Supper)으로, 유월절 만찬 모델은 구약적 배경을 갖는 '최후의 만찬'(Last Supper)으로, 부활 후의 만찬 모델은 신약적 의미의 성찬으로 축복과 감사의 의미를 내포하는 '성찬'(Eucharist)과 공동체성을 강조하는 '성만찬'(Holy Communion) 등으로 불리기도 한다. Cf. James F. White, 『기독교 예배학 입문』(서울: 엠마오, 1992), 237-238.
　기타 '떡을 뗌'(Breaking of Bread), '성례전'(Divine Liturgy), '주님의 기념'(Lord's Memorial) 등이 있다. 어느 것이나 성경 전체와의 관련에서 새롭게 이해될 수 있는 근거들이 항상 나타나기 때문에 어느 한 쪽을 강조하게 될 때 문제된다. 그러나 어느 명칭이던 그 성찬은 본질적으로 공동체성을 가진다는 사실이다. Cf. 유월절의 완성으로서의 그리스도의 성만찬의 공동체성에 대해서는 Markus Barth, *Das Mahl des Herrn* (Neukirchen-Vluyn: Neukirchener Verlag, 1987), 20-51. 부활 후의 만찬 모델에 대해서는 정일웅, 『기독교예배학개론』(서울: 솔로몬, 1996), 184.

리 자신의 몸처럼 그들을 돌보아야 한다.[560] 칼뱅에게 봉사는 돕는 차원을 넘어 예배 자체이며 주님과 형제와의 연합 자체이다.

다섯째, 디아코니아의 목회신학적 근거는 **자기부정의 그리스도인의 생활론**이다. 중생의 목적은 신자의 생활에서 하나님의 의와 신자의 순종 사이에 조화와 일치를 드러내 보이고 하나님 자녀로서 택하심을 더욱 확고하게 하려는 것이다.[561] 그리고 자기를 부정하는 삶으로 하나님의 영광을 높이는 데 봉사하며 사는 것이 그리스도인의 생활의 핵심이다. 하나님의 사람이 자기를 부정하지 않는 한 그를 바른 길로 가지 못하도록 막는 장애물이 얼마나 많으며 얼마나 거대한가? 칼뱅은 자기부정을 통해서만 이웃을 올바로 돕게 한다고 했다.[562] 그는 '사람의 영혼 속에 악의 세계가 감추어져 있다' 는 아리스토텔레스의 말을 인용하면서 우리가 발견할 수 있는 유일한 치료 방법은 자신에 대한 관심을 버리고 하나님이 우리에게 요구하는 일을 추구하며 다만 하나님이 그 일들을 기뻐하기 때문에 추구하는 것 뿐 이라고 했다.[563]

칼뱅은 더 나아가 이웃 사랑에 대한 근거를 예수 그리스도의 사죄의 은총에 연결시키고 있다. 결국 "하나님의 형상은 악한 이웃이라 할지라도 그들의 죄를 무효로 하고 깨끗하게 할 뿐 아니라 그 아름다움과 위엄으로 우리를 끌어 그들을 사랑하며 포용하게 만든다."[564] 그리스도는 그들의 죄를 지시고 십자가에 고난을 당하신 자신을 바라보고 우리를 미워하는 사람을 사랑하도록 명령하신다. 칼뱅에게 있어 디아코니아의 사역의 신학적 근거는 그리스도의 십자가의 사랑과 '타자' 의 거울에 비친 하나님의 형상과 사죄의 은총에 근거한다. 따라서 칼뱅의 목회의 본질인 영혼의 치유와 감독은 이 디아코니아 사역의 실천을 지향하게 된다.

칼뱅도 교만한 자들이 성경을 개인적으로 읽는 것만으로 충분하다고 생각하면

---

560) Inst. Ⅳ, 17, 38; 18, 16; Comm. Acts 2:42.
561) Inst. Ⅲ, 6, 1.
562) Inst. Ⅲ, 7, 5.
563) Inst. Ⅲ, 7, 2.
564) Inst. Ⅲ, 7, 6.

서 교회의 일반적인 봉사의 필요성을 부인하는 것은 잘못이라고 했다. 봉사는 절대적으로 해야 하는 하나님의 뜻이기 때문이다.565) 따라서 교회 안에서 재물을 분담하는 일은 필수적인 일이다.566) 디아코니아는 종567)으로서 완전하게 위임된 사역이다. 그것은 예수 그리스도의 노예로서 근본적인 존재 구조 안에 뿌리를 두고 있기 때문이다. 그것은 부분적으로 위임된 것이 아니라 하나님 앞에서 전 존재 안에 완전하게 위임된 봉사의 형태이다. 또 그것은 예수 그리스도를 따르는 자로서 임시적으로 어떤 경우에만 실천하는 것이 아니라 그의 전 존재 속에서 계속적으로 이행해야만 하는 것이다.

마지막으로 디아코니아의 목회신학적 근거는 **교회론적 사역 구조**이다. 예수의 디아코니아의 사역은 가시적 교회 안에서 완성된다. 칼뱅의 디아코니아의 목회신학은 그리스도의 봉사의 유형화를 반영하는 집사들의 자비의 사역으로 체계화되었다는 것이다. 디아코니아는 교회의 전 교인들과 그리스도에게 부여받은 특별한 개인들의 봉사의 관계 뿐만 아니라 그들 상호 간의 봉사와 세상 속의 동료 인간들에 대한 봉사의 관계와도 연관된다. 이러한 점에서 '집사직'은 하나님의 백성의 겸손한 대표로서 특별한 직분으로 부름 받았다. 그리스도와 그의 복음에 대한 반응을 촉진하고 그들의 동료 인간을 섬기는 삶의 열매를 구하기 위한 직분이다. 칼뱅은 바울이 고린도전서 12:28에서 '서로 돕는 것'($ἀντιλήμψεις$: 유지, 혹은 도움)이 연약한 자를 격려하는 것으로 풀이하는 크리소스톰의 견해를 받아들이지 않는다. 이것은 가난한 자를 돌보는 집사의 임무라고 보았다.568)

---

565) Comm. Eph. 4:12.
566) Comm. 2 Cor. 9:12.
567) 신약성경에서 '$δουλοι$' 와 '$δικονοι$', 즉 노예와 웨이터는 그리스도의 종 됨을 말하는 원리적인 두 단어이다. 신약성경에서 '$δουλος$' 와 '$διάκονος$' 를 사용한 용법은 그리스도인의 디아코니아가 자신들에게 부수적인 어떤 것이 아니라 본질적이어야 함을 말해 준다. Cf. Torrance, *Service in Jesus Christ*, 2.
568) Comm. 1 Cor. 12:28.

John Calvin's Pastoral Theology 제5장

칼뱅의 목회 실천의 원리

1. 말씀과 성령의 사역을 통한 그리스도와 연합의 원리

예수 그리스도와 연합의 원리는 목회사역의 기독론적 기초이다. 칼뱅 자신이 그리스도와 연합의 교리를 "가장 중요한 것"(the highest degree of importance) 으로 여겼다.[1] 이것은 복음 안에서 있는 모든 사역의 신학적 기초이기 때문이다.[2] 그리스도와의 "신비한 연합"(*arcanam coniunctionem*)[3]은 칼뱅의 전 신학과 연관되어 있기 때문에[4] 우리는 이 교리를 떠나서 목회를 생각할 수 없다. 칼뱅은 구약시대의 사역자 모세에게서 그것을 발견하였다.

> 그러나 그 백성들을 다스리기 위해 하나님의 일꾼으로 선택된 모세가 여기에서 하나님과 결합되어 있는 것은 결코 불합리한 것은 아니었다… 하나님

---

1) Inst. Ⅲ, 11, 10. 이 점에 대해서 John Murray는 "그리스도의 연합은 구원의 전 교리 중 중심적인 진리이다. 이 연합은 구원의 적용 뿐만 아니라 그리스도의 사역의 최종적인 완성이다"라고 했다. Cf. Jonh Murray, *Redemption: Accomplished and Applied* (Grand Rapids: Eerdmands, 1955). 161.
2) Comm. 2 John 2:8.
3) Comm. Rom. 6:5.
4) Dennis E. Tamburello, *Union with Christ: John Calvin and the Mysticism of St. Bernard* (Louisville: Westminster John Knox Press, 1994), 85; 97. Tamburello는 '믿음이 곧 연합이다' (faith is union with Christ)라고 말한 Wilhelm Kolfhaus의 견해를 반대하며 이 교리가 믿음, 성령, 성례, 선택교리 등 칼뱅의 전 신학의 영역에 걸쳐있다고 했다.

께서 인간을 통해 그의 말씀을 우리에게 알리실 때마다 마치 하나님께서 친히 하늘에서 공공연히 내려오신 것처럼, 그의 명령을 충실하게 전하는 자들의 말을 들어야 한다. 사역자들에 대한 이러한 대우는 말씀을 외적으로 전파하는 일을 무시하는 사람들의 어리석음을 논박하기에 충분하다. 그렇다면 우리는 하나님께로부터 보내어진 자를 영접하는 자들만이 하나님께 복종하는 것이라는 이 원칙을 붙들기로 하자.[5]

칼뱅이 말한 "신비적 연합"(unio mystica)의 본질은 존재(essences)의 연합이 아니라[6] 그리스도의 실재(subsistence) 안에의 연합(unio)이다. 이 때 연합은 접붙임(insero; insitio), 교제(communio; communico), 사귐(societas), 참여(participes), 채용(adoptio) 등의 의미이다. 특히 칼뱅은 영적인 결혼의 이미지를 사용한다.[7] 이러한 연합의 원리는 남자와 여자를 만드시고 가정을 만드신 하나님의 창조사역 속에 나타난다. 칼뱅은 선지자들이 백성들을 책망한 이유를 하나님께 대한 참된 예배를 저버리고 하나님과 혼약한 거룩한 연합관계를 파괴해 버렸기 때문이라고 보았다. 아내가 남편을 떠나 음부가 된 것 못지않게 자기의 순결을 더럽힌 것이라고 했다.[8]

칼뱅의 기독론은 구원론적으로 결정되었다는 것은 분명하다. 그것은 기독론의 전 역사에서 특별한 공헌 중의 하나이다. 중보자의 3중 직무에 대한 칼뱅의 개념은 기독론에 있어서 본질적이다. 이 말은 칼뱅의 기독론이 목회적이라는 의미이다. 왜냐하면 그는 그리스도와 우리와의 관계를 강조했기 때문이다. 그러므로 구원론은 기독론이 바르게 이해되고 받아들여지게 될 때만이 가능하다.[9] 구원론은 목회적으로 복음을 설교하고 성찬을 시행하는 사역의 구체적인 양태로 나타나야

---

5) Comm. Exod. 14:31.
6) Tamburello, *Union with Christ: John Calvin and the Mysticism of St. Bernard*, 87.
7) Comm. Eph. 5:30-32, Inst. Ⅱ, 12, 7. Comm. Ex. 20:5-6, Inst. Ⅱ, 8, 18.
8) Comm. Ps. 106:28.
9) Takeshi Takasaki, "Calvin's Theology as Pastoral Theology," *Reformed Review* vol. 51. No. 3 (Spring 1998), 231.

하기 때문이다. 그리스도와의 연합은 효과적으로 말씀과 성례의 예배를 통해 세워지기 때문이다. 성례의 기능은 신앙과 삶에서 그리스도와의 연합을 창조하고 자양분을 준다. 이 사역적 직무는 그리스도와의 연합에 초점을 두게 한다. 예배에서의 모든 회개와 회중적 고백은 그리스도 안에서 우리를 참여하게 하는 성령의 사역을 통하여 그리스도와의 연합을 지향하게 된다.

왜 그리스도와 연합의 교리가 목회신학적 실천 원리가 되는가? 그리스도의 삼중 직무가 구원론적으로 연결되기 때문이다. 첫째는 그리스도와의 연합이 칭의와 성화를 실천적으로 지향하기 때문이다. 그리고 이것은 정통실천에서 설교와 성례 그리고 목회적 돌봄이 영혼의 치유와 감독이라는 과정을 통해 지향점이 된다. 둘째는 그리스도의 연합은 창조와 구속의 연결점이며 그리스도의 인격과 사역의 연결점이기 때문이다. 따라서 인간의 목회사역은 그 중간에 있으며 그에 대한 목회신학적 근거는 "칼뱅주의의 초월"(extra Calvinisticum)[10]이다. 여기서 칼뱅의 신학에서 독특한 교리가 있는데[11] '그리스도의 신성은 그것이 취해졌던 인간성의 범위를 넘어서 존재한다'는 사상이다. 이것은 다음과 같은 칼뱅의 글 속에 나타난다.

> 더구나 하나님께서는 세상을 창조하실 때 '말씀'으로 자신을 계시하셨기 때문에 그는 그 전에는 자기를 스스로 숨겨둔 상태였다. 그리하여 '말씀'은 하나님과 인간에 대해 이중적인 관계를 가지고 있다…이 분은 세상이 창조되기 전부터 '하나님 안에 숨겨져 있었던' (내가 이런 말을 하는 것이 허용된다면) 영원한 아들(*generatio*)로서 여러 해 동안 율법 하에서 우리 조상들에게

---

10) 성육신 이후에 삼위 하나님의 제2위로서 영원한 말씀이 현재에도 예수 그리스도의 육체를 넘어 역사한다는 개혁적 관점을 서술하기 위하여 루터파 신학자에 의해 사용되어진 용어이다. 이 관점에서 말씀은 결코 전체적으로 육신을 포함하지 않는다. 이러한 사상은 윌리스 (E. David Willis) 등에 의해 그 교리의 중요성을 인정했지만 니젤(Wilhelm Niesel) 등에 과소평가되어졌고 루터파에 의해서는 교리 자체가 부정되어졌다.

11) 『기독교강요』 II, 13, 4에서 이 문제를 논의하는 반면 유일하게 1559년 판에만 나타난다. 『기독교강요』 IV, 17, 30에 있는 간단한 설명은 1536년 초판에서 이미 서술한 부분을 의미 있게 확대시킨 것이다.

희미하게 윤곽을 드러내신 후에 완전히 육신의 모양으로 나타나신 분이시다.[12]

그들은 만약 하나님의 말씀이 육신이 되었다면 그리스도가 육신의 좁은 감옥 속에 제한되어 있다는 터무니없는 말로 우리를 공격하는데, 이것이야말로 건방진 말에 지나지 않는다. 왜냐하면 만약 말씀이 측량할 수 없는 본질(essence) 속에서 인성과 결합하여 한 인격(one person)을 이루었다면, 우리는 그가 그 속에 제한되어 있다고 상상하지 않기 때문이다. 여기서 하나님의 아들이 하늘로부터 내려왔지만, 하늘을 떠나지 않았고, 기꺼이 동정녀의 몸에서 태어나 지상을 두루 다니시며 마지막에는 십자가에 달리기를 원하시면서도 그는 태초로부터 그가 했던 바와 같이 끊임없이 세상을 충만히 채우셨다.[13]

타카사키(Takasaki)는 칼뱅의 '칼빈주의 초월'(extra Calvinisticum)의 교리를 어거스틴에 뿌리를 두고 둔스 스코투스(J. Duns Scotus)에 의하여 표명되고, 후기 중세신학의 중심적 주제가 되었던 스콜라적 전통에 서있으며, 칼뱅 이후 화란과 영국의 언약신학과 뉴잉글랜드 퓨리탄에게 발견된다고 주장하면서 이 교리를 목회신학적 원리로 제시하고 있다. 이 '칼뱅주의의 초월'이 목회신학적 원리가 되는 이유는 창조주와 구속자이신 말씀의 성육신의 진리 때문이다. 이 구원의 사역은 그리스도의 삼중직무를 통해 완성하였는데 그리스도의 직분은 하나님의 나라를 확장하기 위하여 존재하기 때문이다.[14] 목회사역은 실천적으로 예수 그리스도의 중보자, 대제사장, 선지자의 삼중직무를 통해 그리스도의 연합을 이룬다.[15] 그래서 스미스가 말한 대로 그리스도와의 연합이 인간의 참된 존재

---

12) Comm. John 1:1.
13) Inst. II, 13, 4.
14) Comm. Matthew 12:18.
15) Comm. Hebrews 13:5.

양식이 된다.[16]

이러한 **그리스도와 연합의 원리는 말씀과 성령의 사역을 통해 성취된다.** 칼뱅의 신학의 요체가 말씀과 성령의 두 기둥으로 구성되어 있다는 것은 주지의 사실이다. 그러나 말씀과 성령의 사역의 원리는 전통적으로 조직신학에서 말하는 "말씀과 성령의 관계"[17]를 의미하지만 더 나아가 그것을 실천신학의 원리로 해석하는 것이다. 칼뱅 자신이 말하는 말씀은 성경이며, 성령의 임무는 복음서가 추천해 주는 바로 그 교리를 우리 마음속에 인쳐 주시는(obsignare) 것이다.[18] 그리고 이들의 관계는 칼뱅 자신이 밝혔듯이 "말씀과 성령의 확실성을 서로 결합하시어(nexus) 하나님의 얼굴을 생각나게 하는 성령이 빛을 낼 때에만 비로소 완벽한 말씀의 종교가 우리의 마음속에 거주하게 되는"[19] 관계이다. 그러므로 말씀과 성령은 서로 분리되거나 단독으로 역사하지 않고 결합하여 역사한다는 견해는 칼뱅의 기본적인 교리이다. 그러나 그 결합이 어떻게 목회 실천의 원리로 작용하는가는 목회신학의 영역이다.

목회사역은 인간의 사역이지만 그 본질은 하나님의 사역임으로 하나님의 영이신 성령의 사역을 통해 성취된다. 칼뱅은 목회사역에서 성령의 사역의 중요성을 체계적으로 정리한 최초의 신학자이다. 칼뱅은 '말씀에 대한 성령의 증거'(The Witness of the Spirit to the word)와 '구원에 대한 성령의 증거'(The Witness of the Spirit to salvation)를 말하였다. 후자는 전자의 실천적 적용이다.[20] 후자가 목회신학적 원리를 제공해 준다.

하나님은 인간에게 두 가지 방법으로 말씀하신다. 그것은 외적인 말씀과 내적인 성령의 음성이다. 선택한 자를 부르시는 것은 단순히 말씀의 설교로만 구성되

---

16) Lewis Smedes, *Union with Christ* (Grand Rapids: Eerdmans, 1983), ?.
17) Richard C. Gamble, "Calvin's Theological Method: Word and Spirit, A Case Study," in *Articles on Calvin and Calvinism* Vol. 7, ed. Richard C. Gamble (New York: Garland Publishing, 1992), 61-73.
18) Inst. Ⅰ, 9, 1.
19) Inst. Ⅰ, 9, 3.
20) Anthony N. S. Lane, "John Calvin: The Witness of the Spirit," in *Articles on Calvin and Calvinism* Vol. 9, 107.

지 않고 '성령의 조명'(the illumination of the Spirit)이 있어야 한다.[21] 말씀은 인간의 입을 통해 귀에 들려지고 성령은 내적으로 말씀하신다.[22] 칼뱅은 성령을 구원의 약속이 우리의 마음속으로 꿰뚫어 구원의 약속을 담당하는 '내적인 교사'(internal teacher)로 부른다. 그렇지 않다면 인간의 말은 공기와 귀를 때리는 것에 불과하다고 했다.[23] 성령은 인간의 눈을 열어주는 '분별의 영', '이해의 영'으로 우리에게 '새로운 눈'을 제공한다.[24] 우리는 눈이 멀었지만 성령의 밝혀주시는 권능으로 말씀은 우리의 마음을 꿰뚫고 들어올 때만이 그리스도 안에서 하나님의 영광을 볼 수 있다.[25] 그것 없이 그리스도의 보혈은 헛되며 인간의 구원의 역사는 성취되지 않는다.[26] 그래서 칼뱅은 그리스도의 사역에 성령의 관계를 이렇게까지 말한다. 이것은 우리의 목회사역이 성령에 의존되어 있음을 말해 준다.

> 우리 마음이 성령에 몰두해 있지 않으면, 우리는 그리스도를 우리와 관계가 먼 것으로 우리 밖에 계신 것처럼 냉담하게 바라보기 때문에 그리스도는 아무 일도 못하시게 된다(Christ, so to speak, lies idle).[27]

이러한 성령의 사역은 우리를 그리스도와의 연합시킨다. 칼뱅은 그리스도와 연합시키는 띠로서 성령을 말하면서 "우리는 그리스도가 우리 밖에 머물고 계시고 우리가 그와 분리되어 있는 한, 그가 인류의 구원을 위해 받으신 모든 고난과 행하신 모든 일들이 우리에게는 여전히 무익하고 무가치하다는 것을 이해해야 한다"[28]고 했다. 칼뱅은 불경건한 자들이 '당신의 교회'를 순식간에 육성시키는

---

21) Inst. Ⅲ, 24, 2; Ⅱ, 5, 5; Ⅳ, 14, 8.
22) Comm. Jn. 14:26; 17:26; Rom. 8:15.
23) Inst. Ⅲ, 1, 4; 2, 24; Comm. Jn. 5:25; 14:26.
24) Inst. Ⅲ, 1, 4; 2. 34; Comm. 1 Jn. 4:1.
25) Comm. Mt. 16: 17; 1 Jn 5: 8.
26) Inst. Ⅲ, 1, 1.
27) Inst. Ⅲ, 1, 3.
28) Inst. Ⅲ, 1, 1.

하나님의 초월적 능력을 찬양하고 있지는 않는데 이는 교회의 독특한 속성이다. 하나님은 교회를 생산하고 보존하시기 위해 비상한 능력을 발휘하시는데 이것은 인간의 보통의 조건과는 구분된다고 했다.[29] 그러한 이유는 교회의 기원과 성장은 이삭의 출생과 같은 하나님의 은혜스러운 은총으로 이루어지기 때문이다.[30] 그러한 은총은 바로 성령의 사역으로 가능하다.

실천이 어떻게 그리고 왜 효력을 가지는가에 대한 문제에 대해 칼뱅은 인간의 이성과 인간의 수사적인 능력들은 어떤 것도 신앙과 회개와 순종을 낳게 하지 못한다고 했다.[31] 인간은 죄 성향의 마음을 변화시킬 아무런 능력도 없다. 그러나 겸손한 설교자가 설교할 때, 왜 그리스도 안에서 진정한 믿음이 오게 되는가? 왜 그런 일이 발생하는가? 칼뱅의 대답은 아주 분명하다. 복음의 부르심에 귀를 기울이는 사람들은 성령의 행위를 통하여 하나님의 능력에 의하여 이끌려지기 때문이다. 인간은 단순히 외적인 표시의 봉사자이다. 그러나 성찬에서 성령은 청중들이 믿음으로 나아오도록 그리스도의 몸과 피를 나눈다.[32] 그러므로 설교는 하나님이 내적으로 인간의 마음을 터치하지 않는다면 아무 효과가 없다. 이것은 칼뱅의 저작 어디에도 나타나는 계속적인 주제이다. 그러므로 설교자는 하나님의 손에 붙들려 있어야 그 효과가 나온다. 그의 의무는 측량할 수 없는 그리스도의 풍성함을 선포하는 것이다. 그리고 그 결과를 하나님께 맡기고 바라보는 것이다.[33] 그들이 하나님의 말씀을 진실로 선포한다면 모든 세상적인 것들은 하나님의 존귀 앞에 순종할 것이다. 그리고 성령은 말씀의 선포를 사용할 것이다.[34]

칼뱅은 오직 성령께서 우리의 심령 가운데서 내적 교사(inward teacher)로서 조명하실 때만 효과적으로 일하신다고 하였다.[35] 그래서 성령이 내적 교사가 되

---

29) Comm. Exod. 12:37.
30) Comm. Gen. 21:2.
31) Inst. Ⅳ. 6. 1.
32) Inst. Ⅳ. 8. 9.
33) Inst. Ⅳ. 10; 12: 1.
34) Inst. Ⅳ. 3. 8.
35) Comm. Rom. 1:16.

셔서 조명하여 주심으로 말미암아 하나님의 말씀이 들어올 길을 마련하시지 않는다면 하나님의 말씀은 우리의 마음에 스며들어 올 수 없다고 했다.[36] 바울은 여기서 성령을 구원의 약속이 우리의 마음속으로 스며들어 오도록 노력하시는 내적인 교사로 본다. 분별의 영께서 마음의 눈을 여시지 않는다면 빛이 눈먼 자에게 비쳐도 소용없는 일이기 때문이다. 믿음은 성령의 가장 중요한 역사이다.[37] 칼뱅은 하나님의 교회를 다스리며 영원한 구원의 사신 역할을 담당하고 지상에 하나님 나라를 세우며 인간들을 하늘로 들어 올리는 일은 인간적인 능력 이상의 소관이라고 하면서 누구든지 성령의 영감을 받기(adflatus) 전에는 적합한 사람이 없다고 강조했다. 오직 성령의 능력을 각자에게 불어 넣어주심으로만 가능하다고 했다. 그래서 칼뱅은 목회직(pastorale munus)으로의 부르심을 판단하는 기준은 성령의 은사를 볼 수 있느냐의 여부라고 했다. 그러나 사도단(apostolici ordinis)에게 부어주신 성령의 능력 이외에 우리는 외형적이요 눈에 보이는 상징이 말씀과 결합되어 있다는 점을 유의해야 한다고 했다. 이것이 성례의 위력이라고 했다.[38] 하나님께서는 성령의 은혜로 그 사역자들을 사역하게 하신다.[39] 인간 사역자의 외형적인 사역은 마치 영혼이 있어야 몸이 살아나듯이 성령의 사역으로만 인간의 마음의 눈이 깨우쳐진다.[40] 칼뱅은 교회의 교사들과 다스리는 자들이 성령의 은총으로 칼, 불, 추방 및 재물 약탈에도 이길 수 있도록 뒷받침해 주신다고 했다.[41] 그는 하나님의 성령은 우리 안에서 어느 정도로 역사하는 문제에 대해 성령께서 우리에게 주시는 것은 능력뿐이라고 주장하는 무리들을 경계함으로 능력의 은사만을 귀하게 생각하고 성령의 은사를 하찮은 것으로 여기는 그들이 얼마나 유치한지를 비판했다.[42]

---

36) Inst. Ⅲ, 2, 34.
37) Inst. Ⅲ, 1, 4.
38) Comm. John 10:22.
39) Comm. 1 Cor. 3:7.
40) Comm. Acts 26:18.
41) Comm. Dan. 11:34.
42) Comm. Ezek. 11:20. 칼뱅은 이 문제에 대해 어거스틴의 저서 "Concerning the Gift of

성령은 모든 선지자의 유일한 교사요 인도자이기 때문에 성령의 인도하심을 받지 않는 자들은 비록 자기들이 하나님의 보내심을 받았다고 큰소리친다고 해도 버림받게 되고 만다는 것을 배운다.[43] 칼뱅은 우리 마음이 하나님의 성령에 완전히 순종하게 될 때까지는 올바르게 판단하는 능력이 없음을 말하며 성령의 은혜로 올바른 인도를 받게 되기까지는 모든 사람의 사상이 오염되거나 왜곡된다는 점을 강조하고 있다.[44] 하늘로부터 성령의 역사를 분별하는 은사를 받았을 때에야 그는 진실로 정당하고 신뢰할 수 있는 하나님의 대변자가 된다.[45] 모세가 지팡이로 홍해를 가른 기적에 대해 모세 자신이 일꾼이라는 신분에 만족하고서 하나님만을 그 이적의 장본인으로 만들고 있다고 진술하고 있다. 또 성령의 은밀한 능력에 영향을 받지 않고는 바닷물을 말리 울 수 없다.[46] 모세는 스스로 또는 자신의 충동에서 말한 것이 아니라 성령의 기관으로서 말했다.[47] 이와 같이 칼뱅은 이성의 완전한 이해력과 기능을 사람들은 자랑하고 뽐내지만 그것은 연기와 흑암에 불과하다고 보았다.[48] 그것은 바울에게서도 마찬가지이다.

바울도 이와 같이 가르치고 있다. "보내심을 받지 않았으면 어떻게 전파하리오?"(롬 10:15). 그 사도는 또한 이 직분에 충분한 자격을 갖추고 있는 사람은 없다는 것과 가르치는 능력은 하나님께로부터 받는다는 것을 증거하고 있다(고후 2:14; 4:1). 따라서 하나님께서는 그의 임재의 확실한 증거로써 그의 은총을 선언하시고 있을 뿐만 아니라 그의 성령의 은사로서 우리를 밝혀주시고 충성스럽고 참된 교사들을 일으킨다는 결론을 내릴 수 있다…즉 하나님은 그들이 그가 명하신 것 이상을 말하거나 나아가는 것을 허락하지 않으신다.

Preseverance; and the Predestination of the Saints"를 근거로 제시하고 있다.
43) Comm. Isa. 48:16.
44) Comm. Ps. 143:10.
45) Comm. Gen. 41:16.
46) Comm. Exod. 14:21.
47) Comm. Deut. 5:23.
48) Comm. Deut. 29:4.

따라서 목회자들은 그들 자신의 상상대로 교회를 다스리거나 주관하지 않고 단지 성령의 기관(organs)이 되도록만 처음부터 정하여졌다는 사실을 우리는 깨달을 수 있다. 그리고 오늘날에 더 큰 권세를 빼앗는 자들은 그들의 신성을 모독하는 폭정으로 인해 모두 면직되어져야 한다.[49]

2. 적균형성 실천(proper-balance praxis)의 원리

우리가 전술한 바와 같이 실천의 양식들에 대한 목회신학적 실천관을 살펴보면 일정한 실천 원리를 발견할 수 있는데 그것은 '적균형성의 원리'이다. 이것은 칼뱅의 목회의 본질에서 영혼의 치유와 감독 사이의 균형, 즉 목회는 개인과 공동체의 적균형성 실천, 직분에서 목사직의 존엄성과 그 한계의 균형, 목회의 주체와 객체의 균형, 목회의 양식에서 나타난다.

특히 목회의 주체와 객체에서 가장 잘 나타난다. 토마스 오덴(Thomas C. Oden)은 안수사역의 타당성을 위축시키지 않으면서 평신도의 일반적인 사역을 천명해야 하는 과제는 최근 목회신학의 최대의 난점이자 딜레마라고 지적한 것은 적절하다.[50] 즉 **목회의 주체와 객체의 균형이 오늘날 목회신학의 최대 과제**이다. 이러한 상황에서 칼뱅의 입장은 어디에 있는가?

"목사" 사역은 두 개의 "평신도" 사역과 연합되어 있는데, 그것들은 교회를 "다스리는 자"로서 교인들의 권징을 책임지고 있는 장로의 사역과 가난한 자와 병든 자를 돌볼 책임이 있는 집사의 사역이다. 이들 각각이 서로 다른 사역에 참여하는 것은 자신들이 특별한 직무를 완성할 수 있도록 성령의 은사를 받았기 때문이다. 그러나 그들은 교회의 통일성을 위하여 조화를 제공하는 동일한 4직분

---

49) Comm. Deut. 18:17.
50) Thomas C. Oden, *Pastoral Theology: Essentials of Ministry*, 오성춘 역, 『목회신학』(서울: 한국장로교출판사, 1987), 74.

형태의 사역(quadriform ministry) 부분이다.[51] 이것은 **목회 구조의 균형성**을 지향하는 것이다.

칼뱅은 목회직의 본질적 특성은 철저히 하나님의 도구성, 대표성, 사도성을 가진다고 보았다. 이 특성은 목사가 하나님을 대표하도록 보내졌다는 '사도성'을 근거로 한다는 점은 전술한 바와 같다. 만약 평신도가 자신도 '사도성'을 주장하면서 하나님의 보내심을 받았다고 주장한다면 교회의 질서에 중대한 문제가 발생하게 된다.

목회의 주체와 객체의 균형의 근거는 하나님이 만드신 사물이 **균형과 조화** 면에서 덧붙일 것이 없이 하나도 없는 가장 완벽한 것이라는 사역의 신학적 기초에 근거한다.[52] 또 그 다음은 인간이 사회적 동물로 지음 받았다는 최초의 조건 때문이다. 이것은 칼뱅이 지적한 것처럼 일반적인 원리를 나타낸다.[53] 이 원리는 인간 창조의 원형에는 리더십(leadership)과 헬퍼십(helpership)의 관계성이 함축되어 있음을 말하는 것이다. 이에 대해 칼뱅은 창세기 주석에서 인류가 여자의 인격 안에서 완전해졌다고까지 말했다.[54] 그는 남녀 간의 관계를 다음과 같이 말했다.

> 다른 중요한 점은 남편을 도와야 한다고 가르침 받은 여자들은 하나님께서 정하신 이러한 신적 질서를 준수하기 위하여 공부해야 한다. 자신들의 몸(kind)의 다른 부분에 대해 의무를 되돌려 고려하는 것은 역시 남자의 부분(part)이다. 왜냐하면 두 사람의 의무는 상호적이기 때문이다. 그리고 이러한 조건에서 여자는 남자를 돕는 조력자로서 임무가 부여되어졌으며, 또 남자는 여자의 머리이며 지도자의 위치를 감당하게 된다. 여기에서 한 가지 주의해야 할 점은 여자가 남자의 조력자로 불릴 때, 아담의 타락 이래 인간이 무력해져서 생기는 어떤 필요성 때문이라는 점을 간접적으로 언급하지 않았다는

---

51) Inst. Ⅳ, 3, 8; 9
52) Comm. Gen. 1:31.
53) Comm. Gen. 2:18.
54) Comm. Gen. 2:21.

점이다. 여자는 남자가 완전할 때조차도 남자의 배필이 되도록 작정되어 있었다.[55]

그러나 이러한 균형은 목회의 무질서를 가져오는 방식으로 주장되지 않았다. 평신도의 목회적 참여에서 '참여'의 본질은 '말씀의 사역'이 본질이 아니라 '말씀에 반응하는 사역'이 본질이다. 그러므로 평신도의 목회 참여는 어디까지나 그 한계를 가지고 있다. 이러한 한계를 무시하고 사역의 질서를 무너뜨리는 '목회 구조'에 대해 칼뱅은 경고하고 있다. 그는 "두세 사람이 내 이름으로 모인 곳에는 나도 그 중에 있느니라"(마 18:20)는 그리스도의 약속은 그의 이름을 제멋대로 도용하는 위선자들과는 무관한 것이라고 하였다.[56] 또 맥닐이 말한 것처럼 그리스도인의 우주적 제사장의 교리는 영혼의 치유 기능에 있어서 모든 사람이 동등하게 자격을 가지고 있다는 함축성을 의미하지는 않는다. 거기에는 은사의 차이가 있다. 비록 평신도가 전문성을 가지고 목회적 상담을 하더라도 그들이 가지고 있는 것은 '평신도 성직자'와 같은 특별한 의미와 약속이다.[57]

또 목회의 주체와 객체의 균형성을 깨뜨리는 이론적 근거는 **예수 그리스도의 사역의 원형론**일 것이다. 이 원형론은 예수 그리스도의 지상사역이 어떤 '원형'을 가졌다고 보고 그 원형을 따라 우리도 목회를 해야 한다는 것이다. 그리스도 목회의 원형론이다. 목회의 원형(Urbild)은 우리의 목회의 단순한 모본(Vorbild)이 아니라 동화력을 가진 모형(Pattern)으로서 힘과 역동성을 준다. 이것은 원형론이 갖는 장점이다. 원형론은 정답을 원형이 아닌 것에 직접 제시함으로 방향성이 분명이 주어진다는 장점이 있다. 그대로 따라하면 성경적이요 그렇지 않으면 비성경적이다. 그러나 원형론은 정답과 적용점 사이의 괴리에 대해서 쉽게 인간의 죄성이나 불순종을 볼모로 원형과 실제 사이의 진정한 차이를 보지 못하도록 할 가능성이 있음을 간과한다. 제자훈련 목회의 원리를 예로 들어보자. 주님이 제자

---

55) Comm. Gen. 2:18.
56) Comm. Deut. 18:1.
57) McNeill, *A History of The Cure of Souls*, 328.

훈련을 했으니까 우리도 절대적으로 제자훈련을 하는 것이 목회의 원형이라고 해버리면 우리의 목형의 원형의 실제는 그 다양성이 사라진다. 주님의 제자훈련은 사역이라는 측면도 있지만 '계시기관'으로서 측면도 있기 때문이다. 다시 말하면 주님의 사역은 주님의 사역이고 우리의 사역은 우리의 사역이라는 것이다. 즉 원형론을 부정하는 것이 반드시 비성경적이 아니라는 말이다.[58] 사실 이 원형론은 슐라이어마허로 거슬러 올라가고, 이것은 칸트, 쉘링, 플라톤까지 거슬러 올라가면 원형론은 결국 실제와 이상을 갈라놓는 이분법(dichotomy)에 다다른다. 필자는 이 원형론의 문제를 지적하면서도 역시 대중들에게는 원형론이 손쉬운 접근법이기에 우리 시대에 끊임없이 그리스도를 닮아가려는 목회 원형 찾기에 근본적으로 반대하는 것은 아니다. 다만 그 원형 찾기가 이데올로기화 되어 일반 신자들을 압제하는 '목사주의'가 되어서는 안 된다는 의미이다. 왜냐하면 원형을 향한 정체성(identity)이 완전성과 통일성과 총체성을 지향하게 될 때 그것은 이데올로기의 원형으로 작용하기 때문이다.[59] 그렇지만 주님의 사역은 우리 원형이라기보다는 구원의 실제로서 오늘의 구원의 실제인 우리들의 목회는 성경 텍스트 전체와 삶의 특수한 컨텍스트 속에서 다양한 목회의 원리가 적용되고 실천되어져야만 하나님의 목회는 더욱 풍성해지리라고 평가하는 바이다.

따라서 목회의 질서의 원리에 따라 목회는 그 주체와 객체가 적절한 균형 속에서 이루어져야지 어느 한 쪽으로 편향적이 되어서는 안 될 것임을 칼뱅은 인식하고 있었다. "믿는 자"와 "제자"를 구분하여 목회를 구조화하는 것은 현대 제자목회론의 영향이지 칼뱅의 목회 사상은 아니다. 복음서 기자들은 공통적으로 "믿는 자"라는 말과 "제자"라는 말을 동의어로 사용하고 있다고 칼뱅은 주장하였다.[60]

그 다음 목회의 실천양식에서 교회 통치, 말씀, 예전, 양육과 교회훈련, 봉사 등을 적절하고 균형 있게 실천하여야 한다. 칼뱅의 목회신학에서 실천양식의 특색

---

58) 이것은 예수 그리스도의 사역과 우리의 사역의 연속성과 불연속성의 문제가 있다.
59) Henning Luther, "정체성과 정체성 분열: 교육과정의 종결 불가능성에 관한 실천신학적 고찰," 하우실트, 이영미, 슈뢰터 엮음, 『창조적인 목회를 위한 실천신학』(서울: 한들출판사, 2000), 172.
60) Inst. Ⅲ, 2, 6.

은 한마디로 적균형성(proper-balance)이다. 즉 교회 통치에 있어서 목사와 회중의 균형, 말씀 즉 설교와 교육에 있어서 인간과 성령의 균형, 예전양식에 있어서 말씀과 성례의 균형, 양육에 있어서 돌봄과 훈육의 균형, 봉사에 있어서 말씀의 사역과 말씀에 반응하는 사역의 균형이다. 이것은 목회의 본질에 있어서 영혼의 치유와 감독, 직분에 있어서 목사와 평신도, 구조에 있어서 주체와 객체 등도 마찬가지로 적균형적 실천을 지향한다. 이것을 그림으로 나타내면 다음과 같다.

칼뱅의 목회 실천 양식의 적균형성

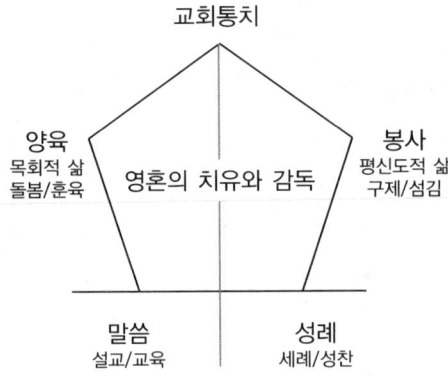

3. 정통 실천(orthodoxy praxis)의 원리

다양한 목회 실천양식들은 목회의 중심적인 개념의 부재와 어우러져 목회의 구심점과 통합성을 상실할 위험성이 도사리고 있다.[61] 비록 전문화와 특수화를 통해 얻어지는 효과를 과소평가할 수는 없지만 교회 전체를 목회하는 목회실천

---

61) 이러한 위기에 대해서는 이미 James N. Poling, Donald E. Miller, Edward Farley에 의해 제기되었다. Cf. James N. Poling & Donald E. Miller, *Foundations for a Practical Theology of Ministry*, 박근원 역, 『교역실천론』(서울: 대한기독교출판사, 1987), 13-16.

의 표상으로서는 어느 하나의 실천양식의 전문화에 묶어둘 수 없다. 바로 여기에서 목회실천의 정통성의 문제가 나온다. 과연 하나님은 자신의 사역을 목회자들에게 맡길 때 아무 원리나 양식이 가능하도록 했을까? 칼뱅은 이에 대해 부정적인 입장이다. 그는 이미 예수가 어렸을 때 랍비들과 '그릇된 교훈 방식'에 대해 씨름했다고 지적했다. 칼뱅은 예수님이 어렸을 때 성전에서 랍비들과 토론하신 것은 그가 아직 교회의 박사(Doctor of the Church)로 두각을 나타내도록 아버지의 부름을 받지 않았기 때문에 겸손한 자리에서 박사들에게 질문을 하였지만 박사들의 그릇된 교훈 방식에 대해 씨름하였음이 틀림없다고 했다.[62]

또 칼뱅은 바울이 디모데에게 명한 사도의 "건전한 가르침을 후대에 전하는 일"을 주석하면서 그 가르침의 내용 뿐만 아니라 "양식"과 "특징"을 보전하는 문제를 다루는 것으로 보아[63] 목회의 실천은 무분별한 양식으로 인간에게 방임되어 있는 것이 아님을 시사한다.

말씀과 아울러 성례의 사역은 **정통실천(orthodoxy praxis)으로서의 의미**를 가지고 있다. 그것이 정통이라고 하는 이유는 말씀 자체가 하나님의 사역 자체이며 하나님 자신의 인격이기 때문이다. 하나님의 목회에서는 말씀이 계시로 나타났기 때문이다. 하나님은 말씀을 통하지 않고는 사역하지 않으신다. 그리고 성례의 경우는 예수 그리스도가 목회의 정통적 실천양식으로 직접 명령하셨기 때문이다. 그러므로 하나님의 목회의 가장 핵심적인 주제는 예수 그리스도이며 그분은 말씀이 육신이 되신 분이시다. 그래서 칼뱅은 이 말씀의 사역이야 말로 참 교회의 표지로 보았다.[64] 그의 말씀과 예전의 사역은 계시관에 기초하고 있다.[65] 하나님의 계시는 옛 언약과 새 언약의 말씀과 표식으로 나타났고 그것은 그리스도에게서 완성되어 교회의 연속적 정통실천의 과제로 남아 있다.

---

62) Comm. Luke 2:46.
63) Comm. 2. Tim. 2:2.
64) Inst. Ⅳ, 1, 9-12.
65) 칼뱅의 말씀과 성례전의 신학에 대한 계시론적 기초는 Ronald S. Wallace가 잘 정리하고 있다. Ronald S. Wallace, *Calvin's Doctrine of the Word and Sacrament* (Tyler, TX: Geneva Divinity School Press, 1982). Chapter Ⅰ-Ⅵ.

말씀과 예전의 사역은 정통실천의 의미로서 목회의 실천방법의 당위성과 연관된다. 왜 우리는 우리가 생각하는 프락시스가 아니라 하나님의 방법이어야 하는가의 문제는 하나님의 사역 방법이 반드시 우리의 사역의 모델이 되어야만 하는가의 문제와 연관된다. 칼뱅은 계시의 통일성으로 그것에 답한다. 계시의 본질은 변하지 않으나 그 형식은 다르게 우리에게 전달되었다는 것이다.[66] 그러나 그 형식은 신약시대에 와서 무제한적 변형의 가능성을 말하는 것이 아니요 일정한 형식인 말씀과 성례전의 프락시스로 전달되어야 한다. 그래서 칼뱅의 목회에서도 말씀은 설교양식과 캐터키즘 교육양식으로, 성례전은 예배양식으로 실천되어졌다. 결국 이것은 말씀과 성례의 목회사역이 정통적 프락시스로서 의미를 가지며 이 프락시스를 떠나서는 목회의 진정한 실천적 의미가 왜곡된다고 보아야 한다. 이러한 정통실천 방법론과 우리의 목회의 방법론의 연관성은 결국 칼뱅 당시 목회신학적 과제였으며 무엇이 정통적 실천인가에 대해 결국 말씀과 성례전의 신학으로 귀결되었다.

4. 맞추심(accommodation praxis)의 원리

프랭크린 지글러(Franklin M. Segler)는 목회는 두 가지 전망, 즉 이상적인 목회와 기능적인 목회에서 가장 잘 이해된다고 보았다. 이상적인 목회란 하나님과 이웃에 대한 사랑의 증진이라는 교회의 목표와 관련을 맺는데, 그 사랑의 실천이 곧 목회이다. 그리고 기능적인 목회는 그 이상적인 목회를 위한 실천 방법으로서 존재한다. 기능적인 목회는 예배목회, 설교목회, 치유목회, 교육목회, 복음전도목회, 청지기목회, 사회개혁목회 등이 있게 된다.[67] 사랑이 목회의 기본 원리라는 생각은 칼뱅에게는 더욱 실제적으로 나타나게 되는데 그것이 바로 맞추심

---

66) Comm. Jer. 31:33.
67) Segler, *A Theology Church and Ministry*, 『목회학개론』, 45-56.

(accommodation)의 원리이다.

일반적으로 맞추심의 원리[68]는 칼뱅 신학자들이 칼뱅의 저작들에 대한 해석학적 차원에서 연구되어져 왔다. 여기서 '맞추심'이란 무한한 하나님이 **유한한 인간의 이해를 돕기 위한 방법으로서 적응**(accommodation)이다. 이것은 칼뱅 문헌의 특징을 해석학적 차원에서 밝힌 것이지만 필자는 이것을 실천신학적 원리로 제시하려고 한다. 일부 사역자들은 '성육신의 원리'(the principle of incarnation)를 목회 혹은 사역의 원리로 제시한다.[69] 아지스 페르난도(Ajith Fernando)는 '사람들과 동일시'(Identifying with People)를 사역의 제1원리로 들었다. 예수 그리스도 사역의 라이프스타일은 제일 먼저 백성들과 동일시함으로 시작하였다. 이 원리는 성육신으로 구현되었다는 것이다.

그러나 필자가 보기에 이것은 목회신학의 실천 원리로는 아주 성경적인 것 같지만 좀더 깊이 생각해 보면 위험한 요소가 숨겨져 있다. "하나님의 사역의 핵심적 실천이 성육신의 방식인데 우리 사역자들도 성육적인 방식으로 하나님의 백성들의 상황으로 우리 자신을 육화시켜야 한다"는 표현은 목회 실천의 원리로 그럴듯하다. 그러나 '그리스도의 성육신'이라는 사역의 본질은 그리스도 자신에게만 돌려져야만 한다.[70] 왜냐하면 성육신은 그 자체적으로 존재론적인 의미를 가지고 있기 때문이다. 그것은 예수 그리스도의 수세 시 "하늘로서 소리가 있어 말씀하시되 이는 내 사랑하는 아들이요 내 기뻐하는 자라 하시니라"(마 3:17)라는 이 말씀을 오늘날 직접적으로 우리 자신에게 적용하여 마치 우리가 '그리스도'와 같은 위치에 서는 듯 한 복음송을 부를 수 없는 것과 같은 이치이다. 따라서

---

68) Ford Lewis Battles, "God was Accomodating Himself to Human Capacity," *Reading in Calvin's Theology*, ed. Donald K. Mckim (Grand Rapids: Baker Book House, 1984), 21.
69) Ajith Fernando, *Jesus Driven Ministry* (Wheaton: Crossway Books, 1992).
70) 이 문제는 그리스도의 사역의 모형이 절대적으로 우리의 사역의 직접적인 모형이 될 수 있는가에 대한 실천신학적 문제이기도 하다. 이것은 오늘날 만연되어 있는 사역철학의 이데올로기화와 관련하여 중요한 문제이다. 만약 예수 그리스도의 사역의 모형이 절대적 의미를 갖는 것이라면 왜 바울은 예수님의 제자화 모델을 따르지 않았는가란 문제가 제기된다. 바울이 한 곳에 머무를 수 없는 선교사였기 때문이라는 답변은 이 문제에 대한 충분한 대답이 되지 못하는 듯하다.

우리는 이 '성육신의 원리'가 백성과 동일시하는 사역의 원리를 내용적 방향을 제시하는 것이라고 하더라도 이 용어보다 기능적이고 실천방법론적인 '맞추심의 원리'를 목회 실천의 원리로 제시한다.

칼뱅은 인간의 능력에 하나님 자신이 스스로 맞추시는 적응적 용어를 주로 사용하였다. 하나님이 입, 귀, 눈, 손, 그리고 발을 가지고 계신다는 성경적 표현은 하나님의 무한성과 영적인 본질을 가르치기 위하여 인간의 수준에 맞추신 것이다. 그래서 칼뱅은 "보모(nurses)가 어린아이에게 '옹알이'(balbutire) 하듯이 하나님께서는 우리에게 말씀하실 때도 어린 아이들이 쓰는 불완전한 말을 사용하시곤 했다"[71]고 했다. 또 하나님의 천지창조에 천사가 빠지고 후에 성경에서 천사를 하나님의 '봉사자'(minister)라고 소개하고 있는 것은 모세가 일반 대중들의 무지의 수준에 맞춘 것이라고 보았다.[72] 역시 천사의 사역도 마찬가지이다. 비록 하나님은 천사들 도움 없이도 자신의 사역을 하시는 분이지만 그들을 통해 일하시는 것은 우리를 보호하기 위하여 연약한 인간의 능력에 하나님 자신을 맞추시는 것이라고 보았다.[73] 성경이 인간과 짐승, 선인과 악인, 지혜자나 어리석은 자 모두가 같은 '운명'에 처한다는 말도 비록 이교도적인 말이지만 사람들의 피상적인 안목으로는 모든 것들이 우연적인 것으로 보이므로 그들에 맞추심으로 '운명'이라는 말을 사용하신다.[74] 하나님이 후회하신다는 표현도 마찬가지이다.[75] 이러한 맞추심의 근거는 하나님의 자기 초상(self-portraits)이며 그것들은 아버지로서 하나님(God's Father), 교사로서 하나님(God's Teacher), 의사로서 하나님(God's Physician) 등이다. 여기서 양육하시고 교육하시고 치료하시는 하나님의 사역의 양식이 나타난다. 이것들은 그의 고상함을 버리시고 보다 낮은 수준에서 일하시고자 하는 하나님의 목회적 도구이다. 그래서 베틀즈(Ford Lewis

---

71) Inst. Ⅰ, 13, 1.
72) Inst. Ⅰ, 14, 3.
73) Inst. Ⅰ, 14, 11.
74) Inst. Ⅰ, 16, 9.
75) Inst. Ⅰ, 17, 12.

Battles)는 칼뱅의 '맞추심'에 대해 성경의 적대적 비난에 대한 변증적 도구로 시작하여 신자들의 교화를 위한 목회적 도구(a pastoral instrument)로서 끝난다고 평가하고 있다.[76]

이러한 맞추심의 원리는 **성부 하나님의 사랑에 기초**하는 바, 그것이 가장 뚜렷하게 나타나는 분야가 교회훈련이다. 교회훈련의 방법은 목회적인 사랑의 교정책을 제시하고 있다. 칼뱅은 타인의 과오를 정죄함에 있어 엄한 재판관이 되어서 무분별하게 악으로 달려가는 일이 없도록 주의하지 않으면 안 된다고 했다. 그래서 그는 예배를 더럽히는 모든 부정한 것을 출교처분하는 것을 당연하게 여겼다. 그러나 그 실천은 절제가 필요하다. 즉 치료할 가능성이 있는 자는 급하게 정죄해서는 안 된다고 했다.[77] 우리는 악의 교정을 원하는 경우 그 악보다 훨씬 악한 교정책을 사용하는 일이 없도록 삼가지 않으면 안 된다. 교회가 죄인들을 가혹하게 벌하여 그들을 교회 밖으로 추방하지 않는 이유는 하나님께서 그들을 남겨주시기 때문이다.[78]

여기에서 우리는 교회훈련을 사용할 때 교회가 징계하는 당사자들의 안녕을 고려하지 않으면 안 된다. 가혹한 처벌이 과도하면 필연적으로 상황을 악화시킬 뿐이다. 그러므로 우리가 도움이 되고자 한다면 온순성과 자제가 필수적이요, 그 결과 징계를 받는 쪽에서 자신들이 여전히 사랑을 받고 있다는 점을 깨달을 수 있어야 한다. 한마디로 파문의 의도는 사람을 주님의 양무리에서 쫓아내는 것이 아니라 그들이 방황하며 곁길로 갔을 때 그들을 다시 불러드리는 것이다. 하지만 우리는 형제애를 입증하는 수단은 아첨이나 거짓 존경이 아니라 '권고'(admonition)라는 점을 명심해야겠다. 이러한 수단을 통해서 치료(cure)를 받지 않으려하던 사람들이 모두 자신들의 안녕(well-

---

76) Ford Lewis Battles, "God Was Accommodation Himself to Human Capacity," in *Articles on Calvin and Calvinism* Vol. 6, 20.
77) Comm. Lev. 13:2.
78) Comm. 1 Cor. 5:5.

being)에 대해 교회가 관심을 보여주는 것을 느끼게 될 것이다. 한편 파문(excommunication)은 저주(anathema)와 구별되지 않으면 안 된다. 교회가 가혹한 처벌을 통해 블랙리스트에 올려놓고 있는 사람들에 대해서 바울은 그들이 마치 구원의 소망에서 끊어진 사람인양 전적으로 포기할 것이 아니라 그들을 올바른 마음으로 되돌리는 데 노력을 기울일 것을 권하고 있다.[79]

목사는 훈련자(a disciplinarian)이다. 그러나 그 훈련자는 사랑에 맞추는 훈련자이다. 목사의 직분에 대한 이 모습은 칼뱅이 매우 진지하게 취급한 것이다. 하나님의 말씀을 따라 교회를 진실로 개혁하기 위해서는 성경적 교회훈련을 성공적으로 수행하는 것이 필요하다고 보았다.[80] 교회훈련은 두 가지 모습으로 그 범주를 정할 수 있다. 첫째는 교회의 정치 형태에 관한 것이고, 둘째는 교인들의 삶과 교회의 교훈이 일치하는지에 대한 감독에 대한 것이다.[81] 교회훈련의 적용도 역시 목사의 임무이다. 그러나 그것을 실천할 때 맞추심의 원리를 어느 정도의 수준에서 어떻게 적용할 것인지가 언제나 문제가 된다.

영혼의 감독에 있어서 가장 중요한 문제는 인도자와 피인도자 사이의 관계이다. 어느 정도로 전자가 후자의 권위 위에 있어야 되는가? 프로테스탄트는 덜 친밀한 감독을 선호해 왔다. 상담을 느끼는 사람의 자유로운 선택에 의해 양심의 비밀을 수반하도록 하여 왔다. 프로테스탄트 상담자는 가끔 인간의 내부적 비밀에 대해 주제넘게 나서는 일을 꺼려왔으며 특히 인간의 양심을 권위로 장악하는 것에 몸을 사려 왔다.[82]

그러나 맞추심의 원리를 적용할 때 권위가 꼭 필요하다. 교회훈련과 영적지도의 권위 문제는 심리학적 기초가 매우 중요하다. 목사가 참회하는 사람의 영원한 상태에 영향을 미치는 권세를 행사한다는 신념은 참회자의 자발성과 면죄가 주

---

79) Comm. 2 Thess. 3:15.
80) Inst. Ⅳ, 11, 5.
81) Reid, *Reformed Theological Review* vol. ⅩLⅠⅠ. No. 3, 70.
82) McNeill, *A History of The Cure of Souls*, 324.

어졌을 때 마음의 평안을 주는 강력한 요소이다.[83] 영혼의 지도에 있어서 권위는 매우 중요하다. 이 권위는 전통 혹은 교회의 시스템에 좌우되는 경우가 많다. 체제 자체가 고도로 권위적인 곳에서의 목사는 진실로 권위적인 목소리를 내는 것이 이해되어진다. 프로테스탄트 목사는 로마 가톨릭교회의 사제와 비교하여 권위가 부족하다고 가끔 말하여진다. 초기 프로테스탄트 작가들은 성경이 목사에게 확고한 권위가 주어졌다고 믿었다. 이러한 경향은 18세기 복음주의권에서 교육하는 경우는 거의 없었다. 그러나 평신도 신학의 입장에서도 교회적, 제도적 권위는 과도하게 억압당하지 않아야 한다. 이것이 칼뱅의 목회신학적 전통이다. 그렇다고 하더라도 현실적으로 이러한 칼뱅의 교회훈련의 방법 중 후자인 목사의 권위 문제는 자본주의화되고 목회가 무한 경쟁시대에 방임되어 있는 상황에서 어떻게 실현할 것인가가 미래의 목회신학의 과제이다.

5. 질서 실천(order praxis)의 원리[84]

질서의 원리는 칼뱅의 목회 실천의 원리 중 매우 중요한 원리이다. 질서의 원리는 칼뱅의 목회신학사상의 중심을 이루는 구조이다. 오스터번(Osterhaven)에 따르면, 교회의 신앙에 대한 칼뱅의 공헌은 질서와 성령의 강조이다. 이것은 칼뱅의 율법관에 기인한 것으로 모든 사역의 실천적 기초를 이루는 원리이다. 그래서 그는 질서의 가치에 대해 여러 성경본문 주석에서 강조하였다.[85] 칼뱅이 질서의 원리에 기초하여 목회를 실천해야 할 당위성은 에베소서 4:12에 대한 주석에

---

83) Ibid., 326.
84) 질서의 개념으로 칼뱅의 신학을 풀어간 신학자는 I. John Hesselink이다. 그는 칼뱅의 신학에 있어서 율법을 질서의 개념으로 설명한 신학자이다. Cf. I. John Hesselink, "Christ, the Law, and the Christian: An Unexplored Aspect of the Third Use of the Law in Calvin's Theology," in *Articles on Calvin and Calvinism* Vol. 6, 179-191.
85) Comm. 1 Cor. 14:40.

나타난다. 칼뱅은 목사의 임무가 "성도를 온전케 하며"라고 진술한 에베소서 4:12을 벌게이트 역본에 따라 '온전함'(consummationem)으로 번역하지 않고 에라스무스의 번역본에 따라 '구성'(constitutio)이라고 번역한다. 이는 '완전'을 의미하는 전자의 견해를 따르지 않고 혼란한 곳이 질서 있고 합법적인 상태가 되어질 때 나라나 왕국이 되어지기 때문에 후자의 입장을 따른다.[86) 그래서 구약교회에 도입된 '질서'의 원리를 다음과 같이 설명하고 있다.

> 하나님께서는 그의 선지자들에 대한 신용과 권위를 일단 얻으신 것처럼 보였지만 그의 교회의 통치를 위해 그리고 그의 뜻을 선언하기 위해 질서(order)를 확립하셨으며 그것이 백성들 스스로 자신들에게 가장 크게 유익하다는 사실을 경험으로 알게 되었다.[87]

칼뱅은 그리스도인들의 "바른 질서의 삶"(a rightly ordered life)을 돕기 위한 "보편적인 준칙"(univeral rule; regulam)을 발견하려고 하였다.[88] 우리의 소명의 목표는 하나님이 거룩하므로 우리도 거룩해야만 하는 의와 거룩함의 개발(the cultication)이다. 그리스도인의 삶의 우선적인 동기는 우리가 예수 그리스도 안에서 받은 은혜와 용서임으로 예수 그리스도는 우리의 삶 속에서 표현해야만 하는 형상(formam)으로서 모델(exemplar)이 우리 앞에 놓여 있다.[89] 칼뱅은 이때 두 가지 기준을 제시하는데 율법과 그 율법의 최고의 해석자 그리스도이다. 칼뱅은 그리스도인의 삶을 이해하는 데 가장 핵심적인 본문으로 에베소서 4:23 "오직 성령으로 새롭게 되어"를 들고 있다. 옛 본성을 벗어버리고 새로운 본성으로 옷 입는 것은 새로운 질서의 세계로 들어가는 것으로 보았다. 그 새로운 질서의 세계는 의와 진리의 거룩함으로 지으심을 받는 사람들의 삶 속에서 나타난다. 칼뱅

---

86) Comm. Eph. 4:12.
87) Comm. Deut. 18:16.
88) Inst. Ⅲ, 6, 1.
89) Inst. Ⅲ, 6, 3.

은 그 요건으로 두 가지 기준을 제시한다. 즉 첫째는 자기부정과 성령으로 새롭게 되는 것이다. 둘째는 우리의 영으로 살아가는 것이 아니라 그리스도의 영으로 사는 것이다.[90] 이러한 질서 개념은 그 외에도 『기독교강요』 디도서 2:11-17의 "잘 질서화된 삶"(a well-ordered life: *vitae bene compositae*)[91], 고린도전서 13:4-5의 "사랑의 질서"(the rule of love)[92]에서 잘 나타난다.

칼뱅에게 있어서 **목회란 바로 그리스도인들이 이 질서의 삶을 살도록 돕는 것**이다. 그리고 그 질서 세움은 바로 그리스도인들이 서로 자기부정을 하게 될 때 가장 도울 수 있다고 보았다. 목회는 이렇게 목사 자신 뿐만 아니라 그리스도인 형제들이 서로 자신을 부정함으로 이 질서의 삶을 살아갈 수 있도록 이웃을 돕는 것이다.[93]

목회 실천의 양식도 사실은 이러한 질서의 원리로 파생된다. 이 원리가 정통 실천양식으로 나타날 때는 말씀과 예전의 사역으로 나타난다. 특히 장로와의 관계에서 질서는 목회를 실천하는 중요한 원리이다. 칼뱅은 좋은 질서를 유지하기 위해서는 장로들을 소홀히 할 것이 아니라 곱절의 지지와 존경으로 관심을 가져야 한다고 했다.[94] 또 칼뱅은 누가가 참된 교회의 네 가지 특성을 들었다고 했는데 그것은 질서가 잘 세워진 교회의 모습인데 교회의 혼(魂)인 교리로 시작되는 사도들의 가르침, 형제들 간의 교제(κοινωνία), 성만찬 그리고 공중기도 등이라고 보았다.[95] 또 성례도 새로운 질서의 표시라고 보았다. 그가 교황제도를 심하게 비판한 이유는 그 제도 자체가 교회의 질서를 직접적으로 파괴하는 것이라고 확신했기 때문이다.[96]

질서의 원리는 **자유의 원리와 상충되는 것이 아니라 조화된다**. 이러한 질서의

---

90) Comm. Eph. 4:22-23. Inst. Ⅲ. 7. 10.
91) Inst. Ⅲ, 7, 3.
92) Inst. Ⅲ, 7, 5-7.
93) Inst. Ⅲ, 7, 5.
94) Comm. 1 Tim. 5:17.
95) Comm. Acts 2:42.
96) Inst. Ⅳ, 12, 26.

원리는 양심과 법의 조화[97] 속에서 추구되어진다. 따라서 그리스도인들은 하나님 앞에서 양심의 자유를 얻었다고 해서, 외적인 통치에 관해서 인간 사회의 법에 복종할 필요가 없는 것이 아니라고 보았다.[98] 반면 질서가 우로 지나치게 치우치면 인간의 제도화가 되어 결국 질서의 원리를 파괴하는 것이다. 그러므로 칼뱅은 그리스도가 명령하지 않은 행정상의 배열의 자유를 제시하기도 하였다. 그는 주님이 명령하지 않은 행정상의 배열 문제가 있으며 우리가 그것들을 지켜야 할 강제성이 없는 것들이 있다. "외적인 일들을 배열하는 방법"(ordinem istum in rebus externis)은 신성불가침의 법률이 되는 것이 아니라고 보았다.[99] 그리고 실천양식의 복잡성과의 관련해서 복음의 시대가 더욱 간소화되었음을 지적하며 실천양식에 있어서 미신적인 질서의 개념을 부정했다. 그는 구약의 악기들이 그리스도가 오셨을 때 폐하여졌던 그 율법적인 의식에 속하였던 것임을 주목하여야 한다고 보고, 복음 아래 있는 우리는 아주 간단한 의식을 지녀야 함을 강조했다.[100]

칼뱅은 하나님께서 교회 안에 베푸시는 일반적인 가르침의 수단을 박탈당하지 않을까 염려하고 있으며, 교회의 공통적인 규율과 질서에 대한 자신의 필요성을 절감하고 있다고 했다.[101] 하나님께서는 여전히 자기 백성을 일정한 외적 질서 밑에서 지탱하시며 지상적인 가르침을 통해서 그들을 자신에게로 이끄신다고 했는데 이것은 하나님께서는 자신을 하나의 거울이나 형상과 같은 이러한 제도를 통해서 우리에게 보이시기 때문이다.[102]

교회 통치의 수단과 방법에서 질서의 원리가 뚜렷하게 나타난다. 칼뱅의 교회 통치의 수단은 첫째, 교회의 조직을 통해 성취된다. 우선 국가와 관계에서 교회의 목자들은 세상과 교회를 통치하시는 하나님의 두 눈이다. 칼뱅은 왕들과 제사

---

97) Comm. Acts 15:28.
98) Inst. 3, 19, 15.
99) Comm. 1 Cor. 14:38.
100) Comm. Exod. 15:22; Ps. 81.
101) Comm. Ps. 26:8.
102) Comm. Ps. 27:4.

장 및 선지자들은 각자 외눈박이라고 했다. 칼뱅은 교회 즉 그리스도의 양무리 속에는 열왕들을 위한 장소도 있다고 했다.[103] 칼뱅은 이사야 주석의 영국 에드워드 6세에게 드리는 헌사에서 에라스무스가 그리스도의 사역자들이 세상의 악을 바로잡으려고 노력하는 것은 강물을 반대 방향으로 흘러가게 하는 것처럼 무모한 짓이라고 비평한 것에 대해 교회의 회복은 주님 자신의 일이라고 반박하며 우리의 개혁 의지를 촉구하고 있다.[104] 왜냐하면 참되고 합법적인 통치에서의 양쪽 눈은 세상 재판장들과 교회의 목자들이기 때문이다.[105] 그래서 칼뱅의 교회 통치는 거시적인 실천양식 뿐만 아니라 일정한 외적인 조직(externa politia)[106]으로 나타난다. 칼뱅은 다스리는 자들(προισταμένους)이란 교회 통치를 위임받은 자들이며 이들은 곧 다른 회원들을 주도하고 다스리며 규율을 잡던 장로들(seniores)이라고 했다.[107] 장로제도를 통해 그 양식이 실천되어진다고 보았다. 장로회를 통한 다스림은 교회의 통치조직으로 나타난다. '장로들'은 교회의 통치를 맡은 자들에 대한 명칭이요 사도들의 지위는 이들보다 앞섰다. 칼뱅은 집사들의 디아코니아 직무도 장로들 밑에 있다고 했으며, 그들의 권위를 무시하고서는 아무것도 하지 않았다고 하면서 교회 내의 사역의 통치 질서를 말하고 있다.[108] 따라서 칼뱅의 교회 통치는 교회 정치적 측면에서 장로회적 다스림(the presbyterial government of the churches)이다. 이것은 현대적 용어로 당회 정치이다. 그리고 더 나아가 보다 더 큰 범주의 노회와 총회 조직을 통해 교회 통치가 이루어져야 함을 말했다.[109]

둘째, 교회 통치의 수단은 교회법을 통해 성취된다. 칼뱅은 교회법의 필요성

---

103) Comm. Ps. 72:11.
104) Comm. Isa. 헌사.
105) Comm. Jer. 32:32.
106) Comm. 1 Cor. 14:35.
107) Comm. Rom. 12:8.
108) Comm. Acts 11:30.
109) Inst. Ⅳ, 9, 13. 칼뱅이 노회를 인정하는 정도에 관한 문제는 Otto Weber, *Die Treue Gottes in der Geschichte der Kirche*, 『칼빈의 교회관』, 80.

을 말하면서 모든 인간 사회가 공공의 평화 촉진과 유지를 위해 어떤 형태로든 조직이 필요하다고 말하면서 교회가 정연한 법 아래 있을 때 가장 잘 유지되며 일치가 없으면 결코 교회가 되지 않는다고 했다.[110] 그는 결코 목회 실천에서 인간성을 무시하지 않는다. 다양한 인간의 관습과 생각 그리고 인간의 판단과 성향의 상충됨을 간과하지 않는다. 문제는 무엇이 바른 법인가이다. 즉 인간의 양심을 괴롭히는 교회법과 올바른 교회법 사이의 표지는 두 가지로 "모든 것을 적당하게 하고 질서대로 하라"(고전 14:40)는 성경에 근거하여 모든 일을 적절하고 위엄 있게 행하도록 하는가와 공동체가 인간애(humanity)와 절도(moderration)의 유대로 질서를 유지하는가이다. 즉 "예절"(decorum)과 "질서"(order)이다.[111] 이것은 현대적 의미로 목사의 '법적 리더십'으로 나타나야 함을 의미하며 이미 칼뱅 자신의 목회사역에서 이 교회 통치의 사역을 실천하였다. 칼뱅은 교회 통치와 관련하여 목사의 목회사역의 책임과 평신도의 의미에 대해서 이렇게 말했다.

> 질서에 관해서 첫째로 중요한 점은 교회의 책임자들은 훌륭하게 다스리는 법을 알아야 하고, 다스림을 받는 사람들은 하나님과 올바른 훈련에 순종하는 습관이 있어야 한다는 것이다. 둘째는 좋은 질서로 교회를 세운 후에는 교회가 평화와 평온이 있게 하라는 것이다.[112]

다음으로 **교회 통치의 방법은 무엇인가?** 원론적으로 교회 통치의 실천적 바탕은 사랑이라고 칼뱅은 강조한다. 그러나 그 사랑은 재세례파가 주장하는 것처럼 예수 그리스도가 우리에게 모든 우월적 권세를 금했다고 누가복음 22:25로부터 추론할 수 없다고 했다.[113] 이미 "인간의 양심을 괴롭히는 교회법"과 "올바른 교

---

110) Inst. Ⅳ, 10, 27.
111) Inst. Ⅳ, 10, 28.
112) Ibid.
113) 박건택 편역, 『칼뱅작품선집』 제5권, 152.

회법"을 구별하면서 그 실천적 기준은 우리가 공동의 노력으로 사랑을 신장시키는 것이라고 했다.[114] 이와 같이 교회법의 목적을 사랑이라고 말하는 것은 사랑은 바른 법과 지혜의 실천을 통해서만 완성되기 때문이다. 그러므로 칼뱅의 교회 통치를 위해 부름 받은 자들이 자신의 직무를 충실하게 수행하려면 그리스도의 사랑으로부터 시작해야 한다고 다음과 같이 강조했다.

> 그러므로 교회를 다스리도록 부름 받은 자들은 자신의 직무를 잘 감당하려면 그리스도의 사랑으로부터 시작해야 한다는 점을 기억해만 한다. 그리스도가 목사들에게 우리의 구원을 맡기실 때 그가 얼마나 우리의 구원을 높게 위치시키는지 분명하게 증거하신다. 목사들이 양들을 신중하게 돌본다면 그리스도는 목회자들에게 크게 사랑을 받는 셈이라는 말씀을 하고 있다. 그리스도에게 가장 기쁨이 되는 봉사야말로 그의 양떼를 먹이는 것이라는 말씀은 복음 사역자들에게 더 없는 용기를 불어넣어주는 것이다. 모든 경건한 자들이 하나님의 아들에게는 너무나 사랑스럽고 귀하기 때문에, 그분은 자신이 있어야 할 자리에 목사들을 대신 있게 하신다(*quasi in locum suum subroget*)는 말씀에서 특별한 위로를 받지 않을 수 없다. 그러나 이 동일한 교리는 교회의 통치를 전복하는 거짓 교사들에게는 큰 두려움이 아닐 수 없다. 그리스도께서는 분명히 자신이 그러한 자들에게서 치욕을 받고 계시며, 그들에게 몸서리치는 재앙을 내리실 것을 선언하고 계신다.[115]

사랑을 바탕으로 한 교회 통치의 방법으로 칼뱅은 '노암'(נעם)과 '호블림'(חבלים) 사상을 말하였다. 즉 목자는 '아름다움'과 '연합'이라는 두 개의 막대기로 교회를 다스려야 한다는 것이다. 그는 스가랴 주석 11장에서 "하나님의 목회"의 본질과 그 방법을 강조하고 있다. 하나님께서는 이스라엘 백성들을 향해 항상

---

114) Inst. Ⅳ, 10, 28.
115) Comm. John 21:15.

선하고 신실한 목자의 직분을 수행했다. 그러한 목자의 직분은 하나님이 친히 하시지만, 항상 충성스러운 사역자들을 세우셔서 자신의 통치에 대한 관심을 드러내신다. 스가랴서에 나타난 하나님의 목회방법은 자기 백성을 다스리시는 통치로 나타나는데 그것은 목자의 직분을 통해 드러난다. 하나님께서는 스가랴를 통해 자신의 목자의 직분은 두 개의 막대기를 통해 다스린다. 하나는 '은총'이며, 또 하나는 '연락'이다. 칼뱅은 '노암'(נעם)은 '아름다움'이며, '호블림'(חבלים)은 '현' 또는 '밧줄'을 의미한다고 보았다. 일반적으로 목자들은 한 개의 지팡이면 충분하지만 목자로서 하나님이 두 개의 지팡이를 사용하는 이유는 하나님께서 자기 백성을 다스리시는 직분에 대한 열심에 있어서 모든 사람들보다 월등하기 때문이라고 했다. 그리고 의미를 이렇게 설명했다.

> 따라서 선지자의 의미는 하나님께서 목자의 직분을 수행하시면서 최선의 방법으로 자신의 백성을 다스리셨다는 것이다. 나는 이것을 '노암'(נעם) 즉 '아름다움'이라는 단어로 이해하는데, 이는 하나님께서 이스라엘 백성에게 행하신 통치보다 더욱 완전한 아름다움은 없기 때문이다. 그래서 그는 목양을 위한 지팡이를 아름다움에 비유하는 것이다. 선지자는 마치 '사물의 질서가 너무나 잘 정돈되어 있어서 그보다 더 나은 것을 상상할 수 없었다'라고 말한 것과 같다. 그는 또한 '연합'(unity) 또는 '화합'(concord)을 언급하고 있는데, 그것은 하나님께서 흩으셨던 이스라엘 백성을 다시 모아 한 몸이 되게 하신 최고의 은혜였다. 이스라엘 왕국의 극히 적은 자들이 고향으로 돌아갔지만 남은 자들 중에는 유다 지파와 베냐민 반 지파 뿐만 아니라 다른 사람들도 섞여 있었음이 분명하다. 그러므로 하나님께서 가장 아름다운 질서를 세우셨고 거기에 형제의 화합이 첨가되어 아브라함의 자손이 한 영혼과 한 마음으로 연합되었다고 말하는 것이 가장 적합한 묘사라고 할 수 있다…우리는 이제 선지자가 하나님을 아름다움과 연합이라는 두 개의 막대기를 가지신 분으로 묘사한 의미가 무엇인지를 알게 되었다. 그는 또한 '내가 양떼를 먹였다'는 말을 반복하는데, 이것은 하나님께서 그들을 계속해서 다스리지 않

는 책임이 하나님 자신에게 없음을 암시한다.[116]

위와 같이 칼뱅의 목회 실천에서 교회 통치의 방법은 아름다운 질서를 세우고 하나님의 자녀들을 한 영혼과 한 마음으로 연합되게 하는 것임을 알 수 있다.

6. '공적으로 사적으로'(both publically and privately)의 원리

칼뱅의 목회 실천의 원리는 어떻게 목회사역이 되어져야 하는가의 문제이다. 그것은 "공적으로 그리고 사적으로"의 원리이다. 그는 그의 첫 캐터키즘(Catechism)에서 목사를 정의하면서 "공적으로 사적으로"의 원리를 적용하고 있다.[117] 베노아(Jean Daniel Benoit)가 지적한 바와 같이 충실한 목사는 그의 양떼를 먹이는 신앙의 안내자이며, 늑대에 대항하여 싸우며, 하나님의 말씀의 종이 되기 위한 설교자이자 상담자이자 영혼의 목자이다.[118] 칼뱅 스스로 다음과 같이 말했다. "주님께서는 말씀과 성례 양자가 인간의 사역에 의해 분배하도록 의도하셨기 때문에 목사들은 순수한 교리를 '공적으로 그리고 사적으로'(*publice et privatique*)[119] 사람들에게 교훈하며, 성례를 시행하고, 삶의 거룩함과 순결성에 관한 최상의 모범에 의해 그들을 가르치도록 교회에 세워주셨다."[120] 그의 저술들에서 자주 등장하는 이 원리는 스트라스부르그에서(1538-41년) 그가 영향을 받았던 부처(Bucer)보다도 강조하여 서술했다. 이것은 가르침과 주의 만찬 그리고 심방과 목회적 돌봄 및 교회훈련 등 목회적 실천의 전 영역에서 적용되는 원리이다. 여기서 "사적으로"(*privatim*)는 목사와 회중 사이의 **단순한 사적인 관계를 의미하**

---

116) Comm. Zech. 11:7.
117) J. John Hesselink, *Calvin's First Catechism, A Commentary* (Louisville: Westminster/John Knox, 1997), 35.
118) Jean Daniel Benoit, *Calvin Directeur D'ames* (Strasbourg: Oberlin, 1947), 11-18.
119) Inst. Ⅲ, 4, 14; Ⅳ, 1, 22; 3. 6; 12. 1, Comm. Acts 20: 20.
120) John Calvin: Catechism 1538.

지 않고 필요성이 요청됨에 따라 "사적으로" 회중을 가르치는 것을 의미한다. 칼뱅은 "많은 연약함 때문에 개인적인 위로가 필요하다"[121]고 했다. 그는 사도행전 20:20의 "공중 앞에서나 각 집에서"를 그의 주석에서 다음과 같이 말했다.

> 이것이 두 번째 입장이다. 곧 그는 모임에 참석한 모두에게 뿐만 아니라 각 개인에게 필요가 있을 때면 그들의 집에서 개인적으로도 가르쳤다. 왜냐하면 그리스도는 목회자들에게 그들이 일반적인 방법으로 공중 설교에서 교회를 지도하기만 하라는 원칙으로 명하지 않으셨다. 그들은 역시 개인적으로 양을 돌보아야 하고 그 울에서 흩어지고 방황하는 것을 데리고 와야 하고, 상하고 저는 것(Luxatas)을 싸매주고 병든 것을 치료하고 연약하고 힘없는 것들을 먹여 주어야 한다(겔 34:2, 4). 왜냐하면 때로는 일반적 공중설교는 그것이 개개인에게 대한 충고로서 도움을 주지 않는다면 냉담할 뿐이기 때문이다.[122]

칼뱅의 '공적으로 사적으로'의 원리는 사도 바울의 목회관에 따른 것이다. 예를 들어 칼뱅의 목회관이 교육 목회관이라고 가정한다면,[123] 그 실천은 "공중 앞에서나 각 집에서나"(행 20:20)의 방법이다. 이 실천 원리는 '데모시아'($\delta\eta\mu o\sigma i\alpha$)와 '오이쿠스'($o\tilde{\iota}\kappa o\upsilon\varsigma$)의 방법이다. 첫째로 "공중 앞에서"란 의미의 '데모시아' 방법은 직접적으로는 설교(preaching)를 의미한다(행 16:37; 18:28). 그러나 이 말은 간접적으로 당시 영적 엘리트를 자처하는 그노시스파(gnosticism)처럼 비밀스러운 가르침에 대한 대응 방법을 지칭한다.[124] 둘째는 "각 집에서"란 의미의 '오이쿠스'는 집에서 가르치는 방법인데 전통적으로 '심방'을 의미한다. 그러나

---

121) Inst. IV, 1, 22.
122) Comm. Acts 20:20.
123) 칼뱅의 목회관이 교육 목회관이라는 논증은 황성철 박사의 논문을 참고하라. Hwang Sung Chul, "The Teaching Ministry of the Church within a Calvinistic Approach to Theology" (Ed. D. Diss. The Southern Baptist Theological Seminary, 1987).
124) F. F. Bruce, *The Acts of the Apostles: Greek Text with Introduction and Commentary* (Grand Rapids: Eerdmana Publishing Company, 1990), 431.

오이쿠스는 공중에서의 사역인 설교에 대응되는 목회실천방법으로 사적이고 개인적이고 인격적인 돌봄 모두를 의미한다. 목회상담까지 아우르는 넓은 개념이다. 그러므로 단순한 '가정방문' 개념과는 다르다. 심방의 핵심적 의미는 "관심을 갖는 감독"($\epsilon\pi\iota\sigma\kappa\sigma\pi\sigma s$)이다.[125] 바울이 '오이쿠스'의 사역을 한 것은 하나님께서 아브라함과 이삭과 야곱과 같은 족장들을 찾아오신 '방문하다'라는 '파카트'(פקד)의 개념을 이어받은 것으로 성부 하나님의 목자적 보살핌을 배경으로 한다 (창 50:24).[126] 목회자들은 이러한 하나님의 심방자들로 양들의 삶의 현장으로 찾아가 그들을 알고 그들에게 신령한 것을 전하고 가르쳐야 한다.

'공적으로 사적으로'의 원리가 가장 잘 나타나는 영역은 목회적 돌봄이다. 이러한 **목회적 돌봄의 방법**[127]에는 어떤 것이 있는가? 첫째, **사적인 듣기**(listening)와 대화(dialogue)이다.[128] 이것은 삶에 대한 고백일 수 있고 보고일 수 있는데 이 때 목사는 삶의 해석자(interpreters)[129]로서 기능한다. 이것은 주님의 방법이었다.[130] 칼뱅은 고해성사를 반대하면서도 예배에서의 '공적으로' 고백과 '사적으로' 고백 듣기를 인정함으로 삶의 해석자로서 목회적 돌봄을 인정한다. 그러나 그 고백은 어디까지나 강제적인 것이 아니라 교인의 자유에 속한 것이다.

둘째, 양육의 차원에서의 목회적 행위의 가장 내면적인 실천은 영혼의 감독으로서 **개인기도**이다.[131] 공적인 훈육이 있기 전에 목회자는 먼저 양들을 위해 기도

---

125) Jay E. Adams, *Shepherding God's Flock*, 정삼지 역, 『목회연구』(서울: CLC, 1998), 95.
126) 창세기 50:24의 '권고하다'는 '방문하다'는 의미를 가진 여호와 하나님의 심방을 의미한다.
127) Clebsch & Jackle, *Pastoral Care in Historical Perspective*, 9.
128) Lake, *Clinical Theology: A Theology and Psychiatric Basis to Clinical Pastoral Care*, vol. Ⅰ, 348-349.
129) 찰스 거킨(Charles Gerkin)은 목회신학이 해석학의 원리에 기초해야 한다고 주장한다. 게킨에 의하면 목사는 세계를 해석하는 해석자(interpreters)이다. 목사는 교인들에게 그들의 삶에 대해 적절한 의미 구조와 보다 폭넓은 해석의 지평을 열어주는 자이다. 해석학적 관점에서의 목회신학 사상은 게킨의 다음 저서를 참고하라. Cf. Charles Gerkin, *Prophetic Pastoral Practice* (Nashville: Abingdon Press, 1991), An Introduction to Pastoral Care (Nashville: Abingdon Press, 1997).
130) Lake, *Clinical Theology*, 1.
131) John H. Leith, *The Christian Life: John Calvin*, 62.

한다. 기도는 영혼의 치유행위이며 목회 대상인 교인들을 향한 교회의 행동이다. 투르나이젠에 의하면 "목회는 기도에 의해서 관철되고, 기도에 의해서 지탱된다"[132]고 했듯이 칼뱅도 기도의 사역을 중요시 여겼다. 그러나 칼뱅은 그의 기도론을 목회적 차원에서 별도로 다루지는 않았지만 『기독교강요』에 나타난 그의 방대한 기도론은 '믿음의 가장 중요한 실천'으로 제시하고 있다.[133] 그것은 목회자의 기도론이기도 하다. 그의 기도론에서 목회적 돌봄과 관련을 갖는 것은 목사들의 기도가 '중보의 직책'으로서 기도가 아니라는 점이다. 중보기도는 오직 예수 그리스도의 사역일 뿐이다. 사도 바울이 사람과 하나님 사이의 중보자로 자처하지 않고 그리스도의 몸의 지체들이 모두 서로 다른 사람을 위해 기도해야 한다고 했듯이 주의 종들도 그렇게 할 뿐이다. 그 이유는 여러 지체를 돌아보라는 명령 때문이다(고전 12:25-26).

셋째는 영혼의 감독자로서 목회 대상자들에 대한 **서신들**이다.[134] 칼뱅의 서신들에는 풍부한 개인적 지도와 감독의 요소들이 있다. 이것은 고대의 스토아학파의 철학자들이나 교부들의 전통을 따른 것이다.[135] 이것은 목회자로서 칼뱅의 영적 상담사역의 방법이었다.[136] 칼뱅의 서신을 통한 목회적 지도에는 고난과 불행에 대한 하나님의 섭리, 내세에 대한 신앙이 깊이 깔려있다. 그의 목회적 서신들에게는 목회 대상자들을 사랑으로 감싸며 그들의 상처를 위로하고 있다.[137]

---

132) Thurneysen, *Seelsorge im Vollzug*, 박근원 역, 『목회학실천론』(서울: 한국신학연구소, 1977). 24.
133) Inst. Ⅲ, 20, 1-52. 박윤선 박사는 칼뱅과 바르트신학의 실천신학을 비교하면서 기도론에 대해 언급하였는데, 칼 바르트는 기도를 인간이 체험하기 어려운 영역에 두었다고 비판하고 칼뱅의 기도론은 시간과 공간 속에서 효과적으로 시행될 것을 주장한다고 평가했다. Cf. 박윤선, 『개혁주의 교리학』, 563.
134) 이 부분에 대한 가장 권위 있는 연구자는 스트라스부르그 대학 교수였던 장 베노아이다. Cf. Jean Daniel Benoit, *Calvin Directeur D'ames* (Strasbourg: Oberlin, 1947).
135) McNeill, *A History of The Cure of Souls*, 201.
136) 이양호 교수에 의하면 칼뱅이 주고 받은 편지는 칼뱅 전집에서 11권에 걸쳐 3,941번까지 나가고 있다. Cf. 이양호, "칼빈의 영적 상담," 『신학논단』 vol. 31, (2003): 159-160.
137) 이양호 교수에 의하면 칼뱅이 주고받은 편지는 칼뱅 전집에서 11권에 걸쳐 3,941번까지 나가고 있다. Cf. 이양호, "칼빈의 영적 상담," 『신학논단』 vol. 31, (2003): 159-160.

마지막으로 목회자의 기도와 서신들을 넘어 교인들의 **가정심방**을 통해 이루어진다. 가정심방은 가정에서 각 개인들과 대화를 하게 하는 것으로 해석되어졌다. 목사와 상담자는 사적인 대화나 고백이 폭로되지 않도록 비밀을 유지하도록 권고받았다. 환자들과 죽어가는 사람에 대한 사적인 사역은 영혼 치유의 역사에 있어서 수많은 관점에서 관심을 받아왔다. 중세시대 말부터 이것을 위한 자료는 꽤 많이 존재한다. 칼뱅도 가정심방을 통해 영혼을 감독하는 교회법을 제정하기까지 하였다.[138] 칼뱅은 그의 예전(Liturgy) 안에 있는 "환자의 방문"(Visitation of the Sick) 항목에서 "진실하고 충성스러운 목사의 직책은 공적으로 안수받은 목사로서 사람들 위에서 가르칠 뿐만 아니라 훈계하고 권고하고 견책하고 그리고 특별히 각 개인에게 위로하는 것이다"라고 했다.[139] 이것은 전통적이고 성경적이다. 브리지스가 지적한 대로 칼뱅의 목회심방(pastoral visits)의 열매와 사상[140]은 백스터가 심방의 사역을 강조하기 전 마르고 삭막한 목회 현장의 파라다이스를 제공하는 것이었다. 그것은 공적인 설교와 마찬가지로 "영혼을 위한 선한 도구"(instrumental of good to souls)였다.

7. 경건 실천(pietas praxis)의 원리

칼뱅의 경건은 중세 수도사적 영성이 아니라 전 삶의 체계로서 경건이다. 따라서 그리스도인들은 성화의 생활을 하도록 부르심을 받았으므로 우리의 전 생활은 일종의 경건의 실천이어야 한다고 보았다(살전 4:7; 엡 1:4; 살전 4:3).[141] 칼뱅

---

138) Ecclesiastical Ordinances 제34-42조. "Ecclesiastical Ordinances," in *Paradigms in Polity*, ed., David W. Hall and Joseph H. Hall (Grands Rapids: William B. Eerdmans Publishing Company, 1994), 146.
139) McNeill, *A History of The Cure of Souls*, 197.
140) Bridges, *The Christian Ministry with an Inquiry into the Cause of its Inefficiency*, 348.
141) Inst. Ⅲ, 19, 2.

에게 있어서 신학도 경건을 위해 존재한다.[142] 그러한 경건은 신앙의 실천을 통해 하나님을 향한 섬김으로 나타난다. 신앙의 실천(The Paractice of the Faith)은 자기부정(self-denial), 십자가를 짐(Cross-bearing), 현재의 삶과 미래의 삶에 대한 적절한 균형으로 요약된다.[143] 칼뱅은 섭리와 관련하여 경건을 다음과 같이 정의하고 있다.[144]

> 하나님의 은혜의 지식이 유도하는 하나님의 사랑과 경외가 결합된 것을 나는 '경건'(piety)이라고 부른다. 인간이 모든 것이 하나님으로부터 빚진 것이며, 그들이 아버지의 돌보심에 의해 양육되었고, 모든 선의 창조자이며 그분을 떠나서는 아무것도 찾지 못할 것임을 깨닫게 될 때까지는 하나님을 기꺼이 섬기려고 굴복하지 않을 것이다. 아니 하나님 안에 완전한 행복을 두지 않는 한, 인간은 결코 진실하고 경건하게 자신을 하나님께 헌신하지 않을 것이다.[145]

칼뱅에게 있어 모든 실천양식의 정당성은 경건의 원리에 기초한다. 그의 강력한 목회적 요소는 경건의 표현 속에서 나타나는 것이다.[146] 칼뱅은 모든 교의를 시험하는 원칙은 교화시키는 데 도움이 되느냐고 보았다.[147] 그래서 칼뱅은 하나님의 말씀으로 가르침을 받지 않는 사람의 경건은 모두가 다만 가면일 뿐이라고 생각한다.[148] 이 경건의 원리는 **목회 실천의 윤리적 기초**이다. 윤리가 없이는 실천도 무의미하기 때문에 경건의 원리는 목회 프락시스의 근본이다. 브리지스(Bridges)가 지적한 대로 개인적 인격과 관련한 목회적 비효율성(inefficiency)의

---

142) John H. Leith, *The Christian Life: John Calvin* (San Francisco: Harper & Row, 1984), vii.
143) Ibid., xi.
144) 칼뱅의 경건에 대한 자세한 정의는 Ford Lewis Battles, "True Piety According to Calvin," ed. Donald K. Mckim, *Readings in Calvin's Theology* (Grand Rapids: Baker Book House, 1984), 192-211.
145) Inst. I, 2, 1
146) Mckee, *John Calvin: Writings on Pastoral Piety*, 6.
147) Comm. 1 Tim. 1:4.
148) Comm. Deut. 31:12.

원인은 탐욕의 영(the spirit of covetousness)[149]과 개인적 경건의 부족(want of personal religion)[150]이다. 이것은 현대 목회 리더십 이론과 일치한다. 목회적 경건의 핵심은 자기기만(self-deceitfulness)에서 해방되는 것이기 때문이다.[151] 이 점을 칼뱅만큼 잘 지적한 사람은 없다.

---

149) Comm. Acts 20:33; Bridges, *The Christian Ministry with an Inquiry into the Cause of its Inefficiency*, 139.
150) Comm. Acts 20:28; Bridges, 156.
151) Comm. Joel 2. 황성철 교수는 21세기 리더십의 위기를 권위주의의 위기, 자기기만의 위기, 합리성의 위기, 감성의 위기로 대별하고 목회자의 리더십을 위해 '자기기만의 상자'에서 나올 것을 역설하고 있다. Cf. 황성철, "21세기 한국교회 목회 리더십의 방향," 『신학지남』, 통권 제281호, (2004년 겨울호), 79-83. Self-leadership에 대한 연구서로는 Samuel D. Rima, *Leading from the inside out* (Grand Rapids: Baker Book House, 200).

John Calvin's
Pastoral Theology

John Calvin's Pastoral Theology 제6장
칼뱅의 목회신학에 대한 적용 가능성

1. 실천신학적 평가와 적용 근거

우리는 칼뱅의 목회신학과 실천 원리들을 오늘날 목회적 상황에 적용해 보려고 할 때 먼저 실천신학적 근거를 고려해 보아야만 한다. 첫째, 칼뱅의 목회신학은 그 자체가 **'실천의 준거로서 규범성'과 '제3의 프락시스 비판 이론'**이라는 점이다. 실천신학은 프락시스(praxis)[1]의 비판적 이론이다. 언뜻 보면 칼뱅의 목회신학은 프락시스 이론이 없는 듯이 보인다. 모든 실천적 행위는 이론에 토대를 둔다. 종교적인 행위는 대개 이론의 다양성에 근거를 둔다. 칼뱅은 중세교회의 목회의 프락시스를 보고 초대교회 프락시스를 근거로 성경적 관점에서 비판적 '이론'[2]을 제시했다. 그런 의미에서 '제3의 프락시스 비판 이론'이라고 필자는 부른다. 그것이 비록 신학사상이라고 하더라고 그것은 면밀히 검토해 보면 실제에 대한 비판적 이론이었다. 그러나 그 실제와 이론의 관계는 연역적 사고에 의한 이론 형성이었음이 분명하다. 그것을 그림으로 나타내면 다음과 같다.

성경 → 성경의 원리 → 프락시스
또는
성경 → 성경의 원리 → 이론 → 프락시스

---

1) 실천신학에서 프락시스란 개인이나 교회 공동체의 하나님 나라의 전파를 목적으로 하는 하나의 구체적인 행동이다. Cf. L. M. Heyns & J. C. Pieterse, *A Primer in Practical Theology*, 이정현 역, 『실천신학 입문서』(시흥: 도서출판 지민, 2006). 50.
2) 여기서 '이론'이란 현대 실천신학에서 말하는 프락시스와 대응하는 '이론'의 의미가 아니라 프락시

이론과 프락시스 사이는 언제나 성경을 우위에 두는 프락시스를 넘어선 이론 우위의 관계를 지향했다. 그렇다고 칼뱅의 목회신학에서 프락시스가 이론에 영향을 미치는 경우가 없었던 것은 아니다.[3] 그러나 적어도 칼뱅의 목회신학에서는 이론과 프락시스가 양극단의 긴장관계를 갖는 경우는 거의 없다. 그 이유는 이론과 프락시스 사이가 상호 교환적이지 않기 때문이다. 이론과 프락시스는 단선적 직선적인 관계가 된다. 다만 칼뱅이 의식하지는 않았지만 성경을 해석하고 적용하는 과정에서 자연스럽게 이론과 프락시스 사이에 전제화된 모델을 사용하기는 하였다. 이러한 모델들은 고전적 전통이기도 하지만 다음과 같이 성경 자체로부터 나오기도 한다.

성경(신학적 이론) → 모델 → 프락시스

이러한 이론과 실제 사이에서 모델들은 이론과 실제 사이의 상호교환을 촉진하고 장려하는 기능을 해야 한다. 하지만 칼뱅의 목회신학은 현대 실천신학적인 '실행적 접근 방법'이라기보다는 **'성경해석적인 접근 방법'**이기 때문에 프락시스를 신학적인 통찰력이 적용되는 영역으로 본다.[4] 반면에 현대 실천신학자들은 프락시스 자체를 이론화 과정의 한 요소로 보기 때문에 이론과 프락시스의 양 극단의 관계에서 서로 상호작용하며 더 중요한 쪽이 없다. 이 관계를 그림으로 나타내면 아래와 같다.

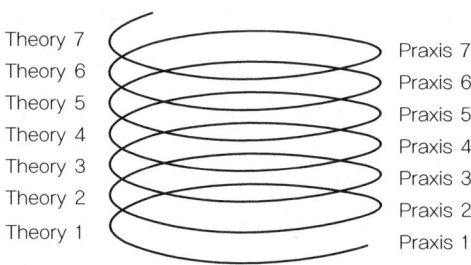

스의 준거되는 해석신학적 견해들을 의미한다.
3) 예를 들면 장로와 감독의 관계를 말할 때는 계시적 측면을 말하기도 하지만 당시 경험과 관례를 이론화하였음을 볼 수 있다. Cf. Inst. IV, 4, 2.
4) L. M. Heyns & J. C. Pieterse, *A Primer in Practical Theology*, 이정현 역, 『실천신학 입문서』

그러나 칼뱅과 같은 성경해석적 입장에서는 이러한 실행적 학문 접근이 비판적일 수 있다. 그래서 칼뱅의 목회신학은 엄밀한 선에서 성경적인 원칙이나 실제나 상황이 어떤 기능을 하는 것을 경계할 수밖에 없다. 왜냐하면 그런 것들은 언제나 차선책이기 때문이다. 즉 인간이 만든 이론보다 성경에 뿌리를 둔 원칙을 더 선호하기 때문이다.[5]

이러한 칼뱅의 관점은 현대 실천신학적 관점에 보면 성경에서 프락시스로 일방적이지 않다는 점을 고려하지 못한 것일 수 있다. 즉 현대 실천신학에서는 프락시스가 선 경험으로서 성경에서 나온 이론들을 해석하는 역할을 수행하기 때문이다. 만약 프락시스가 검토되지 않는다면 프락시스에 대한 지식은 학문 이전의 것이며 그것은 비현실적인 것이 될 것이다. 바로 여기에 칼뱅의 목회신학적 성경 해석이 오늘날 현대 상황에 얼마나 적용성을 갖느냐의 문제가 대두된다. 여기에 대한 대답은 칼뱅이 근본주의자로서 실천신학적 이론에 부당한 성경의 권위를 할당하여 학문적 프락시스의 지식보다 '학문 이전의 프락시스'[6](prescientific praxis)의 지식에 얼마나 영향을 받았느냐이다. 만약 그렇다면 칼뱅은 신학의 학문적 작업에서 인간적인 요소에 대해 정당한 인식을 하지 못했는가 이다.

필자는 그렇지 않다고 본다. 만약 헤인즈(L. M. Heyns)와 같이 신학이 실천신학의 규범이 아니라고 한다면[7] 결국 우리는 포스토모던적인 프락시스 이론이 될 것이다. 이론이 프락시스에 영향을 받아 수정될 수는 있지만 그렇다고 모든 칼뱅의 목회신학적 이론들이 '학문 이전의 프락시스'(prescientific praxis) 개념이 없는 것은 아니라는 사실이다. 즉 프락시스의 이론인 실천신학이더라도 '실천의 준거로서 규범성'이 전혀 없는 것이 아니라는 것이다. 오히려 칼뱅의 목회신학적 이론들은 당시 중세의 프락시스를 수정하고 나온 '제3의 프락시스 비판 이론'이기도 하다. 칼뱅의 입장에서 실천신학자들이 성경과 프락시스라는 두 가지

(시흥: 도서출판 지민, 2006). 70-77.
5) Heyns & Pieterse, *A Primer in Practical Theology*, 70-71.
6) Ibid., 77.
7) Ibid., 76.

계시의 원천을 사용한다고 몰아붙이는 것도 문제지만 반대로 규범이 프락시스의 비판적 이론 형성에 아무 역할을 할 수 없다고 실천신학자들이 무조건 우기는 것도 문제이다. 바로 여기에 칼뱅의 목회신학의 적용 가능성이 있다.

둘째, 칼뱅의 목회신학과 실천 원리들을 오늘날 현대 목회적 상황에 적용해 볼 수 있는 **실천신학적 근거는 현대 실천신학의 접근 방법의 다양성에 있다.** 즉 현대 실천신학자 헤인즈와 피터스(L. M. Heyns & J. C. Pieterse)는 그들의 전제에 따라 다음과 같이 4개의 그룹으로 나눈다.[8]

    1) 이론을 필요로 하지 않는 실용주의적 접근
    2) 교회 성직의 특별한 형식으로의 목회신학적 접근
    3) 성서해석과 역사비평의 토대 위에서 진행하는 해석신학적 접근
    4) 규범적 방법론을 비판하고 경험적 방법론으로 진행하는 경험적 혹은 실행학적 접근

이러한 실천신학 내의 다양한 접근법은 칼뱅의 목회신학의 적용 가능성의 근거가 반드시 제일 마지막인 행동과학적 접근법으로만 가능한 것이 아니라는 입장 때문이다. 따라서 칼뱅의 목회신학과 실천 원리들을 오늘날 목회적 상황에 적용해 볼 수 있는 실천신학적 근거는 목회신학적 방법이나 해석신학적 방법론 혹은 목회학과 같은 실용주의적 접근이 얼마든지 가능하다는 것이다. 더구나 70년대에 풍미했던 행동과학적 접근법은 오늘날 초과학적이고 성령 시대적 증후군에 그 방법론의 의미가 쇠퇴해지는 면이 없지 않기 때문이며, 더구나 동양적 사고 구조는 반드시 서구식 논리에 따라 이론에서 실천으로 옮겨지는 것도 아닌 면이 있기 때문이다. 따라서 칼뱅의 목회신학은 **목회신학적 접근법**이나 **해석신학적 적용**을 할 수 있다는 면에서 오늘날의 현장에 다음과 같이 적용해 볼 수 있다.

---

8) Ibid., 150-152.

2. 목회의 본질 회복과 그 변형

목회의 본질의 문제는 목회의 목표, 직분, 과정, 구조, 실천양식, 그리고 목회 평가의 과제에 이르기까지 영향을 미친다. 현재 목회신학자들은 목회적 돌봄을 목회의 본질로 보는 것이 통설이다.[9] 일반적으로 목회신학자들은 목회의 본질보다는 목회상에 대한 그림을 그려왔다. 목회의 실천양식의 어느 하나를 붙잡고 그것을 강조하는 식이다. 그리하여 중세기에는 사죄로서의 목회상, 종교개혁기에는 교육으로서의 목회상, 경건주의 시대 이후에는 권면으로서의 목회상으로 목회를 유형화하였다.[10]

그러나 우리는 목회의 본질에 관한 칼뱅의 입장은 전제론적으로 영혼의 치유와 감독이라고 했다. 칼뱅이 본 목회의 본질적 내용은 영혼의 치유였으며 더욱 교회적으로 확장된 내용은 영혼의 감독이었다. 이 본질을 위해 목사의 모든 실천양식들은 존재한다. 칼뱅이 중세교회의 사죄의 목회상을 답습하였다고 비판할 수 없다. 오히려 칼뱅은 사도적이고 교부적인 전통의 목회 프락시스를 이어 내려온 것이다. 그는 중세교회의 목회실천이 왜곡되었다고 보았기 때문에 오히려 이 영혼의 치유와 감독의 실천들을 성경과 교부들의 신학에 근거하여 재발견하고자 험난한 개혁의 과정을 겪어왔던 것이다. 따라서 칼뱅의 고전적 목회신학은 전통이며 그 실천의 핵심은 정통적인 교리들과 조화를 이루고 있다.

오늘날 목회의 본질은 두 가지 면에서 그 방향성이 대립되어 나타난다. 현대 목회의 본질적 변화는 **경건주의 내지 복음주의 목회로의 변화이다.** 그것은 복음주의[11]가 기독교의 주류가 되면서 전통적인 목회의 본질인 영혼의 치유와 감독보

---

9) 현유광, "목회학," 한국복음주의 실천신학회 편, 『21세기 실천신학개론』(서울: CLC, 2006). 282.
10) 박근원, 『현대신학 실천론』(서울: 대한기독교서회, 1999), 254.
11) 일반적으로 복음주의란 복음서에 기록된 예수 그리스도와 그의 십자가를 통한 구원의 진리를 그대로 믿고 전하는 신앙을 의미한다. 그러나 좁게는 역사적 전통의 신앙, 성경의 무오성, 동정녀 탄생, 대속의 죽음, 육체적 부활 등을 공통적으로 고백하는 신앙을 의미한다. 즉 신학의 체계보다는 신앙의 색깔을 강조함으로 나무보다는 숲을 중시하는 신앙운동으로 교단을 초월하여 연합하며 전도와 선교를 강조한다. 그러나 복음주의 근본적인 뿌리는 경건주의라고 볼 수 있다. Cf. Ernest

다는 신자들의 개인적인 권면과 성장과 간증에 그 초점이 되고 있다. 물론 칼뱅의 목회신학에서도 개인의 성화를 목회의 내용으로 다루지만 그것은 어디까지나 영혼의 치유와 감독을 전제로 한 것이다. 현대 목회는 영혼의 치유와 영혼의 감독이기보다는 '셀', '제자훈련', '교회성장', '영성훈련', '전도 혹은 영혼 구원' 내지 '목장훈련' 등에 치중하고 있다. 이러한 현상은 현대 교회가 소비주의와 자본주의의 경쟁 시스템과 맞물려 목회의 목표, 직분, 과정, 구조, 실천의 변화를 가져오게 되었다. 목회는 예수 그리스도의 사죄의 은총과 참된 회개를 유도하고 영혼을 감독하는 교회의 각양 사역들이 사라지고 대신 '문화센터', '사회복지', '웰빙 사역', '경배와 찬양', '심리학적 전문상담' 등이 주류로 변화되어 가고 있다. 이러한 사역의 변화는 근본적으로 목회 본질의 변화로 이미 투르나이젠은 복음주의 목회 개념의 변화를 지적했다.[12] 투르나이젠에 의하면 이미 뢰에(Löhe) 등에 의해 목회의 특수 분야라고 지목했던 부분이 경건주의 대두로 아예 정규분야로 되어버렸다고 했다. 경건주의 목회는 스펜서(Spencer), 프랑케(Francke), 진첸도르프(Zinzendorf)의 경건주의에서 발아된 것으로 '세례 받은 개인'이 아닌 '깨우침을 받은 개인'을 대화와 개인별 설득을 통하여 양육과 성장을 중심으로 목회를 했던 운동이다. 이 목회에서의 교육은 개인의 종교적 경험과 간증 이야기가 목회의 본질적 주제가 된다. 투르나이젠은 '개인적 대화'(Einzelgespräch)나 '구역집회'(Konventikel) 등은 경건주의 목회의 상징이라고 했다.[13] 이러한 경건주의 목회의 특징은 교인들을 영적으로 일깨워 교회 전체의 생활에 심어놓는 일이다. 특별히 일깨움을 받은 사람은 살아 있는 사람이고 그렇지 못한 사람은 죽은 자들이다.[14]

Sandeen, *The Origins of Fundamentalism* (Philadelpia: Fortress, 1968), 304-305. 전호진, "복음주의, 개혁주의 및 근본주의는 근본적으로 다른가?" 「신학지남」, 통권 제268호, (2001년 가을호). 김성태, "총신선교신학의 정체성과 방향성," 「신학지남」, 통권 제267호, (2001년 여름호), 138-149.
12) Thurneysen, *Die Lehre von der Seelsorge*, 「목회학원론」, 16.
13) Ibid., 17.
14) Ibid., 19.

그러나 휠마르(August Vilmar)에 의하면 경건주의 목사들은 자기들의 영적 체험을 토대로 **불편부당하게 체험과 감정을 다른 사람에게 강요하는 편견**을 지니고 있다고 했다. 그 목사는 모두 똑같이 영적으로 깬 신자들을 만들 수 있다는 사고를 가지고 있으며 회개와 세례 따위는 잊은 지 오래며 아주 감상적인 찬송이나 강렬한 충동을 일삼는다고 혹평했다.[15] 이 점은 현대 목회신학의 학문적 창시자인 클라우스 하름스(Claus Harms)의 견해도 마찬가지이다. 그는 구역집회와 같은 교회의 '특별집회'(Sonderveranstaltung)를 비판하면서 그 이유는 가정예배가 습관화되지 않은 곳에 신자들이 구역집회로 감동을 받지 못하기 때문이라고 했다.[16]

여기서 우리는 투르나이젠이 말한 대로 말씀과 성례전, 오래도록 불려진 찬송, 주일설교와 같은 목회의 **"원시적인 수단"**(die uralten Mittel)[17]**이 점점 부차적인 목회로 전락해 간다**는 점이다. 경건주의 목회를 선호하는 목사는 교회부흥을 위하여 최초로 발견한 참된 방법이라고 하고, 하름스가 같이 비판하는 목사들은 교회 전반을 싸고도는 '불안정성'을 걱정한다. 뢰에, 휠마르, 하름스에게는 하나님의 말씀만이 영혼을 먹이고 살찌게 하며 일깨워주고 또 영혼의 생명을 보존해 주는 것인데, 경건주의 목회에서는 하나님의 말씀이 갖는 가치가 훼손을 당하고 있다고 목소리를 높이고 있는 것이다. 경건주의 목회의 본질은 말씀을 확신하고 감상할 줄 아는 능력(Fähigkeit)을 전제로 인간은 하나님의 말씀을 소유하는 방법을 가르치며 그렇게 하도록 도와주며 그럴 만한 능력을 길러줄 수 있다는 것이다. 그러나 경건주의를 비판하는 쪽에서 보면 교회에게 맡겨진 말씀이 '알파와 오메가'가 아니라 오히려 개개인의 영적 생활이 아주 중요하게 되며, 그래서 말씀의 독자성이 애매모호하게 변질될 우려가 있다는 것이다.[18]

투르나이젠은 이러한 목회관의 차이에 대해 경건주의를 무조건 비판할 수는

---

15) Ibid., 20-21.
16) Claus Harms, *Pastoraltheologie*, Band 6 in Bibliothek Theologischer Klassiker (Gotha: Friedrich Undreas Perthes, 1888). 205.
17) Ibid., 21.
18) Ibid., 23.

없다고 했다. 왜냐하면 하나님의 말씀의 객관성을 전제로 하는 소위 종교개혁의 교회도 목회를 알았고 실천했기 때문이다. 종교개혁 자체가 영혼의 구원 문제에 대한 관심(die Sorge um das Heil der Seele)에서 시작되었으며 그런 점에서 종교개혁은 일종의 목회운동(Sorgebewegung)이었다고 해도 과언이 아니다. 이것이 사실이라면 목회와 말씀은 양립하는 것이다.[19] 이 양립을 바로 칼뱅의 목회신학에서 보여주고 있다. 칼뱅에게서 영혼의 치유와 감독은 말씀을 수단으로서만 가능하기 때문이다. 그러나 현대에 와서 목회의 본질적 내용인 사죄의 사역은 죄와 용서의 개념이 변질되면서[20] 현대 목회의 내용이 변화되어야 되는 것이 아닌가에 대한 의구심이 있다.

위와 같은 목회의 본질 추구는 오늘날 크게 두 가지 방향에서 대립되어 왔다. 이러한 상황에서 오늘날 칼뱅의 목회의 본질의 회복은 현대적으로 적용 가능한가? 오늘날 영혼의 치유와 감독이라는 목회의 본질은 목회 현장에서 목회의 구조나 양식 혹은 목회 모델 자체에 지나치게 집중함으로 오히려 본질 자체는 소홀히 하는 면이 있다. 우리가 살펴본 칼뱅의 목회 본질관은 사실 중세의 사죄목회의 영향을 받은 것이 사실이다. 그러나 그의 목회 본질관은 복음의 진수를 목회에 실천하고자 했던 성경적 본질관이었다. 중세의 사죄목회나 종교개혁기의 교육목회나 경건주의시대 이후 권면목회 양식들은 그 강조하는 바가 각기 그 양식들에 있다고 할지라도 칼뱅의 목회 본질인 **'영혼의 치유와 감독'은 어떤 목회양식이더라도 목회자가 목회 현장에서 추구해야 할 영원한 가치이다.** 오늘날 제자훈련목회나 셀목회가 아무리 교회를 부흥시키는 목회사회적 의미를 가지는 목회 구조를 가진다고 할지라도 그 속에서 '영혼의 치유와 감독'이 이루어지지 않고 인간관계적인 역동성만을 추구하게 된다면 그것은 곧 목회의 본질을 잃어버리게 되는 것이다. 이러한 칼뱅의 목회 본질은 독립변수적인 것이 아니라 목회의 직분관, 구조관, 양식관 등이 어떠하냐에 따라 그 적용 가능성이 좌우되는 종속 변수

---

19) Ibid., 24.
20) 죄와 용서에 관한 현대적 관점으로의 변화에 대해서는 Kay Carmichael, *Sin and Forgiveness: New Responses in a Changing World* (Ashgate: Aldershot, 2003).

적인 면이 있으므로 각 변수들의 변화에 따라 그 적용 가능성이 높아진다.

3. 목사직분의 새로운 이해와 적용

목회의 직분에 대한 칼뱅의 입장은 '하나님의 목자직', '하나님의 입', '그리스도의 교훈을 가르치는 교사', '하나님의 집' '청지기', '세상의 빛' 등이다. 그리고 그 특징은 도구성, 대표성, 사도성으로 대변되며 목사직의 존엄과 가치에 대해 매우 높은 견해를 주장하였다. 특히 목사직을 중심으로 한 안수목회의 중요성을 강조하였다. 그래서 칼뱅에게 목사직의 선택과 임명은 매우 중요하였다. 우리는 칼뱅의 목회 직분에 대한 견해에서 안수목회 중심성에 대한 교훈을 재발견하게 된다. 이 문제를 적용하려면 두 가지 문제를 살펴보아야 한다. 첫째는 목사직의 신분론과 기능론의 긴장이요. 둘째는 평신도의 목사해소권의 문제이다.

첫째, 오늘날 목회의 직분에 있어서 가장 본질적인 논쟁은 **목사직의 신분론과 기능론의 긴장**이다. 평신도가 목회의 객체에서 주체화됨으로 목회 현장에는 평신도의 목회적 기능이 강화되고 있다. 따라서 현대 교회는 목회자의 독주만이 문제가 되는 것이 아니라 평신도의 목회자 무시가 크게 문제가 되고 있다. 이러한 현상의 이론적 근거는 성직자와 평신도의 이중 구조 타파론에 근거를 두고 있다. 목사는 재임기간만 은사적 기능을 수행하는 직분이라는 것이다. 이러한 견해는 평신도신학을 주장하는 사람들에게 많이 있으며 현대 셀교회론자들은 대부분 이러한 기능론적 해석을 하고 있다. 왜냐하면 목사는 존재론적 신분이 아니기 때문에 하나님께서 자신의 항존적 직무를 단순히 그에게 맡긴 것에 불과하기 때문이다.

그러나 우리가 지금 문제를 제기하는 것은 일부 목사 당사자들이나 심지어 몇몇 신학자들까지 목사는 신학적으로 평신도와 차이가 없고 단순한 은사의 차이일 뿐이라고 주장하는 데 있다. 그들은 이 '목사 은사 직분론'이 성경의 지지를 받는다고 열을 내어 목소리를 높인다. 심지어 이것이야말로 21세기 미래 메가트렌드에 대비하는 목회자관이라고 한다. 이러한 목회자에 대한 기능론적 해석은 진정 성경적인가?

이성희 교수는 평신도를 나타내는 '라이코스'(laikos)와 목사 즉 성직자를 나타내는 '크레리코스'(klerikos)란 '직무'(kleos), 즉 '목회 업무를 가진 자'를 뜻한다고 하면서 '이 둘 사이의 구분은 교회적 관념에서 교회가 가지는 은사적 기능의 구분일 따름이다'라고 주장한다.[21]

이 주장은 가톨릭 신학자 스힐레벡스(Edward Schillebeeckx)[22]의 성직자와 평신도에 대한 주장을 그대로 따른 것이다. 스힐레벡스에 따르면 속사도 교부 로마의 클레멘트 제1서신에 나타난 성직자와 평신도의 구분은 신분의 차이를 말하는 것이 아니라 교회적 의미의 직능들이라고 주장했다. 그리고 그는 가톨릭의 '루멘 젠티움'(Lumen Gentium)[23]에 규정한 "직무 사제직은 하느님의 백성인 일반 사제직과 '…본질적으로 구별된다'(essentia different)"는 조항은 교회 전체 전통을 감안한 특수하고도 성사적(聖事的) 직능을 확인한 것으로 해석해야지 하나의 신분을 가리키는 것으로 해석해서는 안 된다고 보았다. 이것은 사제의 정체성을 교회와 직무의 상관성에 두는 것이다. 즉 교회의 구성적 맥락과 상관없이 교역자 자신의 존재론적 자격으로 규정되는 것이 아니라는 주장이다. 그는 역사적으로 451년 칼케돈 공의회의 제6조에 표현된 '절대서임'에 대한 반대 규정이 어떻게 '직무의 성직화'가 되었는가를 밝힘으로 가톨릭의 사제주의를 비판했다.[24] 그래서 그의 글은 개신교 목사들의 권위주의와 신분적 목사관을 비판하는 중요한 역사신학적 근거를 제공해 주었다. 사실 그의 분석은 일리가 있다.

---

21) 이성희, 『미래 사회 미래 교회 메가트렌드』(서울: 대한기독교서회, 1999), 201.
22) 대표적인 가톨릭 목회신학자로 도미니꼬회 신부인 그는 국내 개신교 내에 "교회직무론"으로 널리 알려졌다. 그러나 그의 사목신학에 대한 체계적인 저술은 다음과 같다. Cf. Edward Schillebeeckx, Pleidooi voor Mensen in de Kerk, trans. John Bowden, The Church with a Human Face (New York: The Crossroad Publishing Company, 1988).
23) 'Lumen Gentium'란 세계 2차 대전 당시 제2차 바티칸공의회에서 결의한 교황 피우스 12세의 칙령으로 '교회에 관한 교의 헌장'(CONSTITUTIO DOGMATICA DE ECCLESIA)인 '인류의 빛'(LUMEN GENTIUM)을 의미한다.
24) Edward Schillebeeckx, Kerkelijk Abmt: Voorgangers in de gemeente van Jesus Christus, 정한교 역, 『교회직무론』(왜관: 분도출판사, 1985), 116-126.

그러나 문제는 우리 개신교에서 그의 글을 차용할 때 그가 지적하였듯이 교역자의 존재론적 직무관과 순기능주의적 직무관 사이는 긴장관계가 있다는 사실을 도외시하는 것이다. 여기에서 일방적으로 그가 공동체와 연관된 순기능주의적 직무관 쪽만을 강조하여 마치 존재론적 직무관이 없는 것처럼 매도해서는 아니 된다. 우리는 목사가 제사장이냐는 단순논리적 자극성 질문을 하면서 가르치는 것을 삼가야 한다. 스힐레벡스 자신도 밝혔듯이 자기 견해와 반대되는 존재론적 직무관에 대해서는 토마스 아퀴나스의 저작인 신학대학교 공식 교과서인 '신학명제집'(Sentences)을 소개하기도 하였다.[25]

그리고 스힐레벡스가 지적한 것처럼 사도 요한 시대에 생존해 있던 클레멘트가 이사야 24:2의 "백성과 제사장이 일반일 것이며"에서 구별한 '크레리코스'(klerikos)와 '라이코스'(laikos)는 주석적으로 평신도와 성직자의 신분 차이를 설명하는 것이 아니라 오히려 칼뱅이 주석한 대로 "계층의 구분이 도외시될 때 그것이 하나님의 끔찍스러운 진노의 표현"[26]을 한 것임을 고려할 때 성직자의 순기능적 의미만을 클레멘트가 말했다고 보기에는 무리가 있다. 왜냐하면 그의 편지들에는 감독의 권위에 대한 강조가 계속되고 있기 때문이다. 따라서 우리는 목사가 단순히 목회의 은사를 받아 목회를 한다 하더라도 그 목회신학적 정체성은 '존재론적 직무관'에 있다는 점을 '평신도 신학'[27]은 유의해야 한다. 이것은 미래 교회의 민주화 논점의 핵이다. 그래서 목회를 비롯한 교회의 모든 사역은 크라우니(Edmund P. Clowney)가 지적한 대로 사역의 권위적 배열이 있음을[28] 현대 교회는 인정해야만 할 것이다.

---

25) Ibid. 149.
26) Comm. Isa. 24:2.
27) 평신도신학에 대한 체계적인 접근은 다음을 참고하라. Stephn Charles Neil & Hans-Ruedi Weber, *Layman in Christian History* (Philadelphia: The Westminster Press, 1963). Howard Grimes, *The Rebirth of the Laity* (New York: Abingdon Press, 1962). 평신도신학의 흐름을 주도하고 있는 침례교신학의 체계적인 저서는 Paul A. Basden, ed. *Has Our Theology Changed?*, 침례교신학연구소 역, 『침례교신학의 흐름: 1845년부터 최근까지』(대전: 침례신학대학교출판부, 1999).
28) Edmund P. Clowney, *The Church*, 황영철 역, 『교회』(서울: IVP, 1999), 234.

둘째, **평신도의 목사해소권의 문제**이다. 목사직의 본질이 '기능'이 아니라 '신분'이라는 사상은 오늘날 지교회의 목사해소권과 관련하여 매우 중요한 시사점을 가지고 있다. 위임식을 마친 목사가 교인들이 마음에 들지 않아 목사를 해소하려고 할 때 그 권한이 교인들에게 있느냐의 문제는 현대 교회의 민주화와 관련하여 매우 중요한 문제이다. 교인들이 목사를 청빙할 때 자기들이 선거하여 청빙하였으므로[29] 목사를 해소할 수 있다는 사상은 미국에서는 민주주의 사상과 걸맞게 보편화되고 있다. 이것은 오늘날 무임목사의 발생과 관련하여 중요한 문제이다. 목회지가 없는데 노회에 부목사나 전도목사로 이름만 올려놓고 목사 임직을 주는 경우는 임직식을 취임하는 해당 교회에서 하지 않고 노회 정기회 때 일괄적으로 몰아서 하기 때문이다. 물론 이것은 목사 안수 해당자가 많아 전 노회원들이 여러 번 모일 수 없다는 점과 대개 임직 시 부목사로 임직이 되기 때문에 현대 교회에서는 칼뱅이 말한 대로 시행하기가 다소 어려움이 있다.

위와 같은 두 가지 문제인 목사직의 신분론과 기능론의 긴장관계와 목사해소권의 문제에 대해 칼뱅의 목회신학 사상에 의하면 신분론에 가깝고 노회에서 위임한 목사가 회중들의 목사해소권으로 당연히 해소되지 않는다는 점을 시사한다고 볼 수 있다. 왜냐하면 목사의 목회권은 교인들로부터 나오는 것이 아니라 노회가 예수 그리스도를 대신해서 부여하는 것이기 때문이다.

이러한 관점은 목회에서 **안수목회의 중심성에 대한 재발견이 요구된다.** 현대의 민주화에 걸맞은 교회를 세우기 위해 목사의 기능론과 그에 따른 목사해소권을 인정하게 되면 목사를 중심으로 안수사역의 중심성이 무너진다. 목회사역에서 목사의 리더십은 목사의 존재론적 권위와 가치에서 나온다. 현대 장로교회가 '장로들의 교회'(elder's church)가 되어 목사의 리더십이 발목을 잡혀 사람들의

---

29) 현행 대한예수교장로회 헌법 정치 제15장 제2조 '목사 선거' 규정은 단순히 총회가 결의했다는 결사적(結社的) 의미에서 법적 구속력이 발생하는 것이 아니다. 지교회의 목회자를 지교회 성도들이 선출해야 한다는 근본적 당위성은 총대들의 결의에 있는 것이기도 하지만 더 근본적인 이유는 칼케돈공의회(451년) 제6조와 Hyppolytus의 Traditto Apostolica 및 Constitutiones Apostolica 등의 근거를 배경으로 한다.

눈치를 살피는 목회가 되고 있다. 칼뱅은 하나님의 목회사역이 목사만이 아니라 장로들과 협력하여 하나님의 백성에게 말씀을 먹이고 교회를 보존하며 세우는 복음의 사역을 감당하도록 계시하셨다고 믿었지만, 평신도에게 목회의 문을 열어 놓은 것은 인간의 연약함을 도우라는 뜻이지[30] 평신도들의 대표인 장로들이 교회의 모든 권한을 장악하며 목사의 목회계획에 제동을 걸라는 뜻으로 장로를 세운 것은 아니다. 오히려 21세기 교회의 사역이 전문화 될수록 안수목회의 중심성은 그 중요성이 더욱 커진다.

그러나 목사는 칼뱅이 말한 안수목회의 중심성을 목회독주로 변질시키지 않아야 한다. 칼뱅은 목사의 존엄성을 매우 높이 평가했지만 목회독주에 대해 경계심을 늦추지 않았다. 현대 교회는 핵가족과 개인주의에 따라 쉽게 목회가 사유화되기 쉽다. 목회가 사유화되면 제왕적 목회 리더십이 나온다. 제왕적 목회 리더십은 섬김의 리더십과 조화되기 보다는 충돌되어 리더십(leadership)보다는 헤드십(headship)으로 변질되어 하나님의 백성을 진정 이끌지 못한다.

4. 목회 구조의 재편 가능성

실제로 현대 목회에서 평신도의 과도한 목회 참여는 상당한 긴장이 노정되고 있다. 이러한 이유는 목회의 주체와 객체가 불균형을 이루고 있기 때문이다. 객체의 지나친 주체화는 성장론과 맞물릴 때 평신도의 과도한 목회지상주의가 나타나며, 객체의 지나친 분리는 사회복음화만을 강조하게 될 위험성이 존재한다. 그러므로 목회의 구조에서는 목회의 주체와 객체의 균형이 최고의 관건이다. 칼뱅은 목회의 주체와 객체에서 주체는 그 존엄과 가치를 높이고 객체는 복음에 합당한 그리스도인의 생활로 대응하여 그 존재를 높이 평가하였다. 그러므로 칼뱅의 목회 구조는 말씀의 사역자와 말씀에 반응하는 사역자의 균형잡힌 시스템을

---

30) 심창섭, "장로교 정치제도의 기원은 무엇인가?(Ⅰ)," 『신학지남』, 통권 제251호, (1997년 여름호), 95.

제시한다. 그에게 그리스도인은 교회의 **제2의 목사를 만드는 것이 아니라** 하나님의 말씀에 반응하는 사역자로서 자기 성화와 타자 봉사의 사명을 감당하는 데 초점이 있다. 여기에는 세속의 직분에 대한 높은 재평가가 있었기 때문에 가능했다. 적어도 칼뱅에게는 평신도가 목사의 목회 지도력 아래 영혼의 치유와 감독이 이루어져야 함에는 정당하나 평신도가 목사의 영역을 넘어 제2의 목양지를 만드는 목회 이데올로기에 빠질 염려는 없다. 이것은 직업 소명관과 그리스도인 자유와 생활관과 연관을 맺고 있다. 그러나 오늘날의 현실은 칼뱅의 이러한 목회 구조에 대해 의구심을 보내며 보다 역동적이고 평신도 지향적이며 목양적인 구조를 강조하는 경향으로 나아가고 있다.

우리는 이러한 경향의 진원지가 **회중교회의 목회신학**이라고 본다. 전(全) 신자 목회 모델 구조로부터 사실 모든 평목운동이 파생되었다고 본다. 침례교 평신도 신학자 핀드레이 에쥐(Findley B. Edge)는 "전 신자의 제사장직분 교리는 침례교회의 기본적인 신앙이다"[31]라고 하면서 이 교리는 모든 신자의 목회적 책임을 강조한다고 한다. 이것은 오늘날 소그룹과 셀교회 목회의 구조와 관련을 맺고 있다. 목회의 구조론에서 반드시 간과할 수 없는 것은 칼뱅이 목회의 중심체로서 교회의 근본적 구조로서 소그룹(small group)을 암시했는가이다.[32] 더 나아가 칼뱅에게 목양적 구조로서 셀교회(cell church)의 목회 개념이 있는가? 이것은 오늘날 목회 현장에서 유행되고 있는 셀교회의 신학적 기초와 관련 중요한 문제이다. 그런데 문제는 칼뱅 당시에는 소그룹이나 셀그룹이라는 개념이 없었는데 어떻게 고전을 통하여 현대 목회 구조를 비평할 수 있는가이다. 그러나 고전의 장점은 매우 통합적이고 포괄적이기 때문에 이러한 문제를 바라보는 비평적 안목은 제시할 수 있다는 것이다.

셀교회란 무엇인가? 로렌스 콩(Lawrence Khong)에 의하면 '셀교회'(a cell group Church)와 '셀을 가진 교회'(a church with cells)는 하늘과 땅의 차이나

---

31) Findley B. Edge, *The Doctrine of the Laity* (Nashiville: Convention Press, 1985), 9.
32) A. Snyder, *The Problem of wineskins*, 139.

동쪽과 서쪽의 차이만큼 다르다고 강조한다. 그 차이는 크게 다음과 같은 기준에 의해 규명된다.[33]

첫째, 셀은 사역 구조상의 근본적 차이가 있다. '셀을 가진 교회'는 성경공부 그룹, 기도그룹, 교제그룹 등 일반적인 교회들이 가지고 있는 소그룹 군(群)을 보유한 교회이다. 일반적인 교회에서의 셀사역은 교회의 전 사역 안에서의 한 부분일 뿐이며 많은 사역그룹 중에서의 선택이다. 그러나 '셀교회'는 뷔페식으로 선택하는 것이 아니라 필수적이고 근본적인 구조이다. '셀교회'에서 셀은 교회이다. 셀은 교회의 출입문이며 교회의 모든 부서와 자원은 이 셀사역을 섬기기 위하여 존재한다. 목사는 개별적으로 성도들에게 목회적 돌봄 사역을 할 필요가 없다. 셀을 통하여 모든 교인들이 목회적 돌봄을 받기 때문이다.

둘째, 셀은 전도를 통한 증식의 방식이다.[34] '셀을 가진 교회'는 특정하고 다양한 사역을 위해 소그룹 중심으로 사역하지만 '셀교회'는 전도에 의해 새롭게 증식한다. '셀교회'의 궁극적 목표는 내부지향적이 아니라 세상을 향하여 잃어버린 양들을 찾는 전도에 둔다. 15명 정도 이상이 되면 새로운 셀그룹이 증식한다. 이 점은 셀이 복음주의적 목회 라인에 있음을 증명한다.

셋째, 셀은 밀착된 감독 체계를 유지한다. 셀교회 구조에서 셀그룹은 독립적인 '가정교회'(house churches)가 아니라 풀타임 목회사역자들에 의해 철저히 밀착된 감독 체계를 유지하면서 그들의 리더십을 가능하게 한다. 셀그룹 지도자의 훈련과 목회적 돌봄 및 멘토링 등이 가능하다. 구약의 천부장, 백부장, 오십부장, 십부장 제도와 같은 구조이다. 이때 목사의 목회사역은 목양(shepherding), 관리(managing), 인도(leading)의 직무를 감당한다.[35]

넷째, 셀은 회중들과 연관성을 갖는다. 셀은 교회인 반면 교회는 셀 이상이다. 셀은 독립적으로 기능하지 않기 때문에 각 셀은 다른 셀과 연관되어 있고 전체

---

33) Lawrence Khong, *The Apostolic Cell Church* (Singapore: TMI, 2000), 35.
34) 이 기준은 셀교회의 개척자 Ralph W. Neighbour에 의하여 셀교회의 특징으로 지적되었다. Ibid., 37.
35) Ibid., 102.

회중들과 연관되어 있다. 그래서 대두된 개념이 '두 날개' 논리인데 작은 날개인 셀 조직과 전체적인 교회 질서를 중심한 교회의 '큰 날개' 조직이 필요하다는 논법이다.[36]

다섯째, 모든 셀은 한 장소에서 하나의 리더십 아래 주말 축제예배(weekly celebration)에 참여한다. 이 축제는 교회의 비전을 구축하도록 하며, 교회의 통일성을 제공하며 각 셀그룹의 모델로서 기능한다.

이러한 개념을 가진 **셀그룹교회에 대하여 칼뱅의 목회신학적 입장**은 역시 목회의 구조에서 다섯 가지 면에서 비평할 수 있다. 첫째, 목회 중심체의 왜곡이다. 목회는 하나님이 장로회를 중심으로 하도록 계시하셨지만 셀목회에서는 모든 것이 셀 중심으로 교회를 운영한다. 둘째는 목회 구조에서 말씀에 반응하는 사역자들을 과도하게 말씀 사역자화하는 문제이다. 셋째, 신앙의 본질적 왜곡이다. 셀교회 경험자들은 이미 신앙을 경험의 문제로 인식함으로 '객관적 신앙'[37]과 '말씀의 객관성'을 못 견뎌한다는 점이다. 이러한 이면에서는 경건주의의 목회운동과 슐라이어마허의 신앙경험론이 밑바탕에 흐르고 있다. 넷째, 교회론의 본질적 왜곡이다. 교회는 가정교회나 세포적인 교회가 본질이 아니다. 초대교회는 가정교회(house church)나 셀교회(cell church)가 본질이 아니라 가족교회(family church)가 본질이다. 한 가족교회라는 본질 단위가 모여 교회라는 인격체 즉 그리스도의 몸이 되는 것이다. 셀교인들은 셀교회를 보편교회로 인식함으로 셀교회가 아닌 교회를 비성경적이거나 왜곡된 교회로 매도함으로 전통적인 목회에 적응을 하지 못한다. 이것은 교회의 보편성에 큰 도전이다. 마지막으로 셀이 전도 중심체로 운영된다는 점이다. 셀 번식을 통한 교회 성장과 부흥은 수많은 교회들이 경험적 증거를 가짐으로 매혹되어 셀교회로 전환하게 하고 있다. 문제는 과연 어떤 그리스도인이 셀에도 속하지 않고 전도 중심적인 삶을 살지 않으면서

---

36) 김성곤 목사는 '두 날개로 날아오르는 건강한 셀교회 운동'을 한국형 셀교회 개혁운동이라고 지칭한다. Cf. 김성곤, 『다시 쓰는 두 날개로 날아오르는 건강한 교회』(서울: 도서출판 NCD, 2006), 19.
37) '객관적 신앙'이란 '주관적 신앙'에 대한 대응 개념으로 신앙에 대한 자기 체험화가 없어도 예수 그리스도를 신뢰하는 말씀 중심의 신앙을 의미한다. 이에 반해 '주관적 신앙'은 신앙에 대해 강렬한 자기 체험화를 요구하며 교회 내에서 '동질화'를 강하게 열망한다.

도 성실하게 세속 직업을 갖고 성례에 참여하며 공예배에 성실히 참여하고 목사의 주일설교로 한 주간을 음미하며 살아간다면 그리고 기회가 닿으면 이웃에게 복음의 소중함과 구원의 도리를 말하는 평범한 전통적 신사를 셀에 속하지 않았다는 이유만으로 그를 목회 구조에서 소외시킬 것인가? 만약 이런 건전한 교인이 셀교회에서 적응하지 못한다면 이미 그 교회는 보편교회가 아닌 것이다.

이와 같이 셀교회는 목회 구조를 과도하게 전도와 목양과 동질화의 구조 속으로 몰아넣어 하나님이 창조한 인간과 세계의 그 넓은 의지와 자유를 왜곡할 우려가 있다. 그러므로 칼뱅의 목회 구조관에 의하면 평신도 그리스도인의 삶에 대해 그렇게 많은 지면을 할애하여 논하면서도 그들이 어떤 구조에 매여야 한다는 논지를 편 적이 없다. 오직 하나가 있다면 그들은 교회훈련으로서 당회의 지도를 받아야 한다는 점이다. 따라서 우리는 셀교회가 오늘날 보편화되어 주류 목회 구조화 되었다고 하더라도 경건주의 목회가 도입될 당시의 논점에 유의하면서 칼뱅의 목회 구조관에 따라 다음과 같은 점을 개혁해 나가야 한다.

첫째, 셀교회로 목회를 구조화한다고 하더라도 반드시 당회의 지도를 받도록 한다. 목회의 중심 구조로서 당회를 '전통이 지배하는 교회'로 폄하해서는 안 될 것이다. '셀그룹 교회'보다는 '셀을 가진 교회'만이 칼뱅의 목회관에 조화된다고 볼 수 있다. 오히려 셀보다는 교인들의 각 '가족교회'들이 목장이 되도록 가정친화적인 목회를 지향해야 한다. 둘째, 모든 교인들을 셀로 만들려는 것을 지양해야 한다. 교인들에게는 교회의 과도한 목양 구조에 편입되지 않을 자유가 있다. 교인들은 "벤츠 자동차를 생산하는 라인"[38]을 거치지 않을 자유가 있다. 교인들은 목사의 목양에 말씀을 적용하여 반응하면 되며 오히려 교회 밖으로 나가 말씀에 반응하는 사역자로서 사명을 다하는 것이 더 중요하다. 그러나 교회가 성장하고 전도적 사명을 다하려면 자연스럽게 평신도의 목회사역도 요구되는바 이때는 반드시 '제2의 소명'을 요구해야 할 것이다. 그러나 이때도 목사는 목사와 협력하는 가까운 사람들만을 자기 사람으로 만들어 교회의 중직을 세움으로 정말

---

38) Ibid., 61.

평범한 그리스도인들이 설자리가 없도록 해서는 안 된다. 마지막은 집사직에 대한 새로운 비전과 안목을 가져야 한다. 봉사목회의 비전을 그들에게 주고 그들을 통해 성경대로 구제하며 그리스도의 디아코니아의 사역을 다하게 하는 목회 패러다임의 전환이 요구된다. 이것은 봉사직의 대표인 집사직이 아닌 일반 평신도도 제자훈련을 위해 단순히 평신도를 깨우는 것이 아니라 세상의 개혁에 구체적으로 봉사하게 하는 평신도 신학의 수립을 전제로 한다.[39]

위와 같이 목회 구조에 대한 칼뱅의 목회신학은 성경을 그대로 해석하여 목회신학적 이론을 구성하고, 목자-양떼 모델을 그대로 목회 구조에 적용하여 목회 실천에 적용해야 하는 이론과 프락시스의 관계이다. 즉 일차원적 실천 원리이다. 칼뱅의 목회 구조를 실천신학적 관점에서 보면 다음 같다.

성경(신학적 이론) → 목자-양떼 모델 → 목회의 구조 → 프락시스

그러나 다행스러운 것은 칼뱅이 기존의 중세교회의 고착화된 패권적 목양 리더십을 비판하면서 고대교회의 목회의 객체로서 평신도의 목회 참여를 부활시킨 것은 목회 구조의 획기적인 전환점을 마련하였다는 것이다. 그는 비록 목자의 왕권적 특징을 인식하였지만 철저히 그 도구성과 피동성을 인식함으로 목회 구조에서 주체의 한계를 말하였다. 오늘날도 칼뱅이 인식했던 목자-양떼 모델의 한계와 목회 구조의 균형성의 문제는 칼뱅이 인식했던 것보다 더 훨씬 역동적 긴장감을 가지고 현장에서 실행되어지고 있다.

이것은 목자-양떼 비유가 성경에서 왔기 때문에 일방적 시스템에 의한 목자-양떼 모델마저 영원히 변하지 않는 목회 모델인가에 대해 의문을 제기하게 된다. 즉 칼뱅의 목회 모델에서는 상호 교환 촉진제로서 모델이 아니기 때문에 한계가 있다는 것이다.

이와 같이 목회 구조의 재편 가능성은 칼뱅의 목회신학적 관점에서 볼 때 열려

---

39) 정일웅, "한국교회 실천신학의 어제와 오늘 그리고 내일," 『한국개혁신학회 논문집』 I, 한국개혁신학회, (1997). 198.

있다. 그러나 거기에는 분명한 한계가 있음을 인식하여야 한다. 그것은 계시론적 관점에서 목회의 주체는 언제나 목사에게 그 중심성이 있고 평신도들이 목양의 주체로 나선다고 할지라도 그것은 언제나 교회의 전반적인 사역의 주체로 나서는 것이 아니라 목사의 목회를 돕는 구조 속에서 일하는 것임을 인식하여야 한다.

5. 목회 양식의 현대적 적용 가능성

1) 교회 통치의 실천양식

칼뱅의 교회 통치의 개념은 현대적 의미의 권징이나 치리를 의미하는 '교회 정치'를 의미하는 것으로 한정되는 것이 아니라 영혼을 치유하고 감독하기 위한 목회적 실천의 통전적 기능으로서 교회를 다스리는 것이다.[40] 이 실천의 개념은 통치자로서 목자장 되시는 예수 그리스도의 가시적인 교회의 다스림으로부터 나온다.[41]

이러한 교회 통치 개념을 도외시하거나 미시적으로 이해하면 칼뱅의 목회 개념을 축소시키는 우를 범할 수 있다. 기존의 목회신학자들이 칼뱅의 목회 개념을 "교회훈련" 혹은 "권징"으로 이해한 것은 목회의 한 수단으로서 실천양식을 미시적으로 개념화했기 때문이었다. 이러한 미시적 접근은 투르나이젠(Thurneysen)처럼 목회를 단순히 "개인적 권면"으로 축소할 우려가 있다. 이것은 현대 목회의 주요 개념인 '목회'가 곧 상담(counseling)이라는 식으로 변질될 우려가 있다. 힐트너 이후 현대 미국의 목회신학이 이러한 경향으로 편향된 것은 이러한 목회 개념과 양식에 대한 인식의 혼란으로부터 기인한다.[42] 따라서 우리는 칼뱅이 이해했

---

40) 예를 들면 설교와 교회통치의 연관성에 대해서 이미 현대 설교학자들이 지적하고 있다. 즉 설교는 리더십 언어라는 지적과 같은 것이다. Cf. James Emory White, "Preaching and Administration," in *Handbook of Comtemporary Preaching*, ed. Michael Duduit (Nashville: Broadman Press, 1992).
41) Adams, *Shepherding God's Flock*, 「목회연구」, 338.
42) 그러나 칼뱅은 "개인적 권면"(private admonition)을 말하기는 했어도 그것을 목회 개념으로 규

던 목회를 보다 거시적으로 이해해야 한다. 이것은 현대적 의미에서 칼뱅이 말한 대로 "교회를 다스리시는 하나님의 모든 경영"[43]과 비견된다. 그리고 보다 현대적 개념으로는 목회적 리더십의 개념도 포함한다. 진킨스(Michael Jinkins)가 목회적 리더십을 상처 입은 자들의 집에서 안내자(docents)[44]라고 지칭했듯이 칼뱅의 교회 통치 실천은 목회적 맥락에서는 권력적이고 지배적인 실천이 아니라 양들의 영혼을 치유하고 돌보는 참된 목자로서의 지도력이며, 교회의 경영 및 행정, 교회법 등 시스템을 통한 실천 개념을 16세기 맥락에서 이해했다고 볼 수 있다.

교회의 머리이자 목자장 되시는 예수 그리스도의 가시적인 교회의 다스림으로부터 나오는 교회 통치의 실천양식은 목회자의 목회지도와 교회 정치와 행정을 통해 나타난다. 이것이 없이는 교회는 온전히 보존되거나 세워질 수 없고 영혼의 치유나 감독은 실천되어질 수 없다. 통전성을 갖는 이러한 칼뱅의 교회 통치의 목회신학은 목사의 목회 독재와는 근본적으로 다른 것으로 이해해야 한다.

이것은 실천신학의 아버지 슐라이어마허에게서도 처음부터 제시되었다. 즉 그의 실천신학의 과제는 교회지도부에 의해 주어지는 지교회의 '교회봉사'(Kirchendienst)의 과제와 전체 교회의 '교회 통치'(Kirchenregiment)이다. 물론 슐라이어마허의 '교회 통치' 개념은 칼뱅의 그것과 차이가 나는데 슐라이어마허는 지교회의 수준을 넘는 '교회 정치'를 의미하는 것이었다.[45]

오늘날 현대 교회는 목사를 단순한 설교자나 상담가 혹은 제자훈련하는 사람 등으로 축소하려는 경향이 있다. 그러나 칼뱅의 목회신학대로 개혁교회는 목사의 교회 통치권을 확보해 주어야 한다. 흰 장갑을 끼고 예배드리는 것을 개혁하는 데 십년도 더 걸리는 목회를 하는 곳이 한국의 장로교회 목회 현장이다. 당회

정하지는 않았음으로 마치 칼뱅이 미시적 개념인 개인적 권면을 목회 개념으로 강조한 것처럼 목회신학자들이 주장하는 것은 무리가 있다.

43) Comm. Gen. 3:1.
44) Michael Jinkins, Docents in the House of Wonder: Pastoral Leadership, Spiritual Transformation, and the Sacred Other; available from http://www.christianleaders.org/JRL/Fall2002/Jinkins.htm; Internet; accessed 21 June 2006.
45) F. D. E. Schleiermacher, Kurze Darstellung des theologisches Studiens, trans. Terrence N. Tice, Brief Outline on the Study of Theology (The Edwin Mellen Press, 1988), 158-162.

가 교회 통치의 발목을 잡는 목회가 현대 교회에 너무나 만연되어 있다. 목사는 강단권만 아니라 교회 통치권까지 가지고 있다. 이것은 현실적으로 노회가 예수 그리스도를 대신해서 주는 '당회장권'으로 대변되지만 보다 현실적으로 목사의 목회 리더십이 섬김의 리더십만으로는 안 된다는 사실을 시사한다. 칼뱅에게는 바로 예수 그리스도의 **왕권 리더십과 섬김 리더십이 조화**를 이루는 것이다.

마지막으로 칼뱅의 교회 통치의 양식은 오늘날 목회자가 당면하고 있는 목사 킬러(clergy killers)와 앤테거니스트(antagonists)들에 대항하는 목회신학적 이론 근거를 제공한다. 오늘날 칼뱅보다 더 신학적으로 목회적 상황에서 발생하는 교회 갈등의 문제를 성경적 입장에서 접근한 인물은 없다. 목회자는 세상 바다 속에 떠 있는 교회를 안전한 항구에 도달하는 선장이 된다. 이때 목회자는 인간 사역자로서 성령의 도움을 받는 영성 뿐만 아니라 지혜인 항해술이 필요하다. 때로는 폭풍은 물론 배 안의 반역의 무리들과 당당히 대적하는 **교회갈등 매니저(church conflict manager)가 되어야** 한다.[46] 교회 통치가 사라진 나약한 현대 교회의 목회자는 칼뱅의 목회신학에서 배워야 한다. 교회 통치의 실천양식에 대한 개혁주의 목회실천의 보존은 목사의 왕권 리더십이며, 그 전망은 목회 중심체인 장로회의 조언 및 섬김 리더십과 적절한 조화이다.

2) 말씀의 실천양식

말씀의 실천양식은 설교와 교육 두 가지이다. 오늘날 현대 교회에서 칼뱅의 설교의 실천양식 중 가장 논점이 되는 부분은 세 가지이다. 첫째, **목사의 설교와 목사의 성령충만**이다. 칼뱅은 성령의 신학자이다. 그러므로 하나님의 임재와 현현으로서 설교는 성령의 역사를 떠나서는 존재할 수 없다. 목사가 설교에 있어서 성령의 인도를 받으려면 충분한 준비와 기도 그리고 영혼을 사랑하는 마음이 있어

---

46) 국내 목회세미나로는 한국 NCD에서 2004년 11월17-18일간 새중앙교회에서 "교회갈등문제 해결 컨퍼런스"를 개최한 바 있다. 이 세미나는 미국 교회갈등 전문사역기관인 메타노이아 미니스트리의 설립자이며 대표인 짐 반 이페렌(Jim Van Yperen)을 초청하여 이루어졌다.

야 한다. 이것은 사적인 심방과 목회적 대화를 통해 교인들의 삶의 실제를 잘 알고 있어야 가능하다. 칼뱅의 설교가 주지적이고 지성적이라는 평가는 그를 따르는 후대의 개혁 전통의 설교가들의 맥락에서 정당하지 못하다. 즉 오순절적 설교 성향이 아니더라도 칼뱅주의 전통 안에서 설교는 성령의 기름부음의 역사가 일어날 수 있음은 설교의 역사가 논증해 준다.[47] 이것은 그 반대로 오순절적 전통의 설교가 본문을 중시하는 맥락이 있는 것과 같은 병렬적 시사점이 있다.

둘째, **성경적 설교의 문제**이다. 칼뱅은 강해설교를 주로 하였지만 주제설교에 대해서는 침묵하고 있다. 칼뱅이 침묵하고 있다는 말은 본문설교, 더 구체적으로 강해설교만이 성경적이냐는 문제에서 주제설교 양식에 대한 실천 개연성을 시사한다. 이것은 개혁주의 설교는 어떤 설교 양식을 보존하여 왔는가를 보면 알 수 있다. 최근 설교학적 연구들은 성경적 설교(biblical preaching) 혹은 강해설교(expository preaching)를 강조하는 방향에서 이루어지고 있다. 이러한 경향은 이전의 설교가 성경의 본문을 다루기보다는 전통적인 교리적 주제나 신학적 사상을 전하는 설교들로 대표되는 주제설교(topical preaching)[48]의 오용에 대한 반작용이라고 볼 수 있다. 오늘날 주제설교는 뭔가 부족한 설교로 인식되어지는 경

---

47) 설교사에 주요한 논점 중에 하나는 장로교 구파와 신파의 설교적 특성을 이야기할 때 신파에서 구파를 비아냥거리듯 격하시키는 경우가 있다. 예를 들면 구파의 설교를 비하시키는 편향적 설교사관을 보여주는 예일대 Lewis O. Brastow 설교학 교수의 분석이 있다⟨The Modern Pulput: 1906⟩. 그는 신파의 계열로 당시 장로교의 구파의 설교를 스콜라풍의 비역동성 위기를 지적하고 있다. 또 유명한 설교사가 Edwen C. Dargan도 종교개혁기의 설교가 남긴 유산이 정밀설교 형식을 완전히 버리지 못했다는 것이다⟨A History of Preaching: 1954⟩. 그러나 이러한 분석이 일면 맞다하더라도 정당하지 못하다. 왜냐하면 Larsen은 개혁주의 전통에 서있던 설교자들이 반드시 스콜라풍으로 설교했다고 단정할 수 없다는 것을 많은 설교가들을 분석하면서 우리에게 제시해 주었기 때문이다. 예를 들면 Alexander같은 분은 비록 구파의 지도자였지만 가장 성령의 부으심 속에서 설교를 하였던 분들이다. Cf. David L. Larsen, *The Company of the Preachers: A History of Biblical Preaching from the old Testament to the Modern Era* (Grand Rapids: Kregel Publications, 1998), Chapter 9.
48) 로날드 알렌(Ronald J. Allen)은 주제설교(topical preaching)를 "복음의 관점에서 해석하지 않으면 안 되는 특별한 주제를 다룬 설교로서 성경의 어떤 특정한 본문을 강해하는 입장에서가 아니라 복음 그 자체의 입장에서 행해지는 설교"라고 정의했다. 일반적으로 주제설교는 본문에서 하나의 주제를 추출하여 그 주제를 전개시키는 설교이다. Cf. Ronald J. Allen, *Preaching the Topical Sermon* (Louisville: John Knox Press, 1922), 3.

우가 많아지고 있다.

그러나 종교개혁의 전통 하에서는 캐터키즘 교육 차원의 교리설교(Katechisuspredigt)가 있었다. 기독교의 근간이 각종 교리를 설교를 통해 가르치는 교육적인 목표를 하나의 성경 본문이 온전히 충족시킬 수는 없었다. 그래서 주제설교가 설교사에서 교리설교였다고 볼 수 있다.[49] 특히 **개혁주의적 설교전통은 통합적 본문 주제설교였다.**[50]

오늘날 주제설교는 목회신학적인 면에서 교리적 주제를 넘어 시사적이고 교인들의 삶의 정황으로 나온 주제를 포함하는 설교이다. 이것은 현대 설교가 일정한 본문만으로는 교인들의 전 삶에 대한 신앙적인 진단과 처방을 포괄할 수 없다는 한계성에서 주제설교의 필요성이 강력하게 요청되는 것이다. 주제설교는 칼뱅의 본문 강해설교의 보완으로 현대 목회에서 반드시 필요한 것이다. 목회신학적 관점에서 주제설교는 목회적 필요 지향성을 갖는다. 주제설교는 삶의 정황 설교(life-situation preaching)라고 볼 수 있다.[51] 목회자로서의 설교자는 청중의 상황을 볼 뿐만 아니라 목회적인 방침을 가지고 설교사역의 방향을 잡는다. 어떤 경우(occasion)나 문제(issues)에 의거해서 설교의 주제를 선정하고 그에 합당한 설교 본문을 선택하게 된다. 또 설교는 목회 활동 중에 회중을 이끌어가는 중요한 도구가 될 수 있다. 제임스 화이트(James Emory White)가 지적한 대로 설교는 "리더십의 언어"로 이해할 수 있다.[52] 주제설교는 설교에 있어서 주관성[53]의 장점에 대해 깨닫도록 한다. 먼저 설교에 있어서 주관성은 피할 수 없다. 그러나 주관성이 반드시 나쁜 것이 아니라는 사실을 알아야 한다.[54]

---

49) 정인교, 『설교학총론』(서울: 대한기독교서회, 2003), 291.
50) 허순길, 『개혁주의 설교』(서울: CLC, 1996), 140.
51) Ilion T. Jones, *Principles and Practice of Preaching* (Nashville; Abingdon Press, 1956), 40.
52) White, "Preaching and Administration," in *Handbook of Contemporary Preaching*, 462.
53) 주관성의 문제는 본문의 해석과 상황을 위한 해석 사이의 긴장관계이며, 본문 해석자의 전이해(Vorverstandnis)의 적용의 문제를 지적한 것이다. 특히 본문설교가 청중의 생각을 성경 본문 내면에 묶어둠으로써 문자주의적 한계를 넘지 못할 위험성을 저자는 인식하고 있는듯하다.
54) Rossow, "Topical Preaching," in Handbook of Contemporary Preaching, 87.

목회신학적 관점에서 보면 주제설교의 한계는 설교 그 자체보다 목회자의 한계로부터 올 수 있다. 주제설교는 목회자의 고매한 인격과 풍부한 체험이 바탕이 되어야 하므로 설교 경력이 일천한 목회 초보자들에게는 매우 어려운 설교이다.[55] 그러나 주제설교는 연설적 성격이 갖는 논리성이 장점이 있으므로 청소년과 젊은 지성인 대상 목회자들에게 포기할 수 없는 설교 유형이기도 하다. 또 주제설교는 교회의 갈등 상황이나 교회싸움에서 갈등 요인을 증폭시키는 요인으로 작용할 수 있다. 설교자는 반대자들(antagonists)이나 목사 킬러(clergy killers)의 오해와 감정을 살 우려가 있으므로 소위 '감정 설교'를 조심해야 한다. 주제설교의 주관성이 갈등상황에서 갈등을 고착화시키는 요인이 될 수가 있으므로 주제설교는 교회의 특별한 목회적 상황을 고려하여 설교해야 한다.

'오직 말씀'이라는 칼뱅의 설교 실천 원리가 보수지향적인 양식적 정체성만을 고집함으로 21세기 폭넓은 설교 상황을 포괄하지 못하는 어리석음이 개혁주의 원리 속에 도사리고 있지 않을까 염려하면서 보다 칼뱅의 본문 설교의 전통을 보전하되 그 전망은 주제와 본문을 통합하는 설교양식으로 변형, 발전시켜야 할 것이다. 물론 통합을 주장하지 않는 경우라도 김창훈 박사가 지적한 것처럼 주제설교가 강해설교의 주(主) 설교 방법이 되어서는 안 되고,[56] 알렌이 언급한 것처럼 "영향을 보충하는 비타민"[57]으로 사용되어져야 한다.

셋째는 **목회자와 청중과의 관계**이다. 오늘날 현대 설교 방법론은 지나치게 청중 중심적으로 기울어져 있다. 크래독(Fred B. Craddock)이 "설교는 목회적인 컨텍스트 속에서 하게 된다"[58]라는 말은 회중들의 삶의 정황과 필요를 알게 될 때 최고의 설교를 할 수 있다는 의미일 것이다. 칼뱅은 비록 청중이 감동을 받지 않으면 아무런 힘이 없다고 말하기도 했지만,[59] 말씀 선포의 효력이 회중의 수용

---

55) 정인교, 『설교학총론』, 299.
56) 김창훈, "주제설교의 이해," 『신학지남』, 통권 282호, (2005년 봄호). 174.
57) Allen, *Preaching the Topical Sermon*, 4.
58) Fred B. Craddock, *Preaching*, 김영일 역, 『설교』(서울: 컨콜디아사, 2003), 46.
59) Comm. Heb. 4:12.

능력에 있다는 점을 경계하였다. 설교할 때 신비로운 하나님의 행위를 회중의 심령 속에서 일어나는 순수한 내적인 주관적 결과로 밖에 생각하지 않는 사람들에게 다음과 같이 비평했다.

> 그들의 관념은 흥분된 채 중심을 잃어버린 상태로서 위험스럽기까지 하며, 인간의 내부에서 나오는 말들이 설령 감동을 준다고 할지라도 거기에는 생명력도 권능도 존재하지 않음을 알아야 한다. 단언하건데 능력이 인간의 혀에서 나오지 않고, 단순한 소리에서는 어떠한 능력도 나올 수 없으며, 오직 모든 능력은 성령이 임하실 때만 가능한 것이다."[60]

특히 박윤선 박사는 설교에 있어서 청중과의 관계에서 바르트의 성경관에 문제가 있음을 제시한다. 칼뱅과 비교하여 후대의 칼 바르트는 하나님의 계시 그대로를 인간이 파악할 수 없으므로 그것을 어떤 차례로 조직할 수는 없다고 보았다. 박윤선 박사는 설교자의 진리에 대한 이러한 바르트의 실천신학에 대해 정착성을 침해하여 청중의 심령을 쪼개어 사로잡을 거룩한 도구를 가지지 못하게 하는 것이라고 비판했다.[61] 그러나 칼뱅의 실천적 적용의 방법은 이론적이거나 추상적이지 않았다고 평가했다.[62]

결론적으로 오늘날 칼뱅의 실천양식으로서 적용 가능성은 강해설교 지향적인 본문설교에 일정한 한계가 있다. 21세기 한국교회가 실천해야 할 설교양식은 칼뱅의 성경적 설교를 기반으로 하되 보다 예언자적인 설교와 현대적인 설교양식으로 보완되어야 한다.[63] 예언자적인 설교의 특징은 현실 직관 및 회개 촉구, 철저한 복종의 생활, 그리고 희망적 미래 선포인 바, 예언자인 목사는 시대를 말하고 인간의 죄악을 고발하는 동시에 하나님의 공의를 용감하게 외치는 목회자이다.[64] 또

---

60) Ibid.
61) 박윤선, 『개혁주의 교리학』, 564.
62) Ibid., 69-70. 목회적 설교는 반복 권면으로 청중의 영혼을 감동으로 떨게 하는 것이다.
63) 박은규, "21세기 설교 전략," 한국실천신학회, 『신학과 실천』 1. (1997년 가을), 15.
64) Ibid., 16.

현대적 설교(the contemporary preaching)는 현대인의 고통과 현대 사회의 모든 문제와 관련하여 선포하는 설교이다. 또한 계시 자체만을 이념적 진리로 선포하는 데 그치지 않고 구체적으로 해답을 제시하는 설교이며 이에 따라 변화를 모색하는 설교이다. 쉽고 분명한 언어를 사용하고 목양적 특징을 지니는 동시에 온전한 치유와 구원과 평화의 삶을 산출한다.[65]

또 21세기 설교의 적용 가능성은 목회적 설교(pastoral preaching)에 있다. 회중의 개인적 고통과 불안과 갈등을 이해하면서 인간 경험의 내적 동력에 접촉하는 동시에 육체적으로 정신적으로 영적으로 건강을 회복하는 말씀 증언이어야 한다.[66] 그리고 설교는 양육적인 설교(The Nurturing Sermon)이어야 한다. 이것은 적합한 만남과 수용의 생활, 더 나아가 기독교적 인간관계를 조장하는 설교를 해야 한다. 그리고 변화를 추구하는 설교로 지식과 태도와 행동의 변화에 초점을 두는 설교이어야 한다. 21세기 설교는 어떤 종류의 설교가 아니라 해당 설교와 함께 무엇이 발생하였는가이다.[67]

다음은 말씀의 실천양식으로 교육이다. 칼뱅의 교육양식의 현대적 적용에서 제일 먼저 논점이 되는 것은 '**교육목회**'[68] **패러다임으로 전환**하는 문제이다. 기존의 교회교육 혹은 기독교교육은 목회라는 실천신학 전반의 구조 안에서 이루어지기 보다는 학교식 시스템과 목회의 하부 구조 안에 있는 일부 기능으로 오해함으로 많은 교회교육의 문제점들이 드러나고 있다. 또 교육이 일시적이고 장기적이지 못한 결과를 초래하게 되었다. 그래서 이제는 '교육목회'라는 새로운 패러다임이 요구되면서 교육을 장기적으로 추구하려는 움직임들이 있다.[69]

---

65) Ibid., 17.
66) Ibid.,
67) J. Rondall Nichols, *The Restoring Word* (San Francisco: Harper & Raw Publishers, 1987), 18-21.
68) "교육목회"라는 용어는 1970년대 기독교교육에 대한 반성 운동에서 나온 "교회교육"(Church Education)과 "목회"(Ministry)를 어떻게 연결할 것인가의 문제를 해결하는 과정에서 대두된 개념이다. 이러한 교육목회론 접근에 대해 정일웅 교수는 "실천신학의 교육적 접근"이라고 보았다. Cf. 정일웅, 『교육목회학』 (서울: 솔로몬, 1993), 350-369.
69) Eugene C. Roehlkepartain, *The Teaching Church: Moving Christian Education to Center*

'교육목회'의 대두는 기독교교육을 교회의 하부적 구조 안에 있는 실천 개념으로 이해하려는 교회교육의 한계를 인식했기 때문이다. 이미 리차드 오스머(Richard Osmer)는 실천신학과 기독교교육의 유사성을 확인하고 전통적인 교회의 교육부서와 관계된 교육의 범주를 넘어 전체 교회에 대한 교육적 관여가 요구됨을 지적했다.[70] 이것은 기존의 기독교교육 혹은 교회교육이 '목회'라고 하는 영역으로 확대 적용하여 실천신학의 전 영역 속에서의 교육 실천을 의미하는 '교육목회'를 추구하지 못했다는 것을 의미한다. 그러므로 교육목회란 교회교육이 학교라는 형태로 한정되어 단순히 전체 목회의 일부로 여겨지는 것이 아니라 독립적인 목회 즉 '교육적 교회' 안에서의 목회 패러다임을 말한다고 볼 수 있다.[71]

우리는 칼뱅의 교육목회 방법을 다음과 같이 대별하여 적용할 수 있었다. 첫째 **캐터키즘 교육에 대한 현대적 적용**이다. 카테키스무스(Katechismus)의 신앙교육적 의의는 기독교 세계관에 눈 뜨게 하고 신앙의 체계를 확립하게 하는 것이 신앙교육의 중심이라 할 때 가장 본보기가 된다. 이러한 관점은 성경 학습의 두 가지 방식, 즉 본문 중심의 학습 방법과 주제중심의 학습 방법 중 주제 중심의 학습 유형에 속한다.[72]

역사적 캐터키즘의 학습 방법의 특징은 질문과 대답 형식의 인간중심적인 방법(Anthropologische Methode)이다. 이것은 학습자 중심의 학습 심리가 적용되었다. '인간의 주된 목적은 무엇인가?', '생사 간에 있어서 당신의 유일한 위로는 무엇인가?' 등의 질문 형식이다. 역사적 캐터키즘의 목회실천적 기능은 신앙의 기본지식 전수, 예전적 기능, 설교로서의 기능, 기도서로서의 기능, 목회상담

---

to Center Stage (Nashville: Abingdon, 1993). 재인용, 김영래, 기독교교육과 앎 (서울: 다산글방, 2002), 110.
70) 고용수, 『현대 기독교교육 사상』(서울: 장로회신학대학교출판부, 2003), 260.
71) 김영래, 『기독교교육과 앎』, 113.
72) 주제 중심은 교리적인 주제와 윤리적인 주제가 중심으로 이룬다. 이러한 주제 중심의 학습 방법은 성경 전체 내용 가운데 가장 기본적이고 핵심적인 내용을 체계적으로 전수하고, 기독교 신앙에 대한 확신과 함께 신앙의 체계를 세워주는 역할을 하며, 성경해석의 기본적인 통찰을 얻게 된다. 신앙의 표준과 통일성에 도움을 준다. Cf. 정일웅, 『한국교회와 실천신학』, 323.

서로서 기능, 신앙고백서로서의 기능 등이다.[73]

그러나 현대 목회에서 적용하기는 일정한 한계를 가지고 있다. 언어의 낙후성, 내용의 협의성, 학습방법의 낙후성을 극복해야 한다. 그 대안으로 편지용 및 여행용 카테키스무스, 소설 및 상담핸드북 카테키스무스, 청소년 어린이용 카테키스무스 등 귀납법적 형태로 개정하여 현대 목회적 환경에 맞게 적용한다면 칼뱅의 교육양식의 현대적 적용은 오늘날도 전통의 변혁으로 빛을 발할 것이다.[74]

캐터키즘 교육의 내용은 강단에서의 말씀의 사역과는 별도의 적용과 전달을 통한 말씀의 구체적인 사역이다. 오늘날 현대 교육학의 입장에서 보면 '교육과정'(curriculum)[75]의 문제이다. 오늘날 목회적 교육과정의 역사와 구성요소를 다양하게 정리할 수 있지만[76] 칼뱅이 보았던 목회적 교육 내용은 '교리'였다. 헤트케(R. Hedtke)가 말한 것처럼 칼뱅의 교육과정으로서 '캐터키즘'은 '교리의 총합'(summa doctrinae)이었다고 볼 수 있다. 그러나 이것은 오늘날과 같은 부정적 의미의 교리를 의미하는 것이 아니라 목회적 관점에서 양들이 반드시 알아야 할 구원의 기본 진리로서 성경이 담고 있는 구원의 진리와 일치함을 의미한다. 이것은 목회신학적 관점에서 볼 때 양들을 믿음 안에서 자라게 하기 위한 말씀의 사역이다. 그 내용은 복음의 진리를 보다 '기초적인 것'(Elementale), '근본적인 것'(Fundamentalare), '본보기적인 것'(Exemplare)으로 요약한 것이다.[77] 그리고 그 중심점은 율법의 완성자로서 예수 그리스도의 복음이다. 이 내용을 양들에

---

73) Ibid., 342-346.
74) Ibid., 358-361.
75) 교육과정에 대한 학문적 연구는 1918년 보비트(Bobbit)의 『교육과정연구』에서부터 시작되어 오늘날 기독교교육학의 중심 연구 주제가 되고 있다. Cf. Franklin Bobbit, *The Curriculum* (New York: Arno Press, 1918).
76) 손원영에 따르면 기독교 교육과정의 역사는 교수자 입장에서 교수를 위한 '계획'과 '지식', 학습자 입장에서 '의도된 경험,' 그리고 교수자와 학습자 모두에게 숨어있는 왜곡된 의식을 비판적으로 성찰하면서 보다 해방적인 교육을 지향하는 '순례과정'으로 구분하고 있다. Cf. 손원영, "기독교 교육과정론에 대한 비판적 연구: Theopraxis Approach를 중심으로" (박사학위논문, 연세대학교 대학원, 1998). 38.
77) 정일웅, 『한국교회와 실천신학』, 350.

게 구체적으로 적용할 때 그들의 영혼은 치유되고 양들의 신앙과 삶의 진보가 이루어진다.

둘째, 칼뱅의 교육목회 방법론은 목사의 교수학이나 커리큘럼, 그리고 성령의 리얼리티 등과는 별개로 **'컨시스토리'의 영역 안에서 이루어진다**는 점이다. 즉 목사의 「캐터키즘」교육은 공적인 영적 지도기관을 통한 '컨시스토리'를 중심으로 실천되어졌다는 점이다. 이것은 말씀의 사역이 당회 구조 안에서 시행되었다는 점은 말씀의 사역이 교회 통치의 수단이라는 신학적 근거에서 나오는 것이었다. 그러므로 칼뱅의 교육목회는 목자와 양의 구별이 없어지는 무질서한 교육목회가 아니라 당회라는 권위기관을 통해 교육이 실천되어졌다는 점이다. 적어도 그의 교육 목회신학에는 교사와 학생의 분명한 경계가 있다.

마지막으로 칼뱅의 교육 실천 원리는 **목회적 돌봄과 성만찬과 세례라는 성례를 통해 구현되어져야 한다**는 점이다. 그 신학적 근거는 교육이 말씀의 사역인 것과 마찬가지로 성만찬과 세례가 말씀의 가시적 사역이기 때문이다. 그러므로 정통실천의 입장에서 보면 교육목회자로서 목사는 성례와 세례 준비자들에게 철저한 신앙교육으로 양들을 가르쳐야 하며 이것을 실천적으로 가능하게 하는 것은 사적인 목회적 돌봄과 교회훈련의 밑바탕이 있기 때문이다.

3) 예전의 실천양식

칼뱅의 목회신학에서 예전의 실천양식은 예배를 목표로 하는 성례관과 정통실천양식으로서 세례와 성만찬이 목회의 중요한 실천양식이다. 칼뱅의 예전의 적용 가능성은 다섯 가지 면에서 검토할 수 있다.

첫째, **세례의 목회적 실천**이다. 칼뱅의 세례관에 대해 박근원 교수가 세례의식의 목회적 가치는 입회의식이 아니라 부름과 보냄의 의식(Commissioning rites)이라고 말한 것은 칼뱅의 "시작"(Initiation)의 의미를 간과한 것이다.[78] 더구나 한

---

78) 박근원, 『오늘의 예배론』(서울: 대한기독교서회, 1993), 91.

국과 같이 학습교인에 대한 충분한 교육이 시행되지 못하는 곳에서는 더욱 현실적으로 목회적으로 그 의미는 크다. 목회적으로 세례식은 새신자 양육의 시작으로서 캐터키즘 교육의 목표로 충실히 실천되어야 한다.

둘째, **균형된 성만찬의 의미를 실천하는 것**이다. 이를 위해서는 목사의 성만찬의 본질적 접근에 대한 이해가 선행되어야 한다. 성찬의 신학적 의미는 그리스도의 임재, 그리스도 은혜의 회상, 그리스도와의 교제와 연합, 종말론적 은혜의 선취행위로 요약할 수 있다.[79] 이 중 그리스도 은혜의 회상 의미보다 '공동체성의 의미'[80]의 실현이 중요하다. 현대 성례신학자들은 성만찬이 세 가지 측면에서 공동체성을 가지고 있음을 말한다. 즉 인간학적인 공동체성과 기독론적 공동체성과 교회론적 공동체성이 그것이다.[81]

이 4가지 의미가 모두 성찬의 공동체성을 내포하고 있는 개념이지만 특히 후자 그리스도와의 교제와 연합, 종말론적 은혜의 선취행위에 보다 깊은 공동체성이 내재되어 있다. 그리스도와의 교제로서의 성찬은 한 식탁에서 먹는 사람들이 서로 사귐을 갖는 식탁 공동체로서의 성격을 포함한다. 성찬은 주님이 베푸신 거룩한 공동식탁의 공동식사요 주님의 죄 용서를 체험한 사람들이 같이 나누는 거룩한 영적 식사이다. 종말론적 은혜의 선취행위는 그리스도의 재림과 더불어 이루어질 완성된 천국생활의 선취행위로서 종말론적 은혜의 선취행위이다. 그러므로 성찬예전의 음식은 마지막 때의 음식의 의미가 있다. 성찬은 모든 피조물을

---

79) 정일웅, 『기독교예배학개론』, 194-195.
80) Theodor Schneider, *Zeichen der Nähe Gottes: Grundriss der Sakramententheologie* (Mainz: Matthias-Grünewald Schneider, 1979). 17-54. Markus Barth, *Das Mahl des Herrn* (Neukirchen-Vluyn: Neukirchener Verlag, 1987). 107-181.
81) 첫째, 인간학적인 공동체성은 성례를 행하는 실천적 주체는 하나님에 의해 피조된 '인간'이라는 사실에서 온다. Cf. Schneider, Ibid., 17-25.
　둘째, 기독론적 공동체성은 그리스도의 자기 전달로서의 계시이다. 성례전을 통해 자신의 육체적 현전성을 나누어주는 그리스도는 원성례이다. 이 원성례(Ur-sakrament)는 그의 말씀만이 아니라 그의 신인격 전체로서 알려진 것이다. Cf. Schneider, Ibid., 30-40.
　셋째, 교회론적 공동체성은 신앙고백적 공동체인 교회 안에 계신 예수 그리스도의 실체라는 사실에 온다. 하나님의 신비는 예수 그리스도의 죽음과 부활의 사건을 통하여 공동체의 몫으로 주어지게 된다. Cf. Schneider, Ibid., 41-54.

마지막 날 새롭게 하시겠다고 약속하신 하나님의 통치의 예견이다. 종말론적 선취 행위로서의 성찬의 공동체성은 단순히 내면적 내세신앙의 차원이 아니라 주님 자신의 성찬 공동체가 인간의 어떤 장벽을 뛰어넘는 삶의 이념 위에 의존하고 있음을 선포하는 것이다. 이 현세적인 불의의 삶의 구원은 예수가 제시하는 하나님 나라의 새로운 공동체를 통해서만 가능함을 보여주는 것이다.

이러한 세 가지 성만찬의 공동체성은 교회 통합의 기초가 된다. 교회는 "거룩한 공회를 믿사오며"(credo unam sanctam ecclesiam)를 거침없이 고백해 왔고 "한 교회"(una ecclesiam)를 믿는다는 진지한 자각이 있어야 한다.[82] 분열된 교회의 상황에서의 개교회 목회는 힘이 든다. 말씀과 성례전의 신학적 균형과 성찬의 기독교적인 기능을 포함하는 예전적 패러다임의 목회만이 그리스도의 한 몸 된 교회를 이루어 나갈 것이다. 그것은 성만찬의 공동체성에서 찾을 수 있다.

한국교회에서 이와 같은 성만찬의 공동체성 상실에 대한 신학적 원인은 무엇일까? 한국교회에서의 성찬 목회의 실제는 '그리스도 은혜의 회상'에 집중되어 있다고 할 수 있다. 식사 공동체로서의 '주님의 만찬'(Lord' Supper)과 축복과 감사의 의미를 내포하는 '성찬'(Eucharist)은 한국교회에서는 거의 찾아볼 수 없고 떡을 떼고 잔을 나누는 행위가 '주님의 기념'(Lord's Memorial) 등에 그치는 경우가 허다하다. 실제로 성찬에 참여하는 교인들의 대부분이 어떤 죄의식과 관련되고 있음을 볼 수 있다. 이렇게 된 배경에는 단순히 목회자의 예전상의 프락시스적 방법론만의 문제가 아니라 깊은 신학적인 문제가 있음을 알 수 있다.

그 이면에서는 박형룡 박사와 개혁신학자들의 치우친 견해가 있다. 많은 개혁신학자들은 예수께서 최후의 만찬 석상에서 떡을 떼신 것은 자기의 몸을 찢은 것으로, 포도주를 잔에 붓는 것을 그리스도의 피를 흘린 것으로 상징화시키고 있다. 박형룡 박사는 그의 교의신학에서 다음과 같이 말하고 있다.

　　떡을 떼는 것은 그리스도께서 우리를 위하여 자기 몸을 떼신 것을 대표하

---

82) 정용섭, "한국교회 통합론" 『기독교 사상』 22권 2호(1978년 2월호), 21-31.

며(고전 11:24) 신자들이 한 몸에 연락을 가지어 서로 교통함을 표현한다(고전 10:17)…오늘날 많은 교회들에서는 성찬식을 거행할 때에 그리스도께서 떡을 떼신 것 같이 집례 목사가 떡 덩이에서 한 조각을 떼어 내는 것으로 십자가 위에서 그리스도의 몸이 상한 것을 더욱 깊이 인상시켜 준다고 한다.[83]

그러나 이것은 정당하지 못하고 성경적인 기반도 약하다. 그러기에 박윤선 박사나 리델보스의 견해는 다른 견해를 취했다. 우선 신약에서 '떡을 떼는 것'은 함께 식사할 때 가장의 위치에서 떡을 떼는 당시 고대 팔레스틴의 단순히 습관적인 과정이었다. 예수님은 지상사역에서 이 관습으로 떡을 떼었고(막 6:41; 8:6, 눅 9:16; 24:30) 바울도 그랬다(행 20:11; 27:35). 예수는 최후의 만찬에서 바로 이 관습으로 떡을 떼었다. 더구나 본문의 문맥상 예수께서 떡을 떼는 것을 자기 몸을 찢는 것으로 상징화시켰다고 해석하기는 무리이다. 예수께서 떡을 떼어 "받아먹으라"라는 명령과 함께 "이것은 너희를 위해 주는 나의 몸이다"고 말씀하실 때 그의 강조점은 떡을 떼는 데 있지 않고 그 떡을 분배해 주는 데 있다.

이러한 견해는 베르까우어(Berkouwer),[84] 리델보스(Ridderbos)[85]에 의해 지지를 받는 것으로 박윤선[86]도 이 견해를 취하고 있다. 특히 칼뱅의 기독교강요나 그

---

83) 박형룡, 『교의신학』 VI: 교회 (서울: 한국기독교교육연구원, 1988), 341-342. 이와 같은 견해는 Van der Leeuw, Grosheide, Greijdanus, Schilder, C. Hodge, A. A. Hodge, L. Berkhof, Hoeksema 등에게서도 볼 수 있다.
84) G. C. Berkower, The Scaments, trans. by Hugo Bekker (Grand Rapids: Eerdmans Priting Company, 1969), 202-218.
85) Herman Ridderbos, The Komst van het Koninkrijk, 오광만 역, 『하나님의 나라』(서울: 엠마오, 1999), 483-494.
86) 박윤선, 『고린도후서 주석』(서울: 영음사, 1997), 168. 여기서 박윤선은 성찬이 자기가 십자가 위에서 죽으실 것을 그 예식으로 실행한 것이라는 학설을 그릇된 것이라고 하면서 "성찬은 예수께서 죽으심으로 이루어진 사죄, 축복, 평안, 희락, 구원을 이제부터 그의 백성에게 주신다는 것뿐이고, 십자가 죽으심에 대한 모형적 실행이 아니다. 즉 죽으심의 실행이 아니고 죽으신 결과로 그의 백성이 받을 축복을 나누어 주는 일이다. 떡을 떼심은 그의 몸이 상처를 입은 광경을 표시함이 아니고 그 상하신 몸의 영적 혜택을 그 백성에게 나누어 주심이다"라고 하면서 Ridderbos의 입장을 따르고 있다.

의 주석, 그리고 웨스트민스터 신앙고백, 대소요리 문답, 하이델베르그 요리문답, 벨직신앙고백서 등 개혁파 신조 어디를 보아도 몸을 찢는다는 사상은 없다.

리델보스는 마르쿠스 바르트(Markus Barth)의 견해를 수용하면서 만일 주의 만찬 거행이 예수님의 십자가와 죽으심에 집중되어 해석된다면 그것은 전적으로 잘못되었다고 하면서 실현된 종말의 음식으로서의 주의 만찬을 대할 때에 기쁨과 해방이 앞서야 하며 따라서 '성 금요일', '죄의 고백', '사죄', '장례식 분위기' 등은 회피되어야 한다고 보았다. 왜냐하면 하나님의 나라는 오직 예수님의 고난과 죽음을 통해서 드러나지만 주님의 만찬의 본질은 예수께서 자신의 살과 피에 관해 언급하신 바와는 무관하기 때문이다. 종말론적 개념이 사라질 때 헬라적 성례의 개념이 대두되는 것이다.[87]

상기와 같은 한국교회에서의 성만찬의 신학적 이해는 박윤선보다는 박형룡의 성만찬 이해를 따르는 경향이 성찬 거행의 횟수와 맞물려 더욱 그리스도의 피와 몸의 찢음에 집착하도록 했다. 우리는 리마 성찬예식서[88]가 주장하는 성찬의 신학적 이해를 보완의 측면에서 한국교회에 적용하여야 한다.[89] 성만찬이 떡이 '생명의 떡'으로 그리고 잔이 '기쁨의 잔'으로 되게 함으로 그리스도의 은혜의 기쁨이 넘치는 참된 공동체성을 회복하여야 할 것이다.

우리는 개혁교회 예배 신학자로 세계 교회의 일치를 위해 헌신한 폰 알멘(Jean-Jacques von Allmen)의 소리에 귀를 기울일 필요가 있다.

> 성만찬이 교회 공동체의 본질적인 성례전인 것은 이것의 모든 측면인 감사, 교제, 기념, 희생, 신비 등이 적절하게 고찰되고, 또 그 모든 요소의 어느 것도 다른 요소 때문에 무시되거나 경시되거나 삭제됨이 없이 그 원래의 성격을 갖게 될 때인 것이다.[90]

---

87) Ridderbos, *The Komst van het Koninkrijk*, 『하나님의 나라』, 490.
88) Max Thurian edt., *Ecumenical perspectives on baptism, eucharist and ministry*, Faith and Order Paper 116 (Geneva: world council of churches, 1983), 225-246.
89) 박근원, "리마 성찬 예식서의 의의와 가치", 『신학사상』, 56호, (1987년 봄호), 231.
90) J. J. von Allmen, *The Lord's Supper*, 박근원 역, 『주의 만찬』(서울: 양서각, 1986), 166-167.

따라서 우리는 폰 알멘과 정일웅 교수가 주장하는 것처럼 주의 만찬이 조직신학의 문제와는 별개로 실천신학적 입장에서 고려되어야 함을 인지하게 된다. 그리스도의 수난 기념과 종말적인 것의 돌입과 성찬의 세 국면들이 집례 때마다 나타나지 않으면 안 된다. 우리가 상징적인 면을 비판하였지만 사실은 만일 친교의 국면만 고립시킨다면 성만찬이 애찬식이 될 위험성이 있게 된다. 또 기념적인 것을 분리해 내면 필연적으로 희생적인 관념의 예식으로 빠져들게 된다. 그리고 종말론적인 기쁨만을 고립시킨다면 포도주는 더 이상 중요하지 않으며 퀘이커 교도들의 침묵이나 집단적 신비주의에 빠지게 될 것이다.[91]

이러한 견해는 오늘날 청소년 중고등부의 성만찬 시행에 조심스러운 입장이기는 하지만 독일교회처럼 성만찬 시행 연령을 낮추는 것도 시도해 봄직하다. 이것은 교회의 공동체성을 가장 실천할 수 있는 목회적 방법은 역시 성만찬 시행이고 그 신학적 기초는 성만찬의 공동체성이기 때문이다. 칼뱅은 그것을 인정하면서도 거룩한 성례가 모독을 받지 않을까 조심스러운 입장이었음을 알 수 있다.

한국교회는 "거룩한 공회를 믿사오며"를 거침없이 고백해 왔고 "한 교회"를 믿는다는 진지한 자각이 있는가? 신약에서의 교회는 다만 한 교회를 알았고 많은 교회를 알지를 못했다.[92] 오늘날 분열된 한국교회에 대안은 무엇인가? 그것은 바로 성만찬의 공동체성에서 찾을 수 있다. 성례전적인 교회야말로 교회 통합의 기초이다. 그것은 말씀과 성례전의 신학적 균형과 성찬의 기독교적인 기능을 포함하는 예전적 패러다임의 목회만이 그리스도의 한 몸 된 교회를 이루어나갈 것이다. 이것은 개교회 목회 패러다임을 극복하는 대안이기도 하다. 즉 성만찬의 공동체성은 분열된 한국교회의 통합의 기초이기도 하다. 성만찬에 대한 이해와 목회실천은 21세기 목회신학과 교회의 최대 이슈가 될 것이다.

셋째, **예배 속에서의 목사의 사죄선언의 문제**이다. 말씀과 성례의 목적은 예배이다. 따라서 모든 말씀과 성례는 예배를 지향해야 한다. 이러한 예배의 방법은

---

91) J. J. von Allmen, 정용섭 외 공역, 『예배학원론』(서울: 대한기독교출판사, 1979), 150-151.
92) 정용섭, "한국교회 통합론," 『기독교 사상』, 22권 2호, (1978년 2월호), 21-31.

인간적인 관점에서 실천하는 것이 아니라 하나님 중심적인 예배를 해야 한다. 칼뱅은 하나님을 어떻게 예배해야 옳은가를 알지 못할 경우 그분만을 예배하는 교훈만으로는 충분치 못할 것이라고 한다. 요약해서 말하면 하나님 예배가 그의 성품과 일치하려면 영적이라야 한다는 뜻이다.[93] 칼뱅은 하나님께서 자신의 성품에 일치하는 방법이 아닌 방법으로는 예배를 받지 않으려 하시기 때문에 예배는 언제나 영적이요 외적인 화려함으로 이루어질 수 없다고 강조했다.[94] 이것은 예배의 구성요소인 설교와 성례와 기도가 성령의 역동성 속에서 말씀과 함께 살아나야 함을 의미한다.

또 칼뱅은 예배의 주관권을 성직자 중심이어야 함을 말한다. 그는 하나님께 예배하는 일이 그 성직자와 분리되어서는 안 된다 사실을 더욱 강조하고 있다.[95] 그렇지만 하나님께서 사회를 보실 수 없는 예배는 모두 저주를 받는 것이라고 했다.[96] 칼뱅이 예배의 주관권을 실제적으로 성직자 중심이어야 한다고 하면서도 하나님께서 사회를 보아야 한다는 말은 현대 구미교회가 표현하는 예배 개념과 같은 맥락이다.[97] 모세가 회중들을 회집(convention)할 때 지정된 시간, 장소를 정해 주신 것은 하나님 앞에 그들 자신들을 내보이는 장소이기 때문이다.[98]

그러나 칼뱅은 예배의 의식과 관련하여 외형적 경건의 고백도 중요함을 강조했다. 외적인 의식이 합당한 목적과 예배를 행하게 될 때 그것들은 경건에 유익

---

93) Comm. Exod. 20:4.
94) Comm. Exod. 25:8.
95) Comm. Exod. 19:23.
96) Comm. Num 10:2.
97) 현대 구미교회들이 예배를 'God's service' 혹은 'God's worship service'란 말로 표현하는 것은 독일권에서 하나님의 섬김(Dienst)의 의미와 연관시켜 'Gottesdienst'라고 부르는 것과 마찬가지로 하나님이 인간을 위하여 행하신 구원의 사역을 가리킨다. 그 은혜의 사역에 대한 응답으로서 하나님께 감사와 행위를 드러내는 것이 예배이다. 그러므로 예배는 '하나님의 일'(opus Dei)이면서도 인간의 하나님을 향한 '인간의 일'(opus humanis)이며, 하나님의 말씀에 대한 인간의 응답(Antwort), '하나님과 섬김'(Gottesdienst)과 '인간의 하나님의 향한 섬김'(Dienst des Menschen)인 양면의 만남을 형성하는 것이 예배이다. Cf. 정일웅, "성경적 예배관," 『개혁논총』 vol. III. 11-12.
98) Comm. Num. 10:2.

한 도움이 된다고 했다.[99] 야곱이 단을 쌓은 것은 하나님이 정하신 규칙대로 예배를 드린 것이며 이 규칙은 노아와 셈으로부터 전수받은 것이라고 했다.[100] 그는 신앙심이란 것이 외형적인 상징에 구애되는 것은 아니지만 야곱은 그런 상징들의 도움을 거부하지 않았다. 그는 그러한 상징들의 이용이 결코 불필요한 군더더기라고 생각하지 않았다.[101] 칼뱅은 경건을 외적으로 고백하는 것이 성례라고 보았으며, 이것을 무시하는 자는 하나님께서 벌하신다고 하였는데 그것은 하나님께서 의식 자체를 좋아해서가 아니라 그의 은혜의 특권으로부터 받는 혜택에 비례해서 마땅히 영광을 돌려드려야 하기 때문이다.[102]

예배의 요소에서 목사의 성직자적 선포[103]에 해당하는 '용서의 선언'으로서의 사죄는 칼뱅의 예배 실천에서 아주 독특하다. 이것은 칼뱅에서만 발견되는 것인데 용서의 선언으로서 전체 회중에게 선포되는 사죄(absolution)는 17세기 이전에는 발견되지 않는다.[104] 폰 알멘에 의하면 이것은 "그리스도인의 삶에서 참회의 필요성을 잃어버리지 않고 (개인적 참회는 다시금 초대교회에서 개인적 훈련이 아니라 공적이고 교회적인 훈련이 되도록) 개인적 참회를 없애려는 칼뱅의 노력의 결과"[105]라고 평가했다. 이러한 칼뱅의 해결은 효과적이고 강력한 교회훈련의 실천이 뒷받침되어야만 정당화될 수 있지만 불행하게도 교회훈련이 지지되지 않는 채로 개혁교회에 남게 되었다. 오늘날 목사들은 목사의 권위로 용서하는 것이 아니라 용서에 관한 확증적인 말씀을 들려주어 용서의 확신을 갖게 하는 것이 좋을 것이다.[106]

예배에서의 목사의 기도 사역은 목회적으로 중요한 의미를 가지고 있다. 예배

---

99) Comm. Exod. 19:10.
100) Comm. Gen. 33:20.
101) Comm. Gen. 46:1.
102) Comm. Exod. 4:24.
103) '성직자적 선포'는 예배의 구성요소인 말씀의 간접적 형태로 문안인사, 사죄, 축복 등 세 가지가 있다. 본서에서는 사죄에 관해서만 다루기로 한다.
104) Allmen, *Worship Its theology and practice*, 『예배학원론』, 143.
105) Ibid.
106) 정일웅, 『기독교 예배학개론』(서울: 범지출판사, 2005), 223.

에서 필수적 구성요소는 기도이며 이것은 인간의 영혼을 치유하고 감독하게 한다. 투르나이젠은 올바른 목회란 '기도'(Gebet)에 의해 지탱된다고 했다.[107] 칼뱅도 이점에 대해서는 마찬가지이다. 칼뱅은 성만찬 전에 성령의 임재기도인 '에피클레시스'를 하였는데 이것은 목회적으로 매우 중요하다. 칼뱅의 기도사역에서는 영혼의 치유가 성령의 리얼리티를 통해 이루어지도록 한다. 또 설교 후의 기도의 문제는 설교의 재반복인 바 칼뱅은 '응답의 말'로 대신한다.[108] 예배의 기도문 유산의 문제는 개혁교회가 전수해야 할 유산임에도 불구하고 거의 예전에서 사라지고 있는 것은 유감이다.

넷째, **예배모범과 예배예식의 문제**이다. 이러한 정통실천의 실천 원리를 어떻게 담아내어야 하는 문제는 결국 예배의 문제로 귀착되는 바 그 실천에 길을 내어주는 모양은 예배모범과 예배예식의 문제이다. 즉 정통은 전통으로 이어지는 법인데 오늘날 이것이 과연 적용되어지느냐의 문제이다.

16세기 칼뱅의 개혁은 성경의 원리와 초대교회의 예배 전통을 근거로 한 예배의 개혁이었다. 칼뱅의 예배의식의 원리는 성경에서 가르치지 않는 것은 허용하지 않는 것이며 가톨릭교회의 예식주의를 배격하면서도 예배의 거룩함과 질서를 보존하며 예배의 통일성을 강조하였다.[109] 그의 예배의 개혁은 존 낙스와 청교도들의 예배에 영향을 미치게 되었고 오늘날 장로교 예배 모범의 효시라고 할 수 있는 "웨스트민스터 예배모범"(A Directory for the Publique Worship of God)이 1644년에 결실을 보게 되었다. 이 예배모범은 그 후 세계 개신교 예배의 초석이 되었고 오늘날 한국 장로교회 예배모범으로 영향을 미치고 있다.

그런데 칼뱅의 예배모범에서 중요한 문제는 칼뱅이 진정으로 원했던 스트라스부르그 예전이 실현되지 못하고 제네바 예전의 수준에서 정치적으로 받아들여야만 했던 예전의 전수가 문제가 된다. 왜냐하면 제네바 예전이 스트라스부르그 예전보다 성령과 예전, 축제로서의 예전을 담아내는 데 미흡했다고 보기 때문이다.

---

107) Thurneysen, *Seelsorge im Voozug*, 『목회실천론』, 35.
108) 박근원, 『오늘의 예배론』, 70.
109) 황성철, 『예배학』(서울: 대한예수교장로회총회, 2005), 69.

칼뱅의 예배신학이 웨스트민스터 예배모범으로 이어지지 못하고 오히려 영국 성공회 수장 크랜머에 의해 웨슬리에 이어지고 있다는[110] 사실은 칼뱅의 신학을 따른다는 장로교의 정체성을 다시 생각하게 된다.

칼뱅은 설교와 성례전을 담아내는 예배의 사역도 마찬가지로 하나님의 나타나심으로 이해했다. 말씀은 하나님의 사역에서 계시로 나타났기 때문에 예배 가운데 하나님은 자기 백성과 만나시고 영광을 받으시는 것이다. 칼뱅은 예배의 의미에 대해 이스라엘 백성들이 회막 예배를 드린 것을 주석하면서 예배 개념을 '대화'라고 보았다. 칼뱅은 회막이란 하나님께서 그 백성을 위하여 선택하여 지정하신 곳인데, 하나님과 백성들이 그곳에 이르러 서로 의합(意合)하시는 곳이라고 보았다. '야아드'(יעד)라는 말은 '상호계약하다', '합의하다'는 의미가 있고 상호간의 업무를 처리하기 위해 만나는 것을 의미하므로 '회합'이라는 말보다 가까운 말이 없다고 보았는데 이것은 하나님께서 백성들을 초청하여 친밀하게 대화를 나누신다는 의미를 가지고 있다.[111] 칼뱅의 예배관은 말씀 중심의 예배관이다. 그는 하나님의 '말씀에 근거하지 않는 의식들'은 인정하지 않으며 말씀과 분명한 관련을 갖고 있지 않는 예배는 거룩한 것이 변질된 것에 불과하다고 보았다.[112]

그런데 목회신학적 관점에서 보면 목사의 예배 계획은 구체적으로 어디에 근거를 두고 실천해야 하는가에 대해 논쟁의 여지가 있어왔다. 곧 예배모범과 예배예식의 문제이다. 칼뱅의 경우 1542년 공예배의 구성에 관해 두 권의 저서를 발표했다. 그중 『고대교회의 관습에 따른 성례집행과 혼인예식의 방법을 포함한 교회찬송과 기도형식』은 저자 미상으로 제네바에서 출간되었다. 또 한 권은 『방

---

110) 정승훈, 『말씀과 예전: 초대교회에서 종교개혁까지』(서울: 대한기독교서회, 1998). 65. 94.
111) Comm. Exod. 29:42.
112) Comm. Ps. 50:5. 여기서 유의할 점은 "말씀에 근거하지 않는 의식들"의 수준을 결정하는 구체적인 문제는 후대 개혁전통에서 의견대립이 있다. 즉 예배관의 방향성을 4가지로 대별할 수 있는 바, 루터교와 같은 '교정주의'(Corrective), 재세례파와 같은 초역사적인 '열거주의'(Exemplary), 성경의 명백한 증거가 없다면 실천의 기준이 될 수 없다는 쮜빙글리나 퓨리탄의 '규정주의'(Regulative) 그리고 성경 전체와 일반계시의 빛 아래서 인도를 받아야 한다는 개혁파의 '지향주의'(Directive) 등에서 칼뱅의 견해가 '규정주의'이냐 '지향주의'이냐의 문제이다. 필자는 '지향주의'였다고 본다.

법』(La Manyére)으로 시작하는 다른 제목으로 출간하였다.[113] 즉 칼뱅은 초대교회부터 내려오던 예배순서를 구현하려고 하였다는 점이다.[114] 특히 주일예배 순서는 기도에 상당한 비중을 두었는데 전염병과 전쟁과 같은 환경에 대한 기도를 강조한다.[115] 이와 같이 예배의 핵심을 말씀과 성만찬에 두면서, 가능하면 초대교회의 예배를 구현하려고 노력하였는데, 이것이 오늘날 많은 개혁교회 전통의 모델이 되었다.

그러나 장로교의 경우를 보면 "예배모범"(directory for worship)과 "예배서"(service book)의 문제로 이미 웨스트민스터 회의에서 가장 큰 이슈가 되었다.[116] 예배모범과 예배예식의 문제는 당시 "웨스트민스터 예배모범"이 "예배서"와 "예식서"를 제정하지 않았던 역사적, 신학적 배경을 이해하여야만 그 의미가 명확해진다. 간단히 말하면 "웨스트민스터 예배모범" 제정 당시에 예배 순서를 구체적으로 규정한 "예배서" 제정을 놓고 예배의 예전 전통과 예배의 영적 자유의 긴장관계가 있었다. 오늘날 장로교의 예배서와 예식서는 사실 예배신학의 수준을 넘어 목회 현장으로 오면 목회학적인 면에서 수용해야 하는 아주 중요한 신학적 의미를 담고 있다.

1644년 "웨스트민스터 예배모범"을 채택하면서 예배의 구체적인 형태에 관한 예배서를 채택하지 않았다. 이것은 교회가 역사적으로 예배의 형태를 구체적으로 규정하여 사용하여 온 예전적 전통인 예전서(liturgie)를 수용하지 못한 것이다. 이러한 역사적 배경에는 당시 예배의 형식을 보존하려는 보수적 입장과 자유로운 예배를 주장하는 진보적 입장의 양쪽 견해를 수용하려는 정치적 타협점이 있었다. 그래서 "예배모범"(directory for worship)만이 채택되어지고 "예배서"(service book)는 배제된 것이다.

---

113) W. de Greef, *Johannes Calvin, zijn werk en geschriften*, 『칼빈의 생애와 저서들』(서울: SFC출판부, 2006), 196-197.
114) 황성철, "실천신학적 관점에서 본 예배 모범," 『신학지남』, (2000년 봄호), 16.
115) 1541년 11월 11일에 시의회는 수요일을 특별기도회의 날로 제정하였다.
116) 이현웅, "장로교 예배 모범의 역사와 전망에 관한 연구" (Th.D. diss. 장로회신학대학교 대학원, 2004), 144.

그러나 주지하는 바와 같이 개혁교회의 전통은 "예배서"가 "예배모범"보다 훨씬 오랜 역사적 전통을 가지고 있었다. 칼뱅이나 존 낙스의 경우에서도 보는 바와 같이 예전서(liturgie)의 전통은 계속되어져 왔다. 16-17세기 미국의 초기 청교도들은 웨스트민스터 예배모범의 정신을 살려 예배서 없는 예배모범만을 가지고 예배를 드렸다. 그런데 중요한 것은 바로 19세기 중반에 이르러서 미국의 장로교회들은 예전의 전통을 회복하고 "예배서"(service book)의 가치를 느끼기 시작했다는 것이다. 북장로교보다 오히려 남장로교에서 1894년 예배서가 나왔다. 이어 북장로교가 1906년 공동예배서(Book of Common Worship)를 출간함으로 예배에 있어서 예전적인 순서(order)와 예식문(text)의 가치를 공식적으로 인정하게 된 것이다. 따라서 역사적으로 보면 웨스트민스터 회의에서 대립되었던 예배의 형식과 자유의 논쟁은 예전적 전통을 살리려는 방향으로 후일에 표출되었던 것이다. 칼뱅이 가톨릭교회의 예배의식을 초월하면서도 형식을 중히 여기는 예배로서 비교적 자유로운 예배의 실현을 관철시켰음을 감안하면 예배는 자유적 성격을 질서와의 관계에서 조화롭게 순화시켜야 한다.[117]

마지막으로 **음악으로서 찬송의 문제와 이미지로서 화상의 문제**도 마찬가지이다. 예배에서의 음악사역도 목회적으로 중요하다. 일반적으로 칼뱅은 예배에서 악기 사용에 대해 소극적이었다고 알려져 왔다. 칼뱅은 '교회의 노래'(churching singing)를 기도론의 차원에서 논한다. 그리고 그의 기도론은 그리스도의 은혜를 받는 방법으로서 기도이기 때문에 '교회의 노래'를 그런 차원에서 논한다. 그러나 칼뱅은 '교회에서 노래를 부르는 관습'의 기원에서 어거스틴의 견해에 따라 [118] 비록 그것이 매우 오래된 것일 뿐만 아니라 사도들 사이에서도 사용되었던 것일지라도 보편적인 것은 아니었다는 입장을 견지하고 있다. 칼뱅은 '교회의 노래'를 마음속의 기도에 대한 진실한 열정을 불붙이는 데 가장 큰 가치를 가진다고 하면서도 멜로디에 더 귀를 기울이고 가사의 영적 의미에는 관심을 덜 갖는

---

117) 정일웅, 『기독교 예배학개론』, 192.
118) 어거스틴은 밀라노 교회에서 암브로시우스 때 최초로 노래를 부르기 시작했다고 한다. 이때의 노래는 성찬식 때 시편에 있는 성가를 노래하는 것이었다고 한다. Cf. Inst. Ⅲ, 20, 32.

일이 없도록 주의를 해야 함을 강조한다. 특히 "감미로운 느낌과 귀의 즐거움만을 위하여 작곡한 노래는 교회의 위엄에 합당치 못한 것이며, 반드시 하나님을 지극히 불쾌하게 만들 것이다"라고 했다.[119]

그러나 악기 사용의 문제에서 칼뱅은 엄숙주의를 고수한 것이 아니다. 그는 음악의 위력을 인정하면서도 찬양곡의 말씀 가사에 대한 집중력을 떨어뜨리는 곡조의 위험성을 지적한다. 이것은 예배의 '명료성'에 대한 그의 집착을 드러내었다고 평가하기보다는[120] 가사 없는 곡조가 은혜의 수단인 말씀과 성례와 기도의 차원을 넘어가기를 원하지 않았던 칼뱅의 의도라고 평가하는 것이 정당하다. 칼뱅은 노래가 "우리 마음속에 기도에 대한 진실한 열성을 불붙이는 데 가장 큰 가치가 있다"고 보았다.[121] 그리고 예술의 목적은 '즐거움'이라고 했기 때문에[122] 예배에서 즐거움과 말씀은 항상 적대적인 것만은 아니다. 그러나 우리는 언제나 말씀 중심의 예배에서 음악 그 자체에 빠져버리는 위험성이 있기에 예배 시에 악기만의 연주 혹은 공연에 항상 조심스럽게 접근하는 것이 타당하다.

그러나 이것도 음악 소리의 영역 자체 내에 고유한 메시지와 영성이 존재하느냐의 문제[123]에서 필자는 긍정적이기 때문에 가사 없는 악기 사용에 대해 무조건 반대할 수는 없는 문제가 있다고 생각한다. 음성의 굴절을 적게 사용하여 노래하기보다는 말하는 것처럼 하도록 명령한 아타나시우스에서 벗어나 칼뱅이 시편 노래만이라도 곡조를 개량하는 길을 택한 것은 진일보한 것이다. 오늘날 과연 예배에서 멜로디만의 기도가 불가능한가의 문제에 대해 필자는 조심스럽게 그것의 가능성을 열어놓는다.

이것은 예배에서의 미술의 기능과도 같다. 칼뱅은 하나님께 대한 영적 예배를 훼손하는 모든 조각과 그림을 반대하였으며 자신들의 상상에 따라 회화화

---

119) Ibid.
120) 김준수, "전통적 교회와 현대적 예배," 『개혁논총』 vol. Ⅲ. 63.
121) Inst. Ⅲ, 20, 32.
122) Inst. Ⅰ, 11, 12.
123) 박정순, "바람직한 예배음악을 위한 성경적 고찰," 『개혁논총』 vol. Ⅲ. 83.

(travesty)하려는 인간들의 무모함을 모세가 견제하였다고 보았다.[124] 칼뱅은 흔히 열심히 불리는 '자의적 숭배'(ἐθελοθρησκεία; 골 3:23)는 미신적인 일이며, 사람들이 예배의 새로운 양식을 고안해 내는 자유는 합법적이고 하나님께 지정하신 예배의식을 취하고 있으나 모든 관심은 외적인 형식에만 있고 의식의 목적이나 진리에는 두지 않는다고 했다.[125] 칼뱅은 엘비라 공의회(Council of Elvira, 305년) 제36장에 따라 "교회 안에 화상을 놓아서는 안 되며 예배하거나 숭배하기 위한 목적으로 벽 위에 어떤 것도 그려서는 안 된다"는 원칙을 고수하고 있다.[126]

그러나 필자는 칼뱅의 화상에 대한 견해가 교육적 목적을 위한 주일학교 공과의 예수 그리스도의 삽화나 예배당 교육관의 이미지 화상까지 반대하는 극단적 좌파에 속한 반미술적 관점을 가지지 않았다고 믿는다. 왜냐하면 칼뱅이 싸웠던 중세교회의 화상숭배의 상황에서 나온 글들이 오늘날 목회 현장에서 좌파적 이데올로기로 작용하지 않아야 한다고 필자는 생각하기 때문이다. 그런 의미에서 교육시간이 아닌 예배시간에 영상미디어를 사용하는 것은 감정적 음악과 맞물려 자칫 예배자의 감성만을 자극하는 결과를 낳을 우려가 있음이 사실이다.[127] 하지만 우리가 반드시 짚고 넘어가야 할 점은 영상미디어 등 교회 안에 들어온 모든 것은 그 자체에 문제가 있는 것이 아니라 그것을 사용하는 인간들의 마음에 있다. 예배시간의 영상미디어도 그것이 '말씀'의 도구로 사용되어진다면 21세기 감성과 컬러 시대에 중요한 예배의 도구가 될 수 있다는 것이 필자의 생각이다. 그런 점에서 필자는 감성의 측면에서 칼뱅의 목회적 실제는 발전과 절제의 균형점을 잘 살려 이어받아야 한다고 믿는다. 21세기 영상 미디어시대에 16세기 칼뱅이 화상을 반대했으니 우리도 무조건 반대해야 한다거나 칼뱅의 목회적 실제는 박물관에서나 찾아야 한다는 양 극단을 조심해야 한다.

우리는 이제까지 말씀의 사역과 예전의 사역에 대한 칼뱅의 목회적 실천관을

---

124) Comm. Exod. 34:17.
125) Comm. Isa. 1:14.
126) Inst. Ⅰ, 11, 6.
127) 정일웅, "성경적 예배관," 『개혁논총』 vol. Ⅲ. 41.

살펴보았다. 이 두 가지 정통실천은 목회 구조와 관련하여 대표사역으로서 목사의 안수사역적인 구심력을 가지고 있는 반면, 평신도들은 말씀과 예전의 사역 결과로 반드시 '말씀에 반응하는 봉사'로 열매를 맺어야 한다. 이러한 말씀에 반응하는 봉사는 집사들의 디아코니아 사역을 통해 나타난다. 칼뱅은 '디아코니아'(διακονία)라는 단어에서 부자들에게 더 많은 재물이 허락된 것은 하나님께서 그들에게 위임하신 청지기 직분에 따라서 그들이 가난한 자들에게 봉사자가 되어야만 한다는 조건 아래서라는 점을 주목할 필요가 있다고 보았다.[128]

4) 양육의 실천양식

목회는 교회 통치와 말씀과 예전의 실천으로는 부족하다. 그 다음 단계의 목회적 프락시스는 양육의 양식이다. 이것이 있어야 한 영혼이 제대로 치유되며 그리스도의 분량까지 자라게 된다. 이 양육양식에는 돌봄(care)과 훈육 혹은 훈련(discipline)이 있다. 이 두 가지는 한 영혼이 자라게 하는 데 분리할 수 없는 실천양식이다. 훈육은 없고 돌봄만 있으면 그 영혼이 비정상적으로 자라게 되고, 훈육만 있고 돌봄이 없으면 그 영혼은 마치 살이 없는 영혼이 되는 결과를 초래할 것이다. 칼뱅은 역사적으로 목회적 실제에서 이 두 가지를 가장 잘 조화한 인물이다. 칼뱅의 양육의 실천양식은 두 가지 측면에서 적용 가능성을 살펴볼 수 있다. 즉 사적인 영적지도로서 목회적 돌봄과 공적인 영적지도로서 교회훈련이라는 측면이다. 사적인 영적 지도로는 서신들, 심방, 사적기도, 상담 등이 있다.

현대 목회에서 이 사역들은 보다 적극적으로 적용하여야 한다. 그러나 적용할 때 현대 문화적 상황을 잘 고려하여야 한다. 서신들은 오늘날에도 매우 중요한 목회양식이다. 때로는 PDA폰과 같은 기능으로 때로는 칼뱅과 같은 아날로그 방식으로 서신을 통해 교인들의 영혼을 돌보아야 한다. 심방은 오늘날 가장 무시되는 실천이 되었다. 개인주의적이고 핵가족화되고 프라이버시를 강조하

---

128) Comm. Acts 11:29.

는 시대에도 심방을 통한 목회적 돌봄은 교인들의 삶의 해석적 방편으로 매우 중요하다. 목사의 사적기도는 목회를 떠받치는 기둥이다. 그리고 목회적 상담은 역시 하나님의 귀와 입으로서 언제나 하나님의 섭리와 고난에 동참하도록 격려하는 성경적 상담이어야 한다. 현대심리학이나 가족치료학 혹은 전문 의학적 지식이 교인들의 삶을 해석하는 데 어느 정도 도움이 되나 그것 자체가 영혼을 치유하고 감독하고 교회를 세우는 것은 아니다. 오늘날 돌봄에는 의료적 돌봄(Medical Care), 간호적 돌봄(Nursing Care), 목회적 돌봄(Pastoral Care) 세 종류가 있다. 현대 목회에서 돌봄(care)의 전문직업화는 목회의 기독론적 근거를 약화시킬 우려가 있다. 현대 목회적 돌봄 운동의 신학적 문제점은 깊고 풍부한 고백적인 신학적 정체성(confessional theological identity)이 부족하다는 것이다.[129] 전문화와 특수화를 통해 이루어진 교회 지도력 및 개인적 돌봄의 향상에서 얻어지는 유익을 과소평가할 수 없지만 그 전문성은 목회실천의 통합성을 상실하는 대가를 치르게 될지 모른다.[130] 그러므로 언제나 목회적 돌봄은 성경적이어야 하고 계시적이어야 한다. 이것이 칼뱅의 목회적 전통이다.

　마지막으로 중요한 문제는 **과도한 양육 시스템의 적용**이다. 교회는 '목적이 이끄는 교회'가 되어서는 안 된다. 릭 워렌이 아무리 큰 성공을 거두었어도, 그리고 그 방법으로 교회가 성장했어도 '그 비전'과 '그 목적'이 과도한 양육 시스템을 강요함으로 모두가 부모가 되어야 하고 모두가 하나의 깃발 아래 하나의 목적 아래 나아가게 한다면 이는 하나님의 창조 목적과 어긋난다. 인간은 구원받을 존재이기는 하지만 '구원해야 할 존재'는 아니다. 비록 교회와 그 구성원이 그런 사명을 가지고 있다고 하더라도 그것은 하나님이 계시해 준 방법으로만 해야 하는 것이다. 누가 "두 날개로 날아오르는 교회"만이 목회의 본질을 회복한 교회라고 하는가? 누가 "가정교회" 등 특정 양육시스템을 21세기 개혁의 사도행전적

---

129) Purves, *Pastoral Theology*, 3, Pastoral Theology in the classical Tradition, 115.
130) James N. Poling & Donald E. Miller, *Foundations for Practical Theology of Ministry* (Nashvile: Abingdon Press, 1985), 박근원 역, 『교역실천론』(서울: 대한기독교출판사, 1987). 15.

교회라고 하는가? 그렇다면 그 이전의 교회들은 정상성에서 뭔가 모자라는 교회인가? 더 이상 우리는 현실적 부흥과 자신의 목회 구조로 본질을 논함으로 수많은 그리스도인들을 억압해서는 안 될 것이다. 목사들은 하나님의 백성을 더 이상 "재생산 사역자"의 '비전 밧줄'로 묶지 말고 목회적 감옥에서 해방하여 진정한 자유와 안식을 누리게 해야 할 것이다. 이것이 칼뱅이 주는 목회적 교훈이다.

또 양육의 양식은 돌봄만으로 불가능하다는 것이 칼뱅의 목회신학이 주는 교훈이다. **양육에는 반드시 훈육(discipline)이라는 것이 필요하다.** 칼뱅의 교회훈련은 양육을 위한 공적인 영적지도이다. 목사는 훈련자(a disciplinarian)이다. 오늘날 현대 교회에 훈육이 사라진 지 오래다. 성경공부나 제자훈련, 셀훈련 등을 통한 양육은 번성하고 있지만 훈육으로서 교회훈련은 없다. 과연 칼뱅의 실천양식은 교회사에 나타났던 하나의 실천사상적 옵션인가? 칼뱅은 그것이 아님을 강력히 교훈한다.

우리는 과연 **현대 목회에 어떻게 교회훈련을 적용할 것인가?** 이미 개교회주의화 되어 경쟁 시스템이 되어버린 교회에서 훈육을 받아들이지 않는 신자들이 교회를 옮기면 칼뱅의 교회훈련은 무용지물이 아닌가? 그러나 교회훈련이 목회의 양육양식으로서 필수적 내용이라면 현대 교회는 이 목회 실천양식을 무시하지 말고 목회에 적용하여야만 한다. 그 방법은 칼뱅의 교회훈련의 방법대로 '목회적인 사랑의 교정책'이다. 왜냐하면 훈련은 회개의 부족 때문이며,[131] 죄를 대적하여 교회의 거룩성을 회복하기 위한 것이기 때문이다. 따라서 교회훈련은 '교정'과 '회복'에 초점을 두어야 한다.[132] 그리고 성경이 마태복음 18:15-27에서 계시한 대로 교회훈련의 단계를 지켜야 한다. 즉 첫 단계는 사적인 개인적 대면(private personal confrontation),[133] 둘째 단계는 사적인 그룹 대면(private

---

131) Joseph Flatt, Jr., "How Shall I Respond to Sin in the Church?: A Plea to Restore the Third Mark of the Church," in *Reforming Pastoral Ministry: Challenges for Ministry in Postmodern Times*, John H. Armstrong (Wheaton: Crossway Books, 2001), 226.
132) Ibid., 231.
133) Ibid., 228. 이 단계에서 목사가 유의할 점은 가능한 한 자신이 훈육의 첫 시행자가 되는 것을 피하는 것이 목회적 지혜라는 점이다.

group confrontation), 셋째 단계는 공적인 협동적 대면(public corporate confrontation), 그리고 마지막은 공적인 협동적 행동(public corporate action)이다.[134] 이러한 과정도 중요하지만 보다 중요한 것은 해당 문제에 대해 기도하는 것이며 설교와 교육에서 성경적 교회훈련의 유익에 대해 꾸준히 가르쳐야 한다는 점이다.[135]

교회훈련은 현대 목회신학에서 용서와 더불어 화해(reconciliation)의 목회적 기능의 일부로 이해되고 있다. 그러나 오늘날 프로테스탄트는 지나치게 고백을 개인적 차원에서 다루고 목회적 차원에서는 점점 소원해지고 있다. 영혼의 치유로서 칼뱅의 교회훈련은 종교개혁의 좌파들에게 공격을 받아왔고 오늘날도 개인의 영적 성장과 복지를 강조하는 그 후예들은 칼뱅의 이 목회 실천양식으로서 교회훈련을 과소평가하고 있다. 심지어 칼뱅의 교회훈련이 너무 경직되어서 개인의 성장에 장애를 가져왔고 교회와 개인의 안녕 중 교회를 우선시하는 중세교회의 훈련을 그대로 답습한 것이라고 혹평한다.[136] 그리고 힐트너의 경우 교회훈련이 어린이에 대한 돌봄과 형벌학(penology)에서 연원한다는 것은 매우 그릇된 생각이다.[137] 더구나 힐트너는 교회의 기능으로서 '합리적인 훈련'(intelligent discipline)의 존재를 인정하기는 했지만 '권위적인 훈련'(authoritarian-type discipline)은 인정하지 않았다. 더구나 보다 근본적인 것은 칼뱅의 교회훈련을 목회적인 기능에 포함하지 않는다는 것이다.[138] 결국 영혼의 치유로서의 훈련은 이차적인 의미 밖에 가지지 못하는 것인가? 리차드 백스터(Richard Baxter)는 교회훈련을 목회(the oversight of the flock)의 본질론에서 다루고 있다.[139]

---

134) Ibid., 224.
135) Ibid., 235.
136) Seward Hiltner, *Preface to Pastoral Theology* (Nashville: Abingdon Press, 1958), 66. 감리교신학대학교의 이기춘 교수는 힐트너의 견해를 그대로 답습하고 있으나 '컨시스토리'의 분석에서 살펴본 바와 같이 이는 칼뱅의 교회훈련 사상을 잘못 이해하여 나온 것이다. Cf. 이기춘, 「한국적 목회신학의 탐구」(서울: 감리교신학대학교출판부, 1997), 140.
137) Hiltner, *Preface to Pastoral Theology*, 66.
138) Ibid., 67.
139) Richard Baxter, *The Reformed Pastor* (Portland: Multnomah Press, 1982), 82-84.

그러나 결론적으로 말하면 칼뱅의 교회훈련은 목회의 핵심적인 부분이다. 칼뱅의 교회훈련에서 특이한 점은 그의 『기독교강요』에서 교인들의 금식, 맹세, 독신주의 그리고 수도원생활 등을 교회훈련의 차원에서 다루고 있다는 점이다.[140] 이것은 칼뱅의 교회훈련이 단순히 '치리', '징계'의 차원이 아님을 서술 전개방식으로도 알 수 있다. 그리고 칼뱅 자신이 '열쇠의 권한'에 속하지 않는 교회훈련인 금식 등을 목회자의 권고의 차원에서 다루고 있다.[141] 그래서 심지어 투르나이젠 같은 목회신학자는 칼뱅의 목회 개념은 '교회훈련'이라고까지 말했다.[142] 투르나이젠은 칼뱅의 교회훈련이 중세의 것을 전수해 오기는 했지만 완전히 새롭게 이해하여 새로운 모습으로 단장해 놓았다고 평가한다.[143] 칼뱅은 교회훈련의 근거를 인본적인 것에서 구하지 않고, 예수 그리스도가 말한 교회의 '열쇠의 권한'과 '영적 재판권'에 근거하여 말한다.

오히려 오늘날에는 개인적 대화 중심의 경박한 복음주의 목회관 때문에 칼뱅의 목회적 '훈련'은 더욱 현대 교회에 요청된다. 교회훈련은 교회 안에서 죄를 대적하기 위한 성경적 전략으로 본질적인 것이지 하나의 목회적 옵션이 아니다. 이것은 하나님께서 그의 백성에게 거룩함을 기대하신다는 보다 근본적인 전제가 깔려있다. 그래서 칼뱅은 말씀과 성례가 교회의 본질적 표지이지만 제3의 교회의 표지가 '교회훈련'임을 함축하고 있다.[144] 교회훈련은 죄를 대적하는 목회적 방법이며 교회의 진정한 부흥의 초석이다.[145]

---

140) Inst. Ⅳ, 12, 14-20; 22-28; 13, 1-7; 8-21.
141) Inst. Ⅳ, 12, 14
142) Thurnysen, *Die Lehre von der Seelsorge*, 『목회학원론』, 25-43.
143) Ibid., 25.
144) Joseph Flatt, Jr. "How Shall I Respond to Sin in the Church: A Plea to Restore the Third Mark of the Church," in *Reforming Pastoral Ministry*, ed. John H. Armstrong (Wheaton: Crossway, 2001), 221. Inst. Ⅳ, 1, 10-22; 12, 1-3.
145) Ibid., 237.

5) 봉사의 실천양식

　목회적 돌봄의 방법 중 가장 중심적인 흐름은 가난한 자를 위한 구제활동이다. 이것은 초기 목회신학을 정립한 독일의 크라우스 하름스(Claus Harms)의 목회신학적 전통이었다. 그는 교육체계와 자선체계와 사적인 보살핌의 문제들을 개별적인 영혼 돌봄의 차원에서 다루었다.[146] 그러나 칼뱅의 목회신학으로 오면 목회적 돌봄은 '공적으로나 사적으로'의 원리에서 '사적으로'에 해당하는 사역인데 그 중 구제의 사역은 목회 구조에서 '집사들'에게 위임된 사역으로 목회적 돌봄의 차원은 아니다. 그러나 우리가 정의한 대로 '목회사역'을 폭넓게 정의하면 이것도 결국 목회적 돌봄의 차원으로 이해는 할 수 있을 것이다.

　오늘날 현대 목회가 교회성장 신드롬과 맞물려 과도하게 '말씀의 사역'에 집중화되어 있고, 교회의 봉사의 사역은 신학적이기보다는 사회복지학적 접근에 몰두하는 경향이 있거나 아예 말씀의 사역자를 중심으로 한 제자화 목회만을 고집함으로 '말씀의 사역'의 열매가 빈약하기 그지없는 경우가 허다하다. 오늘날 현대 교회는 복음 선포와 교회봉사(diakonia)[147]간의 신학적 분열에 직면해 있다.[148] 헤닝 쉬뢰어(Hening Schroer) 교수는 교회의 사회사업의 구조적인 질문들은 어렵기 때문에 근본적으로 이론적인 작업을 필요로 함에도 불구하고 이러한 행위 분야가 지금까지 신학 교육 안에서 종속적으로 대변되고 있다고 평가했다.[149]

　목회 현장에서 봉사행위가 너무나 부족하고, 공동체의 행동과 개인의 삶에 있

---

146) Claus Harms, *Pastoraltheologie*, Band 5, 6 in Bibliothek Theologischer Klassiker (Gotha: Friedrich Undreas Perthes, 1888).
147) 'diakonia'는 헬라어 동사 'diakonein'(식탁에서 시중들다)에서 온 추상명사형이며, 'diakonos'는 시중드는 사람을 지칭한다. 'Diakonie'는 'diakonia'의 독일어식 표현이다. 'diakon'은 디아코니를 하는 남자, 'diakonisse'는 디아코니를 하는 여성을 의미한다. Cf. Jaap van Klinken, *Diakonia: Mutual Helping with Justice and Compassion* (Grand Rapids: Eerdmans, 1989), 26-31.
148) Karl-Fritz Daiber, Diakonie und Kirchliche Identitat, 황금봉 역, 『교회의 정체성과 교회봉사』, 25-60.
149) Hening Schrör, *Einführung in das Studium der evangelischen Theologie*, 정일웅 역, 『개신교 신학 연구개론: 독일신학 연구를 위한 안내서』(서울: 대한기독교서회, 1995), 222.

어서 자비의 사역의 충분한 열매들을 찾기가 너무나 부족하다는 것은 엄청난 비극이다. 순종하는 봉사에 의해서가 아니라 주님의 유산 위에서 통제와 지배력을 강탈함으로써 권위적 위임을 성취하고 거짓된 영광으로 사칭하려는 유혹에 굴복되었다. 왜냐하면 집사의 직무라고 하는 순수한 봉사의 모범 없이 교회는 자선과 복지의 후원자로서 그것 자체를 내어주고, 자선사업을 성공시키기 위해 세속적 권력을 사용하는 유혹에 떨어졌다. 그리하여 인류를 향한 거룩한 자비의 봉사는 그 본질이 왜곡되었다. 만일 인류 앞에 그리스도의 형상을 제시하고 인간의 비참함과 악의 뿌리 안에서 인간의 궁핍을 하나님의 자비로 섬기려 한다면 오늘날 교회는 권위적 디아코니아의 당당한 회복이 필요하다.[150]

필자는 오늘날 **복음전파와 교회봉사간의 신학적 분열이 일어나는 신학적 원인**을 보다 접근하기 쉬운 복음주의적 '가벼움의 신학'과 개혁신학을 표방하면서도 실제적으로는 세상과 분리 모형을 가지고 있는 '근본주의 신학'[151]이라고 진단한다. 현대 복음주의(evangelicalism)는 복음을 축소 해석하는 경향이 있어 왔다. 이에 대한 반성으로 로잔 언약 등 각종 선언문에서 사회적 책임을 강조하였으나 이것은 결과로서 대응이지 전제로서의 대응이 아니다. 즉 개혁주의 신학은 교회가 사회적 책임을 다하지 못한 것에 대한 대응물이 아니라 이미 신학적 전제 속에 사회적 책임을 필연적으로 강조하고 있다.

그렇다면 현대 목회의 적용 방향은 무엇인가? 첫째, 교회의 봉사를 예수 그리스도의 대리성의 차원에서 **집사직에게 주어진 고유성과 독립성**을 칼뱅의 제네바 교회법령과 같이 우리 헌법에 발전적으로 적용할 것을 제안하는 바이다. 즉 목사직의 차원에서 교회 내적 재정 담당이 주 업무인 '제직회'[152]라는 개념을 포괄하

---

150) T. F. Torrance, *Service in Jesus Christ*, ed. James I. McCord and T. H. L. Parker (Grand Rapids, Michigan: William B. Eerdmans Publishing Company, 1966). 14.
151) 보수적 교회들이 개혁주의를 표방하면서도 교회의 디아코니아를 복음주의적 실천 기능으로 전락시켰기 때문이다. 즉 언제나 교회의 디아코니아는 교회 성장의 도구적 기능으로서만 자기 해명이 있었기 때문이다. 이것은 교회의 디아코니아의 신학적 정당성으로는 약할 뿐이다.
152) 현행 헌법은 제직회의 직무에 대해 단순히 "교회에서 위임하는 금전을 처리하고"만 규정하고 있다. 헌법 (서울: 대한예수교장로회총회, 2002), 제21장 2조 ③항.

는 교회의 사회적 디아코니를 담당하는 '집사회' 제도를 도입하여 그 집사회원들이 '사회적 디아코니 직무'에 대해서 당회의 정책결정에 참여할 수 있도록 언권이나 의결권을 주는 방향으로 개정되기를 제안한다.[153] 물론 이것은 현재 집사의 직급 인플레이션이 개선되는 것을 전제로 하거나 별도의 '사회봉사 집사제도'를 둔다는 전제하에서이다.

그리스도는 교회 안에 두 가지 유형의 봉사로 제도화하셨다. 그리고 교회 안에 특별한 사역자들을 조직하셨다. 그것은 '말씀의 봉사'(The service of the Word)와 '말씀에 반응하는 봉사'(The service of response to the Word)라는 이중 사역에 맡기신 사역자들이다.[154] 말씀의 봉사는 말씀과 성례의 사역이다. 그리고 말씀에 반응하는 봉사는 백성들에 대한 거룩한 자비의 사역이다. 이 두 사역자들은 본질적으로 보완적이며 상호의존적이다. 왜냐하면 각자는 자신의 사역을 완성하기 위해 서로서로를 필요로 한다. 오늘날 디아코니를 기능화하고 수단화하고 교회 홍보를 전략화하는 것을 그치고 온전한 봉사목회의 모델이 칼뱅의 목회신학적 접근을 통해 실천되어져야 한다.

신약성경이 '디아코니아'라는 단어를 사용할 때는 '말씀의 봉사'와 '말씀에 반응하는 봉사'라는 두 가지 의미로 사용한 반면, 집사의 사역과 관련해서는 특히 기술적으로 '말씀에 반응하는 봉사'라는 의미로 사용하였다. 우리는 말씀과 성례에 분배된 '장로적인 사역'(the presbyteral ministry)과 예배와 증거 혹은 이웃을 위한 기도와 자비로 인도하는 하나님의 백성에 대해 반응하는 '봉사적 사역'(diaconal ministry) 사이를 구별할 수 있을 것이다. '디아코니아'라는 말은 특

---

153) 물론 집사회가 당회를 대신해서 정책결정은 하지 못한다. 그러나 현행 미국 CRC 교단의 헌법을 주석한 Allen J. Janssen은 미국 개혁교회가 교회 헌법 제2조에서 집사회를 당회의 조직체로 규정한 것은 혁신적이었다고 평가했다. 그러나 그 권한 행사 방법에서는 집사회가 "전 당회들의 회합에서만 입법적 기능을 행사한다"(Deacons exercise a legislative function in the circle of the whole consistory)고 규정함으로 "불행하게도 그 발전은 많은 당회의 경우 집사들이 '주니어 엘더'로 기능한다는 점에 비추어 보아 특별한 디아코니아의 사역의 퇴보를 허용하는 방향으로 가게 되었다" Cf. Allen J. Janssen, *Constitutional Theology: Notes on the Book of Church Order of the Reformed Church in America* (Grand Rapids: Eerdmans, 2000), 14-16.
154) Torrance, Service in Jesus Christ, 13.

히 후자의 사역에 더 적절하다. 왜냐하면 장로적 사역은 백성을 대표하는 사람이 아니라 용서의 말씀을 분배하고, 복음을 선포하고, 성례를 집행하기 위해 그의 권위로 위임되고 파송된 사람이기 때문이다. 봉사적 직무는 집사들이 백성의 대표로서 그리고 인간의 필요 속에 자신을 동일시하신 그리스도의 방식을 모범으로서 행동하는 사역이다. 그러므로 순수한 하나의 사역을 감당하도록 주님에 의해 보냄을 받음과 같이 권위를 행사할 어떤 위임 혹은 목회적 통제 없이는 봉사를 떠맡지 않는다. 이것은 칼뱅의 목회사역에서 적절한 위임과 통제를 통해 나타났다. 그들은 같은 가족 안에서 남편과 아내, 아버지와 어머니와 같이 서로에 대해 필요하며 필수불가결하다.

둘째, **포괄적 전도 전략으로서의 디아코니아 전환**이다. 현대 교회의 전도 전략은 세상이 그 전도의 내용과 방법을 너무나 잘 알고 있어 언어를 통한 전도 전략들이 너무나 노출되어 있다. 현대 교회가 존재론적 본질 규정과 기능이 분열됨으로 교회의 신앙과 실천의 이분법을 근원적으로 해결하는 단서가 칼뱅의 교회법령에 나타나 있다고 말할 수 있다. 디아코니아는 그리스도의 본질이며 교회의 본질이다. 그러므로 칼뱅의 교회처럼 디아코니를 실천하는 목회는 그 디아코니 자체로 그리스도의 손을 대신하여 이 세상을 향한 주님의 전도가 실천되어질 것이다. 이것은 오늘날 평신도들을 교회 성장의 도구화 내지 귀속화시키는 상황에서 진정한 전도의 방법을 제시하는 목회가 될 것이다. 물론 전통적인 전도 방법이 필요 없는 것은 아니나 현대 교회의 전도 전략은 디아코니아 목회를 통한 교회의 본질을 그대로 드러내는 방법이 더욱 중요시되므로 칼뱅의 디아코니 목회신학을 새롭게 평가하여야 한다.

셋째, **교회법에서의 적용 가능성**이다. 먼저 제네바 교회법령에 나타난 교회봉사 직무 규정은 복음전파와 교회봉사간의 신학적 분열이 실재하는 가운데 디아코니아의 목회신학적 의미에서 매우 중요한 의의를 가진다. 제네바의 쌩 삐에르 교회를 포함한 쌩 제르멩교회, 쌩 제베교회, 라 마들렌교회 등 4개 교회에 적용하였던 "제네바 교회법령"(Ecclesiastical Ordinances)들은 칼뱅이 개혁교회를 완성하는 과정에서 나타난 중요한 교회법으로서 당시 정부에 대한 교회의 독립성이 확보되지 않은 상황에서 법적으로 교회의 독립을 확고히 하는 주요한 법적인 문서이다. 이러한 제네바 교회법령은 그 속에 교회의 독립성을 확보하려는 큰 흐름을 가지고 있지만 교회를 성경과 초대교회 중심으로 바르게 개혁하려는 칼뱅의 신학과 신앙이 담겨 있다. 우리는 제네바 교회법령의 디아코니아 규정[155]의 내용을 살펴보고 그 목회신학적 특징은 무엇인지 살펴보기로 하자.

교회 질서의 네 번째 직분인 집사

제56조. 고대 교회는 항상 두 종류의 집사들이 있었다. 하나는 재산 뿐만 아니라 매일 구호금, 수당, 그리고 연금과 같은 가난한 자들을 위한 재물을 접수하고 분배하고 보관하는 일을 맡은 담당자이다. 또 다른 집사는 병자들을 돌보고 심방하는 병원(구빈원) 관리자이다(이것은 미래에도 계속적으로 사역해야 할 의도를 갖고 노력해 왔듯이 모든 도시들도 마땅히 해야 할 정당성이 있다). 청지기 집사(stewards)와 병원(구빈원) 행정 집사(hospital administrators)를 두는 것은 혼란을 피하기 위한 것으로 병원을 맡은 4명 중 1명은 위에서 말한 모든 재산의 접수자가 된다. 그리하여 그들로 하여금 자신의 직책을 선히 감당하기 위하여 넉넉한 기금을 마련하도록 한다.

제57조. 위에서 진술한 4명 중의 1명은 집사로서 현금 혹은 출납을 담당하며, 그는 구제 계획이 신속하게 세워지도록 하며 가난한 사람들에게 구호금을 주려는 자들이 의도한 것이 아니라면 재정을 함부로 사용하지 못하도록 확실히 하여야 한다. 만약 재정이 충분하지 못하다면 노회는 빈궁의 정도에 따라 구호 계획을 조정하도록 한다.

제58조. 교회재산 보관담당 집사(trustees)와 병원 관리자도 장로들을 선출하

---

155) 제56-68조 전문 사역(全文 私譯), 본 'Ecclesiastical Ordinances' 전문 사역은 프랑스 원문으로부터 Dr. Mary Crumpacker가 번역한 영역본을 필자가 번역한 것이다. 이 법령의 출처 문헌은 "Ecclesiastical Ordinances," in *Paradigms in Polity*, 140-155.

는 것처럼 선출하도록 한다. 성 바울이 디모데전서 3장에서 집사들에게 제시한 규례에 따라 그들을 선출하도록 한다.

제59조. 재산 보관집사의 직무와 권위는 우리가 이미 시행한 바 있는 규례조항을 확인한다. 만약 긴급한 일이거나 (원칙적으로 고난도와 고비용의 문제가 아니지만) 재정집행을 연기하면 위험해지는 곳이라면 그들에게 항상 집행 요건을 완벽히 요구하는 것은 아니다. 다른 사람이 없어도 한 두 명이 합당한 것을 명령할 수 있다.

제60조. 통상 병원은 잘 유지되도록 하여야 하며, 환자와 마찬가지로 일할 수 없는 노인들, 과부, 고아, 그리고 다른 가난한 자들을 조심스럽게 돌보는 것이 필수적이다. 그러나 환자는 별도로 격리 치료하여야 한다.

제61조. 각 도시 전역에 흩어져 있는 가난한 자를 돌보는 이들은 재정보관 집사의 지시에 따라 돌아와야 한다.

제62조. 병원은 나그네를 위하여 박애를 실천할 병동을 보유하고 있어야 한다.

제63조. 무엇보다도 병원 관리자의 가족은 하나님께 헌신된 집(the house dedicated to God)을 관리한다는 사실에 입각해서 특별한 치료사역을 감당하여야 한다.

제64조. 노회 관계자 목사 및 장로는 위에서 진술한 가난한 자를 위한 사역이 오점이 있거나 소홀해지지는 않는지 조사할 책임이 있다. 그리고 재정담당 집사와 그 동료들은 모든 것이 선한 질서대로 운영되고 있는지 병원에 년 4회 방문하여야 한다.

제65조. 시에서 고용된 의사들이 비록 도시에서 가난한 사람들과 병원 진료를 한다 하더라도 의사의 도움을 받을 수 없는 도시의 가난한 사람들과 마찬가지로 병원의 가난한 환자들의 치료사역도 감당해야 한다.

제66조. 노인과 환자들 뿐만 아니라 가난 때문에 교육을 받지 못하는 어린이들에게 항상 교사의 도덕 교육과 편지를 쓰는 기초 문자교육, 그리고 기독교 교리를 가르쳐야 한다. 대부분 그들은 캐터키즘으로 교육하며 대학에도 보내도록 하여야 한다. 위에서 말한 병원의 종업원들도 교육하여야 한다.

제67조. 특히 하나님의 채찍으로 전염병이 번질 때 병원은 환자들을 전적으로 격리 수용하여야 한다.

제68조. 선한 질서에 위배되는 거지 행세를 방지하기 위하여 노회 직원으로 하여금 해당 교회들이 그런 사람들을 축출하도록 하고, 만약 그들이 완강히 노회의 그 직원에게 가기를 거부한다면 10명의 그룹 지도자로 하여금 거지행각을 금지하도록 감독하여야 한다.

제네바 교회법령에 나타난 디아코니 규정의 목회신학적 특징은 우선 가장 큰 특징에서 당시 제네바의 사회적 상황을 외면하지 않고 교회의 봉사를 실천하려고 법규화하였다는 점이다. 그것은 단순히 교회의 기능 할당이 아니었다. 디아코니 직무 규정이 직분 규정에서 나오는 이유는 칼뱅이 직제(*Ordo*)를 예수 그리스도의 "교회 통치의 대리"(*vicaria*)라고 인식했기 때문이다. 그래서 교회의 디아코니는 예수 그리스도의 디아코니를 교회가 대신하는 의미를 가지는 것이다. 그래서 교회 직분을 규정하면서 집사직에 위임하였다는 것이다. 칼뱅은 교회의 4직분을 규정하면서 디아코니 직무를 '집사직'의 고유한 영역으로 규정하였다.[156] 이것은 다른 직분, 특히 목사나 장로직을 말하며 디아코니 기능을 전혀 말하지 않기 때문이다.

두 번째 특징은 병원(구빈원) 사역에 중점을 두었다. 이 병원은 국가가 세웠으나 교회의 집사직에 의해 운영되었다.[157] 구빈원은 여행객의 쉼터가 되고, 각종 병자들이 치료를 받을 수 있고, 노인과 고아와 과부가 돌봄을 받을 수 있는 곳으로 오늘날 의료기관, 여관, 노인병원, 도시 사회복지기관과도 같은 기능을 했다. 여기에는 집사직을 두 종류 중 '구빈원 담당집사'(Hospitaliers)를 배치시켰다(56조).[158] 이것은 로마서 12:8의 '구제하는 자'와 '긍휼을 베푸는 자'를 두 종류의

---

156) Thomas Henry Louis Parker, *John Cavin* (London: J.M. Dent, 1975), 82.
157) André Biéler, *L' humanisme social de Calvin*, 박성원 역, 『칼빈의 사회적 휴머니즘』(서울: 대한기독교서회, 2003), 65.
158) 이것은 1646년 영국 장로교회의 공동선언서인 "The Divine Right of Church"에도 잘 나타나고

공적 직분으로 보았기 때문이다.[159] 전자는 구제 사업을 관리하는 집사들과 후자는 직접 빈민들과 병자들을 돌보는 집사들이었다. 하나는 구제를 위한 재정집사와 구빈원 담당 집사로 분류되어 행정 기능상의 혼란을 막도록 하였다. 현대 행정학적 관점에 보면 칼뱅은 이미 '사회복지행정의 분권화'를 알고 있었다.

세 번째 특징은 구빈원의 물질적, 재정적, 행정적 사역이 집사들에게 주어졌다. 원장도 역시 집사였다.[160] 또 집사들의 선출 방법을 장로들과 같이 하고 그들에게 '긴급자금 배정'(59조)과 같은 자율권을 줌으로 구제행정의 독립성을 법적으로 확보해 주었다. **디아코니의 직무 수행의 독립성을 인정**해 주었다.

네 번째는 사회봉사 재정의 투명성 확보를 명문화하였다는 점이다(57, 64조). 노회 관계자 목사 및 장로는 구제 사역이 부패되지 않도록 감독할 책임을 부여하고, 재정담당 집사도 구빈원을 연 4회 이상 감사(監査) 하도록 규정하고 있다.

다섯째는 병원(구빈원)이 '하나님께 바쳐진 하우스'라고 규정함으로 교회의 디아코니가 교회의 본질적 사역임을 제도적으로 명시하고(63조), 그러한 사역들에 대해 제네바만이 아니라 미래 사역에도 영원히 적용되어져야 할 점을 지적하였다(56조).

마지막으로 제네바 교회법령에 나타난 디아코니아의 특징에서 주목할 것은 사역자로서 집사 직분의 성격이다. 집사직은 돈을 관리하고 구빈원의 운영에 참여하며 도시의 가난한 사람들을 돕기 위해 세워졌다. 목사들은 구빈원 운영에 관한 내용을 확인하기 위하여 분기마다 구빈원을 방문하여 집사들의 보고를 받기는 했지만 집사직은 세 직무와 다른 고유성이 있었다. 즉 집사는 교회의 대표 중에

있다. 즉 집사직이 "*ho metadidos*"(relief of the poor and needy)와 "*ho eleon*"(Succor of the sick and afflicted)라는 두 가지 직무 영역이 있음을 말하고 있다. Cf. *Jus Divinum Regiminis Ecclesiastici*, ed., David W. Hall, originally asserted by the Ministers of Sion College, Lodon, December 1646 (Dallas: Naphtali Press, 1995), 167. 이 두 집사직을 전자는 'Procureurs', 후자는 'Hosptaliers'로 불렀다.

159) Inst. Ⅳ, 3, 9.
160) W. Fred Graham, *The Constructive Revolutionary John Calvin*, 김영배 역, 『건설적인 혁명가 칼빈: 사회와 경제에 끼친 영향』(서울: 생명의말씀사, 1995), 153.

한 사람이지 목사의 일꾼이 아니라는 것이다. 집사는 교회의 봉사자로서 분명한 과제를 부여받은 자이다.

칼뱅의 제네바 교회법령에 나타나는 **집사의 고유성**은 그의 집사 직분에 대한 이해에서 나온다. 칼뱅은 그의 디모데전서 주석에서 집사라는 말을 가정의 하인이나 감독보다 못한 낮은 직분으로 보는 견해를 반대한다.[161] 집사 직무를 사도들에게 위임된 공적 직무라고 보았다. 이 직분은 한 단계 높은 직분으로 승격되기 전의 직분이 아니었다. 더구나 제네바 교회법령은 어디에도 오늘날 집사들이 교회 내의 목사를 돕는 가톨릭적 개념의 집사 직무관이나 현대 교회의 교회성장의 기능적 역할 분담자로서 '작은 목사'로서의 '제자 직무관'은 나타나지 않는다. 이러한 집사 직분의 이해는 개혁교회(Reformed Church)의 특징을 보여주는 바 역사적 장로교회(Presbyterian Church)의 집사관과는 그 강조점이 사뭇 다르다고 볼 수 있다.

넷째, 오늘날 **교회 정치에서의 적용 가능성**이다. 오늘날 개혁교회가 채택하고 있는 벨직 신앙고백서(Belgic Confession, 1561)와 장로교회가 채택하고 있는 신앙고백서인 웨스트민스터 신앙고백서(1643)는 집사 직분의 신적 기원과 권위를 말하고 있다. 그러나 개혁교회는 직분간의 동등성을 인정하지만 장로교회는 직분의 동등성에 대해 언급하지 않는다. 그 이유는 웨스트민스터 신앙고백서가 제7장 교회론 부분에서 집사에 대해서는 그 명칭 뿐만 아니라 그 기능과 역할에 관하여 전혀 없다는 치명적인 단점 때문일 것이다. 이 점은 집사 직분에 대한 두 신앙고백서의 가장 큰 차이점이다. 제네바 교회법령은 개혁교회의 신앙고백서와 맥을 같이함으로 디아코니 직무에 대한 집사직의 고유성을 나타내주고 있다.[162] 이것은 곧 교회 정치로 연결되어 장로교회가 원로정치 혹은 대의정치로 나타나며, 개혁교회는 안수집사까지 정책결정에 참여하는 '카운실' 정치로 나타나게 되었다.

---

161) Comm. 1 Tim. 3:8-9.
162) 유그노(Hugenoten)의 집사들은 교회의 지도관리에 까지 참여했다. 특히 독일 개혁교회들의 조직도 그렇게 되어있다. Cf. Reinhard Turre, *Theology and praxis of social diakonia*, 이삼열 역, 『사회봉사의 신학과 실천』(서울: 숭실대학교 기독교사회연구소, 1992), 99

마지막으로, 교회의 봉사가 국가나 외부기관과 연계하되 휴머니즘적 봉사가 되지 않도록 **예수 그리스도의 봉사의 정체성을 잃지 않도록 실천해야** 한다. 교회는 자신의 기업을 성공시키기 위하여 조직 사회의 압력단체들과 연계하는 것이 가능한가? 예수 그리스도의 몸으로서 본질을 타협하지 않고 그것이 가능하겠는가? 진정한 그리스도의 봉사 정신을 잃지 않고 인간의 과학과 문화 발전의 자연스러운 형태 아래 그것을 숨길 수 있는가? 그분의 사역을 성취시키기 위하여 영광과 권력을 강제적으로 사용하려는 유혹을 물리칠 수 있는가? 바로 이 점이 교회의 봉사와 그리스도인의 삶으로서의 봉사는 목회적 관련을 갖지 않을 수 없는 점이다. 신자들의 봉사는 교회의 봉사와 얽매이는 구속적 관계이어도 안 되지만 그렇다고 완전히 동떨어진 별개의 봉사가 아니라는 점이다.[163]

목사는 교회의 사역 구조를 한 쪽 방향으로 편향되게 이끌어가서는 안 된다. 개성 있는 교회가 성장한다는 논리에 따라 하나님께서 계시하신 사역의 기본 구조를 목회자가 마음대로 흔들 수는 없다. 특히 성장 논리에 따라 유행하는 목회방법론을 무분별하게 차용하여 목회를 한 방향으로 치우치게 해서는 안 된다는 것이 칼뱅의 목회신학이 주는 교훈이다. 황성철 박사는 이미 칼뱅의 목회방법이 교육목회라는 분석을 내놓은 바 있다.[164] 그러나 칼뱅의 목회방법이 신자들을 교화시키는 교육목회의 목표와 실천방법으로서 교육적 내용들은 어디까지나 사역의 구조에서 '말씀의 사역'에 치중한 면이 있다고 필자는 진단한다. 21세기에 목회방법론으로 봉사목회의 실천적 모델은 역시 칼뱅의 봉사목회의 신학적 모델이다.

6. 목회의 실천 원리에 대한 적용 가능성

우리는 앞에서 제시한 칼뱅의 목회 실천 원리인 '말씀과 성령을 통한 그리스도

---

163) Torrance, *Service in Jesus Christ*, 12.
164) Hwang Sung Chul, "The Teaching Ministry of the Church within a Calvinistic Approach to Theology" (Ed. D. Diss. The Southern Baptist Theological Seminary, 1987).

와의 연합의 원리', '적균형적 실천의 원리', '정통실천의 원리', '맞추심의 원리', '질서 실천의 원리', '공적으로 사적으로의 원리', '경건 실천의 원리' 등이 어떻게 목회 프락시스와 연결되고 적용되는지 검토해 보기로 한다.

첫째, 퍼베스(Andrew Purves)는 목회신학의 재건축을 위한 기초로서 그리스도와 연합의 원리를 고려할 것을 주장하고 있다.[165] 이러한 점은 칼뱅이 그리스도와 성도를 연합시키는 성령의 사역과 교회의 목회사역을 결코 분리시키지 않았다는 점을 강조한 것이다. 퍼베스가 제시한 칼뱅의 목회신학의 핵심은 성령의 사역을 통한 **그리스도와의 연합이 모든 목회사역의 기초가 된다**는 점이다. 목회는 하나님의 사역을 대표하는 인간의 사역으로 교인들을 위로하는 성령의 사역을 통하여 그리스도의 사역을 현재적으로 계속해 나가는 것이다. 칼뱅은 성령의 사역이 목회자의 사역을 통해 그리스도와의 연합을 이룬다고 보았으며 이것은 엔더슨(Anderson)과 같은 현대 사역신학자에서도 반영되고 있다.[166] 또 정일웅 교수도 목회자의 교육적 실천이 인간의 행위이지만 신학의 영역일 수 있음을 시사하고 있다. 교육목회적 패러다임은 교육신학적 근거를 가져야만 하는데 바로 목회는 신성과 인간성이 신비적으로 결합되어 있다는 것이다. 목회가 교육에 기초해야 한다는 말은 인간성(교육)과 신성(목회)이 모순적인 것처럼 보인다. 그러나 목회는 인간의 일이 아니라 하나님의 일이다. 목회의 기초를 놓는 인간의 교육행위는 하나님의 사역을 위한 인간의 도구가 될 뿐이다.[167] 목회자의 가르침의 행위는 성령의 사역을 통해 믿음을 성장, 성화시키고 교회의 질서를 보존할 수 있는 말씀의 사역이다. 특히 칼뱅의 교육과정에 대해 현대 기독교교육학자들은 그가 경험보다는 지식의 차원에서 교육 내용을 이해했다고 평가하는 경향이 대부

---

165) Purves, *Reconstructing Pastoral Theology*, 83.
166) Anderson, *The Shape of Practical Theology: Empowering Ministry with Theological Praxis*, 189-204.
167) 정일웅, 『교육목회학』, 367. 정일웅, "교육목회의 신학적 근거"『기독교교육 연구』, 창간호, (1990): 25.

분이다.[168] 그래서 그를 주지적 차원에서만 목회를 접근한 것처럼 오해되는 경향이 있어 왔다. 그러나 이러한 경향은 환원주의식 신학 방법으로 코끼리의 코를 만져보고 뱀처럼 생겼다고 코끼리의 특성을 뱀처럼 평가해서는 안 되는 것과 마찬가지이다. 이러한 부정적인 평가는 오늘날 교회들이 종교개혁자의 '캐터키즘' 교육을 무시하게 하고 주관적 경험 위주의 학습을 편향적으로 주도하게 함으로 소위 '경건주의 목회'를 지향하게 했다. 따라서 그리스도와의 연합의 원리는 말씀과 성령 이외에 다른 경험적 도구들로 대치 되어가는 목회 프락시스에 끊임없이 적용 되어야 할 실천원리가 되는 것이다.

둘째, 칼뱅의 목회실천관은 '적균형적 실천의 원리'로 이는 교회 통치, 말씀, 예전, 양육과 교회훈련, 봉사 등의 제 실천양식을 적절하고 균형 있게 실천하여야 한다. 즉 교회 통치에 있어서 목사와 회중의 균형, 말씀 즉 설교와 교육에 있어서 인간과 성령의 균형, 예전양식에 있어서 말씀과 성례의 균형, 양육에 있어서 돌봄과 훈육의 균형, 봉사에 있어서 말씀의 사역과 말씀에 반응하는 사역의 균형이다. 이러한 이해는 칼뱅의 교회 정치에도 나타나 좌파 회중정치나 우파 감독정치도 아닌 어디에도 좌로나 우로나 치우치지 않는 장로회정치 질서 안에서의 목회의 질서를 이룬다. 이것은 **모든 목회 프락시스에 대한 균형**이다. 이것은 현대 목회에서도 반드시 적용되어야할 목회실천원리이다.

셋째, 정통실천의 원리는 목회에서 말씀과 성례를 예배 속에서 실천하는 것을 의미한다. **정통이란 말은 이 실천을 소홀히 하면 비정통이 된다**는 말이다. 고전적 의미에서 비정통이란 비성경적인 실천이란 의미를 가진다. 칼뱅의 말씀의 신학과 예배의 신학과 성례의 신학은 통전적이다. 그러므로 그 실천도 통전적이다. 각각의 프락시스는 결코 그 하나만의 목표를 가지고 있지 않고 유기체적으로 결합되어 있다. 말씀의 사역과 예전의 사역은 하나로 결합되어 있고, 말씀의 사역 중에서 설교의 사역과 교육의 사역이 유기체적으로 결합되어 있으며, 예전의 사

---

168) Ibid., 54.

역에서도 성례전의 사역과 예배의 사역이 통전적으로 결합되어 있다. 이것이 칼뱅의 목회적 프락시스의 핵심이다. 이러한 이해는 현대 예전학자들의 신학에서도 강하게 주장되고 있다. 칼뱅이 설교가 우선되고 그리고 나서 항상 성례의 거행을 동반한다는[169] 의미는 성례가 없는 말씀 중심의 예전을 드려야 한다는 말이 아니다. 예배에서의 성례전이 올바르게 집행되려면 말씀 중심 예배에 대한 새로운 이해[170]가 있어야 한다. 그것은 예배의 모든 순서가 말씀에 근거하여야 한다는 말이다. 성례를 말씀 중심 예배에서 어디까지 받아들여야 할 것인가는 목회 실천의 중요한 문제이다. 오늘날 목회 실천은 중세의 사크라멘툼(Sakramentum)이 종교개혁기의 영향으로 안티 사크라멘툼(Anti-sakramentum)이 되었다면 현대는 다시 재사크라멘툼(Re-sakramentum)의 기로에 서 있다.

그리고 설교와 마찬가지로 성만찬의 메시지도 성례의 은혜 가운데 행하는 전제 속에서 목회사역의 힘이 제도적으로 보장된다는 것이다. 그런 의미에서 칼뱅의 영적 임재설은 목회신학적으로 매우 중요한 주장이다. 설교 말씀이 하나님의 현재적 말씀인 반면 성만찬은 비록 무가치한 목사에 의해 시행된다고 하더라도 설교와 같이 성령의 임재하심으로 그리스도의 "완성된 사역"(opus operatum)[171]으로 목회자와 성례 참여자에게 몸으로 다가오는 것이다. 그래서 성만찬은 단순한 심벌이 아니라 '실재적 상징'으로서 '몸'이다. 그러므로 목회자는 성례식을 도구로 볼 것이 아니라 '실재'로 인식하고 성령의 리얼리티가 살아나도록 성례를 집행해야 하고 '목회의 완성'으로서 성례에 대한 패러다임의 전환이 있어야 한다. 이러한 말씀과 성례의 정통실천 원리는 오늘날과 같이 정통을 무시하는 시대에 반드시 적용하여야 한다. 그러나 그 가능성은 개신교의 방향성과 관련하여 상당히 제한되어 있는것이 현실이다. 그러나 목회자는 적어도 실천의 목표점으로서 끊임없이 적용해 나가야 한다.

---

169) Inst. IV, 14, 4; 17, 39.
170) Jean Jacques von Allmen, *Worship Its theology and practice*, 정용섭 외 3인 공역, 『예배학 원론』(서울: 대한기독교출판사, 1995), 133.
171) Schneider, *Zeichen der Nähe Gottes: Grundriss der Sakramententheologie*, 64.

넷째, 맞추심의 원리는 성부 하나님의 목회의 특질로 예수 그리스도의 성육신에서 그 극치를 보여주지만 인간 사역자들에게는 '맞추심의 원리'로 부른다. 맞추심의 원리를 적용할 때 유의해야 할 점은 칼뱅의 목회적 돌봄으로서 부성을 소위 현대 목회신학자들이 분류하는 **'부성적 목회신학'과 '모성적 목회신학'**의 구분에 함몰시키지 않아야 한다는 것이다. 부성적 하나님에 대한 이해는 하나님의 속성에 관한 성적인 존재론이 아님을 유의해야 한다.[172] 그러나 우리가 위에서 살펴본 칼뱅의 부성적 목회신학은 인간의 문화적 정황인 남성과 여성이라는 성(性) 정체성에 근거하지 않음을 알 수 있다. 따라서 필자가 보기에 설교는 남성적 목회 기능이고 상담은 여성적 목회 기능이라는 견해에 찬성할 수 없다. 칼뱅에게는 영혼을 치유하고 감독하는 부성적 목자를 우리 눈높이에 맞추어 하나님의 지식을 계시하시기 위하여 아버지 혹은 보모의 이미지를 사용하고 있을 뿐이다. 한국적 가부장적 문화 속에서의 설교가 부성적이라고 하여 '설교'가 본래 부성적 기능이라고 단정할 수는 없는 것이다.

그런 의미에서 칼뱅의 부성관은 물론 그의 모성 즉 '어머니로서 하나님'[173]도 자기 백성을 순종과 감사로 반응하도록 하며, 그리스도 안에서 계시된 경외스러운 하나님의 사랑을 유한한 자신의 자녀들이 붙잡도록 하기 위한 교육적이고 비유적인 하나님의 언어인 것이다.[174] 따라서 더글라스(J. D. Douglass)가 지적한 것처럼 칼뱅 등 개혁자들의 하나님에 대한 성적 메타포들은 하나님에 대한 중세의 언어 전통이 다소 남아 있는 현상으로 이해했으며 비록 그들이 그것이 성경적임을 인정했더라고 칼뱅의 경우 최소한 성경을 주석할 때를 제외하고는 하나님

---

172) 이기춘 교수는 『한국적 목회신학의 탐구』에서 종교개혁자들의 목회신학을 계승한 말씀 중심 혹은 설교 중심의 목회신학을 부성적 목회신학이라고 단정하고 투르나이젠의 목회신학이 그것을 대변한다고 한다. 또 상담으로 대변되는 기능 중심의 목회신학의 대표자인 힐트너의 목회신학을 모성적 목회신학이라고 주장한다. Cf. 이기춘, 『한국적 목회신학의 탐구』(서울: 감리교신학대학교출판부, 1997). 205-236.
173) Jane Dempsey Douglass, "Calvin's Use of Metaphorical Language for God: God as Enemy and God as Mother," in *Articles Calvin and Calvinism* Vol. 6, ed. Richard C. Gamble (New York: Garland Publishing, 1992), 89-102.
174) Ibid., 102.

의 성적 메타포를 그 밖에서 중세적 언어를 불러일으키는 방식으로 사용하기를 좋아하지 않았다고 한다. 그래서 그 메타포들은 조직신학의 기능적 부분이 되지 않았다고 보았다. 그러므로 필자는 목회신학의 근거로서 성적인 메타포로서 부성과 모성의 하나님을 말하는 것이 아니라 오히려 우리의 연약한 이해를 돕기 위한 하나님의 자기 적응으로 이해하며 그 자기 적응의 극치는 성육신이라고 믿는다. 따라서 일부 개신교 신학자나 가톨릭 신학처럼 성적 어머니와 아버지로서 하나님 혹은 성모 마리아를 목회신학의 근거로 사용하는 것은 성경적 목회신학이라기보다는 문화적 접근 방식이다.

다섯째, 질서 실천의 원리는 먼저 교회 통치의 영역에서 가장 잘 나타난다. 교회 통치의 방법으로서 **'노암'(은총)과 '호블림'(밧줄)이라는 두 개의 막대기**를 사용하시는 바 이는 아름다운 질서를 세우고 하나님의 자녀들을 한 마음으로 연합하게 하는 하나님의 목회방법이다. 그러나 하나님은 언제까지 이 두 막대기를 사용하시는 것이 아니라 교회 통치가 거부될 때 '목회 포기'를 하는 것이다. 그러므로 목회실천의 영역에서 칼뱅의 예정론과 인간의 목회행위는 상호 모순되지 않는다. 이것은 칼뱅이 고린도전서 주석에 밝힌 대로 "파문의 형벌은 육체보다는 영혼에 대한 것"이기에 교회가 죄인들을 가혹하게 벌하면서도 그들을 교회 밖으로 추방하지 않는 이유는 목자 하나님께서 '가련한 양'으로 그들을 남겨두시기 때문이다.[175] 오늘날 우리는 '가련한 양'에 대한 자비로운 배려도 '목회 포기 사상'도 없는 물러터진 목회를 하는 것은 아닌가?

오늘날 칼뱅의 목회방법론 중 '가련한 양에 대한 배려'와 '목회 포기' 사이에서 목회자가 택할 수 있는 방법은 전투적인 목회 대적 전략이다. 이 둘 사이의 경계가 불분명한 현장에서 목회자는 교회갈등을 일으키는 소위 **'목사 킬러들'** (clergy killers)[176]**과 '적대자들'** (antagonists)[180]에 대해 교회를 보호하고 가련한

---

175) Comm. 1 Cor. 5:5.
176) 레디거(G. Lloyd Rediger)에 의하면 '목사 킬러'는 "의도적으로 목사를 표적으로 심각한 상처와 파괴를 일삼는 사람"이다. Cf. G. Lloyd Rediger, Clergy Killers: *Guidance for Pastor and Congregations under Attack* (Louisville: Westinster John Knox Press, 1997). 8.

양들을 보호하기 위한 용기가 필요함을 칼뱅은 보여주고 있다.

현대 목회에서 이들의 공격으로 '상처 입은 목회자'(The Wounded Minister)에 대해 목회 경험론적으로 가장 적나라하게 갈파한 그린필드(Guy Greenfield) 목사에 의하면 수많은 목회자들이 신앙의 상처를 받아 목회를 그만두거나 아예 교회를 떠난 사람도 많다고 분석했다.[178] 특히 '상처 입은 목회자'와 그 가족들이 받는 상처는 결혼생활의 파탄, 정신적·육체적 건강의 상실, 우울증, 스트레스, 불면증, 무기력감, 자책감 등 수많은 증상들에 시달리고 있다고 한다.[179] 특히 심각한 것은 신앙의 충격으로 하나님만이 통치하시는 교회에 이렇게 신랄한 반대자들이 어떻게 교회 안에 있을 수 있을까의 문제에서 헤어 나오지 못하는 것이다. 바로 '목회 신정론'(pastoral theodicy)의 문제이다.[180] 그런데 **상처 입은 목회자'들 대부분은 교회를 너무 순진하게 본다**는 점이다. 그들은 소위 '사소한 실수를 찾으려는 교회', '학대하는 교회', '목사를 내쫓는 교회'에 대해 경험해 보지 않았다는 것이다. 이들은 교회를 너무 순진하게 대했다가 목회적 소명과 꿈이 좌절되기까지 한다. 칼뱅에 의하면 교회는 항상 아름답고 평화로운 것이 아니라 때때로 봉해진 어두움이 일어나기도 하고 회복되기도 한다.[181] 실제로 칼뱅은 카스텔리오(Sebastianus Castellio, 1515-1563)에 대한 '관용의 한계'가 어디까지인지를 보여주었다.[182]

칼뱅의 관용의 신학과 대적의 신학은 목회신학적 관점에서 균형적으로 해석되어야만 한다. 폴 울레이(Paul Woolley)에 의한 칼뱅의 관용의 신학은 목회신학적

---

177) Kenneth C. Haugk, *Antagonists in the Church: How to Identitfy and Deal with Destrutive Conflict* (Minneapolis: Augsburg Publishing House, 1988). 25.
178) 목회자들이 왜 사임하는가의 문제를 분석한 저서는 John Gilmore, *Pastoral Politics: Why Ministers Resign* (AMG Publishers, 2002).
179) Guy Greenfield, *The Wounded Minister: Healing from and Preventing Personal Attacks*, 황성철 역, 『상처 입은 목회자』(서울: 그리심, 2004), 133-147.
180) Ibid., 148-150. Cf. Gilmore, *Pastoral Politics: Why Ministers Resign*, 146.
181) Comm. Ps. 68:13.
182) Gilmore, Pastoral Politics: Why Ministers Resign, 14-16. Paul Woolley, "Calvin and Toleration," in *Articles Calvin and Calvinism* Vol. 5, ed. Richard C. Gamble, 192.

으로 유용하게 해석될 수 있다. 그는 "진리"(truth)와 "오신(誤信)"(error)을 구분함으로 칼뱅의 관용의 신학을 다루고 있다.[183] 그에 의하면 칼뱅은 이 두 가지를 철저하게 구분하여 대응하였다는 것이다. 칼뱅은 "하나님의 진리를 거짓말로 바꾸어 놓는 것보다 참기 어려운 것은 없다. 이런 행위는 하나님을 아무것도 아닌 존재로 추락시킨다. 하나님은 진리이다. 그런데 이 사실이 무시된다면 거기에 무엇이 남겠는가? 하나님께서는 마치 죽은 망령과 같이 되어버릴 것이다"[184]고 했다. 또 사도 바울이 교회를 '진리의 기둥과 터'(딤전 3:15)라고 한 것은 모든 세대의 후손들에 의해 그 진리가 존중을 받도록 방어하고 공표하는 것이 교회의 의무라고 하면서 모든 신자가 그 책임이 있지만 목사는 다른 사람 앞에 본보기를 설정하는 "표준적인 증인"[185]이라고 했다. 칼뱅은 "지식이 없는 신앙은 없다"[186]고 하면서 "모든 진리의 기초가 되는 진리를 고수하지 않는 한 그들이 알고 있는 것은 아무것도 없다"[187]고 했다. 그는 진리를 고수하는 데 갈등의 필연성을 느끼고 있었다.[188] 왕들이 양심에 반해 자신을 포기하면 권위는 없어지고 신하들이 의지를 따라 사방으로 끌려 다니듯이[189] 목사는 갈등의 상황하에서도 양심을 고수하며 진리를 수호할 것을 시사한다. 이때 진리를 방어하는 방법이 중요하다. 칼뱅은 사역자들이 '중용'의 길을 유지하는 것보다 더 어려운 것은 없다고 했다.[190] 칼뱅이 말하는 중용이란 진리와 적절한 선에서 타협하는 것을 말하는 것이 아니라 다니엘이 그러했듯이 왕을 동정하면서도 자신이 하나님의 분노를 전하는 사자임을 명심하고 왕으로부터 오는 위험도 두려워하지 않는 것이다. 특히 진실이 무엇인가에 대한 견해 차이로 상대가 화가 날 때도 인내를 가지고 바른 설명을 위해 최

---

183) Paul Woolley, "Calvin and Toleration," in *Articles Calvin and Calvinism* Vol. 5, ed. Richard C. Gamble (New York: Garland Publishing, 1992), 178-189.
184) Comm. Ezek. 13:19.
185) Comm. Isa. 43:10.
186) Comm. Titus 1:1.
187) Comm. 2Tim 3:7.
188) Comm. Ezek. 13:2.
189) Comm. Dan. 6:17.
190) Comm. Dan. 4:21-22.

선을 다해야 한다.[191]

칼뱅은 국가 뿐만 아니라 목사의 경우도 진리를 방호해야 한다고 했다. 교회는 말씀이 아니고서는 다스릴 수 없기 때문에 '감독'은 말씀에 능통할 뿐만 아니라 그 말씀을 고수해야 할 의무가 있다. "흔들리지 않고 진리를 수호해야 할 목사가 그 교의를 고수하지 못하는 변덕스러움보다 더 위험한 것은 없다"고 하면서 목사는 학식이 많을 뿐만 아니라 순수한 가르침을 결코 저버리지 않을 정도의 열성을 겸비해야 한다고 했다.[192] 그러므로 훌륭한 목사란 침묵하지 않고 항상 경계하는 가운데 악한 교리가 잠입해 오는 것을 허용하거나 악인들을 그냥 내버려두어 그런 교리들이 확대되는 것을 막는 것이다.[193] 그런데 문제는 고집불통이며 자기중심적인 사람들의 입을 어떻게 막을 수 있는가에 대해 칼뱅은 스스로 질문하고 다음과 같이 대답한다.

> 나의 대답은 그들이 하나님의 말씀의 검으로 얻어맞고 진리의 능력에 의해 혼란스러워졌다면 교회는 이들에게 침묵할 것을 명령할 수 있다는 것이다. 그래도 반기를 들 경우에는 믿는 자들과의 교제를 끊어 해독을 끼칠 수 있는 기회를 박탈할 수 있다. '저희의 입을 막을 것이라'는 바울의 말은 단순히 그들이 소란을 피우는 것을 그치지 않더라도 그들의 헛된 이야기를 반박하라는 뜻이다. 하나님의 말씀에 의해 정죄받은 사람은 그가 제아무리 잡담을 계속한다 해도 더 이상 할 말이 없게 되기 때문이다.[194]

칼뱅은 **'교회의 갈등'[195]의 가장 핵심적인 문제에 대한 해법**도 제시하고 있다. 목회권의 남용도 문제이지만 평신도의 목회권 침해가 크게 문제가 되는데 칼뱅

---

191) Paul Woolley, "Calvin and Toleration," in *Articles Calvin and Calvinism* Vol. 5, ed. Richard C. Gamble (New York: Garland Publishing, 1992), 179.
192) Comm. Tit. 1:9.
193) Comm. Tit. 1:11.
194) Comm. Tit. 1:11.
195) Comm. 2 Tim. 3:8.

은 이에 대해 그리스도의 종들에게 계속 퍼부어지는 이기적인 요청을 들어주지 않을 때 비난과 항의에 대해 바울은 디모데에게 자신의 권위로 억제하도록 했다고 강조했다.[196] 따라서 칼뱅은 '목사해소제도'에 대해서 법적인 증거로 확실하게 정죄를 받기 전에는 악한 사람들의 악의에 내맡기는 일이 없도록 하고 있다. 칼뱅이 근거로 든 플라톤의 말 "대중은 악의적이요 자기들 위에 있는 사람들을 시기한다"는 말을 적용하고 있다.[197] 교인들의 '목사해소제도'(牧師解消制度)에 대한 칼뱅의 입장은 부정적이다. 오늘날 미국교회 등 현대 교회들이 민주주의의 시민사회의 영향으로 회중이 원하는 방식으로 목사를 물러가게 하는 '목사해소제도'는 칼뱅의 목회신학이 아니다.[198]

칼뱅의 교회훈련은 그 신학적 위치가 교회의 질서와 말씀과 성례전 아래 있다. 교회훈련은 구체적으로 만져볼 수 있는 질서 안에서 세워진다. 그것은 결코 말씀과 성례전을 떠나서는 존재할 수 없다는 것을 의미한다. 그것들을 제외한 채 단순히 '사람과 사람 사이의 대화'(mutuum colloquium)만이 중요하다는 식의 목회적 돌봄에 집중하는 것으로는 교회가 세워지지 않는다. 즉 칼뱅이 설교를 "교회의 혼"(die Seele der Kirche)이라고 하고, 교회훈련을 몸의 지체가 함께 모여 공동의 삶을 이어가게 하는 "고리"(Sehnen)[199]와 같다고 한 것은 교회훈련이 없

---

196) Comm. 1 Tim. 5:22.
197) Comm. 1 Tim. 5:19.
198) 현행 한국교회 장로교 교회헌법상 '목사해소제도'가 인정되지 않는바 이것은 해방 이후 교회재산권 분쟁을 해결하지 못하는 원인으로 인식되어 끊임없는 법정공방의 원인이 되었다. 대법원은 2006년 4월 20일 50년 만에 판례를 변경하여 기존 교인 3분의 2 이상이 새교회를 세우면 기존교회의 재산권을 갖는다는 민법상 교회재산의 총유(總有) 개념을 수정함으로 그동안의 목사해소제도 불인정에 대한 돌파구를 국가가 마련한 셈이다. Cf. 동아일보, 2006년 4월 22일자 1면.
이러한 판례는 교단 혹은 담임목사의 목회권보다는 회중의 손을 들어준 격으로 칼뱅의 목회신학적 견지에서 보면 교회의 건전한 교리와 목회권을 고려하지 않은 매우 비신학적인 판례이다. 이 판례는 시기적으로 한국의 장로교회의 대 연합(합동교단과 개혁교단)에 따른 교단의 세속정치 개입 우려를 의식한 대법원 판사들과 정치권의 교감을 의심하게 하는 판례이다.
199) 퓌베스(Purves)는 교회훈련을 그리스도의 몸과 연결시키는 줄(the ligaments)과 같다는 칼뱅의 말을 '목회사역'이 설교나 성례 안에서 주어지는 다른 어떤 것이 아니라 예수 그리스도의 말씀을 직접적으로 개인에게 주는 것이라고 말했다. 이것은 투르나이젠의 개념과 같다. Cf. Purves, *Reconstructing Pastoral Theology*, 153-154.

이 설교와 성례전만 있거나 개인적인 목회대화 없이 그것들만 있는 것에서는 진정한 의미의 교회가 있을 수 없다는 것이다.[200] 말씀과 성례 밑에 교회훈련이 있는 곳에 목회의 내용인 말씀을 통한 죄의 용서가 일깨워진다는 것이다.[201] 그러므로 목회적인 교회훈련은 말씀의 구체적인 질서 있는 적용이다.

여섯째, '공적으로 사적으로'의 원리는 사도 바울의 에베소교회에서의 목회 원리를 그대로 적용한 것이다. 목회는 공적으로 말씀을 먹이는 것 뿐만이 아니라 사적으로 영혼들을 돌보고 말씀을 먹이는 것이다. 투르나이젠은 여기서 교회훈련과 목회를 같은 개념으로 보고 교회훈련을 "개개인에 대한 인격적 권면"으로 이해한다.[202] 칼뱅은 이 훈련이 없으면 교회는 즉각 파멸되고 만다고 주장한다. 교인들 상호 간의 전체적인 조화만이 아니라 말씀이 깊이 뿌리박고 있느냐 없느냐 하는 것은 오로지 **개개인을 향한 권면**(admonitio privata), 즉 목회가 존재하느냐 그렇지 못하느냐에 달려있다. 물론 투르나이젠은 목회 개념을 말씀의 개인적 전달로서 권면으로 보기 때문에 칼뱅의 교회훈련을 그런 식으로 이해했으나 결국 우리의 목회 개념에서 보면 칼뱅은 영혼의 치유와 감독을 위해 교회훈련의 양식을 매우 중요시 여겼다는 점을 알 수 있다.

투르나이젠은 오늘날 개혁교회의 목회적 프락시스에서 탈선과 한계가 나타나고 있다고 지적했다.[203] 이것은 가톨릭교회가 성례전을 통하여 하늘의 열쇠를 열고 닫을 수 있다는 목회 사상과 같이 너무나 위태로운 지경이 와 있다고 평가했다. 더 나아가 복음주의를 표방하는 교회들이 더욱 목회적 교회훈련을 무시함으로 칼뱅이 말한 대로 "교회의 궁핍과 부패"는 이루 말할 수 없다고 한다. 이러한 점은 하이델베르그 교리문답서(Heidelberger Katechismus)에서 그 흔적을 찾아볼 수 있다고 한다. 제84항에서 하나님의 나라가 오직 거룩한 복음으로써만 열려질 수 있다고 선언하고 이어 제85항에서 하나님의 나라는 '교회훈련'에 의하

---

200) Ibid., 33.
201) Ibid. 칼뱅 자신도 성례 자체가 죄의 용서를 이루어낸다는 사상에 강력하게 반대하고 있다.
202) Thurnysen, *Die Lehre von der Seelsorge*,「목회학원론」, 26.
203) Ibid., 36.

여 어떻게 열려지고 닫히는가 묻고 있다. 오직 '그리스도인의 회개 훈련을 통해서만이' 가능하다는 것을 의미하는데, 이는 이웃의 절대적인 필요성을 강조한 것이다. 이것은 칼뱅의 사상과 상응한다. 교회훈련은 성화의 효력을 내게 하는 말씀과 성례전의 능력을 도와주는 방편으로 규정하고 있다. 투르나이젠은 제85항이 교회훈련을 치료제로 용서를 베풀어 주는 수단과 방편으로 기술하고 있다는 점에서 한계선을 넘고 있다고 비판하고 있다. 즉 용서를 베풀어 주는 기능은 물론 용서를 거부하는 기능까지 하고 있다는 것이다. 그래서 수찬정지를 처벌의 수단으로 삼는 교회훈련의 입장을 깊이 반성해야 한다고 한다. 이러한 과격한 입장은 하이델베르그와 칼뱅의 입장이 같은 입장이라고 한다.[204] 투르나이젠은 교회훈련의 궁극적인 목적은 형제를 '얻어드리는 일'이며 그 형제로 하여금 회개와 용서의 복음을 들을 수 있도록 귀를 열어주는 데 그 목적이 있다고 한다. 따라서 목회는 결코 죄를 용서하거나 거부할 권한이 없음을 분명히 못박아야 하고 오직 하나님의 말씀에 인도하는 것만으로 만족을 삼아야 한다는 것이다.

결국 투르나이젠의 주장은 칼뱅이 교회훈련의 개념을 지나치게 성례전적 목회개념으로까지 회귀시켰으며 그것은 가톨릭적 고해성사로의 회복이라는 관점이 아닌가? 그리고 그것이 하이델베르그 교리문답서에 반영되어 오늘날 개혁교회와 복음주의 교회들의 탈선이 심각하다는 것이다.

그러나 필자는 그렇게 생각하지 않는다. 칼뱅은 "우리가 하나님의 나라에 들어가는 첫 관문은 죄의 용서이다"[205]라고 하고 "주님의 용서하심으로 우리를 교회 안에서 보존하시며 지키신다"[206]고 하였다. 그리고 그 용서의 은혜를 "우리에게 넘겨주시려고 교회의 열쇠를 주셨다"[207]고 한다. 칼뱅은 그리스도께서 사도들에게 죄를 용서하는 권한을 주신 것(마 16:19; 18:18; 요 20:23)은 사도들이 회심하는 자들에게 죄를 사해 주기를 원하신 것이라기보다는 믿는 사람들 사이에서 부

---

204) Ibid., 37.
205) Inst. Ⅳ, 1, 20.
206) Inst. Ⅳ, 1, 21..
207) Inst. Ⅳ, 1, 22.

단히 화해의 직책을 다하라는 뜻이었다고 본다. 즉 **성도들의 교통 안에서 우리 죄는 목사들에 의해 계속적으로 용서된다.** 이 직책을 받은 목사들로 말미암아 신자들이 양심을 강화시켜 용서를 바라볼 수 있게 한다. 목사들은 이 일을 필요에 따라 "공적으로 사적으로"(both publically and privately) 행한다고 했다. 그것은 신자들이 연약하기 때문에 개인적으로 위로를 받을 필요가 있기 때문이라고 했다. 이러한 은혜는 "교회의 사역자들과 목사들을 통해서 복음 선포, 혹은 성례전 집행을 통해 우리에게 전달된다. 그리고 주께서는 권한을 신자들의 공동체에 주셨다"고 한다.[208]

죄의 용서가 신자들의 공동체에서 행해질 때도 칼뱅은 분명히 **교회훈련의 온건주의**를 주장했다. 그는 고치려는 목적으로 본다면 '온건의 원칙'을 따르는 것이 더 좋을 것이라고 했다.[209] 죄인이 교회에 대해 회개한 증거를 보이고 교회의 누를 씻어버리면 더 이상 추궁해서는 안 된다. 그는 교회훈련에 따르는 우리의 한계를 분명히 지적했으며 교회는 타락한 사람을 온유하게 대해야 하며 지나치게 엄한 벌을 주어서는 안 된다고 보았다. 설령 완고한 태도를 보인다고 해도 그들이 앞으로 잘 되기를 희망해야 한다.[210] 그는 출교는 교정수단임으로 우리는 온갖 수단을 강구해서 그들을 올바른 생활로 돌이키며 교회에 돌아와서 함께 연합된 생활을 하도록 인도해야 한다고 했다. 사적인 견책이나 공적인 견책에서 온유한 태도를 유지하지 않는다면 우리의 징계는 도살행위로 타락하게 될 것이라고 경고하고 있다.[211] 그러므로 칼뱅의 교회훈련을 가톨릭적 고해성사의 복귀로 보는 투르나이젠의 견해에는 찬성할 수 없다. 이 문제는 보다 근원적으로 이 지상 교회가 '열쇠의 권한'[212]을 어디까지 가지느냐의 문제와 관련을 맺고 있다.

마지막으로 목회 실천의 원리로서 **경건 실천의 원리는 목회자의 삶의 원리이며 목회의 목표이자 교인들의 삶의 방식**이기도 한다. 실천신학자 장 카디에

---

208) Ibid.
209) Inst. Ⅳ, 12, 8.
210) Inst. Ⅳ, 12, 9.
211) Ibid.
212) Inst. Ⅳ, 11, 1; 5-6.

(Jean Cadier)는 칼뱅의 경건 분야에서 이룩한 혁명적 발견을 코페르니쿠스가 천문학에서 이룩한 업적과 비교한다.[213] 칼뱅은 종래 경건의 중심이던 사람 및 그 필요와 공로 대신 그 자리에 경건의 진정한 중심인 하나님을 모셨다. 그러므로 하나님께 영광을 드리는 일이 경건의 핵심이다. 칼뱅 이전에 이런 입장이 표명되지 않은 것은 아니다. 그러나 하나님의 영광이라는 원리를 삶의 최우선 자리에 두고 그 목표로 삼은 것은 칼뱅의 몫일 것이다.[214]

목회실천의 원리로서 칼뱅의 경건은 소위 '실천적 삼단논법'(syllogismus practicus)을 근거로 하는 것은 아니다.[215] 칼뱅의 신학에 실천적 삼단논법이 있느냐의 문제는 학자들 간에 의견을 달리하고 있지만,[216] 사실은 실천적 삼단논법은 '신앙적 삼단논법'으로 이해해야 한다. 왜냐하면 실천적 삼단논법은 선행을 기초로 하여 선택 여부를 결론지을 수 있을 우려가 있기 때문이다. 칼뱅에게 선택의 확실성의 근거는 그리스도이며 그 확신은 그리스도의 지체로 접붙여졌다는 것을 성령의 사역에 의해 신앙함으로써만 가능한 것이다. 따라서 인간의 사역으로서 목회적 실천 원리는 성도들의 '행위'에 기초한 '확신'이 아니라 성령의 사역을 통한 확신이다. 하지만 이 확신은 신앙에 근거하는 것이 아니라 선택의 결과이기 때문에 경건과 거룩한 삶을 통하여 그리스도에게 의존한다.[217] 그러므로 목회적 실천은 그와 같은 경건과 거룩한 삶을 이루도록 하는 성령의 도구자로서 역할이다.

이러한 경건의 원리는 기도의 원리를 당연히 포함한다. 그래서 칼뱅은 시편

---

213) Jean Cadier, *Calvin, l'homme que Dieu a dompté*, Genéve, 1958, 『칼빈, 하나님이 길들인 사람』(서울: 대한기독교서회, 1995).
214) 박건택, "칼뱅 전기물 연구," 47.
215) Shawn D. Wright, *Our Sovereign Refuge: The Pastoral Theology of Theodore Beza* (Waynesboro: Paternoster, 2004), 71-75
216) Wilhelm Niesel, *The Theology of Calvin*, trans. Harold Knight (Philadelphia: Westminster, 1956), 170. Wihelm Nisel에 의하면 칼뱅에게는 실천적 삼단논법의 단서는 하나도 없다고 주장하는 반면, Karl Barth에 의하면 칼뱅에게서 실천적 삼단논법의 증거를 발견할 수 있으며 그 유용성이 필수적이라고 보았다.
217) Comm. 1 John.

118편 25절을 모든 교회가 본받아야 할 기도의 모형을 찾아볼 수 있다고 하며 그것은 그리스도께서 우리의 기도를 필요로 하기 때문이 아니라 하나님이 자기 종들에게 참된 경건의 증거를 요구하심이 당연하기 때문이다.[218]

---

218) Comm. Ps. 72:15.

John Calvin's
Pastoral Theology

John Calvin's Pastoral Theology 제7장

칼뱅의 목회신학의 적용의 한계와 미래적 대안

1. 슐라이어마허의 실천신학과 현대 실천신학의 방법론

칼뱅의 목회신학의 적용의 한계와 미래적 대안을 제시하기 위해서는 실천신학의 아버지 슐라이어마허의 실천신학의 방법론적 특징과 현대 실천신학의 방법론을 살펴보아야 한다. 슐라이어마허의 실천신학은 "교회를 유지하고 온전하게 하는 방법론"으로 정의된다. 그의 실천신학의 학문적 범위는 교회론을 기초한 목회실제를 전제한 것이며 그 교회가 계속 지탱되고 온전한 모습을 이루기 위한 기술론(Technik der Pastorale)으로 이해되었다.[1] 그의 『신학연구개요』안에는 이런 '기술론'이란 표현은 여러 곳에 나타난다.[2] 특히 『신학연구개요』의 '실천적 신학' 서두에서 이것을 다음과 같이 명백히 하였다.

여러 목회적 과제의 올바른 개념을 가르치는 것이 실천신학의 목적은 아니다. 오히려 올바른 과제를 전제로 하고 목회의 개념 아래 포함되어야 할 모든

---

[1] 정일웅, 『한국교회와 실천신학』, 26.
[2] BOST § 25 "The Knowledge concerning this activity forms *a kind of technology* which, in combining all its different branches, we designate as practical theology."
BOST § 30. "Not only can *the technology* regarding Church leadership which is still lacking proceed further only through the improvement of historical theology,.....".
BOST § 66. ".... while practical theology, in its role as *technology*, is largely attached to the area of the individual and the particular."

과업들을 수행하기 위한 올바른 방법론을 다루어야만 한다.[3]

슐라이어마허의 실천신학은 어디까지나 신학적 원리들을 철학적 신학과 역사적 신학이 우선이요 그것의 과제들을 분류하고 실행하는 방법론의 차원이다. 그에게 실천과 이론은 별개의 학문 세계이다. 그가 비록 『신학연구개요』의 '기초이론'에서 세 가지 학문의 통합적 연계성을 주장하지만 뒷부분 '실천적 신학'에 와서는 용두사미격으로 실천신학의 종속성을 말하고 있다.[4] 실천신학과 나머지 두 부분의 대화가 배제되어 있다. 아니 오히려 대립의 관계로 보고 있다. 이것은 실천신학 외 두 신학의 연관적인 문제들을 실천신학이 해결할 수 없다는 일방적 종속적 관계 설정으로 보인다.[5]

슐라이어마허의 실천신학의 특징은 기술적(technological)이라는 데 있다. 그러나 실천신학은 단순한 응용이나 기술이라는 차원에 머물 수만 없다. 실천신학은 그것 이상의 해석학적 차원으로 올라가야 한다. 슐라이어마허에 있어서는 철학적 신학과 역사신학이 실천신학에 영향을 미치지만 그 반대방향으로는 영향을 미치지 못한다. 이러한 일방통행적 사고구조 속에서는 실천신학이 자체의 해석학적 과정을 통해 스스로 변혁의 기준들을 발견하여 그것으로 철학적 신학이나 역사신학을 재조명할 수 있는 근거가 될 수 없기 때문이다.

위와 같은 문제는 실천신학의 가능성의 문제로 연결된다.[6] 즉 **신학과 실천의 이원화의 위험성이 슐라이어마허의 실천신학 모델 속에 내재되어 있다.** 비록 슐라이어마허가 교회의 프락시스를 높이 평가하더라도 프락시스는 여전히 프락시스 그 자체로 남게 되는 것이다. 슐라이어마허의 '기예론'(Kunsttheorie)은 목회

---

3) BOST § 260.
4) John E. Burkhart, "신학에 대한 슐라이어마허의 전망," in *Practical Theology*, ed. Don S. Browning. 이기춘 역, 『실천신학』(서울: 대한기독교서회, 1999), 61.
5) Friedrich Wintzer, 『현대설교학-슐라이어마허에서 칼 바르트까지』, 정인교 역(천안: 한국신학연구소, 1988), 22.
6) 슐라이어마허의 실천신학에 대한 학문성 문제는 끊임없이 학자들에게 비판을 받아 왔다. Cf. A. Eckert, Einfuhrung in die Prinzipien und Methoden der ev. Theologie, 1909, s. 23 ff, 재인용 Friedrich Wintzer, 『현대설교학-슐라이어마허에서 칼 바르트까지』, 21.

과제 실현의 방법론이다. 그의 한계는 위에서 우리가 분석하였듯이 첫째, 가장 중요한 한계는 그의 실천신학 모델은 여전히 전통적인 방법이었다. 그의 신학 방법론은 여전히 교의학적 패러다임을 벗어나지 못하고 있다. 둘째는 교회론적 한계이다. 슐라이어마허가 실천신학을 신학의 왕관으로 본 것은 신학을 교회의 한 기능으로 보았기 때문이다. 실천신학이야말로 신학이 교회에 대한 봉사를 위해 적용되는 곳으로 보았기 때문이다. 슐라이어마허 이후 그를 비판하였던 바르트의 말씀의 신학도 결국 교회적 패러다임의 한계에 머물게 되었다. 셋째는 슐라이어마허의 실천신학의 한계는 범주의 문제이다. 그도 역시 목회자 패러다임을 넘어서지 못하고 있다는 사실이다. 비록 그가 평신도의 중요성을 시사하는 언급이 나오지만 체계적인 것은 아니다.

정일웅 교수는 현대 실천신학은 전통적인 실천신학의 학문 이론들이 목사를 위한 목회론에 한정되고 있다는 점을 비판하면서 현대의 실천신학의 이론은 목회 기술론이 아니라 교회를 중심하여 파생되는 그리스도인의 삶의 전 영역을 포함하기 때문에 평신도신학도 포함되어야 한다고 평가한다.[7] 목사와 평신도 간의 신앙의 실제를 포괄하는 학문 이론으로써 신앙의 실제 이론이며 신앙 해석의 전 포괄적인 의미를 규명하는 학문이며, 그 방법론은 경험 비판이론으로서 신학의 비판으로써 기능을 그 전망으로 삼는다고 본 것은 현대 실천신학의 방향성을 잘 지적한 것이다.[8] 이것은 지난 30년간 최근의 실천신학이 교회 중심, 목회자 중심의 '목회적 패러다임'(clerical paradigm)에서 '세상에서의 교회의 역할'(church's practice in the world)이라는 새로운 전환을 의미한다.[9] 세계 실천신학사에서 목사의 패러다임을 넘어서는 것은 1966년 창간된 '실천신학지'(Theologia Practica)에서부터이다.[10] 거기에서 실천신학을 목회신학 즉 목회자

---

7) 정일웅, 『한국교회와 실천신학』(서울: 이레서원, 2002), 41.
8) Ibid.,
9) 김상구, "실천신학의 서론," 한국복음주의 실천신학회 편, 『21세기 실천신학개론』(서울: CLC, 2006), 36.
10) G. Krause, Zur Standortbpstimmung einer Zeitschrift fur praktische Theologie, in: Theologia Practica I, (Jahrgang 1966), 9.

의 실재에 국한시키는 것을 극복하여 실천신학이 교회 전체 목회의 실재, 세상 속의 신앙의 실재를 대상으로 보고 목회자 뿐만 아니라 교회 전체 행동에 관련된 것으로 볼 것을 제시하였다.[11] 이것은 미국 반더빌트신학교 교수 에드워드 팔리(Edward Farley)가 '목사의 패러다임을 넘어서는 신학과 실천'(1981년 시카고대 신학부에서 발표)보다 20여 년 앞서는 것이다.[12]

이러한 **실천신학의 전망적 전환**을 방법론적 견지에서 보면[13] 전에는 먼저 성

---

11) G. Krause, Ibid., 10
12) Don S. Browning, *Practical Theology*, 이기춘 역, 7-10.
13) Gijisbert D. J. Dingemans과 L. M. Heyns & J. C. Pieterse의 실천신학 방법론을 종합해 보면 다음과 같은 다양한 방법들이 있다.

첫째, 현장을 중심으로 하는 이론을 필요로 하지 않는 실용주의적 접근법이다. 실제로 19세기 미국의 목회신학이나 오늘날 최근 현장이 이러한 방법론을 추구하고 있다.

둘째, 교회 성직의 특별한 형식으로의 목회신학적 접근 방법이다. 스텍(Steck)과 네이하트(Neidhart)는 이 접근법의 대표적인 신학자들이다.

셋째, 성경해석과 역사비평의 토대 위에서 진행하는 해석신학적 접근 방법이다. 독일의 Josuttis, Bohren, Schroër와 화란의 Trimp와 남아공의 W. D. Jonker 등이 있다.

넷째, 경험-분석적 방법론(empirical theology) 혹은 경험적 혹은 실행학적 접근으로 규범적 방법론을 비판하고 사람들의 개인적 신앙생활과 사회생활에 있어서 구원과 악의 경험을 교회와 신학이 제공하는 것과 관련하여 탐구하는 방법이다. 이에는 독일의 바스티안(H.D. Bastian), 슈레어(H. Schroër), 슈피겔(Y. Spiegel), 다이버(Karl Fritz Daiber), Dahm, Otto, Greinacher, Baümler, Zerfass, Stollberg와 화란의 반 데어 벤(van der Ven), 피렛(Jacob Firet) 그리고 최근에는 헤이딩크(Gerben Heitink)와 미국의 힐트너(Hiltner) 등이 있다.

다섯째, 해석학적 방법론(hermeneutical theology)으로 인간의 외면적 측면을 주로 연구하는 경험-분석론을 비판하며 행동 이면에 깔려있는 언어, 사상, 관념, 해석, 가치관, 관습, 전통, 인간의 결정, 행동 등을 분석하는 방법이다. 이에는 미국의 로버트 슐라이터(Robert Schreiter), 찰스 거킨(Charles Gerkin), 제임스 폴링(James N. Poling), 도날드 밀러(Donald E. Miller), 돈 브라우닝(Don S. Browning), 화란의 그로닝겐의 실천신학자들(Riet Bons-Storm, Albert K. Ploeger, Gijsbert Dingemans), 독일의 프리드리히 슈바이처(F. Schweitzer) 등이 있다.

여섯째, 해방신학적 방법론(liberation theology)은 이론 우위의 권위주의를 비판하면서 철저한 실천 위주의 신학 방법론으로 마르크스의 프락시스 방법론을 신학에 적용한 것이다. 구티에레즈(Gustavo Gutiérrez), 보프(Clodovis Boff), 세군도(Juan Luis Segundo) 등이 교회와 사회 안에 억압된 형태들을 들어내고 비판하며 참여하도록 하는 신학적 방법론을 연구한다.

Cf. Gijisbert D. J. Dingemans, "Practical Theology in the Academy: A Contemporary Overview," 한국기독교연구소 역, "실천신학의 최근 동향," 『세계의 신학』(1997년 봄호), 265-277. L. M. Heyns & J. C. Pieterse, *A Primer in Practical Theology*, 이정현 역, 『실천신학 입문서』(시흥: 도서출판 지민, 2006). 150-152.

경과 교리를 공부하고 그로부터 나온 결과물을 가지고 교회사역에 적용점을 찾으려 했지만, 이제는 사역의 현장에서 출발하여 이제까지 잘 진행되던 것이 왜 문제가 되는지 표면에 드러난 현상만이 아니라 그 배후의 이론과 원인을 신학적, 성격적, 역사적으로 분석하고 그로부터 얻은 새로운 이론이나 조정된 원리를 다시 현장에 적용하는 방법으로의 전환을 의미한다. 이것은 **과거의 신학이 응용신학으로서 '이론-실천'의 이원론적 구조와 방법론이었다면 이제는 '현장-이론-실천'의 순환적 구조와 방법론**으로 다른 신학의 종속적 위치에서 벗어나 독자적인 위치를 확보한다.[14] 이러한 배경에는 이론만이 실천에 영향을 주는 것이 아니라 실천 자체도 이론에 영향을 준다는 사고의 전환을 배경으로 한다.[15]

2. 칼뱅의 목회신학의 실천신학적 공헌

위와 같이 슐라이어마허의 실천신학과 현대 실천신학에 대한 이해를 바탕으로 칼뱅의 목회신학을 보면 그의 목회신학은 실천신학의 범주에 들지 못한다. 칼뱅의 목회신학은 성경 본문으로부터 나오는 목회자와 교회를 위한 적용적 신학이론이다. 그것은 300여 년 뒤의 실천신학의 아버지에게서도 똑같이 나타나는 교의학적 패러다임을 벗어나지 못하고 있다. 그리고 슐라이어마허와 같이 교회론적 한계를 가지고 있다. 따라서 칼뱅의 목회신학은 고유한 프락시스 이론이 없기 때문에 현대적 의미에서 실천신학이 아니라고 평가해야 마땅하다.

칼뱅은 루터와 마찬가지로 실천신학을 신학의 한 분야로 구별하지는 않았지만 주로 신자의 행동에서 실천적 요소를 발견함으로써 신학의 실천적 특성을 강조

---

14) 실천신학이 다른 학문 과목과의 관계에서 '선(線)'〈linear〉적인 것이 되어 귀납적(힐트너의 경우)이거나 연역적(투르나이젠의 경우)관계가 되지 않는다. 오히려 그 관계는 '평행적(平行的)'〈latera〉인 관계가 된다. Cf. Alastair Cambell, "The Nature of practical Theolohy", in *Pastoral and Practical Theology*, ed. James Woodward & Stephen Pattison (Gateshead, Blackwell publishing, 2000), 84.
15) Ibid., 37.

하였다.¹⁶⁾ 그럼에도 불구하고 칼뱅의 목회신학은 실천신학과는 그 발생과 줄기 그리고 방향성을 근본적으로 달리하는 목회학 자체의 정체성으로부터 고유한 의미를 가진다. 우리는 칼뱅의 목회신학의 목회학적 공헌과 실천신학적 공헌을 다음과 같이 평가할 수 있을 것이다.

첫째, **목회학적 공헌은 성경적 관점에서 가장 포괄적인 목회신학을 제시하였다**는 점이다. 비록 그것이 정교한 실천적 프락시스 이론을 제시하지 못했다고 하더라도 목회의 본질, 직분, 구조, 양식 등과 목회 제 실천원리들에 대한 그의 계시론적 평가는 높이 평가받아야 한다. 그러므로 20세기 현대 목회신학의 대가 힐트너(Seward Hiltner)가 비평한 것처럼 칼뱅은 '영혼의 병의 치료'(Seelsorge)나 '목양'(shepherding)에 관해서 아무런 글도 써 놓고 있지 않았다고 혹평한 것은 난센스다.

칼뱅의 목회신학은 성경적 목회신학의 확실한 근거를 제공하고 있다. 특히 그의 목회의 본질, 직분, 구조, 양식론 전반의 주장들은 성경을 기반으로 하는 것으로 오늘날 지나친 경험 위주의 프락시스 더 엄밀히 말하면 기술로서 포이에시스 실천신학에 경종을 울려주는 의미를 가지고 있다. 그의 목회신학이 이론-실천이라는 단선 구조를 가지고 있기는 하지만 그도 사실은 그 당시 입장에서 보면 현대 실천신학의 방법론을 사용했다고 볼 수 있다. 즉 당시 부패한 목회 현장-신학 이론-제네바교회 목회현장으로 이어지는 안목을 가지고 그는 주석과 강요와 서신들을 썼다. 다만 그의 목회신학 방법론 인문주의자답게 오직 성경으로만 해석하고 이론을 제시했다는 면에서 오히려 경험 위주의 실천신학에 신학적 비평 감각을 제공하는 역할을 한다. 이것은 마치 칼뱅의 목회신학이 제2차 바티칸 회의에서 발행한 '목회자 핸드북'(The Handbuch der Pastoraaltheologie, 1963-1969)이 "이론은 프락시스를 위한 '규범'이어야"¹⁷⁾하고, "이론은 교리적으로 입증되어야 한다"는 실천신학적 입장이 실용주의 시대에 직격탄을 날린 것과 같은

---

16) L. M. Heyns & J. C. Pieterse, *A Primer in Practical Theology*, 이정현 역, 『실천신학 입문서』 (시흥: 도서출판 지민, 2006), 141.
17) Ibid., 149.

기능을 한다는 측면이 있다는 것이다.[18] 예를 들면 현대 교회갈등론의 영역에서 그 누구보다 정교한 신학적 실천 방법을 성경적으로 제시하고 있다.

둘째, **칼뱅의 목회신학은 실천신학적 관점에서 실천의 주체성의 문제를 가장 계시적으로 확실하게 확보해 주는 공헌**을 하였다. 목회신학이 실천의 주체성에 공헌하는 것은 실천신학이 새로운 독립 학문으로 발생한 독일에서조차 목회신학을 배척했지만 실질적으로 완전히 대체하지는 못했다는 데 있다.[19] 고든 램버만(Godwin Lämmermann)은 그 이유에 대해 목회신학은 실제적인 문제들을 만날 수 있기 때문이라고 한다.[20] 목회신학의 장점은 자신의 실용적 방법으로 인하여 목회신학의 대변인인 실천신학의 입장과는 독립적으로, 보편적으로 수용되고 적용되었다는 것이다.[21] 목회신학이 19세기 중반에 정점에 이르다가 하강하였음에도 불구하고 실천신학이 순수 기능주의적이고 구조적인 문제들을 너무 간단하게 파악함으로 '실천의 주체성'을 간과하는 경향이 있기 때문이다. 목회신학은 바로 교회실천의 출발점으로서 주체성 모델을 제공하고 실천신학의 탈주체화와 익명화를 방지하기 때문이다.[22] 바로 중세와 근대를 잇는 칼뱅의 목회신학은 기술론으로서의 목회신학이든지 신학적 목회신학이든지 바로 실천의 주체성 모델을 계시론적 관점에서 확실하게 제시하였다는 점이다. 비록 목회신학이 평신도 문제를 자신의 본질적인 문제로 제기하지 않는 약점이 있는 등 목회신학의 이데올로기가 있기는 하지만 튀빙겐대학장인 팔머(Ch. D. Palmer)같은 실천신학자는 목회신학의 전통과 연결함으로 실천신학의 실천 결핍을 상쇄하고자 시도하였다.[23]

---

18) 이 말은 칼뱅의 목회신학이 가톨릭의 목회신학과 유사하다는 의미가 아니라 과도한 경험이론들에 대한 대응 기능으로서 유사성을 지적하는 말이다.
19) Godwin Lämmermann, *Einleitung in die Praktische Handlungstheorien und Handlungsfelder*, Theologie: 윤화석 역, 『현장중심의 실천신학: 행위이론과 사역현장』(천안: 도서출판 하교, 2006), 43-53.
20) Ibid., 47.
21) Ibid.
22) Ibid., 48.
23) Ibid., 49.

셋째, 이와 같이 칼뱅은 목회의 신학적 기초를 놓는 주요한 목회신학적 공헌을 했지만 그의 목회신학이 실천신학의 한 분야로서 학문적인 정체성을 위해 공헌한 점은 **실천신학에서 계시와 실존의 양극성(bipolarity)의 문제를 해결하는 성령론적 인간론을 확립하였다**는 것이다. 칼뱅의 목회신학에서 실천신학에 공헌한 것은 바로 앞에서 말한 '실천의 주체성'의 문제를 해결하는 현실적 방법론은 '목사'이며 그 '주체'는 하나님의 보냄을 받은 '사도성'을 가진 존재로서 실천의 주체가 되는데, 칼뱅의 목회신학에서는 바로 이 실천의 주체가 계시 혹은 말씀을 기계적으로 적용하는 인간이 아니라 '성령론적 인간'으로서 책임성과 반응성을 강조한 목회신학을 정립하였다는 것이다. 이것은 21세기 다니엘 로위(Daniël J. Louw)에게서 강조되었다.[24] 즉 그에 의하면 목회신학적 인간론은 성령론적 인간론이다. 칼뱅의 목회신학적 인간론은 역시 오직 구원론과 기독론에만 기초하는 것이 아니라 성령론적 인간론에서 기초되어야 함을 강조한다. 이러한 점은 칼뱅의 목회신학을 21세기 실천신학의 상황에서 재평가받아야 한다. 특히 현대 실천신학이 그 개념을 "교회의 행동과학"[25]으로 이해되고 있는 상황에서 목회의 주체성을 성령론적 인간론으로 접근하는 실천의 주체성에 대한 붙잡음은 현대 실천신학에서 새롭게 평가 되어야만 한다. 따라서 목회의 주체와 객체는 김득룡 교수가 평가한 "적극적인 자아상"[26]의 차원을 넘어 성령의 능력 속에서 부활의 새 생명의 실재를 경험하게 하는 실천의 에이전트로서 기능한다. 더 이상 칼뱅의 목회신학에서는 죄로 인한 인간의 무능과 부패만을 강조하는 기독론적 인간관만을 강조하지 않는다. 따라서 칼뱅의 목회신학에서는 은혜와 죄성의 역학관계 안에서만 작용하는 목회적 도우미만으로 기능하지 않는다. 이것은 교육의 실천에서도 '성령의 리얼리티'를 실현하는 주체자로서 기능하는 목회적 인간을 보게 한다.[27] 설교도 마찬

---

24) 김순성, "개혁주의 목회상담학의 정체성," 『개혁신학과 신앙』 제10호, (2000). 351-354.
25) Karl-Fritz Daiber, *Grundriß der Praktischen Theologie als Hundlungswissenschaft*, 박근원 역, 『실천신학서론』(서울: 대한기독교서회, 1981), 15.
26) 김득룡, 『현대목회신학원론』(서울: 총신대학교출판부, 1987), 356.
27) 황성철, "교회교육에 있어서 성령에 대한 교육신학적 접근," 『신학지남』, (2004. 3). 제4장.

가지이다. 칼뱅의 목회신학의 실천신학적 기여는 바로 여기에 있다. 칼뱅에게는 방법론이 없다고 누가 말하는가? 그는 프락시스 전체를 말하려다 정교한 이론을 내놓지 못한 고전적 목회신학자이다.

3. 칼뱅의 목회신학의 실천신학적 적용의 한계

그러나 위와 같은 칼뱅의 공헌이 인정된다고 하더라도 역시 칼뱅은 시대의 인물이다. 그가 간 후 300여 년이 지난 후에도 실천신학의 아버지도 우리가 위에서 살펴본 대로 여전히 한계를 가지고 있는 것처럼 칼뱅의 목회신학도 현대 실천신학의 입장에 보면 여전히 한계를 가지고 있다. 칼뱅의 목회신학은 실천신학적 프락시스의 원리로 그 적용이 가능한가이다. 그리고 그 한계성은 무엇인가이다. 우리는 이것을 살펴봄으로 칼뱅의 목회신학의 미래적 과제와 대안의 단초를 삼을 수 있을 것이다.

칼뱅은 오늘날 현대 신학이 이해하는 '근본주의자'가 아니다. 비록 그의 목회신학이 신학 자체를 강조하는 면이 있기는 하지만 그에게 계시와 실천은 완전히 분리된 개념이 아니다. 사실 실천신학에서 학문적 입장에서 이 양극화의 문제는 아직도 완벽하게 해결한 것은 아니다. 이론과 실제 사이에는 여전히 한계가 있음이 사실이다.[28] 그것은 오늘날 목회상담의 영역을 보면 알 수 있다. 계시를 중심으로 한 목회신학을 현장에 적용하는 데는 실천적 딜레마에 빠질 수 있다. 계시 중심의 목회신학은 계시에 근거하므로 인간의 실존적 경험세계에 의미를 주지 못하는 메마른 객관주의의 위험에 빠질 우려가 있다. 이러한 객관주의는 교인들에 대한 복음의 케리그마적 선포를 통한 죄인들의 회심을 강조하는데 이것은 투르나이젠의 목회신학의 전통에서 나타나듯이 말씀의 권위에 일방적인 강조점을 둔 결과 개인의 실존과 상황적 필요에는 주목하지 못하게 한다. 이것은 모든 목회행위들

---

28) 김순성, 『개혁신학과 신앙』 제10호, 341.

이 '설교적 사건'(homiletical event)으로 발전되는 약점이 있다.[29] 오늘의 실천신학의 현주소는 어디인가? 그것은 한마디로 양극화 현상이다. 극단적인 전문화 패러다임과 극단적인 본문 독법식 패러다임의 실천신학이 양극화되어 있다.

오늘날 목사가 목회적 돌봄의 실천을 하는 데 있어 현대 의학과 심리학 등 인문과학적인 전문적 지식들을 목회적 돌봄의 영역에서 어디까지 사용할 것인가의 문제는 단순히 계시냐, 경험이냐의 문제만 가지고 접근할 문제가 아니라고 본다. 목회는 하나님의 계시에 근거를 두고 있지만 그 실천적 방법론에서는 인간의 사역임으로 종합적이고 체계적인 삶의 해석적 지식을 갖추어야 한다. 이것은 성경과 경험학문에 대한 '일원론'(The Bible-only Approach)[30]도 아니며 그렇다고 '통합론'(The Bible-and Approach)도 아니다. 그렇다고 '이원론인 병행론'(The Bible-para Approach)도 아니다. 필자의 칼뱅 해석에 관한 한 그의 목회신학적 입장은 **'일원론적 계시우선론'(The Bible-over Approach)의 입장**이라고 판단한다. 따라서 목사가 목회를 잘하기 위해서는 성경으로 계시와 양들의 삶을 일원론적으로 바르게 해석하고 그 해석에 대한 주석으로서 경험학문들을 참고해야만 한다고 생각한다. 이것이 오늘날 보수적인 교회의 목회 현장에 가정의 문제를 해결하기 위해 경험학문적 세미나를 개최되는 이유이다. 왜냐하면 현장은 보다 종합적이고 예술적이기 때문이다. 목사는 그 현장 한가운데 있다. 평생을 목회한 칼뱅의 심정도 이러했기에 그는 거듭난 이성의 힘을 믿었던 것이다.

4. 현대 목회신학의 미래적 대안

고전은 떠받들기 위하여 있는 것이 아니라 사용하기 위하여 있는 것이다. 오늘날 16세기 문화에 관심을 갖는 현대 인문작가들과 칼뱅주의 연구가들 사이의 차

---

29) Ibid., 344.
30) Harry Shields and Gary Bredfeldt, *Caring for Souls: Counselling under the Authority of Scripture* (Chicago: Moody Press, 2001), 49-50.

이점은 후자가 제네바에서의 사역과 신학적 업적을 스테레오식 버전으로 해석하는 반면 전자는 칼뱅이 1541년 제네바 사역 이전에 이미 형성된 '성경적 인문주의'에 관심을 갖는다.[31] 필자가 본서를 이제 적용 부분으로 마무리 하면서 가장 우려하는 것은 바로 16세기 칼뱅의 목회신학을 앵무새나 아니면 그보다 더 큰 소리로 해석하여 스테레오식으로 울려 퍼지게 하는 것은 아닌지 심사숙고하게 된다.

왜 장 칼뱅의 목회신학이 우리에게 중요한가? 그것은 한 마디로 전통과 현대를 다 아우르는 목회모델이 그의 목회와 신학 속에는 있기 때문이다. 우리는 "나사렛에서 무슨 선한 것이 날 수 있느냐"고 반문했던 유대인들처럼 "반 천년 시대의 칼뱅에게서 무슨 선한 것이 나올 수 있느냐"고 치부해서는 안 될 것이다. 그것은 칼뱅의 신학을 따르지 않는 교단도 마찬가지이다.[32] 그의 목회신학은 왜 오늘날 전통과 현대를 아우르는 목회모델이 될 수 있는가? 그의 목회신학은 철저히 성경을 중심으로 하기 때문이다. 그리고 칼뱅이 초대, 중세, 현대를 잇는 위치에 있기 때문이다. 칼뱅의 신학은 인문주의자와 스콜라주의 불연속성 상에 있는 것이 아니라 연속 상에 있으며 그의 목회도 역시 그렇다. 이러한 연속성은 다시 현대를 열어주는 인도자가 된다.

우리는 실천신학의 아버지 슐라이어마허에게서 조차 그의 실천신학이 교의학적 기술론에 불과하므로 학문적으로 불충분하다고 보았는데 하물며 칼뱅에게서 현대 실천신학적 프락시스 이론을 구한다는 것은 무리가 있을 것이다. 그러나 슐라이어마허가 도달했던 결론이 아니라 그가 택했던 방향성에서 그리고 그가 제시한 해답이 아니라 그가 제기한 문제에 의해서 실천신학적 전망을 얻었던 것처럼, 칼뱅에게서 우리는 무한한 목회의 신학적 보고(寶庫)와 실천신학적 영감을 얻을 수 있는 방향성과 역동성이 내재되어 있음을 알 수 있다. 미래의 과제는 바로 칼뱅의 목회신학을 두 가지 방향에서 더욱 연구되어져야 한다. 하나는 현대

---

31) Basil Hall, "Calvin and Biblical Humanism," in *Articles Calvin and Calvinism* Vol. 4, ed. Richard C. Gamble (New York: Garland Publishing, 1992), 56.
32) 모 교단의 목사가 전 국민이 보는 TV 방송에서 칼뱅의 신학을 비판하면서 '칼빈'을 무기 '칼빈' 소총으로 비하하는 이런 유의 발언은 칼뱅의 목회신학의 한계성을 말해 주기보다는 자신의 신학적 비정통성과 얕은 수준의 칼뱅 이해를 드러내는 것일 뿐이다.

목회신학이 심리학적 이론에 기초하여 과도하게 자기분석과 자기집착 그리고 행동분석에 빠짐으로 목회가 인간 필요의 현상론으로 축소되는 경향을 방지하는 중요한 목회신학적 패러다임을 제시할 수 있도록 칼뱅의 목회신학이 공헌하게 하는 것이다. 또 하나는 미래의 칼뱅주의 목회신학은 계시 자체를 강조하는 '목회실천에 관한 신학'을 풍부하게 하여할 뿐만 아니라 현대 실천신학의 방법론으로 그 목회적 신학들이 현장에 적용되어질 수 있는 이론과 실제의 '중간주체' 성격을 갖는 프락시스 이론으로 발전되어야 할 것이다. 실천신학자 에버하르트 빈클러(Eberhard Winkler)는 "실천신학이란 복음의 전달에 관한 이론이다"라고 했다.[33] 실천신학자 피렛(J. Firet)에 의하면 목회사역은 하나님의 말씀의 역동적 사건에 대한 중개이며 목회자는 다른 사람들의 필요를 위해서 하나님의 명령에 의해 말씀을 위탁받은 자이다.[34] 게르벤 헤이딩크(G. Heitink)도 목회는 "복음의 커뮤니케이션"이라고 했다.[35] 따라서 칼뱅주의는 말씀 사건의 역동적 구조를 떠나서 목회사역의 본질을 논할 수 없다. 따라서 미래의 칼뱅주의 목회신학은 두 가지 면, 즉 목회신학의 자체의 목적에 공헌하는 목회의 신학적 기초 연구와 실천신학적 프락시스 이론으로 발전해 나가야 하는 과제를 안게 되는 것이다.

그런 측면에서 우리는 칼뱅의 목회신학의 실천신학적 적용의 한계를 극복하면서 현대 목회신학의 **미래적 대안**을 제시하기 위해 우리가 위에서 실천신학 방법론으로 제시한 딩게만스(Gijisbert D. J. Dingemans)과 헤인즈와 피터스(L. M. Heyns & J. C. Pieterse)의 여섯 가지 방법론을 중심으로 미래적 대안을 제시하고자 한다.

첫째, 현장을 중심으로 하는 이론을 필요로 하지 않는 실용주의적 접근법은 '이론'을 의도적으로 배제하고 '프락시스' 자체만을 다루는 경향이 있는데 이는

---

33) Eberhard Winklery, *Parktische Theologie elementar ein Lehr-und Arbeitshuch*, 김상구, 김성애, 윤화석, 최광현 역, 『실천신학개론』(서울: CLC, 2004), 13.
34) J. Firet, *Het agogisch Moment in het Pastoraal Optreden* (Kampen 1997), 24.
35) G. Heitink, *Pastoraat als Hupverlening: Inleiding in de Pastorale Theologie en Psychologie* (Kampen 1997), 154.

실행자들이 실천의 근거가 되는 신학적 이론들에 대한 불신에 근거하고 있다. 이러한 목회신학 방법론은 사실 어떤 의미에서 이론에 대한 실천의 철저한 우위를 주장하는 면에서는 공산주의 시조 마르크스 프락시스 이론과 맞닿아 있다. 이러한 접근법의 목회신학은 자칫 성경의 본문을 떠난 실천 왜곡이 일어날 수 있다. 이것이 판명되기까지는 장구한 교회사의 결과를 지켜보아야 하는 문제가 있다. 칼뱅의 목회신학 방법론의 견지에서 바람직스럽지 못하지만 미래적 대안으로 보다 구체적인 실천적 프락시스와 칼뱅의 목회신학이 접목한다면 놀라운 힘을 발휘할 가능성이 있다.

둘째, 교회 성직의 특별한 형식으로의 목회신학적 접근 방법이다. 이 방법은 고대로부터 성직자를 위한 목회신학으로 발전되어 왔으나 최근 평신도신학의 발전으로 위기를 맞고 있지만 실천의 주체성의 문제를 해결하는 대안으로 여전히 목회신학은 그 실천적 가치가 있다. 칼뱅의 목회신학은 철저히 이 방법으로 전개되었으나 현대 실천신학적 관점에서는 이 방법이 실천에서 이론으로의 영향을 고려하지 못한다는 비판이 제기되는바 향후 칼뱅의 목회신학은 목회의 객체(교인)들이 21세기 상황에서 의식과 문화가 바꾸어졌음을 고려하여 어떻게 현대 목회의 주체(목사)들과 동역하면서도 여전히 실천의 주체성을 확보할 수 있는가를 이론화할 수 있는 방향으로 목회신학을 전개해 나가야 한다.

셋째, 성경해석과 역사비평의 토대 위에서 진행하는 해석신학적 접근 방법이다. 칼뱅의 목회신학은 철저히 성경해석과 역사적 비평 하에서 전개되었다. 칼뱅의 목회신학은 향후 이러한 해석신학적 방법론을 적극 계발하여 실천의 신학적 기초를 마련하여야 한다. 성경의 실천들이 성경신학이나 조직신학이나 역사신학의 영역이고 실천신학은 현대 경험 이론만을 연구해야 해야 한다는 편견은 칼뱅의 목회신학의 미래적 대안이 아니다. 오히려 경험으로 지나치게 치우친 현대 목회신학은 칼뱅의 목회신학을 더욱 해석신학적 방법론으로 깊이 있게 발전시켜야 한다.

넷째, 경험-분석적 방법론(empirical theology)은 이론과 프락시스 사이의 일방적이고 규범적인 방법론을 비판하고 교인들의 개인적 신앙생활과 사회생활에 있어서 구원과 악의 경험을 교회의 행동과학으로 탐구하는 방법이다. 이 방법은 현대 실천신학의 주류적 방법론이기는 하지만 신학적 안목을 결여하기 쉽다. 그러나 목회의 현장과 대상들에 대한 진단 도구와 프락시스를 교정하는 대안으로서 유용한 모델을 제공할 수 있다. 칼뱅의 목회신학은 이 모델에서 일정한 부분의 역할을 할 수 있을 것이다.[36]

다섯째, 해석학적 방법론(hermeneutical theology)으로 인간의 외면적 측면을

---

36) 제어파스(Zerfass)의 실천신학 방법론의 모델이 대표적이다. 이것은 이론과 프락시스 사이에 길을 만들어 줌으로 칼뱅의 목회신학을 더욱더 발전시켜 나가는 것이다.

⟨R. Zerfass의 실천신학 방법론 모델⟩

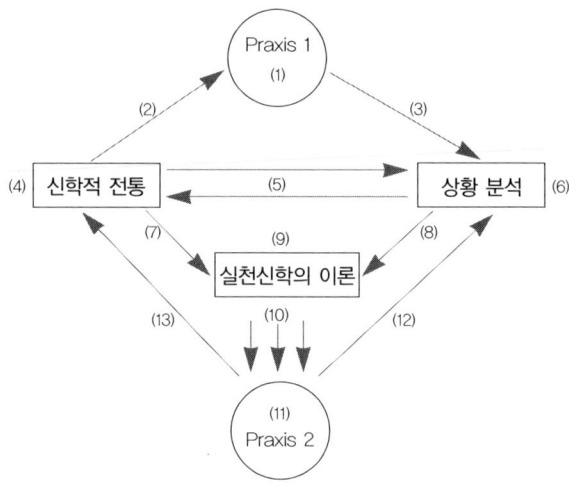

R. Zerfass의 모델은 여기서 Praxis 1이 실천신학적 이론을 통하여 Praxis 2로 변하는 모습을 모델화한 것이다. 칼뱅은 신학적 전통을 근거로 Praxis 1를 개혁적 Praxis 2로 변하게 하는 목회신학적 전통들을 계발했다고 본다. 다만 그에게는 적용과정으로서 실천신학의 이론들이 미약했다는 평가를 받았고 현대에 와서야 프락시스의 비판 이론들이 나타나기 시작했다. 따라서 오늘날 칼뱅의 목회신학은 실천신학의 이론들을 계발함으로 그 신학적 전통이 어떻게 또 다시 개혁적 Praxis 3으로 변하게 할 수 있는지를 연구하여야 한다. Cf. Gerben Heitink, *Practical Theology: History, Theory, Action Domains*, Trans. Reinder Bruinsma (Grand Rapids: Eerdmans Publishing Company, 1999), 114.

주로 연구하는 경험-분석론을 비판하며 행동 이면에 깔려있는 동기론을 연구하는 방법론이다. 즉 언어, 사상, 관념, 해석, 가치관, 관습, 전통, 인간의 결정, 행동 등을 분석하는 방법이다. 목회사회학과 목회심리학은 이러한 방법론으로 연구한다. 칼뱅의 목회신학은 이러한 부분에 그 신학적 기초를 제공하도록 더욱 연구되어져야 한다. 특히 이 방법론에서는 칼뱅의 목회신학의 한계라고 볼 수 있는 목회의 객체들, 즉 수용자들에 대한 심도 있는 이해와 분석이 요구된다.

여섯째, 해방신학적 방법론(liberation theology)은 철저한 실천 위주의 신학 방법론으로 마르크스의 프락시스 방법론을 신학에 적용한 것이다. 70년대 민중신학의 연구와 함께 그것을 목회신학에 접목하여 개인 영혼 구원에만 집중하는 보수주의 목회에 도전하고 사회 구원을 외침으로 진보주의 목회의 장을 열었다. 그러나 현대 목회는 보수주의적인 목회나 진보적인 목회나 다 성경을 기반으로 하는 봉사목회를 지향하므로 칼뱅의 목회신학을 해방신학적 방법론으로 연구하여 적용할 필요는 없다.

결론적으로 위 방법 중 첫 번째 방법과 마지막 방법은 칼뱅의 목회신학의 미래적 대안으로는 위험하므로 지양하되, 목회신학 자체의 방법과 해석신학적 방법과 경험분석적 방법, 그리고 해석학적 방법 등을 원용하여 그 실천적 적용성을 더욱 보완함으로써 칼뱅의 목회신학을 21세기 변화된 목회 환경에서 적용될 수 있도록 현대 실천신학으로 더욱 발전시켜 나가야 할 것이다.

John Calvin's
Pastoral Theology

John Calvin's Pastoral Theology 제8장

결론: 한국 목회신학의 미래

 본서의 주제는 칼뱅의 목회신학에 대한 밑그림을 제공하고 오늘날 목회에 적용하면서 그 가능성을 살펴보는 것이었다. 현대적인 의미의 목회신학의 학문은 불과 200년이 못 되는 짧은 역사지만 목회의 역사는 구약시대나 초기 교부시대까지 거슬러 올라감을 살펴보았다. 그리고 목회신학은 여러 가지 면에서 그 학문적 정체성이 성립됨을 확인하고 칼뱅의 목회신학은 현대적 의미의 목회신학 이전의 '목회적 신학'이지만 현대 실천신학의 한 가지인 학문적 의미의 '목회신학'으로 연구할 수 있다고 결론을 내렸다. 우리는 칼뱅의 목회신학과 그의 사역이 분리되지 않는다는 전제 아래 그의 목회 배경과 사역을 검토하였는바 기존의 오해를 발견하기도 했다. 특히 그의 교회훈련의 사역은 징계사역으로만 이해하기보다는 목회사역이었다는 점을 필자가 직접 제네바교회 컨시스토리를 분석하여 밝혀내기도 했다.

 본론에서 우리는 현대 목회신학자들이 제기한 칼뱅의 목회신학 부재론은 터무니없는 공격임이 밝혀졌다. 칼뱅의 목회신학이 없는 것이 아니라 그의 목회 개념이 너무나 포괄적이기 때문에 규명하기가 쉽지 않았기 때문이다. 우리가 제기한 문제(main question)인 칼뱅의 목회신학은 무엇인가에 대해 한마디로 **'영혼의 치유와 감독을 위하여 교회를 보전하고 세우는 신학'**이라고 결론을 내린다. 그리고 부가적인 질문(Subsidiary Question)인 목회의 본질은 무엇인가에 대해 그것은 영혼의 치유와 감독이며, 그 본질을 담당하는 목회의 직분자는 어떤 것인가

에 대해 목사는 하나님의 목자요, 하나님의 입이며, 그리스도의 교훈을 가르치는 교사이며, 하나님의 집을 다스리는 청지기이며, 세상의 빛으로서 매우 높은 존엄성을 가지고 있음을 확인하였다. 목사는 어떤 목회의 구조에서 어떻게 일해야 하는가에 대해 안수목회의 중심적인 목회의 주체로서 일하며 그와 동시에 장로회와 협력하여 일하며, 목회의 객체와 균형을 이루는 목회를 하여야 한다. 그리고 마지막으로 목회의 실천양식은 무엇인가에 대해서는 교회 통치, 말씀, 예전, 양육, 봉사의 5대 목회 실천양식에 대한 목회신학적 실천관이 무엇인지 살펴보았다. 그리고 목회 실천의 원리를 탐색하여 몇 가지 원리들을 정리하였다.

그리고 칼뱅의 목회신학적 성경 해석이 오늘날 현대 상황에 얼마나 적용성을 갖느냐의 문제를 다루었는데 여기에 대한 대답은 프락시스의 이론인 실천신학이더라도 '실천의 준거로서 규범성'이 전혀 없는 것이 아니기 때문에 칼뱅의 목회신학의 적용 가능성이 있다고 보았다. 또 칼뱅의 목회신학과 실천 원리들을 오늘날 현대 목회적 상황에 적용해 볼 수 있는 실천신학적 근거는 현대 실천신학의 접근 방법의 다양성에 있다. 필자는 이러한 근거를 가지고 전술한 칼뱅의 목회신학과 그 실천 원리를 오늘날의 상황에 다음과 같이 적용하였다.

첫째, **목회의 본질 회복**이다. 현대의 목회는 지나치게 구조나 양식 등에 몰입되어 본질을 잃어버리고 있다. 오늘날 목회의 본질인 영혼의 치유와 감독의 회복이 요청된다. 오늘날 지나치게 경건주의 내지 복음주의 목회로의 변화된 상황에서 하나님의 말씀의 객관성을 전제로 하는 칼뱅의 전통 목회에 귀를 기울여야만 한다.

둘째, 목회 직분의 신학에서는 **안수목회 중심성을 재발견**하는 것이다. 목사직에 대한 과도한 기능주의식 이해는 현대 목회 실천의 방향타와 주체성을 상실할 우려가 있다. 칼뱅의 목회신학은 이에 대한 대안이다.

셋째, 목회의 구조에서는 **말씀에 반응하는 직분의 새로운 전망**을 시사한다. 현대 목회에서 평신도의 과도한 목회 참여는 상당한 긴장이 노정되고 있다. 이러한 이유는 목회의 주체와 객체가 불균형을 이루고 있기 때문이다. 객체의 지나친 주체화는 성장론과 맞물릴 때 평신도의 과도한 목회지상주의가 나타나며, 객체의 지나친 분리는 사회복음화만을 강조하게 될 위험성이 존재한다. 그러므로 목회의 구조에서는 목회의 주체와 객체의 균형이 최고의 관건이다.

넷째, 교회 통치, 말씀, 예전, 목회적 돌봄과 교회훈련 등 **목회실천의 양식들의 실천적 특징을 보존하고 개혁**해 나가야 한다. 교회 통치에서는 왕권 리더십과 섬김 리더십의 조화와 보존 및 목회적 대적 개념의 전수가 필요하다. 말씀과 예전에서는 그 균형적 실천과 성령의 역동성을 살려야 한다. 목회적 돌봄과 교회훈련은 양육과 훈육의 균형을 살려야 한다.

다섯째, '말씀과 성령을 통한 그리스도와의 연합의 원리', '적균형적 실천의 원리', '정통실천의 원리', '맞추심의 원리', '질서 실천의 원리', '공적으로 사적으로의 원리', '경건 실천의 원리' 등 각 **목회실천의 원리들이 어떻게 프락시스와 연결될 수 있고 적용될 수 있는지**를 논하였다.

본서의 마지막 부분으로 칼뱅의 목회신학의 적용의 한계와 미래적 대안을 제시하기 위해서 슐라이어마허의 실천신학의 방법론적 특징과 현대 실천신학의 방법론을 살펴보았다. 칼뱅의 목회신학은 슐라이어마허의 실천신학의 한계와 마찬가지로 고유한 프락시스 이론이 없기 때문에 현대적 의미에서 실천신학이 아니라고 평가해야 마땅하다. 그럼에도 불구하고 칼뱅의 목회신학은 실천신학과는 그 발생과 줄기 그리고 방향성을 근본적으로 달리하는 목회학 자체의 정체성으로부터 고유한 의미를 가진다. 우리는 **칼뱅의 목회신학의 목회학적 공헌과 실천신학적 공헌**을 다음과 같이 평가할 수 있을 것이다.

첫째, 목회학적 공헌은 성경적 관점에서 가장 포괄적인 목회신학을 제시하였다는 점이다. 둘째, 칼뱅의 목회신학은 실천신학적 관점에서 실천의 주체성의 문제를 가장 계시적으로 확실하게 확보해 주는 공헌을 하였다. 셋째, 실천신학에서 계시와 실존의 양극성의 문제를 해결하는 성령론적 인간론을 확립하였다.

그러나 위와 같은 칼뱅의 공헌이 인정된다고 하더라도 역시 칼뱅은 시대의 인물이다. 우리는 칼뱅의 목회신학이 공헌과 한계를 가지고 있지만 여기서 멈추어서는 것이 아니라 더욱 그의 목회신학을 기초로 현대 목회신학을 발전시켜 나가야 할 것이다. 우리는 그 **미래적 대안**을 현대 실천신학의 제 방법론에서 찾고자 하였다. 그 방법은 목회신학 자체의 방법과 해석신학적 방법과 경험분석적 방법 그리고 해석학적 방법 등을 원용하여 그 실천적 적용성을 더욱 보완함으로 칼뱅의 목회신학을 21세기 변화된 목회 환경에서 적용될 수 있도록 더욱 발전시켜 나가야 할 것이다.

이제 본서를 마감하면서 조선 도공의 이야기로 **미래의 한국교회의 목회신학적 과제**를 대신하고자 한다. 1598년 정유재란 때 일본으로 끌려가 일본의 사쓰마야끼[1] 도자기의 대가이자 조선도공의 후예인 15대 심수관은 훌륭한 도자기 전수와 자기만의 창조적인 도자기 제작의 비법을 이렇게 대변했다.

> 디자인은 디자인을 만들지 못하고 모양은 모양을 만들지 못합니다. 누군가가 만들어낸 모양에서는 아무것도 만들어낼 수 없습니다. 중요한 것은 '내가 무엇에 감동받았는지'를 아는 것이었습니다. 나무 이파리든, 흘러가는 물이든 괜찮습니다. 그걸 먼저 마음에 반영합니다. 그 다음에 그 무늬를 자신의 감정과 상상 속에서 자유롭게 펼쳐 보이는 거죠. 펴보고 구부려보고 휘어보고…이것이야말로 제 것이었던 것입니다. 그런데 저는 그 때까지 기술만 배웠던 것입니다. 기술을 성취한 다음에는 기술에다 감성과 의지를 접목시켜야 하는 건데 말이죠.[2]

거대한 대륙과 연결되어 살았던 한국인은 어떤 분야든 빠른 속도로 융화시키는 한국인의 기질과 문화를 가지고 있다. 한국교회의 부흥은 이러한 문화적 바탕 위에서 이해되어져야 한다. 이것은 500여 년 전 칼뱅의 목회신학 사상을 한국교회의 목회에 적용할 때 깊이 되새겨야 할 부분임을 필자도 도공 심수관처럼 공감한다. 성경을 바탕으로 한 칼뱅의 목회신학이 한국 땅에서 실천되어질 때 어떤 모양과 기술만으로는 한국적인 고유한 목회문화를 만들어낼 수 없을 것이다. 교

---

1) 일본 가고시마현의 옛 이름인 사쓰마지역의 도자기로 일본 3대 도자기의 하나로 유명하다.
2) 김선래, "나의 진정한 고향은 가족이다: 조선 도공의 혼을 잇는 15대 심수관," 『행복이 가득한 집』 (2006년 6월호): 60.

회 부흥만 되면 어떤 모양이든, 어떤 디자인이든 괜찮다는 복음의 근본 본질주의자들이나 그 반대로 토착화를 위해 전통과 성경을 목회적 상황에 혼합시키는 복음의 상황주의자들이 조국교회에 판을 치는 한 한국교회만의 독특한 목회문화는 재창조의 길이 요원할 것이다.

  필자는 본서에서 칼뱅의 목회신학 자체에 천착하여 지금의 목회상황을 고민하려고 했지만 보다 근본적인 목표는 심수관이 일본의 문화 속에서 한국의 도자기를 재창조했듯이 칼뱅의 목회신학을 제네바나 미국이 아닌 한국의 땅, 한국의 교회에 재창조하는 과제를 미래의 연구 과제로 제시하며 본서를 끝맺는다.

John Calvin's
Pastoral Theology

참고문헌

• 칼뱅 저작

Calvin, Jean. *Institutes of the Christian Religion*. 4 vols. ed. John T. McNeill. trans. Ford Lewis Battles. Philadelphia: Westminster Press, 1962.
_____. *Calvin's Old Testament Commentaries*. 24 vols. ed. Edinburgh: Oliver and Boyd, 1960. reprint, Grand Rapids: Eerdmans Publishing Company, 1963.
_____. *Calvin's New Testament Commentaries*. 12 vols. ed. David W. Torrance & Thomas F. Torrance. n. p. the Calvin Translation Society, 1843-1855. reprint, Grand Rapids: Eerdmans Publishing Company, 1973.
_____. *Selected Works of John Calvin: Tracts and Letters*. 4 vols. ed. Henry Beveridge and Jules Bonnet. Grand Rapids: Barker Book House, 1983.
_____. *Sermons on the Epistles to the Ephesians*. revised trans. London: The Banner of Truth Trust, 1973.
_____. 박건택 편역. 『칼뱅작품선집』. 7 vols. 서울: 총신대학교출판부, 1998.
_____. *Institutes of the Christian Religion*. 영한 기독교강요. 4 vols. 서울: 성문출판사, 1993.
_____. *Institutes of the Christian Religion*. 기독교강요. 3 vols. 서울: 생명의말씀사, 2006.
_____. *Calvin's Commentaries*. 존 칼빈 원저 성경주석. 20 vols. 서울: 성서원, 1999.
Kingdon, Robert M. eds. *Resistres du Consistorie de Genéve: au temps de Calvin*, trans. M. Wallace Mcdonald. The Resisters of the Consistory of Geneva in the Time of Calvin, vol. Ⅰ: 1542-1544. Grands Rapids: Eerdmans, 2000.
Hesselink. I. John. *Calvin's First Catechism, A Commentary*. Louisville: Westminster/ John Knox, 1997.
Hall, David W. "Ecclesiastical Ordinances, 1561" In *Paradigms in Polity: Classic Readings in Reformed and Presbyterian Church Government*. Edited by David W. Hall & Joseph H. Hall. 141. Grand Rapids: Eerdmans, 1994.

• 단행본 원서

Adams, Jay E. *The Theology of Christian Counseling*. Grand Rapids: Zondervan Publishing House, 1979.
Allen, Ronald J. *Preaching the Topical Sermon*. Louisville: John Knox Press, 1922.
Anderson, Ray S. *The Shape of Practical Theology: Empowering Ministry with Theological Praxis*. Downers Grove: InterVarsity Press, 2001.
_____. ed., *Theological Foundations for Ministry*. Grand Rapids: Eerdmans Publishing Co., 1975.
Armstrong, Brian G. "Exegetical and Theological Principle in Calvin's Preaching, with Special Attention to His Sermon on the Psalm." in *Ordentlich und Fruchtbar: Festschrift fur Willen van't Spijker*, ed. Wilhelm Neuser and Herman Selderhuis. Leiden: J. J. Groenen Zoon, 1997.
Ballard, Paul. "The Emergence of Pastoral and Paractical Theology in Britain." in *Pastoral and Practical Theology*, ed. James Woodward and Stephen Pattison. Malden: Blackwell Publishing, 2000,
Barth, Karl. *Theology of John Calvin*. Grand Rapids: Eerdamans, 1922.
Barth, Markus. *Das Mahl des Herrn*. Neukirchen-Vluyn: Neukirchener Verlag, 1987.
Battenhous, Roy W. "Doctrine of Man in Calvin and Renaissance." In *Articles on Calvin and Calvinism* Vol. 4, Edited by Richard C. Gamble, 155-79. New York: Garland Publishing, 1992.
Battles, Ford Lewis. "God Was Accommodation Himself to Human Capacity." In *Articles on Calvin and Calvinism* Vol. 6, Edited by Richard C. Gamble, 13-32. New York: Garland Publishing, 1992.
_____. "True Piety According to Calvin." ed. Donald K. Mckim, *Readings in Calvin's Theology*. Grand Rapids: Baker Book House, 1984.
Battles, Ford Lewis. *Inerpreting John Calvin*. Grand Rapids: Barker Books, 1996.
Bavink, Herman. *Gereformeerde Dogmatiek*. Kampen: Kok, 1918.
Baxter, Richard. *The Reformed Pastor*. Portland: Multnomah Press, 1982.
Benoit, Jean-Daniel. *Calvin Directeur D'Ames: Contribution a L'histoire de la Piété réformée*. Strasbourg: Oberlin, 1947.

Benoit, "Pastoral Care of the Prophet." in *John Calvin, Contemporary Prophet*, ed. J. T. Hoogstra. Grand Rapids: Baker Book House, 1959.
Benner, David G. *Care of Souls: Revisioning Christian Nature and Counsel*. Carlisle: Paternoster Press, 1998.
Berkhof, Louis. *Systematic Theology*. Grand Rapids: Eerdmans, 1941.
Berkower, G. C. *The Sacraments*, trans. Hugo Bekker (Grand Rapids: Eerdmans Printing Company, 1969.
Blizzard. Samuel W. "The Minister's Dilemma." *The Christian Century*. April 25. 1956.
Bobbit, Franklin. *The Curriculum*. New York: Arno Press, 1918.
Bouwsma, W. J. John Cavin: A Sixteenth Century Portrait. Oxford: Oxford University Press, 1988.
Bouwsma, William. *John Calvin, A Sixteenth Century Portrait*. New York: Oxford University Press, 1988.
Brister, C. W. *Pastoral Care in the church*. New York: Harper & Raw, 1964.
Browing, Don S. *The Moral Context of Pastoral Care*. Philadelphia: Westminster, 1976.
Browning, Don S. "Pastoral theology in a Pluralistic Age." in *Pastoral and Practical Theology*. ed. James Woodward and Stephen Pattison. Malden: Blackwell Publishing, 2000.
Bruce, F. F. *The Acts of the Apostles: Greek Text with Introduction and Commentary*. Grand Rapids: Eerdmans Publishing, 1990.
Browning, Don. S. *The Moral Context of Pastoral Care*. Philadelphia: Westminster, 1976.
Busser, Fritz. "Bullinger as Calvin's Model in Biblical Exposition: An Examination of Calvin's Preface to the Epistle to the Romans." In *Articles on Calvin and Calvinism* Vol. 6, Edited by Richard C. Gamble, 435-65. New York: Garland Publishing, 1992.
Burtchaell, Fames. *From Synagogue to Church: Public Services and Offices in the Earliest Christian Community*. Cambridge: Cambridge University Press, 1992.
Car, Wesley. *Handbook of Pastoral Studies: Learning and Practising Christian Ministry*. London: SPCK, 1997.
Carmichael, Kay. *Sin and Forgiveness: New Responses in a Changing World*.

Ashgate: Aldershot, 2003.
Chrysostom, Saint John. *On the Priesthood*, vol. 9 in NPNF, ed. Phillp Schaff. New York: Scribner, 1886-1890.
Chrysostom, John. *On the Priesthood*, ed. Bernard de Montfaucon in Migne's Collection of Greek Patrology, Trans. Patrick Boyle. Dublin: M. H. Gill & Son, Ltd., 1910; reprint. Westminster, Maryland: The Newman Bookshop, 1945.
Clarke, Andrew D. *Serve the Community of the Church: Christians as Leaders and Ministers*. Grand Rapids, Eerdmans, 2000.
Clebsch, William A. & Jackle. Charles R. *Pastoral Care in Historical Perspective*. New York: Harper & Raw, 1967.
Clinebell, Haward. *Wellbeing: A Personal Plan for Exploring and Enriching the Seven Dimensions of Life*. Harper SanFrancisco, 1992.
_____. *Counseling for Spiritually Empowered Wholeness: A Hope-Centered Approach*. New York: The Haworth Pastoral Press, 1995.
_____. *Basic Types of Pastoral Counseling*. Nashville: Abingdon Press, 1966.
Cottret, Bernard. *Calvin: biographie*. Paris: JCLatte, 1995.
Culbertson Philip L. & Shippee, Arthure. B. *The Pastor : Reading from the Patristic Period*. Edited by Mineapolis: Augsburg Fortress Press, 1999.
Dargan, Edwin. C. *A History of Preaching* Vol. I. Grand Rapids: Barker Book House, 1954.
Davies, Horton. *Bread of Life and Cup of Joy-New Ecumenical Perspectives on the Eucharist*. Grand Rapids: Eedmands Publishing Company, 1993.
De Long, Irwin Hoch. "Calvin as an Interpreter of the Bible." In *Articles on Calvin and Calvinism* Vol. 6, Edited by Richard C. Gamble, 127-44. New York: Garland Publishing, 1992.
Douglass, Jane Dempsey. "Calvin's Use of Metaphorical Language for God: God as Enemy and God as Mother." In *Articles on Calvin and Calvinism* Vol. 6. Edited by Richard C. Gamble, 89-102. New York: Garland Publishing, 1992.
Edge, Findley B. *The Doctrine of the Laity*. Nashville: Convention Press, 1985.
Eldridge, Daryl. *The Teaching Ministry of the Church*. Nashville: Broadman & Holman Publishers, 1995.
Emerson, Everett H. "Calvin and Covenant Theology." In *Articles on Calvin and*

Calvinism vol. 8, Edited by Richard C. Gamble, 2-10. New York: Garland Publishing, 1992.
Fairbairn, Pattrick. *Pastoral Theology*. Audubon: Old Paths Publications, 1875; reprint 1992.
Fernando, Ajith. *Jesus Driven Ministry*. Wheaton: Crossway Books, 1992.
Jacob Firet, *Het agogisch Moment in het Pastoraal Optreden*. Translated by J. H. Kok, Dynamics in Pastoring. Grand Rapids: Eerdmans Publishing Company, 1986.
Fisher, George Park. *History of Christian Doctrine*. New York: Charles Scribner's Sons, 1923.
Flatt, Joseph. Jr. "How Shall I Respond to Sin in the Church?: A Plea to Restore the Third Mark of the Church." In *Reforming Pastoral Ministry: Challenges for Ministry in Postmodern Times*, Edited by John H. Armstrong. Wheaton: Crossway Books, 2001.
Floor, L. "The Hermeneutics of Calvin." In *Articles on Calvin and Calvinism* Vol. 6, Edited by Richard C. Gamble, 163-73. New York: Garland Publishing, 1992.
Forster, Richard J. *Celebration of Discipline: The Path to Spiritual Growth*. London: Hodder & Stoughton, 1989.
Fosdick, Henry Emerson. *The Living of These Days*. New York: Harper & Brothers, 1956.
Fromm, Erick. *Escape from Freedom*. New York: Holt. Rinehart, and Winston, 1941.
Fuhrmann, Poul Traugott. "Calvin, The Expositor of Scripture." In *Articles on Calvin and Calvinism* Vol. 6, Edited by Richard C. Gamble, 104-25. New York: Garland Publishing, 1992.
Gamble, Richard C. "Calvin's Theological Method: Word and Spirit, A Case Study." In *Articles on Calvin and Calvinism* Vol. 7, Edited by Richard C. Gamble. 61-73. New York: Garland Publishing, 1992.
_____. Richard. "Brevitas et Facilitas: Toward an Understanding of Calvin's Hermeneutic." In *Articles on Calvin and Calvinism* Vol. 6, Edited by Richard C. Gamble, 33-49. New York: Garland Publishing, 1992.
Ganoczy, Alexandre. Le jeune Calvin, Translated by David Foxgrover and W. Provo. *The Young Calvin*. Philadelphia: The Westminster Press: 1987.

Garner, John. *Recreation and Sports Ministry*. Nashville: Broadman & Holman Publishers, 2003.

Gerkin, Charles. *Prophetic Pastoral Practice*. Nashville: Abingdon Press, 1991.

_____. *An Introduction to Pastoral Care*. Nashville: Abingdon Press, 1997.

Gerrish. *Grace and Gratitude; The Eucharistic Theology of John Calvin*. Minneapolis: Fortress, 1933.

Gerrish, B. A. "Preface." In *John Calvin: Writings on Pastoral Piety*, Edited by Elsie Anne Mckee. New York: Paulist Press, 2001.

Gilmore, John. Pastoral Politics: *Why Ministers Resign*. AMG Publishers, 2002.

Gore, Charles. *The Church and the Ministry*. Longmans: Green & Co., 1886; reprint, London: S. P. C. K, 1936.

Gregory the Great. *Regulae Pastoralis*. Translated and Annotated by S. J. Henry Davis, vol. 11, Ancient Christian Writters: The Works of the Father in Translation, Edited by Johnannes Quasten and Joseph Plumpe. New York: Newman Press, 1978.

Haire, J. L. M. "John Calvin as a Expositor." In *Articles on Calvin and Calvinism* Vol. 6, Edited by Richard C. Gamble, 74-88. New York: Garland Publishing, 1992.

Hall, Basil. "Calvin and Biblical Humanism." In *Articles on Calvin and Calvinism* Vol. 4, Edited by Richard C. Gamble, 55-69. New York: Garland Publishing, 1992.

Hall, David W. *Jus Divinum Regiminis Ecclesiastici or The Divine Right of Church Government, originally asserted by the Ministers of Sion College*. Dallas: Naphtali Press, 1995.

Harnack, Adolf. *Entstchung und Entwickelung der Kirchenverfassung und des Kirchenrechts in den zwei ersten Jahrhunderten, nebst einer Kirik der Alhandlung R. Sohm's: "Wesen und Ursprung des Katholizismus" und Untersuchungen über "Evangelium," "Wort Gottes," und das trinitarische Bekenntnis*. Leipzig, J. C. Hinrichs, 1910; reprint. *The Constitution & Law of the Church in the First Two Centuries*. Translated by F. L. Pogson. New York: G. P. Putnam's Sons, 1910.

Harms, Claus. *Pastoraltheologie*. Band 5, 6 In Bibliothek Theologischer Klassiker. Gotha: Friedrich Undreas Perthes, 1888.

Haugk, Kenneth C. *Antagonists in the Church: How to Identify and Deal with*

Destructive Conflict. Minneapolis: Augsburg Publishing House, 1988.

Heitink, Gerben. *Pastoraat als Hupverlening: Inleiding in de Pastorale Theologie en Psychologie*. Kampen 1997.

_____. *Practical Theology: History, Theory, Action Domains*. Trans. Reinder Bruinsma. Grand Rapids: Eerdmans Publishing Company, 1999.

Hesselink, I. John. "Christ, the Law, and the Christian: An Unexplored Aspect of the Third Use of the Law in Calvin's Theology." In *Articles on Calvin and Calvinism*. Edited by Richard C. Gamble. 179-91. New York: Garland Publishing, 1992.

_____. *On Being Reformed; Distinctive Characteristics and Common Misunderstandings*. New York: Reformed Church Press, 1988.

Hinson, E. Glenn. "The Church and Its Ministry." In *Formation for Christian Ministry*. Edited by Anne Davis and Wade Rowatt, Jr. Louisville: Southern Baptist Theological Seminary, 1988.

Hiltner, Seward. *Preface to Pastoral Theology*. Nashville: Abingdon Press, 1958.

Howe, Leroy. *A pastor in Every Pew: Equipping Laity for Pastoral Care*. Valley Forge: Judson Press, 2000.

Hoekema, Antthony A. *Saved by Grace*. Grand Rapids: Eerdmans, 1988.

Hunter, A. M. *The Teaching of Calvin*. London: James Clark & Company, 1950.

Hughes, Philip E. *The Register of the Company of Pastors of Geneva in the Time of Calvin*. Edited & Translated by Grand Rapids: Eerdmans, 1966.

James, William. *The Varieties of Religious Experience: A Study in Human Nature*. New York: Penguin Books, 1982.

Janssen, Allen J. *Constitutional Theology: Notes on the Book of Church Order of the Reformed Church in America*. Grand Rapids: Eerdmans, 2000.

Jones, Ilion T. *Principles and Practice of Preaching*. Nashville; Abingdon Press, 1956.

Jonson, Ben C. *Pastoral Spirituality: A Focus for Ministry*. Philadelphia: The Westminster Press, 1988.

Kelleman, Robert W. *Soul Physicians: A Theology of Soul Care and Spiritual Direction*. Taneytown: RPM Books, 2005.

Khong, Lawrence. *The Apostolic Cell Church*. Singapore: TMI, 2000.

Kirk, James. *Patterns of Reform: Continuity and Change in the Reformation Kirk*. Edinburgh: T & T Clark, 1989.

Kingdon, Robert M. *Adultery and Divorce in Calvin's Geneva*. Cambridge: Harvard University Press, 1955), 4.

Klinken, Jaap van. *Diakonia: Mutual Helping with Justice and Compassion*. Grand Rapids: Eerdmans, 1989.

Kraus, Hans-Johachim. "Calvin's Exegetical Principles." In *Articles on Calvin and Calvinism* Vol. 6, Edited by Richard C. Gamble, 2-12. New York: Garland Publishing, 1992.

Lake, Frank. *Clinical Theology: A Theology and Psychiatric Basis to Clinical Pastoral Care*, vol. I. Lexington: Emeth press, 2005.

Lane, Anthony N. S. "John Calvin: The Witness of the Spirit." In *Articles on Calvin and Calvinism* Vol. 9, Edited by Richard C. Gamble, 107-23. New York: Garland Publishing, 1992.

Lapsley, James N. "Pastoral Theology: Past and Present." In *The New Shape of Pastoral Theology*. Edited by W. B. Oglesby. Nashville: Abingdon, 1969.

Larsen, David L. *The Company of the Preachers: A History of Biblical Preaching from the old Testament to the Modern Era*. Grand Rapids: Kregel Publications, 1998.

Leech, Kenneth. *Soul Friend: An Invitation to Spiritual Direction*. New York: HarperSanFrancisco, 1992.

Leith, John H. *The Christian Life: John Calvin*. San Francisco: Harper & Row, 1984.

Lienhard, Joseph, *Ministry*, Vol. 8 of Message of the Fathers of the Church. Edited by Thomas Halton. Wilmington: Michael Glazier, Inc., 1984.

MacArther, John. Jr. *Rediscovering Pastoral Ministry*. Dallas: Word Publishing, 1995.

Markus, R. A. *Gregory the Great and his World*. Cambridge: Cambridge University, 1997.

Marsden, George. "Reformed and American." In *Reformed Theology in America*, Edited by David F. Wells, 3-11. Grands Rapids: Eerdmans Publishing Company, 1985.

McGrath, Alister E. *A Life of John Calvin: A Study in the Shaping of Western Culture*. Cambridge, Mass.: B. Blackwell, 1990.

Mckee, E. A. *John Calvin: Writings on Pastoral Piety*. New York: Paulist Press, 2001.

McNeill, John T. *A History of The Cure of Souls*. London: SCM Press, 1952.

Messer, Donald E. *Contemporary, Images of Christian Ministry*. Nashville: Abingdon Press, 1989.

Meylan, Edward F. "The Stoic Doctrine of Indifferent things and the Conception of Christian Liverty in Calvin's Institutio Religionis Christianae." In *Articles on Calvin and Calvinism* Vol. 4, Edited by Richard C. Gamble, 105-15. New York: Garland Publishing, 1992.

Moon, Garry W. & Benner, David G. ed., *Spiritual Direction and the Care of Souls*. Downers Grove: InterVarsity Press, 2004.

Murray, John. *Redemption: Accomplished and Applied*. Grand Rapids: Eerdmands, 1955.

Neuser, Wilhelm. "Calvin's Coversion To Teachableness." In *Calvin and Christian Ethics, Fifth Colloquium on Calvin and Calvin Studies*. Edited by Peter De Klerk. 57-82. Grands Rapids: Calvin Theological Seminary, 1985.

Newman, Albert H. *A Manual of Church History*. Philadelphia: America Baptist Publication Society, 1914.

Neil, Stephn & Weber, Hans-Ruedi. *Layman in Christian History*. Philadelphia: The Westminster Press, 1963.

Nichols, J. Rondall. *The Restoring Word* (San Francisco: Harper & Raw Publishers, 1987.

Nisel, Wihelm. *The Theology of Calvin*. Translated by Harold Knight; Philadelphia: Westminster, 1956.

Pattison, Stephen. & Woodward, James "An Introduction to Patoral and Practical Theology." In *Pastoral and Practical Theology*, Edited by James Woodward and Stephen Pattison. Gateshead: Blackwell Publishing, 2000.

Parker, T. H. L. "Calvin the Biblical Expositor." In *Articles on Calvin and Calvinism* Vol. 6, Edited by Richard C. Gamble, 65-73. New York: Garland Publishing, 1992.

_____. *John Cavin*. London: J. M. Dent, 1975.

_____. *John Calvin, A Biography*. Philadelphia: Westminster Press, 1975.

_____. *John. Pastoral Care in Context*. Louisville: Westminster John Knox Press, 1993.

_____. *Calvin's Preaching*. Louisville: John Knox Press, 1992.

_____. *Portrait of Calvin*. London: SCM Press, 1983.

Pattision, T. Harwood. *The Making of Sermon*. Philadelphia: The American Baptist Publication Society, 1902.
Peterson, Eugene H. *Five Smooth Stones for Pastoral Work*. Grand Rapids: Eerdmans Publishing Company, 1980.
_____. Eugene H. *The Contemplative Pastor: Returning to the Art of Spiritual Direction*. Grand Rapids: Eerdmans Publishing Company, 1989.
Perry, Lloyd M. *Biblical Preaching for Today's World*. Chicago: Moody Press, 1978.
Pelikan, Jaroslav. *The Vindication of Tradition*. New York: Yale University Press: 1984.
Pfliegler, Michael. *Pastoral Theologie*. Translated by John Drury. Pastoral Theology. Westminster: The Newman Press, 1966.
Phelps, Austin. *Theory of Preaching*. New York: Charles Scribner's Sons, 1903.
Pond, Enoch. *Lectures on Pastoral Theology*. Boston: Draper & Holiday, 1847.
Potter, Mary. "Gender equality and gender hierarchy in Calvin's Theology." In *Articles on Calvin and Calvinism* Vol. 8, Edited by Richard C. Gamble, 287-301. New York: Garland Publishing, 1992.
Potter and Greengrass, *John Calvin*. London: Edward Arnold, 1983.
Purves, Andrew. *Pastoral Theology in the Classical Tradition*. Louisville: Westminster John Knox Press, 2001.
_____. Andrew. *Reconstructing Pastoral Theology*. Louisville: Westminster John Knox Press, 2004.
Rediger, G. Lloyd. *Clergy Killers: Guidance for Pastor and Congregations under Attack*. Louisville: Westinster John Knox Press, 1997.
Rossow, Francis C. "Topical Preaching." In *Handbook of Contemporary Preaching*, ed. Michael Duduit. Nashville: Broadman press, 1992.
Sabine, George H. *A History of Political Theory*. New York: Henry Holt and Company, 1945.
Saliers, Don E. *Worship As Theology*. Nashville Press, 1994.
Sandeen, Ernest. *The Origins of Fundamentalism*. Philadelphia: Fortress, 1968.
Schaff, Philip. *History of the Christian Church* Ⅶ. New York: Charles Scribner's Sons, 1923.
Schleiermacher, Friedrich D. *Brief Outline on the Study of Theology*. Trans., Terrence N. Tice. Richmond: John Knox Press, 1966.

_____. *Kurze Darstellung des theologisches Studiens.* Translated by Terrence N. Tice. Brief Outline on the Study of Theology. The Edwin Mellen Press, 1988.

Schillebeeckx, Edward. *Pleidooi voor Mensen in de Kerk.* trans. John Bowden. The Church with a Human Face. New York: The Crossroad Publishing Company, 1988.

Schneider, Theodor. *Zeichen der Nähe Gottes: Grundriss der Sakramenten-theologie.* Mainz: Matthias-Grunewald Schneider, 1979.

Segler, Franklin M. *A Theology Church and Ministry.* Nashville: Zroadman Press, 1960.

Selinger, Susanne. *Calvin against himself: an inquiry in intellectual history.* Harden: Archon, 1984.

Shields, Harry and Bredfeldt, Gary J. *Caring for Souls: Counselling under the Authority of Scripture.* Chicago: Moody Press, 2001.

Smart, James D. *The Interpretation of Scripture.* Philadelphia: The Westminster Press, 1961.

Smedes, Lewis. *Union with Christ.* Grand Rapids: Eerdmans, 1983.

Stickelberger, Emanuel. *Calvin.* Translated by David G. Gelzer. London: James Clarke & Company, 1959.

Stitzinger, James F. "Pastoral Ministry in History." In *Rediscovering Pastoral Ministry: Shaping Contemporary Ministry with Biblical Mandates.* Edited by John MacArthur, Jr. 52-54. Dallas: Word Publishing, 1995.

Streeter, Burnett Hillman. *The Primitive Church: Studied with Special Reference to the Origins the Christian Ministry.* New York: The Macmillan Company, 1929.

H. B. Swete. *Essays on the Eearly History of the Church and the Ministry.* London: Macmillan and Co., Limited St Martin's Street, 1918.

Tamburello, Dennis E. *Union with Christ: John Calvin and the Mysticism of St. Bernard.* Louisville: Westminster John Knox Press, 1994.

Tanner, D. & Tanner, L. *Curriculum Development: Theory into Practice.* Englewood Cliffs, N. J. Prentice-Hall, 1955.

Tidball, Derek. *Skillfull Shepherds.* Leicester, England: InterVarsity, 1986.

Til, Van Cornelius, Calvin as a controversialist." In *Articles on Calvin and Calvinism* Vol. 5, Edited by Richard C. Gamble, 195-204. New York:

Garland Publishing, 1992.
Torrance, T. F. *Service in Jesus Christ*, Edited by James I. McCord and T. H. L. Parker, Grand Rapids, Michigan: William B. Eerdmans Publishing Company, 1966.
_____. T. F. "The Eschatology of the Reformation." In *Eschatology: Scottish Journal of Theology Occasional Papers* No. 2. Edinburgh: Oliver and Boyd Ltd., 1953.
Vinet, Alexandre Rodolphe. *Pastoral theology; or, The theory of the evangelical ministry*. Trans. & edt. Thomas H Skinner. New York: Harper & Brothers, 1853.
Vos, Louis A. "Calvin and the Christian Self-image: God's noble Workmanshop, or a new creature?" In *Exploring of the Heritage of the John Calvin*, ed. David E. Holwerda, L. Grand Rapids: Barker, 1976.
Volz, Carl A. *Pastoral Life and Practice in the Early Church*. Minneapolis: Augsburg Fortress, 1990.
Wallace, Ronald S. *Calvin's Doctrine of the Word and Sacrament*. Tyler, TX: Geneva Divinity School Press, 1982.
_____. *Calvin, Geneva and the Reformation*. Grand Rapids: Barker Book House, 1990.
Warfield. *Calvin And Augustine*. Philadelphia: Presbyterian & Reformed Publishing Co, 1971.
Wharton, James. "Theology of Ministry of the Hebrew Scriptures." In *A Biblical Basis for Ministry*. Edited by E. E. Shelp and R. Sunderland, Philadelphia: Westminster Press, 1981.
Wells, David E. "Charles Hodge." In *Reformed Theology in America*. Edited by David E. Wells. Grand Rapid: Eerdmans Publishing, 1985.
White, James Emory. "Preaching and Administration." In *Handbook of Comtemporary Preaching*, Edited by Michael Duduit. Nashville: Broadman Press, 1992.
Willimon, William H. *Pastor: The Theology and Practice of Ordained Ministry*. Nashville: Abingdon Press, 2002.
Wilterdink, Garret. A. "The The Fatherhood of God in Calvin's Thought." In *Articles on Calvin and Calvinism* Vol. 9, Edited by Richard C. Gamble, 175-88. New York: Garland Publishing, 1992.

Wolterstorft, Nicholas. "The Wounds of God: Calvin's theology of social injustice." In *Articles on Calvin and Calvinism* Vol. 11, Edited by Richard C. Gamble. 134-142. New York: Garland Publishing, 1992.

Woolley, Paul "Calvin and Toleration." In *Articles on Calvin and Calvinism* Vol. 5, Edited by Richard C. Gamble, 173-57. New York: Garland Publishing, 1992.

Wright, Shawn D. *Our Sovereign Refuge: The Pastoral Theology of Theodore Beza*. Waynesboro: Paternoster, 2004.

• 단행본 역서

Adams, Jay E. *Shepherding God's Flock*. 정삼지 역. 『목회연구』. 서울: CLC, 1998.
Allmen, J. J. von. *The Lord's Supper*. 박근원 역. 『주의 만찬』. 서울: 양서각, 1986.
_____. 정용섭 외, 『예배학원론』. 서울: 대한기독교출판사, 1979.
Basden, Paul A. *Has Our Theology Changed?*, 침례신학연구소 역. 『침례신학의 흐름: 1845년부터 최근까지』. 대전: 침례신학대학교출판부, 1999.
Baxter, J. Sidlaw. *Rethinking our Priorities*. 배상호 역. 『목회의 본질』. 서울: 생명의 말씀사, 1979.
Beza, Theodore. *The Life of John Calvin*. 김동현 역. 『존 칼빈의 생애와 신앙』. 서울: 목회자료사, 1999.
Bieler, Andre. *L' humanisme social de Calvin*. 박성원 역. 『칼빈의 사회적 휴머니즘』. 서울: 대한기독교서회, 2003.
Blackwood, Andrew. 『설교학』. 박광절 역. 서울: 생명의말씀사, 1983.
Blank. Michael Meyer. "연출과 표현: 실천신학 연구의 두 방법." 하우실트, 이영미, 슈뢰터 엮음, 『창조적인 목회를 위한 실천신학』. 서울: 한들출판사, 2000.
Brillioth, Yngve. 홍정수 역. 『설교사』. 서울: 생명의말씀사, 1987.
Cadier, Jean. Calvin, *l' homme que Dieu a dompte*, Geneve, 『칼빈, 하나님이 길들인 사람』. 서울: 대한기독교서회, 1995.
Campbell, Alastair V. "실천신학은 가능한가." In *Practical Theology*, Edited by Don S. Browning. 이기춘 역. 『실천신학』. 서울: 대한기독교서회, 1999.
Clowney, E. P. *The Church*. 황영철 역. 『교회』. 서울: IVP, 1999.
Coleman, Lucien E. Jr., *Why the Church must Teach*. 박영철 역. 『교육하는 교회』. 서울: 요단출판사, 1994.

Daiber, Karl-Fritz. *Diakonie und Kirchliche Identitat*. 황금봉 역. 『교회의 정체성과 교회봉사』, 1998.
_____. *Grundriß der Praktischen Theologie als Hundlungswissenschaft*, 박근원 역. 『실천신학서론』. 서울: 대한기독교서회, 1981.
Doumergue, Emile. *Le caractère de Calvin; Le 'Homme, Le Systeme, L 'Eglise, L 'Etat*, 1931. 이오갑 역. 『칼빈사상의 성격과 구조』. 서울: 대한기독교서회, 1995.
Gerkin, Charles V. *An Introduction to Pastoral Care*. 유영권 역. 『목회적 돌봄의 개론』. 서울: 은성, 1999.
Greenfield, Guy. *The Wounded Minister: Healing from and Preventing Personal Attacks*. 황성철 역. 『상처 입은 목회자』. 서울: 그리심, 2004.
Greef, W. de. *Johannes Calvin, zijn werk en geschriften*. 『칼빈의 생애와 저서들』. 서울: SFC 출판부, 2006.
Hauschildt, Eberhard. 이영미 엮음. 『창조적인 목회를 위한 실천신학』. 서울: 한들출판사, 2000.
Heyns, L. M. & Pieterse, J. C. *A Primer in Practical Theology*. 이정현 역. 『실천신학 입문서』. 시흥: 도서출판 지민, 2006.
Jones, D. M. Lloyd. *Preaching and Preachers*. 서문강 역. 『목사와 설교』. 서울: CLC, 1977.
Lämmermann, Godwin. *Einleitung in die Praktische Handlungstheorien und Handlungsfelder*. Theologie: 윤희석 역. 『현장중심의 실천신학: 행위이론과 사역현장』. 천안: 도서출판 하교, 2006.
Luther, Henning. "정체성과 정체성 분열: 교육과정의 종결 불가능성에 관한 실천신학적 고찰." 하우실트, 이영미, 슈뢰터 엮음. 『창조적인 목회를 위한 실천신학』. 서울: 한들출판사, 2000.
May, Gerald G. *Care of Mind Care of Spirit*. 노종문 역. 『영성지도와 상담』. 서울: IVP Books, 2006.
Mickelsen, A. Berkeley. *Interpreting The Bible*. 김인환 역. 『성경해석학』. 서울: 크리챤다이제스트, 1996.
Miller, D. E. *Story and Text*. 고용수, 장종철 역. 『기독교교육개론』. 서울: 예장출판사, 1988.
Murray, John. *Collected writings of John Murray*. 박문재 역. 『조직신학』. 서울: 크리스챤다이제스트, 1991.
Muller, Ricahrd A. *The Unaccommodated Calvin*. 이은선 역. 『16세기 맥락에서 본 진정한 칼뱅신학』. 성남: 나눔과 섬김, 2003.

Niesel, Wilhelm. *Die Theologi Calvins*. 이종성 역. 『칼빈의 신학』. 서울: 대한기독교서회, 1973.
Oates, Wayne E. *The Christian Pastor*. 김득룡 역. 『기독교목회학』. 서울: 생명의말씀사, 1974.
Oden, Thomas C. *Kerygma and Counselling*. Philadelphia: Westminster Press, 1966.
_____. *Pastoral Theology: Essentials of Ministry*. 오성춘 역. 『목회신학: 교역의 본질』. 서울: 한국장로교출판사, 1993.
Ogletree, Thomas W. "실천신학의 차원들: 의미, 행동, 자아." In *Practical Theology*. Edited by Don S. Browning. 이기춘 역. 『실천신학』. 서울: 대한기독교서회, 1999.
_____. *Kerkelijk Abmt: Voorgangers in de gemeente van Jesus Christus*. 정한교 역. 『교회직무론』. 왜관: 분도출판사, 1985.
Parker, T. H. L. *Calvin: An Introduction To His Thought*. 1995, 박희석 역. 『칼빈신학입문』. 서울: 크리스챤다이제스트, 2001.
Poling, James N. & Miller, Donald E. *Foundations for Practical Theology of Ministry*. 박근원 역. 『교역실천론』. 서울: 대한기독교출판사, 1987.
Pruyser, Paul W. *The Minister as Diagnostician*. 유희동 역. 『진단자로서의 목사』. 서울: 기독교문사, 2002.
Reid W, Stanford. "16세기 칼빈주의의 전파." In *John Calvin: His Influence in the Western World*. 홍치모 역. 『칼빈이 서양에 끼친 영향』. 서울: 크리스챤다이제스트, 1994.
Ridderbos, Herman. *The Komst van het Koninkrijk*. 오광만 역. 『하나님의 나라』. 서울: 엠마오, 1999.
Rice, Howard L. *Reformed Spirituality*. 황성철 역. 『개혁주의 영성』. 서울: CLC, 1995.
Rima, Samuel D. *Leading from the inside out*. Grand Rapids: Baker Book House, 2002.
Schroër, Hening. *Einfuhrung in das Studium der evangelischen Theologie*. 정일웅 역. 『개신교 신학 연구개론: 독일신학 연구를 위한 안내서』. 서울: 대한기독교서회, 1995.
Stauffer, R. *Sermon, Calvin*. 박건택 편역. 『칼빈의 설교학』. 서울: 나비, 1994.
Segler, F. M. *A Theology of Church and Ministry*. 김성창 역. 『교회와 목회의 신학』. 침례회출판부: 1962.
Stauffer, R. *L'Humanite de Calvin*, 1964, 박건택 역. 『남편, 아버지, 친구, 목회자로서

의 칼빈』. 서울: 정암출판사, 1983.
Steinbron, Melvin J. *Can the Pastor do it alone*. 서병채 역. 『목회, 혼자 할 수 있는가』. 서울: 평신도목회자목회연수소, 1999.
Sweet, Leonard. *Aqua Church*. 김영래 역. 『모던 시대는 가라: 포스트모던 시대의 교회리더십 기술』. 서울: 좋은씨앗, 2004.
Thurnysen, Eduard. *Die Lehre von der Seelsorge*. 박근원 역. 『목회학원론』. 서울: 성서교재간행사, 1990.
_____. Eduard. *Seelsorge im Voozug*, 『목회실천론』. 서울: 한국신학연구소, 1977.
Turre, Reinhard. *Theology and praxis of social diakonia*, 이삼열 역. 『사회봉사의 신학과 실천』. 서울: 숭실대학교 기독교사회연구소, 1992.
Watins, Derrel R. *Christian Social Ministry: An Introduction*, 노영상 역. 『기독교 사회봉사 입문』. 서울: 쿰란출판사, 2003.
Weber, Otto. *Die Treue Gottes in der Geschichte der Kirche*. 김영재 역. 『칼빈의 교회관』. 서울: 이레서원, 2001.
Wendel, François. *Calvin: Origins and Development of his Religious Thought*. 김재성 역. 『칼빈: 그의 신학사상의 근원과 발전』. 서울: 크리스챤다이제스트, 1999.
White, James F. *Introduction to Christian worship*. 『기독교 예배학 입문』. 서울: 엠마오, 1992.
Winklery, Eberhard, *Parktische Theologie elementar ein Lehr und Arbeitshuch*, 김상구, 김성애, 윤화석, 최광현 역. 『실천신학개론』. 서울: CLC, 2004.
Wise, Carroll A. *The Meaning of Pastoral Care*. 이기춘 역. 『목회학개론』. 서울: 대한기독교서회, 2002.

• 단행본 한서

고용수. 『현대 기독교교육 사상』. 서울: 장로회신학대학교출판부, 2003.
곽안련. 『목회학』. 서울: 대한기독교서회, 1925; 1985.
김길성. 『개혁신학과 교회』. 서울: 총신대학교출판부, 1996.
김득룡. 『현대목회신학원론』. 서울: 총신대학교출판부, 1987.
_____. 『현대목회학신강』. 서울: 총신대학교출판부, 1978.
김만풍. 『상담설교』. 서울: 크리스챤서적, 1995.
김성곤. 『다시 쓰는 두 날개로 날아오르는 건강한 교회』. 서울: 도서출판 NCD, 2006.
김영래. 『기독교교육과 앎』. 서울: 다산글방, 2002.

김재성. 『성령의 신학자 존 칼빈』. 서울: 생명의말씀사, 2004.
_____. 『칼빈의 삶과 종교개혁』. 서울: 이레서원, 2001.
노치준. 『한국 개신교사회학: 한국교회의 위기와 전망』. 서울: 한울아카데미, 1998.
박근원. 『현대목회실천론』. 서울: 대한기독교서회, 1999.
_____. 『오늘의 예배론』. 서울: 대한기독교서회, 1990.
_____. 『현대신학 실천론』. 서울: 대한기독교서회, 1999.
박윤선. 『개혁주의 교리학』. 서울: 영음사, 2003.
_____. 『고린도후서 주석』. 서울: 영음사, 1997.
박형룡. 『교의신학 Ⅵ: 교회』. 서울: 한국기독교교육연구원, 1988.
복음주의실천신학회. 『복음주의 실천신학개론』. 서울: 도서출판 세복, 1999.
_____. 『21세기 실천신학개론』. 서울: CLC, 2006.
_____. 『복음주의실천신학논총』. 제6권. 서울: 한국복음주의실천신학회, 2003.
안명준. 『칼빈의 성경 해석학』. 서울: CLC, 1997.
오덕교. 『장로교회사』. 수원: 합동신학대학원출판부, 2005.
옥한흠. 『이것이 목회의 본질이다』. 서울: 국제제자훈련원, 2004.
이기춘. 『한국적 목회신학의 탐구』. 서울: 감리교신학대학교 출판부, 1997.
이성희. 『미래 사회 미래 교회 메가트렌드』. 서울: 대한기독교서회, 1999.
이창승. 『개혁』. 제4권. 서울: 노벨문화사, 1955.
정인교. 『설교학총론』. 서울: 대한기독교서회, 2003.
정승훈. 『말씀과 예전: 초대교회에서 종교개혁까지』. 서울: 대한기독교서회, 1998.
정일웅. 『예배학개론』. 서울: 범지출판사, 2005.
_____. 『교육목회학』. 서울: 솔로몬, 1993.
_____. 『한국교회와 실천신학』. 서울: 이레서원, 2002
한국기독교문화연구소. 『한국교회 성장둔화 분석과 대책』. 서울: 숭실대학교출판부, 1998.
한국칼빈학회. 『칼빈 신학과 목회』. 서울: 대한기독교서회, 1999.
_____. 『최근의 칼빈연구』. 서울: 대한기독교서회, 2001.
허순길. 『개혁주의 설교』. 서울: CLC, 1996.
현유광. 『목사와 갈등』. 서울: 본문과 현장 사이, 2001.
황성철. 『개혁주의 목회신학』. 서울: 총신대학교출판부, 2004.
_____. 『교회정치행정학』. 서울: 총신대학교출판부, 2004.
_____. 『칼빈의 교육목회』. 서울: 이레서원, 2002.
_____. 『예배학』. 서울: 대한예수교장로회, 2005.
홍성방. 『헌법학』. 서울: 현암사, 2002.
홍치모. 『종교개혁의 세계』. 서울: 아가페문화사, 2003.

• 학위 논문

손원영. "기독교 교육과정론에 대한 비판적 연구: Theopraxis Approach를 중심으로." Ph.D. diss., 연세대학교 대학원, 1998.
이현웅. "장로교 예배 모범의 역사와 전망에 관한 연구." Th.D. diss., 장로회신학대학교 대학원, 2004.
Chang Hoon Kim. "The Significance of prophetic preaching: The Implications of Isaiah's Message for Contemporary Preaching." Th.D diss., University of Stellenbosch, 1999.
Hwang Sung Chul. "The Teaching Ministry of the Church within a Calvinistic Approach to Theology." Ph. D. Diss., The Southern Baptist Theological Seminary, 1987.
Myung Jun Ahn. "Brevitas et Bacilitas: A Study of a Vital Aspect in the Theological Hermeneutics of John Calvin." Ph.D. Diss., Universiteit van Pretoria, 1998.
Deway R. Roach. "Ethical Implication of John Calvin's Theology." Th.D. Diss., Southwestern Baptist Theological Seminary, 1951.
Nixon, Leroy. "John Calvin's Teachings on Human Reason and their Implications for Theory of Reformed Protestant Christian Education." Ph.D. Diss., University of New York University, 1960.

• 간행물

Campbell, A. V. "The Politics of Pastoral Care." *Contact* 62 (1979): 4.
Dingemans, Gijisbert D. J. "Practical Theology in the Academy: A Contemporary Overview." 한국기독교연구소 역. "실천신학의 최근 동향." 「세계의 신학」.(1997년 봄호): 265-277.
Herbert D. Foster, "Geneva before Calvin; The Antecedents of Puritan State." *The American Historical Review* Vol. 8 (1903): 235.
Kupper, J. R. "Un gouvernement provincial dans le royaume de Mari." *Revue d'Assyriologie*, XLI, (1947):
Löipple, Volker. "목회의 신학적 이론을 위한 서설." 전연섭 역. 「신학세계」(1976. 9):

588-601.
Muller, Richard A. "The Starting Point of Calvin's Theology: An Essay-Review." *Calvin Theological Journal* vol. 36. No. 2 (November 2001: 317.
Serven, Marcus J. "Rediscovering our Reformation heritage: the Pastoral Theology of John Calvin." *Evangelical Theological Society Papers* ; ETS-0188. (2000).
TakasaKi, Takeshi. "Calvin's Theology as Pastoral Theology." *Reformed Review* vol. 51, No. 3 (Spring 1988): 220.
Reid, W. Stanford. "John Cavin, Pastoral Theologian." *Reformed Theological Review* vol. (September-December 1982): 65.
Willis-Watkins, David. "Calvin's Theology of Pastoral." *Calvin Studies Society Papers* (1992).
김창훈. "'주제설교'의 이해." 「신학지남」. 통권 282호, (2005년 봄호): 174.
김선래. "나의 진정한 고향은 가족이다: 조선 도공의 혼을 잇는 15대 심수관." 「행복이 가득한 집」.(2006년 6월호): 60.
김순성. "개혁주의 목회상담학의 정체성." 「개혁신학과 신앙」. 제10호, (2000). 341.
김득룡. "칼빈주의적 목회신학." 「신학지남」. 제41-3권, (1974년 가을호): 51-75.
_____. "현대 목회철학 연구." 「신학지남」. 제42-3권, (1975): 15-36.
_____. "칼빈의 목회신학 연구: 기독교인의 자아상을 중심하여." 「신학지남」. (1979), 8-45.
_____. "한국 장로교회가 당면한 목회신학의 과제 연구ⅠⅡ." 「신학지남」. 제49-3, 4권, (1982): 87-108.
_____. "제네바 敎會憲法規定 硏究: 1541년 規定을 중심으로." 「신학지남」. 제178호, (1977. 9): 27.
_____. "한국 개신교 목회신학의 요소와 계보 고찰." 「신학지남」. 제51권 1화(1984): 73-127.
김성욱. "John Calvin과 선교론." 「신학지남」. 통권 제262호, (2002년 가을호): 328-53.
김성태. "총신선교신학의 정체성과 방향성." 「신학지남」. 통권 제267호, (2001년 여름호): 138-49.
김준수. "전통적 교회와 현대적 예배." 「개혁논총」. vol. Ⅲ, (2005): 47-66.
박근원. "오늘의 목회신학." 「세계와 선교」.(1975): 34-40.
박은규. "21세기 설교 전략." 한국실천신학회. 「신학과 실천」 1. (1997년 가을): 15.
박정순. "바람직한 예배음악을 위한 성경적 고찰." 「개혁논총」 vol. Ⅲ, (2005): 75-88.
박건택. "칼뱅 전기물 연구." 「신학지남」. 제71권 3집, (2004년 가을호): 36.

박희석. "칼빈과 음악." 『신학지남』. 제275호, (2003년 여름호): 72-110.
손병덕. "칼빈의 개혁주의 사회복지 실천과 현대 기독교 사회복지의 과제." 『신학지남』. 제277호, (2003년 겨울호): 159-72.
심창섭. "장로교 정치제도의 기원은 무엇인가?(Ⅰ)." 『신학지남』. 통권 제251호, (1997년 여름호): 95.
이양호. "칼빈의 영적 상담." 『신학논단』. vol. 31, (2003): 159-60.
이종성. "목회의 본질과 새 방법." 『기독교사상』. 2권 11호, (1958년 12월).
이기춘. "TA 요법과 목회신학." 『신학사상』. (1979): 752-99.
이정숙. "제네바 컨시스토리: 칼빈의 신학과 목회의 접목." 『한국기독교신학논총』. 제18집, (2000): 159-85.
_____. "칼빈 연구의 최근 동향: 제네바 컨시스토리 문서 1권의 영어판 출간에 즈음하여." 『신학사상』. 제111집, (2000 겨울): 231-46.
윤용진. "설교를 위한 칼빈의 주석 연구; 창4:1-7을 중심으로." 『개혁신학』. 제15권, (2004): 169-171.
최덕성. "목회자 모델의 역사." 『개혁신학과 교회』. 제3권, (1993): 264.
전경연. "교역자의 신학형성." 『세계와 선교』. (1978):
정용섭. "한국교회 통합론." 『기독교 사상』. 22권 2호, (1978년 2월호):
정일웅. "교육목회의 신학적 근거." 『기독교교육 연구』. 창간호, (1990): 25.
_____. "성경적 예배관," 『개혁논총』. vol. Ⅲ: 11-12.
_____. "실천신학이란 무엇인가?" 『신학지남』. 제61권, (1994년 가을.겨울호):
_____. "한국교회 실천신학의 어제와 오늘 그리고 내일." 『한국개혁신학회 논문집』 Ⅰ, 한국개혁신학회, (1997): 198.
_____. "역사적 캐터키즘의 현대 목회적 적용에 관한 연구." 『신학지남』. 통권 제253호, (1977년 가을호): 102-05.
황성철. "교회교육에 있어서 성령에 대한 교육신학적 접근." 『신학지남』. 제278호, (2004년 봄호): 107-51.
_____. "칼빈 당시 제네바 교회의 정체성에 관한 연구." 『신학지남』. 통권 제266호, (2001년 봄호): 142.
_____. "21세기 한국교회 목회 리더십의 방향." 『신학지남』. 통권 제281호, (2004년 겨울호): 79-83.
_____. "총신 실천신학의 회고와 전망." 『신학지남』. 제270호, (2002년 봄호): 278-302.
_____. "실천신학적 관점에서 본 예배 모범." 『신학지남』. 제262호, (2000년 봄호): 7-28.
_____. "집사 직무에 대한 실천신학적 이해 연구." 『신학지남』. 제274호, (2003년 봄호): 128-69.

_____. "20세기 한국교회 목회 리더십의 방향." 『신학지남』. 제281호, (2004년 겨울호): 77-99.
_____. "칼빈 문헌에 대한 교육학적 관점에서의 고찰." 『신학지남』. 제242호, (1995년 봄호): 77-99.

• 사전

Theologische Realenzyklopadie. Band 27, s.v. "Praktische Theologie."
Westminster Dictionary of Theological Terms, Edited by Donald K. McKim Louisville: Westminster John Knox Press, 1996. s. v. "pastoral", "pastoral ministry", "pastoral care."

• 인터넷

Jinkins, Michael. *Docents in the House of Wonder: Pastoral Leadership, Spiritual Transformation, and the Sacred Other*. Available from http://www.christianleaders.org/JRL/Fall2002/Jinkins. Internet; accessed 21 June 2006.
McMahon, C. Matthew. *An Introduction to Historical Theology*. Available from www. apuritansmind. com/Historical Theology/Historical Theology. Internet; accessed 4 April 2006.
Ryan, Mark. *The Pastoral Theology of John Calvin*. Available from http://www. dangerdog. com/theology. Internet; accessed 2 June 2005.
Synod of Laodicea (4th Century). Available from http://www. newadvent. org/fathers/3806. Internet; accessed 10 February 2006.

주제색인

【ㄱ】

가르침 100, 103, 118, 187
가시적 교회관 98
가시적 성례 133
가정교회 10, 267, 268, 296
감독 116, 122
감독자 67, 124, 166
감정설교 276
갑작스러운 회심 63
강제적인 상담기관 69
강해설교 79, 274
개인기도 118, 247
개인적인 권면 103, 258
개인적 대화 258, 299
개혁주의 301
개혁주의적 설교전통 275
객관적 신앙 268
게쉬테(Geschichte) 152
겸손 93, 121
경건 실천의 원리 249
경건 250
경건주의 목회 257, 258, 268, 311
경험론 24, 43, 46, 268
경험-분석적 방법론 328, 337
계시 24, 26, 332
계시성 151, 153
계시와 실존 322
계약신학 16
계층적 교회 구조 124
고대 장로제도 275
고전적 목회신학 51

고해(exomologesis) 29, 109
고해성사 31, 247, 321
공적으로 사적으로의 원리 245
관용의 한계 175, 315
교리문답학 33
교리 설교 275
교만한 인간 93
교부신학(Patrology) 56
교사 9, 117, 118, 127, 131, 135, 184, 234
교육 80, 103, 104, 176, 184
교육과정 185, 280, 310
교육목회 80, 186, 232, 246, 260, 278, 309
교화(edification) 189
교황 피우스 12세의 칙령 262
교회 98
교회 정치에 대한 신성한 권리 38
교회갈등 매니저 273
교회교육 184, 186, 278
교회교육의 방법론 186
교회론적 공동체성 282
교회론적 사역 구조 216
교회법 241, 249, 272
교회의 갈등 195, 276
교회의 근육 195
교회의 목자 170, 240
교회의 보존 169
교회의 의회 154
교회의 행동과학 332, 338
교회의 혼 130, 208, 239, 318
교회재산권 분쟁 318
교회직무론 262
교회통치의 개념 165, 271

교회통치의 필요성　168
교회통치의 방법　314
교회통치의 사역　77
교회통치의 수단　240
교회통치의 양식　165
교회통치의 전략　170
교회통치의 직무　169
교회통친의 한계　175
교회행정학　48
교회훈련의 개념　199, 320
교회훈련의 목적　208
교회훈련의 사역　64, 81, 82
교회훈련의 적용　297
교회훈련의 주체　209
교회훈련의 필요성　206
교회훈련의 형태　205
구빈원　306
구속신학적 목회　38
구역집회(Konventikel)　258
구원　96
구원의 서정(ordo salutis)　114
권고　109, 198, 204, 235, 299
권면으로서의 목회　104
권징　70, 165, 197, 271
그리스도와 연합의 원리　217
그리스도인의 삶의 황금서　163
그리스도인의 생활론　215
극우파 목회신학　49
근본주의 신학　301
금욕적 목회관　95
금욕주의　95
기념설　196
기능주의적 목사 모델론　105
기독교강요　19
기독론적 공동체성　282

【ㄴ】

내적인 교사　98, 222
내직인 소명　141
노암과 호블림 사상　170, 243, 314.
니케아회의　205

【ㄷ】

다스림　166, 168, 175, 199
당회　69, 74, 151, 154, 155, 241, 269, 281
당회독재　264
대륙학계의 목회신학　32
대리성　131
대안문화적 목회　11
대적(confrontation)의 개념　173, 299
대표 사역자　140, 158
대표성　130
대표적 직분　198
대화　103, 247, 249, 258, 290, 299, 318
덧붙여진 교리(donum superaddition)　93
데모시아와 오이쿠스의 방법　246
도구성　130
돌봄　23, 27, 31, 46, 102, 106, 198, 204, 210, 247, 296
두 날개로 날아오르는 교회　296
디아코니아(diakonia)　213, 300
디아코니 규정의 목회신학적 특징　306
디아코니아의 목회신학적 근거　211, 213, 216
디아코니아학　211
디아코니의 직무 수행　307

【ㄹ】

라오디게아회의　146

라이코스(laikos) 262
로고스(logos) 24
라틴신학 59
리더십 50, 164, 227, 251
리더십의 언어 275
리더십의 위기 251
리마 성찬예식서 285

【ㅁ】

만인제사장 교리 160
말씀과 예전의 사역 78, 232, 295
말씀에 반응하는 사역 156, 228, 311
말씀에 반응하는 직분 342
말씀의 객관성 260, 268
말씀의 봉사 302
말씀의 사역 176, 179, 228
말씀의 사역의 가치와 권위 180
말씀의 양식(樣式) 176
맞추심의 원리 232
멘토링(mentoring) 50
모성적 목회신학 313
모양(similitudo) 93
목사 모델 104
목사 킬러(clergy killers) 273, 276, 314
목사들의 유치원 142
목사의 사죄선언 286
목사의 임명식 148
목사의 자아 27
목사의 정체성(identity) 26
목사적인 사죄 113, 133
목사주의 162, 229
목사직 용어 122
목사직분의 새로운 이해와 적용 261
목사직의 본질 121, 257, 264
목사직의 선택 140

목사직의 신분론과 기능론의 긴장 261
목사직의 어려움 136
목사직의 위대성 134
목사직의 위상 129
목사직의 임명 140
목사직의 자격 140
목사직의 존엄 134
목사직의 특성 129
목사직의 한계 137
목사해소제도 318
목양 시스템 161
목양 참여 160
목양(shepherding) 22
목양적인(pastoral) 22
목자 이미지의 다양성 126
목자(Der Hirt) 22
목자-양떼 모델 163
목회 규범서 48
목회 리더십론 50
목회의 본질 101
목회 신정론 48, 175, 315
목회 실천 원리의 실천신학적 평가 253
목회 실천 원리의 적용 309
목회 양식의 현대적 적용 271
목회 직무 101
목회 패러다임의 전환 270
목회 포기 사상 314
목회 프락시스 16, 250, 257, 311
목회 현장 46, 60, 172, 160, 330
목회(Kirchenleitung) 42
목회(pastoral work) 23
목회 규칙서 30
목회 기술론 35, 47, 49
목회 리더십 49
목회사역(patoral ministry) 23
목회사역의 기독론적 기초 217

목회사역의 주체의 신적 기원성　154
목회사역의 중심체　150
목회상담(pastoral counselling)　27
목회신학(pastoral theology)　25
목회신학과 목회상담　45
목회신학과 실천신학　41
목회신학의 고전 3부작　48
목회신학의 역사　28
목회신학의 정의　25
목회신학의 정체성　41
목회신학적 접근 방법　256
목회실무론　40
목회오경　131
목회 운동(Sorgebewegung)　260
목회의 객체　150, 159
목회의 구조　150, 163, 265
목회의 모델　150, 260, 266, 270
목회의 근원　87
목회의 내용　96
목회의 대상　90
목회의 본질　101
목회의 사상적 배경　54
목회의 신적 기원　88
목회의 신학적 기초　87
목회의 양식(樣式)　104, 165
목회의 완성으로서 성례　312
목회의 원시적인 수단　250
목회의 원형　228
목회의 유형　104
목회의 장　98
목회의 정의　23, 103
목회의 주체와 객체의 균형　227
목회의 직분　121, 261
목회의 형식　165, 271
목회의 확장된 내용　115
목회자 핸드북　330

목회자의 소명　142
목회적 돌봄　23, 31
목회적 상담　23, 296
목회적 설교　278
목회적 성경신학　26
목회적 수단　82
목회적 신학　28
목회적 인문주의자　60
목회적 조직신학　17
목회지도(Hodegetics)　34
목회 참여　160
목회학　24
문어적 포괄성　44
문화인류학적 보편성　153
문화지향적 목회　11
문화채용이론　152
미래의 한국교회의 목회신학적 과제　344

【ㅂ】

반문화적 목회　11
법적 리더십　242
벨직 신앙고백서　308
변증학　33
보이는 교회(the visible church)　66
보이지 않는 은혜(invisible grace)　133
복음의 근본 본질주의자　345
복음의 상황주의자　345
복음주의　257
복음주의 목회 개념의 변화　257
복음주의적 가벼움의 신학　301
본문 중심의 학습 방법　279
봉사목회의 신학적 모델　309
봉사의 목회신학　210
봉사의 사역　211, 300
봉사의 실천 양식　300

봉사의 양식　210
봉사적 사역　302
봉사학　44
분별연령　80
불가시적 교회관　98
비극적 수동적 인간관　96

【ㅅ】

사도성　132
사목 핸드북　48
사목신학(司牧神學)　93
사역 구조　156
사역(ministry)　23
사역신학　47
사역철학의 이데올로기화　233
사적인 고백　195
사적인 듣기　247
사적인 대화　249
사적인 영적지도　198, 295
사제주의(sacerdotalism)　93
사죄로서의 목회　104
사크라멘툼(Sakramentum)　312
사회복지행정의 분권화　307
사회봉사 재정의 투명성 확보　307
삶의 해석자　247
삼분설　91
삼위일체 하나님　87
상담　23, 27, 103, 197, 271, 313
상처입은 목회자　315
상호적 교화　206
선경험　43, 255
선교　102, 169, 177
선교학　33
선지자적 설교　184
설교　78, 104, 177, 274

설교에 있어서 주관성　275
설교의 양식　177
설교학　33
섬김 리더십　273
성경적 설교　274
성경해석적인 접근 방법　254
성령 임재설　196
성령과 인간의 관계　186
성령의 리얼리티　188
성령의 사역　211, 310
성령의 사중사역　186
성령의 조명　22
성례의 목회적 의미　195
성례의 본질　191
성육신의 원리　233
성장 지체　11
성직의 절대임직　145
성직자단　124
성직자적 선포　288
성만찬의 실천　195
성찬의 공동체성　214
성찬의 성경적 모델　214
성찬의 신학적 의미　282
세네카의 관용론 주석　58
세례받은 개인　258
세례의 목회적 실천　281
세상의 빛　218
셀교회　266
셀교회의 목양권　162
셀그룹교회　266
셀그룹교회의 문제점　268
셀목회　269
셀을 가진 교회　266
셀프리더십　251
소그룹목회　44
슈퍼인텐던트(superintendent)　124

슐라이어마허의 '교회통치' 개념　272
슐라이어마허의 신앙경험론　268
슐라이어마허의 실천신학　325
슐라이타입 신앙고백서　147
스콜라주의 신파　56
스토아주의　57
스트라스부르그에서의 목회　65
시편주석 서문　54
신비한 연합　218
신어거스틴파 스콜라주의　56
신인동형론적 적응　203
신인협동(synergism)　188
신정통주의 신학　34
신학　24
신학명제집(Sentences)　263
신학적 기반 이론　17
신학적 윤리학　37
실용주의적 접근법　256
실재론(realism)　56
실제적인 학문　42
실천신학 방법론의 종류　328
실천신학　41
실천신학에서 설교적 사건　334
실천신학의 가능성　326
실천신학의 아버지　42, 325
실천신학의 영역　24, 44
실천신학적 평가　253
실천신학적인 방법　17
실천의 주체성　331
실천의 준거로서 규범성　253
실천적 삼단논법　322
실행적 접근 방법　254
심방　204

【ㅇ】

아리스토텔레스 철학　58
아쿠아교회(Aqua Church)　12
안수(ordination)　12, 147
안수목회　132
안수목회의 중심성　264
안수사역　156
안티 사크라멘툼　312
애찬식　286
앤테거니스트　273, 276, 314
양육(nurture)　99, 103, 116, 127, 166, 197, 200, 297
양육 시스템　296
양육의 실천 양식　295
양육적인 설교　278
양육하는 아버지　118
언약신학　90
얼어붙은 평신도　163
엄숙주의　293
여성 안수　142
역 J 곡선　10
역동적 창조성　96
역사신학　42
역사신학적 방법론　17, 44
역사적 캐터키즘　279
연속의 성례　80
연출과 표현　101
열쇠의 권한　299
영성목회　37
영의 살림(vivification)　108
영적 인도　50
영적 훈련　50
영적지도　34, 50
영혼 돌봄(Seelsorge)　105
영혼 수면설　54

영혼 돌봄의 역사   39
영혼의 감독   116
영혼의 구원   91
영혼의 목자와 감독   91
영혼의 병의 치료   12, 35, 39
영혼의 의사들   120
영혼의 인도자   53
영혼의 치유(cura animarum)   106
영혼치료(Seelenpflege)   106
예배 모범과 예배예식의 문제   289
예배모범(directory for worship)   291
예배서(service book)   291
예배에서의 목사의 기도   288
예배에서의 악기 사용   293
예배에서의 미술   293
예배의 개념   287
예배의 명료성   293
예배의 주관권   287
예배유형의 방향성   290
예수 그리스도의 사역의 원형론   228
예수 그리스도의 삼중직무   220
예술   11, 293, 334
예언자적 목회   38
예언자적인 설교   277
예전(Liturgy)   34
예전의 사역   78, 231, 239, 294
예전의 실천 양식   190
예전학   33
예절(decorum)   242
오리엔터어링 목회모델   11
온건의 원칙   321
완전을 향한 충고   118
왕권 리더십   273
외적인 사역자   188
외적인 소명   142
용기의 개념   173

용서의 선언   288
원성례(Ur-sakrament)   282
원시사역   29
원의(justitia originalis)   93
웨스트민스터 신앙고백서   308
웨스트민스터 예배모범   289
위안(consolation)   108
위원회 목회구조   155
위임성   131
유명론(nominalism)   56
유미적 목회관   95
육의 죽임(mortification)   108
은사적 기능론자   159
은사적 교회 구조   124
의무적 비밀참회   109
이원론인 병행론   334
이성   92
이중적 은혜   115
이중적 통치   165
인간   90
인간 존재의 목적 논쟁   96
인간의 경험   24, 35, 334
인간의 의존성과 자유성   91
인간중심적인 방법   279
인간학적인 공동체성   282
인도(guiding)   198
인류의 빛(Lumen Gentium)   262
인문주의   55
일반사역   157
일원론   334
일원론적 계시우선론   334
입교의 성례   79

【ㅈ】

자기 기만   251

자유의 원리   239
작은 목사   308
장로들의 교회   264
장로적인 사역   302
장로회   150, 151, 153, 156, 268
장로회 독재   156
장로회의 이중적인 질서   151
장로회적 다스림   241
재사크라멘툼(Re-sakramentum)   312
적균형성 실천의 원리   226
적대자들(antagonists)   172, 273, 276, 314
적용신학   18
적응(accommodation)   203, 233, 314
전도학   33
전례중심주의   31
전이해   275
전인성(wellbing)   37
전적 부패   93
전제적 방식   105
전통의 변신   11
전통적 지배   165
전투적 목회 전략   173
절대서임   262
정신요법   105
정통 실천(orthodoxy praxis)의 원리   230, 311
정통 실천의 방향성   14
제2의 목사   266
제2의 소명   269
제2차 제네바 목회   66
제3의 프락시스 비판 이론   253
제네바 교회의 조직과 예배에 관한 제의서   75
제네바 목회   64
제네바교회   60
제네바교회 법령   75, 303
제도화의 과정   124

제비뽑기   147
제사장적 목회   38
제어파스의 모델   338
제자 직무관   308
제자훈련   127, 160, 161, 228, 258
존재론적 직무관   263
종교개혁운동   3, 190
죄 용서   107, 193
주관적 신앙   268
축제예배   268
주제설교   275
주제중심의 학습 방법   279
중간 주체   43
중간주체적 프락시스 방법론   336
중도적 정치철학   156
중생   108
지도(direction)   50
지탱(sustaining)   198
진정한 영혼의 돌봄에 관하여   31
질서와 자유   239
질서의 목회   76
질서의 원리   237
집사 모형   84
집사의 구제사역   161
집사 제도   302
집사직의 고유성   308
집사회   154

【ㅊ】

참회(metanoia)   29, 108
창조된 존재   91
창조신학적 목회   38
청지기   128
치리   12, 72, 81, 165, 197, 271
치유(cura)   106, 198

【ㅋ】

카운실 제도　73, 155, 308
칼뱅에 대한 연구　13, 21
칼뱅의 교육 방법론　184
칼뱅의 기독론　218
칼뱅의 목회 과정　63
칼뱅의 목회 배경　54
칼뱅의 목회 실천의 원리　217
칼뱅의 목회사역의 특징　77
칼뱅의 목회자로서 소명　63
칼뱅의 서신　248
칼뱅의 설교 방법　181
칼뱅의 설교관　177
칼뱅의 신학의 출발점　54
칼뱅의 상담사역의 방법　248
칼뱅의 예배관　190, 290
칼뱅의 예정론　89
칼뱅의 인간관　93
칼뱅의 성경 주석　18
칼뱅의 캐터키즘　19
칼뱅주의의 초월　219
칼뱅주의의 전파　13
칼뱅주의적 목회신학　40
칼케돈 공의회　145
캐터키즘 교육　184, 232, 279
컨시스토리　69
컨텍스트(context)　37, 229, 276
클레리코스(klerikos)　262
코칭(coaching)　50

【ㅌ】

타락한 인간　92
테오리아(theoria)　102
토마스-킬먼 갈등행태조사서　41

통제적 연속체　152
통치행위　165
통합론(The Bible-and Approach)　334
통합적 본문 주제설교　275
통회　108
특별 집회　259
특수 목회　26

【ㅍ】

평신도 목양 운동　161
평신도 목회　160
평신도 사역　38, 49
평신도 성직자　228
평신도 신학　163, 261, 266, 327, 337
평신도의 목사해소권　264
평신도의 목회 참여　159
폐쇄된 연속체　152
포괄적 전도 전략　303
포로테제(protege)　50
포이메닉스(poimenics)　33
포이에시스(poiesis)　102
프락시스(praxsis)　102, 253

【ㅎ】

하나님의 거울　95
하나님의 극장　95
하나님의 동역자의 직분　134
하나님의 맞추심　233
하나님의 목자직　122
하나님의 배우자　99, 158
하나님의 부성　123
하나님의 상처　212
하나님의 입　127
하나님의 종　128

하나님의 학교   95
하나님의 형상론   211
하이델베르그 교리문답서   319
학문 이전의 프락시스   255
학제간 연구   45
한국의 목회신학   39, 344
해방신학적 방법론   339
해석학적 방법론   338
행동과학적 접근법   256
헬퍼십(helpership)   227
현대 목회   297
현대적 설교   278
형상(imago)   93
형이상학적인 사고   58
형제애적 꾸지람   206
형제애적인 권면   206
화체설   196
화해   198, 200, 298, 321
환경신학   38
회개   107
회중교회의 목회신학   266
회중의 선거주관권   146
훈련   197, 298
훈육   198, 200, 204, 230, 247, 295, 297, 311
휴머니즘적 봉사   309
히스토리(Historie)   152

🌿 인명색인

【A】

Abelard, Peter 24
Adams, Jay. E. 25, 37, 126, 165
Alexandria, Clement of 24
Allen, Ronald J. 274
Allmen, Jean-Jacques von 286, 288
Ambrose 56
Anderson, Ray S. 88, 310
안명준 182
Aquinas, Thomas 62
Aristotle 62
Armstrong, Brian G. 18
Asmussen 34
Auguestine 56, 93, 126, 214, 220, 292

【B】

Ballard, Paul 39
Barth, K. 21, 36, 322
Barth, Markus 285, 214
Bastian, H. D. 328
Battenhous, Roy W. 95
Battles, Ford Lewis 233, 235, 250
Baumgarten, S. J. 32
Bäumler 328
Baur, F. C. 124
Bavink, Herman 89
Baxter, J. Sidlaw 40
Baxter, Richard 32, 298
Bedell, Gregory T. 35
Benner, David G. 50
Benoit, Jean Daniel 34, 53, 119
Berkhof, L. 284

Berkouwer 284
Berkower, G. C. 284
Bernard 174
Beza, Theodore 32, 66, 68, 78
Blank, Michael Meyer 101
Bobbit, Franklin 280
Boff, Clodovis 328
Bohatec, Josef 57
Bohren 328
Boisen, Anton T. 36
Bons-Storm, Riet 328
Boroth, J. 33
Bouwsma, William J. 63
Boxter, Richard 16
Brastow, Lewis O. 47
Bredfeldt, Gary 334
Breen, Quirinus 57
Bridges, Charles 29, 78, 134, 141, 183, 250
Brister, C. W. 37
Browning, Don S. 25, 37, 328
Bruce, F. F. 246
Bucer, Martin 31, 65, 245
Buddeus, Franz 114
Bullinger 89
Bultmann, Rudolf 152
Bure, Idelette de 66
Burkhart, John E. 326
Burtchaell, Fames. 160
Büsser, Fritz 401

【C】

Cadier, Jean 322

Calvin, John   18, 21, 32, 53, 63, 67, 255, 329
Campbell, Alastair V.   37, 43
Carmichael, Kay   266
Castellio, Sebastianus   315
최덕성   104
Chrysostom, John   30, 109
Clark, C. A.   39
Clarke, Andrew D.   124
Clebsch, William A.   37, 199, 205
Clinebell, Haward   38
Clowney, Edmund P.   263
Coccejus   89
Comenius, J. A.   42
Cop, Nicholas   54
Cottret, Bernard   21
Craddock, Fred B.   276
Crouzet, Denis   21
Cuyler, Theodor L.   35
Cyprian   144, 135, 147

【D】

Dahm   328
Daiber, Karl-Fritz   328
Dali, S.   11
Danz, J. T. L.   33
Dargan, Edwin. D.   78
Dingemans, Gijisbert D. J.   328, 336
Douglass, Jane Dempsey   313
Doumergue, Emile   21

【E】

Edge, Findley B.   266
Emerson, Everett H.   89
Erasmus, Desiderious   55

【F】

Fairbairn, Pattrick   38
Farel   78
Fernando, Ajith   233
Fichtner   34
Firet, Jacob   36
Fisher, George Park   57
Forster, Richard J.   37
Foster, Herbert D.   61
Fromm, Erick   202
Fuhrmann, Paul T.   182

【G】

Gamble, Richard C.   58, 182, 221
Ganoczy, Alexandre   21, 54, 56
Geberding, G. H.   35
Gerkin, Charles V.   29, 31, 37, 247, 328
Gerrish, B. A.   55
Gilmore, John   173
Gladden, Washington   35
Gore, Charles   29
Gräffe, J. F. C.   33
Graham, W. Fred   307
Greenfield, Guy   315
Gregory of Nazianzus   16
Gregory the Great   16
Greijdanus   284
Greinacher   328
Grimes, Howard   263
Grosheide   284
Grynaeus, Simon   182
Gutiérrez, Gustavo   328

【H】

Hall, Basil   335
Harms, Craus   15, 32, 210, 259
Harnack, Adolf   124
Hatch   124
Haugk, Kenneth C.   315
Heitink, Gerben   336
Henry   54
허순길   25
Hesselink, J. John   19, 63, 87, 137, 185, 237
Heyns, L. M.   17, 256, 336
Hiltner, Seward   12, 25, 36, 46, 298
Hodge, A. A.   284
Hodge, Charles   284
Hoeksema   284
Holmes, Urban T.   37
Höpfl, Harro   61
Hoppin   35
Howe, Leroy   160
Hunter, A. M.   204
현유광   25, 57, 257
황성철   9, 16, 25, 37, 40, 44, 51, 62, 309
황정욱   65
홍성방   165
홍치모   57
Hyppolytus   264

【I】

Ignatius   29
Irenaeus   56

【J】

장성규   40
Jackle, Charles R.   37, 199, 205
Jacobi, J. F.   32
James, William   36
Janssen, Allen J.   302
Jaspis, L. S.   33
Jefferson, Charles F.   35
전경연   40
전호진   258
정승훈   290
정용섭   283
정인교   276
정일웅   42, 64, 278, 286, 327
Jinkins, Michael   272
Jones, D. M. Lloyd   40
Jones, Ilion T.   51
Jonker, W. D.   328
Jonson, Ben Campbell   37
Joseph Flatt, Jr.   297
Josuttis   328

【K】

Kaiser, G. F. C.   33
Kelleman, Robert W.   50
Kelly   78
Khong, Lawrence   266
Kingdon, Robert M.   69, 83
김길성   99
김득룡   16, 40, 96, 332
김상구   327
김성곤   268
김성태   258
김성창   40
김순성   332
김순환   102
김영래   279
김재성   55, 60, 67
김준수   293
김창훈   276, 184

김한옥　84
Kirk, James　32, 124
Kirk, K. E.　29
Klinken, Jaap van　147
Knox, John　32, 133, 207, 289
고용수　279
Köster, F. B.　33
Kraus, Hans-Johachim　182
Küng, Hans　132
곽안련　39
권령남　40

【L】

Lake, Frank　196, 247
Lämmermann, Godwin　331
Lander, Gerhard　29
Lane, Anthony N. S.　221
Lapsley, James N.　25
Larsen, David L.　274
Leech, Kenneth　50
Leeuw, Van der　284
이기춘　298, 313
이성희　262
이양호　248
이정숙　70
이현웅　291
Leith, John H.　250
Lightfoot　124
Löhe　258
Louw, Daniël J.　332
Luther, Henning　229
Luther, Martin　31, 34, 66, 106, 118, 184, 200, 202, 205, 329

【M】

MacArthur, Jr., John　38

Markus, R. A.　30
May, Gerald G.　50
McGrath, Alister E.　21, 63
Mckee, Elsie Anne　9, 18
McKim, Donald K.　105
McMahon, C. Matthew　24
McNeill, John Thomas　39, 106, 107
Merton, Thomas　37
Messer, Donald E.　38
Meylan, Edward F.　57
Mickelsen, A. Berkeley　152
Migne, Jacques Paul　29
Miller, Donald E.　230
Moon, Garry W.　50
Mosheim, J. F. von　32
Muller, Ricahrd A.　54
Murphy　35
Murray, John　217

【N】

Neidhart　328
Neighbour, Ralph W.　267
Neil, Stephn Charles　263
Neuser, Wilhelm　63
Newman, Albert Henry　57
Nichols, J. Rondall　278
Niesel, Wilhelm　21, 322
Nitzsch, C. I.　43
Nixon, Leroy　92
Nouwen, Henri　37
노치준　10

【O】

Oates, Wayne E.　40, 131
Oden, Thomas　25, 36, 226
오덕교　61

Oosterzee, Van   33
옥한흠   132
Osmer, Richard   279
Osterhaven   237

【P】

Palmer, Ch. D.   331
Parker, T. H. L.   15, 18, 61
박건택   15, 94, 147
박근원   104, 281
박병윤   40
박윤선   284
박은규   277
박정순   293
박형룡   283
Pattison, Stephen   27
Pattison, T. H.   35
Patton, John   159
perrin, Ami   81
Peterson, Eugene H.   37, 50
Pfliegler, Michael   34, 177
Pieterse, J. C.   17, 256, 336
Plitt, J. J.   32
Ploeger, Albert K.   328
Plumer, William   35
Poling, James N.   230
Pond, Enoch   35
Porree, Gilbert de la   24
Potter, Mary   142
Purves, Andrew   15, 30, 47, 65, 310

【R】

Rediger, G. Lloyd   13, 18, 66
Reid, W. Stanford   13, 122, 140
Reuben, P. J.   37
Rice, Howard L.   50

Ridderbos, Herman   284
Rima, Samuel D.   251
Ritschl   124
Roach, Deway R.   56
Roehlkepartain, Eugene C.   278
Rogers, K.   36
Ryan, Mark   77

【S】

Sabine, George H.   58
Sandeen, Emest   257
Schaff, Philip   29
Schilder   284
Schillebeeckx, Edward   262
Schleiermacher, Friedrich   33, 42, 325, 326
Schneider, Theodor   282, 312
Scholl   54
Schreiter, Robert   328
Schröer, Hening   300
Schweitzer, F.   328
Scotus, J. Duns   220
Segler, Franklin M.   40
Segundo, Juan Luis   328
Seidel, C. T.   28
Selbie, W. B.   202
Selinger, Susanne   56
Serven, Marcus J.   15
Shaller, K.   42
Shedd   35
Shelp, E.   37
Shields, Harry   334
심수관   344
심창섭   265
Smart, James D.   152
Smedes, Lewis   221
Snyder, A.   266

손원영　76
Spiegel, Y.　328
Spoerl, V. D.　32
Stähelin　54
Stauffer, Richard　21
Steck　328
Steinbron, Melvin J.　160
Stickelberger, Emanuel　79
Stollberg　328
Streeter, Burnett Hillman　29
Strothmann, Hermann　107
Sunderland, R.　37
Sweet, Leonard　11

【T】

Takeshi TakasaKi　19, 220
Tamburello, Dennis E.　217
Tavard　54
Taylor, Nathaniel　96
Tertullian　29, 127
Thayer, Nelson T.　37
Thurneysen, Eduard　25, 101, 131, 271, 320
Tidball, Derek　37
Tillich, Paul　159
Tölner, J. G.　32
Torrance, Thomas F.　56, 302, 309
Trimp　328
Turre, Reinhard　308

【V】

Ven, van der　328
Vilmar, August　359
Vinet, Alexandre Rodolphe　33
Volz, Carl A.　29
Vos, Louis A.　94

【W】

Wallace, Ronald S.　79, 177, 192, 231
Walther　35
Warfield, B. B.　53
Watins, Derrel R.　84
Watson, John　35
Weber, Hans-Ruedi　263
Weber, Otto　151
Wells, David E.　96
Wendel, François　21
Wharton, James　88
White, James Emory　275
White, James F.　214
Williams, Rowan　29
Willimon, William H.　38
Wilterdink, Garret A.　202
Winkler, Eberhard　336
Wintzer, Friedrich　326
Wolterstorft, Nicholas　212
Woodward, James　27
Woolley, Paul　317
Wright, Shawn D.　32, 60

【Y】

유광웅　98
윤용진　78
Yperen, Jim Van　273

【Z】

Zerfass　338, 328
Zuk, Roy B.　186
Zwingli, Huldreich　206

칼뱅의 목회신학
John Calvin's Pastoral Theology

2007년 9월 10일 초판 발행

지은이 | 안 은 찬

펴낸곳 | 사) 기독교문서선교회
등록 | 제16~25호(1980. 1. 18)
주소 | 서울시 서초구 방배동 983-2
전화 | 02) 586-8761~3(본사) 031) 923-8762~3(영업부)
팩스 | 02) 523-0131(본사) 031) 923-8761(영업부)
홈페이지 | www.clcbook.com
이메일 | clc@clcbook.com

ISBN 978-89-341-0974-7(93230)

* 낙장 · 파본은 교환해 드립니다.